应用型本科经济管理类专业系列教材

中级财务会计

主　编　曾维林　万义平　易继红

副主编　李秀春　孙美娇　饶庆林

李亚云　贺祥民

西安电子科技大学出版社

内 容 简 介

“中级财务会计”是高等院校会计学、财务管理、审计学、资产评估等经济管理类专业的必修课程。本教材以工业企业为研究对象，以决策有用观和受托责任观为背景，以企业会计准则为依据，以六大会计要素为业务处理重心，按照资产、负债、所有者权益、收入、费用和利润的顺序，详细阐述工业企业发生的基本经济业务的具体会计处理。

本教材适用于会计学、财务管理、审计学专业本科生的教学，是其他经济管理专业学习财务会计知识的重要参考图书，也适用于会计人员的培训和自学等。

图书在版编目(CIP)数据

中级财务会计 / 曾维林，万义平，易继红主编. —西安：西安电子科技大学出版社，2020.9
(2024.7 重印)
ISBN 978-7-5606-5876-6

Ⅰ. ①中… Ⅱ. ①曾… ②万… ③易… Ⅲ. ①财务会计—高等学校—教材
Ⅳ. ①F234.4

中国版本图书馆 CIP 数据核字(2020)第 173298 号

策　　划　李鹏飞
责任编辑　李鹏飞　万晶晶
出版发行　西安电子科技大学出版社(西安市太白南路 2 号)
电　　话　(029)88202421　88201467　　　邮　　编　710071
网　　址　www.xduph.com　　　电子邮箱　xdupfxb001@163.com
经　　销　新华书店
印刷单位　陕西天意印务有限责任公司
版　　次　2020 年 9 月第 1 版　2024 年 7 月第 4 次印刷
开　　本　787 毫米×1092 毫米　1/16　印张 23
字　　数　548 千字
定　　价　59.00 元
ISBN　978-7-5606-5876-6
XDUP 6178001-4

前　言

随着社会主义市场经济体制的不断完善，我国会计环境发生了巨大的变化。越来越多的企业利益相关者关注企业的财务信息，如投资者、债权人、政府、企业职工和社会公众等。通过了解财务信息，可以知道企业的财务状况、经营成果和现金流量等情况，并据此作出相应的经济决策。为了适应社会主义市场经济发展需要，进一步规范会计计量的方法，财政部先后修订发布了多项新会计准则，对会计的职业判断能力提出了更高的要求，对中级财务会计的教学提出了更大的挑战。

本书以应用型本科人才培养为主，兼顾高职高专人才培养。在编写过程中，我们力求体现知识的系统性和可操作性，用通俗易懂的实例介绍财务会计的基本方法与理论，内容具有较强的应用性和实践性。为突出应用性，便于学生更好地学习财务会计，每章配有内容提要、学习目标、导入案例、本章小结、复习题等，帮助学生提高关注问题、分析问题、解决问题的能力，为学生开拓专业知识视野提供了很好的导向。同时，本书注重理论与实践的结合，注意吸收财务会计理论发展的新动态，特别突出会计实务教学，做到理论联系实际。

本书由主编提出编写思想，拟订全书的提纲和撰写方式。各章具体分工如下：南昌工程学院曾维林编写第四、五、六章，南昌工程学院万义平编写第一章，江西农业大学南昌商学院易继红编写第七章，吉林农业大学李秀春编写第九、十二章，南昌职业大学孙美娇编写第八章，南昌工程学院饶庆林编写第十三、十四章，南昌工程学院李亚云编写第十、十一章，南昌工程学院贺祥民编写第二、三章，最后由主编总撰定稿。本书编写和统稿过程中，得到了学院领导和同事们的鼎力相助；出版过程中，得到了出版社编辑的大力支持，在此一并致谢！本书编写过程中，参阅了大量的文献资料，谨向相关作者深表谢意。

由于编者水平和时间有限，书中缺点和疏误之处，恳请广大读者批评指正。

编　者

2020 年 6 月

目　录

第一章 总 论

【内容提要】

总论
- 财务会计的概念和目标
- 财务会计的特征和企业会计准则体系
- 会计基本假设与会计确认基础
- 会计计量属性和会计信息质量要求

【学习目标】

1. 了解企业会计准则产生与发展的背景；
2. 熟悉财务会计的特点与目标；
3. 掌握财务会计的基本假设；
4. 掌握会计计量属性和会计信息质量要求。

【导入案例】

小张是一家小规模企业的所有者，他一直采用收付实现制记账。最近，他准备向银行申请一笔贷款，银行要求他提供按照权责发生制编制的会计报表，他不清楚银行为什么要这么做。

思考：

1. 比较权责发生制和收付实现制记账的区别。
2. 银行为什么要求提供权责发生制编制的会计报表？

第一节 财务会计的概念和目标

一、财务会计的概念

财务会计是当代企业会计的一个重要组成部分。它是运用簿籍系统的专门方法，以通用的会计原则为指导，对企业资金运动进行反映和控制，旨在为所有者、债权人提供会计信息的对外报告会计。

企业会计所能提供的信息，按其时态可以分为反映过去、控制现在和预测未来三类会计信息。这三类会计信息对于企业内部管理都有重要的作用。既然会计工作是企业管理的一个重要组成部分，那么企业管理决策所需要的信息，凡是会计所能提供的，都应该予以提供。也就是说，为了满足企业管理决策的需要，企业会计能够提供的信息与实际提供的信息应该是一致的。

然而，企业会计对于企业外界有关方面所需要的信息，并非凡是能够提供的都实际提供。或者说，企业外界对会计信息的客观需要，并不意味着企业必须完全满足，这是由企业会计所处的地位决定的。企业对外提供会计信息，要么是自觉自愿的，要么是按照有关规定必须提供的。

二、财务会计的目标

财务会计的目标也是财务报告的目标，它在整个财务会计系统和企业会计准则体系中具有十分重要的地位，是构建会计要素确认、计量和报告原则并制定各项准则的基本出发点。

财务报告目标的具体内容应包括以下三个方面：

第一，财务报告的使用者。财务报告的使用者主要包括投资者、债权人、政府及其有关部门和社会公众等。

第二，财务报告的内容。财务报告的内容一方面要报告企业的财务状况、经营成果和现金流量等会计信息，包括如实反映企业拥有或控制的经济资源、对经济资源的要求权以及经济资源及其要求权的变化情况，如实反映企业的各项收入、费用、利得和损失的金额及其变动情况，如实反映企业各项经营、投资和筹资等活动所形成的现金流入与流出情况；另一方面要反映企业管理层受托责任履行情况，包括如实反映企业管理层保管和使用资产的情况。

第三，财务报告的目的。财务报告的目的是帮助财务报告使用者作出经济决策。投资者根据财务报告所提供的信息，可以对企业的资产质量、盈利能力、运营效率和现金流量等进行正确合理的评价，从而作出理性的投资决策；债权人根据财务报告所提供的信息，可以对企业能否如期支付贷款本金及其利息，能否如期支付购货款等进行评价，从而作出贷款或赊销等决策；政府及其有关部门根据财务报告所提供的信息，可以对整个社会的资源配置情况是否合理、经济秩序是否有序、宏观决策所依据的信息是否真实可靠等作出评价，从而制定或调整税收政策、货币政策等宏观经济政策。

第二节 财务会计的特征和企业会计准则体系

一、财务会计的特征

企业对外提供的会计信息，一般涉及面广，影响比较大，企业通常对此负有法律责任，因此，无论是从企业自身的利益还是从信息使用者的利益角度考虑，都必须保证所提供的信息达到一定的质量要求。这就限定了企业会计对外提供信息的范围，决定了企业会计实际对外提供的信息(包括愿意提供的和必须提供的)通常要少于企业外界所需要的会计信息。目前条件下，企业会计主要是以财务报告的形式定期对外提供信息，这些信息主要反映企业编表日的财务状况、过去一定时期的经营成果以及现金流量的情况。也就是说，企业对外主要是提供有关企业过去或现在的经济活动及其结果的会计信息。至于有关企业未来经营成果、财务状况及现金流量情况的会计信息，尚未普遍纳入企业对外报告的范围。根据这一情况，现代企业会计可以分为财务会计与管理会计两大分支。本书重点讲述企业财务会计的基本理论与方法。与管理会计相比，企业财务会计的主要特点是：

(1) 从直接的服务对象来看，财务会计主要是为企业外部有关方面提供会计信息，同时也为企业内部管理服务；

(2) 从提供信息的时态来看，财务会计主要是提供有关企业过去和现在的经济活动情况及其结果的会计信息；

(3) 从提供信息的跨度来看，财务会计主要是定期反映企业作为一个整体的财务状况、经营成果以及现金流量的情况；

(4) 从工作程序的约束依据来看，财务会计要受外在统一的会计规范(如会计准则或统一会计制度)约束；

(5) 从会计程序与方法来看，财务会计有一套比较科学、统一和定型的会计处理程序与方法，如填制凭证、登记账簿和编制报表等。

二、企业会计准则体系

我国的企业会计准则作为法规体系的组成部分，具有强制性的特点，要求企业必须执行，是财务会计的重要规范。

我国的企业会计标准自 20 世纪 50 年代至 90 年代初，一直采用企业会计制度的形式。我国自 1988 年起开始研究起草企业会计准则，1992 年 11 月经国务院批准，财政部以部长令的形式，正式发布了《企业会计准则》(称为基本会计准则)，规定从 1993 年 7 月 1 日起正式施行。这是我国会计改革的一项重要措施，它标志着我国企业会计工作进入了一个新的发展时期。

我国的企业会计准则分为基本会计准则与具体会计准则两个层次。1993 年实施的《企业会计准则》属于基本会计准则，它主要就企业财务会计的一般要求和主要方面作出原则性的规定，为制定具体会计准则和会计制度提供依据。它包括四个部分：会计核算的基本前提、会计核算的一般原则、会计要素准则、会计报表的基本内容与要求。

1997 年上半年我国正式发布了一项具体会计准则：《企业会计准则——关联方关系及其交易的披露》。截至 2001 年年底，我国共发布了具体会计准则 16 项。2006 年 2 月 15 日财政部在对原基本会计准则做重大修订的基础上，发布了《企业会计准则——基本准则》和 38 项具体会计准则，标志着我国已基本建立起既适合中国国情又与国际企业准则趋同的能够独立实施的企业会计准则体系。

基本会计准则在整个企业会计准则体系中扮演着概念框架的角色，规范了包括财务报告目标、会计基本假设、会计信息质量要求、会计要素的定义及其确认计量原则等在内的基本问题，是制定具体会计准则的基础，对各项具体会计准则的制定起着统驭作用，可以确保各具体会计准则的内在一致性。同时它也为会计实务中出现的具体会计准则尚未规范的新问题提供会计处理依据，从而确保了企业会计准则体系对所有会计实务问题的规范作用。

我国的具体会计准则是在基本会计准则的基础上，对各类企业的各项经济交易或者事项进行会计处理的规范。具体会计准则分为一般业务准则、特殊业务准则和报告类准则，主要规范了各项具体业务事项的确认、计量和报告。应用指南是对具体会计准则的一些重点、难点问题作出操作性规定。解释公告是随着企业会计准则的贯彻实施，就实务中遇到的实施问题而对准则作出的具体解释。

2014 年，我国先后发布了多项企业会计准则的增补或修订版，要求企业自 2014 年 7 月 1 日起执行。企业会计准则变化的要点包括职工薪酬的分类、五险一金的核算、离职后福利的处理和带薪缺勤的会计处理的变化，资产负债表列报格式发生变化，利润表编制、其他综合收益的构成以及转出规定、合并范围发生变化，长期股权投资分类发生变化，股权投资方法转换规则发生变化，关联交易抵销规则发生变化，合营安排、公允价值的定义和计量方法发生变化等。这些变化将对企业核算业务产生重大影响。

2017 年到 2019 年，财政部发布多项修订后的会计准则和新会计准则，如《企业会计准则第 22 号——金融工具确认和计量》《企业会计准则第 23 号——金融资产转移》《企业会计准则第 24 号——套期会计》《企业会计准则第 37 号——金融工具列报》《企业会计准则第 42 号——持有待售的非流动资产、处置组和终止经营》《企业会计准则第 16 号——政府补助》《企业会计准则第 14 号——收入》《企业会计准则第 21 号——租赁》《企业会计准则第 7 号——非货币性资产交换》《企业会计准则第 12 号——债务重组》等。42 项具体会计准则如表 1-1 所示。

表 1-1　42 项具体会计准则

序号	名　称	序号	名　称	序号	名　称
1	存货	16	政府补助	30	财务报表列报
2	长期股权投资	17	借款费用	31	现金流量表
3	投资性房地产	18	所得税	32	中期财务报告
4	固定资产	19	外币折算	33	合并财务报表
5	生物资产	20	企业合并	34	每股收益
6	无形资产	21	租赁	35	分部报告
7	非货币性资产交换	22	金融工具确认和计量	36	关联方披露
8	资产减值	23	金融资产转移	37	金融工具列报
9	职工薪酬	24	套期会计	38	首次执行企业会计准则
10	企业年金基金	25	原保险合同	39	公允价值计量
11	股份支付	26	再保险合同	40	合营安排
12	债务重组	27	石油天然气开采	41	在其他主体中权益的披露
13	或有事项	28	会计政策、会计估计变更和差错更正	42	持有待售的非流动资产、处置组和终止经营
14	收入				
15	建造合同	29	资产负债表日后事项		

【问题与思考】

与管理会计相比，财务会计有哪些特征？

第三节　会计基本假设与会计确认基础

会计所处的环境极为复杂，会计面对的是变化复杂的经济环境。会计人员在会计核算过程中，对变化复杂的经济环境作出一些合理的假设，对会计核算的对象及其环境作出一些基本规定，即建立会计核算的基本前提，这称为会计假设。财务会计的基本前提是指组织财务会计工作必须具备的前提条件，离开了这些条件，就不能有效地开展会计工作。财务会计的基本前提也是财务会计的理论基础，离开这些理论基础，就不能构建财务会计的理论体系。财务会计的基本前提是从会计实践中抽象出来的，其最终目的是保证会计信息的有用性。

一、会计基本假设

会计基本假设是企业会计确认、计量和报告的前提，是对会计核算所处时间、空间环境等所作的合理假定。会计基本假设包括会计主体、持续经营、会计分期和货币计量。

(一) 会计主体

会计主体是指企业会计确认、计量和报告的空间范围。为了向财务报告使用者反映企业财务状况、经营成果和现金流量，提供与其决策有用的信息，会计核算和财务报告的编制应当集中反映特定对象的活动，并将其与其他经济实体区别开来。在会计主体假设下，企业应当对其本身发生的交易或事项进行会计确认、计量和报告，反映企业本身所从事的各项生产经营活动和其他相关活动。明确界定会计主体是开展会计确认、计量和报告工作的重要前提。

明确会计主体，才能划定会计所要处理的各项交易或事项的范围。在会计工作中，只有那些影响企业本身经济利益的各项交易或事项才能加以确认、计量和报告。

明确会计主体，才能将会计主体的交易或者事项与会计主体所有者的交易或者事项区分开来。例如，企业所有者的交易或者事项是属于企业所有者主体所发生的，不应纳入企业会计核算的范畴，但是企业所有者投入企业的资本或者企业向所有者分配的利润，则属于企业主体所发生的交易或者事项，应当纳入企业会计核算的范畴。

会计主体不同于法律主体。一般来说，法律主体必然是一个会计主体。例如，一个企业作为一个法律主体，应当建立财务会计系统，独立反映其财务状况、经营成果和现金流量。但是，会计主体不一定是法律主体。例如，在企业集团中，一个母公司拥有若干子公司，母子公司虽然是不同的法律主体，但是母公司对于子公司拥有控制权，为了全面反映企业集团的财务状况、经营成果和现金流量，就有必要将企业集团作为一个会计主体，编制合并财务报表。

(二) 持续经营

持续经营是指在可以预见的将来，企业将会按当前的规模和状态继续经营下去，不会停业，也不会大规模削减业务。在持续经营前提下，会计确认、计量和报告应当以企业持续、正常的生产经营活动为前提。

企业是否持续经营，在会计原则、会计方法的选择上有很大差别。一般情况下，应当假定企业将会按照当前的规模和状态持续经营下去。明确这个基本假设，就意味着会计主体将按照既定用途使用资产，按照既定的合约条件清偿债务，会计人员就可以在此基础上选择会计原则和会计方法。如果判断企业会持续经营，就可以假定企业的固定资产在持续经营的生产经营过程中长期发挥作用，并服务于生产经营过程，固定资产就可以根据历史成本进行记录，并采用一定的折旧方法，将历史成本分摊到各个会计期间或相关产品的成本中。如果判断企业不会持续经营，固定资产就不应采用历史成本进行记录并按期计提折旧。

如果一个企业在不能持续经营时仍按持续经营基本假设选择会计确认、计量和报告的原则与方法，就不能客观地反映企业的财务状况、经营成果和现金流量，会误导会计信息使用者的经济决策。

(三) 会计分期

会计分期是指将一个企业持续经营的生产经营活动划分为多个连续的、长短相同的期间。通过会计期间的划分，可以结算盈亏，按期编制财务报告，从而及时向财务报告使用者提供有关企业财务状况、经营成果和现金流量的信息。

在会计分期假设下，企业应当划分会计期间，分期结算账目和编制财务报告。会计期间通常分为年度和中期。中期是指短于一个完整会计年度的报告期间。由于会计分期，才产生了当期与以前期间、以后期间的差别，才使不同类型的会计主体有了记账的基准，进而发展出折旧、摊销等会计处理方法。

(四) 货币计量

货币计量是指会计主体在会计确认、计量和报告时以货币计量反映会计主体的生产经营活动。

在会计的确认、计量和报告过程中之所以选择货币为基础进行计量，是由货币的本身属性决定的。货币是商品的一般等价物，是衡量一般商品价值的共同尺度，具有价值尺度、流通手段、贮藏手段和支付手段等特点。其他计量单位，如重量、长度等，只能从一个侧面反映企业的生产经营情况，无法在量上进行汇总和比较，不便于会计计量和经营管理，只有选择货币尺度进行计量，才能充分反映企业的生产经营情况，所以，《企业会计准则——基本准则》规定，会计确认、计量和报告选择货币作为计量单位。

【问题与思考】

会计基本假设有什么作用？

二、会计确认基础

(一) 权责发生制

企业会计的确认、计量和报告应当以权责发生制为基础。权责发生制要求：凡是当期已经实现的收入和已经发生或应当负担的费用，无论款项是否收付，都应当作为当期的收入和费用，计入利润表；凡是不属于当期的收入和费用，即使款项已在当期收付，也不应当作为当期的收入和费用。

在实务中，企业交易或者事项的发生时间与相关货币收支时间有时并不完全一致。例如，款项已经收到，但销售并未实现；或者款项已经支付，但并不是本期生产经营活动发生的。为了更加真实、公允地反映特定会计期间的财务状况和经营成果，基本会计准则明确规定，企业在会计确认、计量和报告中应当以权责发生制为基础。

(二) 收付实现制

收付实现制是与权责发生制相对的一种会计基础，收付实现制又称现金制或实收实付制，它是以款项的实际收付为标准处理经济业务、确定本期收入和费用来计算本期盈亏的会计处理基础。收付实现制要求：凡在本期实际付出的现款，不论其应否在本期收入中获得补偿，均应作为本期费用处理；凡在本期实际收到的现款，不论其是否属于本期均应作为本期收入处理；凡本期还没有以现款收到的收入和没有用现款支付的费用，均不作为本期的收入和费用处理。

第四节 会计计量属性和会计信息质量要求

一、会计计量属性

会计计量是为了将符合确认条件的会计要素登记入账并列报于财务报表而确定其金额的过程。企业应当按照规定的会计计量属性进行计量，确定相关金额。会计的计量反映的是会计要素金额的确定基础，主要包括历史成本、重置成本、可变现净值、现值和公允价值等。

(一) 历史成本

历史成本又称实际成本，是指取得或制造某项财产物资时实际支付的现金或者其他等价物。在历史成本计量下，资产按照其购置时支付的现金、现金等价物的金额或者按照购置资产时所付出的代价的公允价值计量。负债按照其因承担现时义务而实际收到的款项、资产的金额、合同金额计量，或者按照日常活动中为偿还负债预期需要支付的现金、现金等价物的金额计量。

(二) 重置成本

重置成本又称现行成本，是指按照当前市场条件，重新取得同样一项资产所需支付的现金或现金等价物金额。在重置成本下，资产按照现在购买相同或者相似资产所需支付的现金或者现金等价物的金额计量。负债按照现在偿付该项债务所需支付的现金或者现金等价物的金额计量。

(三) 可变现净值

可变现净值是指在生产经营过程中，以预计售价减去进一步加工成本和销售所必需的预计税金、费用后的净值。在可变现净值计量下，资产按照其正常对外销售所能收到的现金或者现金等价物的金额扣减该资产至完工时估计将要发生的成本、估计的销售费用以及相关税金后的金额计量。

(四) 现值

现值是指对未来现金流量以恰当的折现率进行折现后的价值，是考虑货币时间价值因素的一种计量属性。在现值计量下，资产按照预计从其持续使用和最终处置中所产生的未来现金流入量的折现金额计量。负债按预计期限内需要偿还的未来现金流出量的折现金额计量。

(五) 公允价值

公允价值是指市场参与者在计量日发生的有序交易中，出售一项资产所能收到或者转移一项负债所需支付的价格，即脱手价格。企业以公允价值计量相关资产或负债，应当考虑该资产或负债的特征以及该资产或负债是以单项还是以组合的方式进行计量。

【问题与思考】

会计的计量属性包括哪些？如何理解会计的计量属性？

二、会计信息质量要求

会计信息质量要求是对企业财务报告中所提供会计信息质量的基本要求，是使财务会计信息有助于会计信息使用者决策应具备的基本特征，它主要包括可靠性、相关性、可理解性、可比性、实质重于形式、重要性、谨慎性和及时性等方面要求。

(一) 可靠性

可靠性要求企业应当以实际发生的交易或者事项为依据进行确认、计量和报告，如实反映符合确认和计量要求的会计要素及其他相关信息，保证会计信息真实可靠、内容完整。

会计信息要有用，必须以可靠为基础，如果财务报告所提供的会计信息是不可靠的，就会对财务报告使用者的决策产生误导甚至带来损失。为了贯彻可靠性要求，企业应当做到以下几方面：

(1) 以实际发生的交易或者事项为依据进行确认、计量，将符合会计要素定义及其确认条件的资产、负债、所有者权益、收入、费用和利润等如实反映在财务报告中。

(2) 在符合重要性和成本效益原则的前提下，保证会计信息的完整性，其中包括应当编报的报表及其附注内容等应当保持完整，不能随意遗漏或者减少应予披露的信息。

(3) 财务报告中的会计信息应当是中立的、无偏的。如果企业在财务报告中为了达到事先设定的结果或效果，通过选择或列示有关会计信息以影响决策和判断，该财务报告中的会计信息就不是中立的。

(二) 相关性

相关性要求企业提供的会计信息应当与财务报告使用者的经济决策需要相关，有助于财务报告使用者对企业过去、现在或未来的情况作出评价或者预测。

会计信息是否有用、是否具有价值，关键看其与使用者的决策需要是否相关，是否有助于决策或者提高决策水平。相关的会计信息应当能够帮助财务报告使用者评价企业过去的决策，证实或者修正过去的有关预测，因而具有反馈价值。相关的会计信息还应当具有预测价值，帮助财务报告使用者根据财务报告所提供的会计信息预测企业未来的财务状况、经营结果和现金流量。例如，区分收入和利得、费用和损失、流动资产和非流动资产、流动负债和非流动负债，适度引入公允价值等，都可以提高会计信息的预测价值，进而提升会计信息的相关性。

会计信息质量的相关性要求，企业在确认、计量和报告会计信息的过程中，充分考虑财务报告使用者的决策模式和信息需要。相关性是以可靠性为基础的，两者之间并不矛盾，不应将两者对立起来。也就是说，会计信息在可靠性前提下，尽可能地做到相关性要求，以满足财务报告使用者的决策需要。

(三) 可理解性

可理解性要求企业提供的会计信息应当清晰明了，便于财务报告使用者理解和使用。要想让财务报告使用者有效使用会计信息，就应当让其了解会计信息的内涵，弄懂会计信息的内容，这就要求财务报告所提供的会计信息应当清晰明了，易于理解。只有这样，才能提高会计信息的有用性，实现财务报告的目标，满足向财务报告使用者提供决策有用信息的要求。

会计信息是一种专业性较强的信息，在强调会计信息可理解性要求的同时，还应假定财务报告使用者具有一定企业经营活动和会计方面的知识，并且愿意付出努力去研究这些信息。若某些复杂的信息与财务报告使用者的经济决策相关，如交易本身较为复杂或者会计处理较为复杂，企业就应当在财务报告中充分披露。

(四) 可比性

可比性要求企业提供的会计信息应当相互可比，主要包括以下两层含义。

1. 同一企业不同时期可比

为了便于财务报告使用者了解企业财务状况、经营成果和现金流量的变化趋势，比较企业在不同时期的财务报告信息，全面、客观地评价过去、预测未来，从而作出决策，会计信息质量的可比性要求同一企业不同时期发生的相同或者相似的交易、事项，应当采用一致的会计政策，不得随意变更。但是，满足会计信息可比性要求，并非表明企业不得变更会计政策，如果按照规定或者在会计政策变更后可以提供更可靠、更相关的会计信息，可以变更会计政策。有关会计政策变更的情况，应当在附注中予以说明。

2. 不同企业相同会计期间可比

为了便于财务报告使用者评价不同企业的财务状况、经营成果和现金流量及其变动情况，会计信息质量的可比性要求不同企业同一会计期间发生的相同或者相似的交易、事项，应当采用规定的会计政策，确保会计信息口径一致、相互可比，以使不同企业按照一致的确认、计量和报告要求提供有关会计信息。

(五) 实质重于形式

实质重于形式要求企业应当按照交易或者事项的经济实质进行会计确认、计量和报告，不仅仅以交易或者事项的法律形式为依据。

企业发生的交易或者事项在多数情况下，其经济实质和法律形式是一致的。但在有些情况下，会出现不一致。例如，以融资租赁方式租入的资产，虽然从法律形式来讲企业并不拥有其所有权，但是由于租赁合同中规定的租赁期相当长，往往接近于该资产的使用寿命；租赁期结束时承租企业有优先购买该资产的选择权；在租赁期内承租企业有权支配资产并从中受益等，从其经济实质来看，企业能够控制融资租入资产所创造的未来经济利益，在会计确认、计量和报告上就应当将以融资租赁方式租入的资产视为企业的资产，列入企业的资产负债表。

(六) 重要性

重要性要求企业提供的会计信息应当反映与企业的财务状况、经营成果和现金流量有关的所有重要交易或者事项。

在实务中，如果某会计信息的省略或者错报会影响财务报告使用者作出的决策，该信息就具有重要性。重要性的应用需要依赖职业判断，企业应当根据其所处环境和实际情况，从项目的性质和金额大小两方面加以判断。

(七) 谨慎性

谨慎性要求企业对交易或者事项进行会计确认、计量和报告应当保持应有的谨慎，不应高估资产或者收益、低估负债或者费用。

在市场经济环境下，企业的生产经营活动面临着许多风险和不确定性，如应收款项的可收回性、固定资产的使用寿命、无形资产的使用寿命、售出存货可能发生的退货或者返修等。会计信息质量的谨慎性要求企业在面临不确定性因素的情况下作出职业判断时，应当保持应有的谨慎，充分估计到各种风险和损失，既不高估资产或者收益，也不低估负债或者费用。例如，要求企业对可能发生的资产减值损失计提资产减值准备、对售出商品可能发生的保修义务确认预计负债等，就体现了会计信息质量的谨慎性要求。

(八) 及时性

及时性要求企业对于已经发生的交易或者事项，应当及时进行确认、计量和报告，不得提前或延后。

会计信息的价值在于帮助财务报告使用者作出经济决策，具有时效性。即使是可靠、相关的会计信息，如果不及时提供，就失去了时效性，对于会计信息使用者的效用就大大降低，甚至不再具有实际意义。在会计确认、计量和报告过程中贯彻及时性，一是要求及时收集会计信息，即在经济交易或者事项发生后，及时收集整理各种原始单据或者凭证；二是要求及时处理会计信息，即按照会计准则的规定，及时对经济交易、事项进行确认或者计量，并编制财务报告；三是要求及时传递会计信息，即按照国家规定的有关时限，及时地将编制的财务报告传递给财务报告使用者，便于其及时使用。

在实务中，为了及时提供会计信息，可能需要在有关交易或者事项的信息全部获得之前即进行会计处理，从而满足会计信息的及时性要求，但可能会影响会计信息的可靠性；反之，如果企业等到与交易或者事项有关的全部信息获得之后再进行会计处理，这样的信息披露可能会由于时效性问题，使财务报告使用者决策的有用性大大降低。这就需要在及时性和可靠性之间作出相应权衡，以最好地满足财务报告使用者的经济决策需要为判断标准。

【问题与思考】

如何理解实质重于形式原则及谨慎性原则？

本章小结

开展财务会计工作首先要明确其目标。企业财务会计的目标主要是以对外提供财务报告的形式满足有关方面的决策对企业会计信息的需求。要实现这一目标，关键是保证财务报告的质量，因此需要有专门的会计规范。

组织财务会计工作必须具备一定的基本前提，一般包括会计主体、持续经营、会计分期、货币计量等。

会计确认、计量和报告的基础是权责发生制；会计计量是为了将符合确认条件的会计要素登记入账并列报于财务报表而确定其金额的过程。会计的计量反映的是会计要素金额的确定基础，主要包括历史成本、重置成本、可变现净值、现值和公允价值等。

为了实现财务会计的目标，企业会计准则对会计信息质量提出了具体要求，包括可靠性、相关性、可理解性、可比性、实质重于形式、重要性、谨慎性、及时性。

【延伸阅读】

财务会计　financial accounting

财务报告　financial report

会计假设　accounting assumption

权责发生制　accrual basis

收付实现制　cash basis

复　习　题

一、单项选择题

1. 确立会计核算的空间范围，其所依据的会计核算基本前提是(　　)。

A. 会计主体　B. 持续经营　C. 会计分期　D. 货币计量

2. 下列对会计假设表述恰当的是(　　)。

A. 持续经营和会计分期确定了会计核算的空间

B. 一个会计主体必然是一个法律主体

C. 货币计量为会计核算提供了必要的手段

D. 会计主体确立了会计核算的时间范围

3. 下列选项中，不属于反映"会计信息质量要求"的是(　　)。

A. 可靠性　B. 可比性　C. 实质重于形式　D. 历史成本

4. 企业对交易事项进行确认、计量和报告时，要求不高估资产或收益，不低估负债或费用的是(　　)。

A. 谨慎性　B. 重要性　C. 权责发生制　D. 可比性

5. 企业应当按照交易或者事项的经济实质进行会计确认、计量和报告，不应仅以交易或事项的法律形式作为会计核算的依据，其处理是以(　　)为依据。

A. 可靠性　B. 可理解性　C. 实质重于形式　D. 重要性

6. 对企业的应收账款期末计提减值准备，是会计信息的质量(　　)要求。

A. 重要性　B. 可靠性　C. 谨慎性　D. 可比性

7. 下列项目中，属于资本性支出的(　　)。

A. 支付工资　B. 购入固定资产　C. 偿还借款　D. 购入办公用品

8. 资产按其预计继续使用和最终处置中所产生的未来现金流入量的折现金额计量，负债按照预计期限内需要偿还的未来净现金流出及相关税费后的金额计量。该会计计量属性是(　　)。

A. 历史成本　B. 可变现净值　C. 公允价值　D. 现值

9. 会计主要的计量单位是(　　)。

A. 货币　B. 劳动量　C. 实物　D. 人民币

10. 下列符合会计信息质量基本要求的有(　　)。

A. 企业提供的会计信息应当清晰明了，便于理解

B. 对于相似的交易或事项，不同企业应当采用一致的会计政策

C. 会计信息根据交易或事项的经济实质和法律形式进行确认、计量和报告

D. 企业可以通过设置秘密准备来规避估计到的各种风险和损失

二、多项选择题

1. 为满足人们对会计信息的需要，我国的会计期间具体可划分为(　　)。

A. 年度　B. 季度　C. 月度　D. 旬度

2. 下列经济业务的会计处理，符合谨慎性要求的有(　　)。

A. 计提固定资产减值准备　B. 期末对存货计提减值准备

C. 期末对应收款项计提坏账准备　D. 期末对存货盘点采用实地盘存制

3. 下列各项属于会计计量属性的有(　　)。

A. 历史成本　B. 公允价值　C. 可变现净值　D. 重置成本

4. 可比性要求(　　)。

A. 同一企业不同时期发生的相同或相类似的交易、事项，应当采用一致的会计政策，

不得随意变更

B. 不同企业发生的相同或者相似的交易、事项，应当采用规定的会计政策，确保会计信息口径一致、相互可比

C. 企业提供的会计信息应当具有可比性

D. 企业对于已发生的交易或者事项，应当及时进行会计确认、计量和报告，不得提前或延后

5. 下列事项中，属于反映“会计信息质量要求”的是(　　)。

A. 可靠性　　B. 可比性　　C. 实质重于形式　　D. 历史成本

6. 下列会计假设表述正确的是(　　)。

A. 会计主体确定了会计核算的空间范围

B. 会计主体确定了会计核算的时间范围

C. 持续经营确定了会计核算的时间范围

D. 货币计量是指会计主体采用货币作为计量单位，计量、记录和报告反映会计主体的财务状况、经营成果和现金流量

7. 下列处理，体现实质重于形式要求的有(　　)。

A. 将融资租入固定资产视为自有固定资产入账

B. 计提固定资产减值准备

C. 售后回购的会计处理

D. 售后租回的会计处理

8. 下列关于会计的表述中，正确的有(　　)。

A. 会计的职能是指会计在经济管理过程中所具有的功能

B. 会计采用一系列专门方法

C. 会计是一种经济管理活动

D. 会计是一个经济信息系统

9. 企业的财务报表包括(　　)。

A. 资产负债表　　B. 利润表　　C. 现金流量表　　D. 股东权益变动表

10. 下列有关会计主体的说法中正确的有(　　)。

A. 法律主体一定是会计主体

B. 基金管理公司管理的证券投资基金，也可以成为会计主体

C. 对于拥有子公司的母公司来说，企业集团应作为一个会计主体来编制财务报表

D. 会计主体一定是法律主体

三、判断题

1. 利润是企业在日常活动中取得的经营成果，因此它不应包括企业在偶发事件中产生的利得和损失。

2. 在负债金额既定的情况下，企业本期净资产的增减额就是企业当期发生的利润额或亏额。

3. 对于某一会计主体来说，收入必然表现为一定时间内的现金流入，费用必然表现为一定时间内的现金流出。

4. 广义费用是指会计期间经济利益的流出，固定资产清理损失属于经济利益流出，所

以属于广义费用。

5. 重要性是指在尽可能全面完整地反映企业财务状况与经营成果的前提下，根据某一项会计核算内容是否会对会计信息使用者的决策产生重大影响，来决定对其进行核算的精确程度，以及是否需要在会计报表上予以单独反映。

6. 企业固定资产计提折旧是以持续经营为假设前提的。

7. 将租入的资产确认为企业的使用权资产，体现了会计信息质量的谨慎性要求。

8. 法律主体一定是会计主体，会计主体不一定是法律主体。

9. 可比性不但要求同一企业不同期间的会计信息相互可比，而且要求不同企业的会计信息相互可比。

10. 谨慎性是指在有不确定因素的情况下作出判断时，保持必要的谨慎，既不高估资产或收益，也不低估负债或费用。

第二章 货币资金

【内容提要】

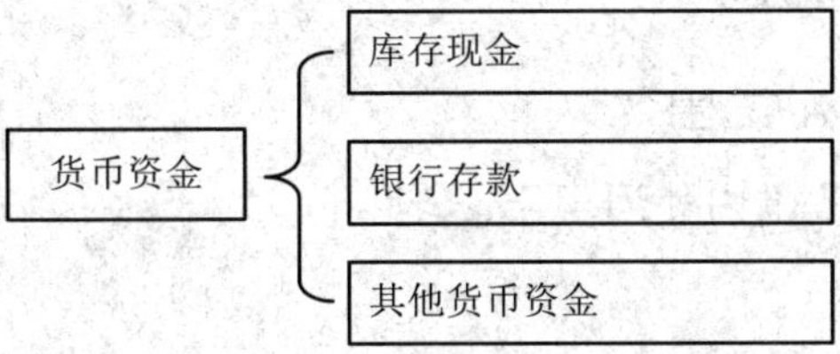

【学习目标】

1. 了解现金管理的主要内容；
2. 熟悉其他货币资金的核算；
3. 掌握银行结算制度和银行存款清查的主要内容；
4. 掌握现金和银行存款的核算方法。

【导入案例】

DX 公司的 120 亿元现金去哪里了？随着 DX 公司回函的公开，DX 公司投资集团与 AS 银行的《现金管理合作协议》浮出水面。根据这份协议，DX 公司控股股东可以实时从 DX 公司账上划资金，使本该属于 DX 公司的 122 亿元现金被控股股东占用。AS 银行对 M 会计师事务所函证的回复显示“银行存款该账户余额为 0 元，该账户在我行有联动账户业务，银行归集金额为 122.1 亿元”。根据上述协议，DX 公司的账户余额按照零余额管理，即 DX 公司账上的钱会自动划到 DX 公司投资集团账户上去，DX 公司没有自主支配的权利。本来，集团公司对资金进行集中管理无可厚非。但是问题在于：DX 公司的账户作为子账户被纳入 DX 公司投资集团的资金池中，对审计而言事情就有了质的变化。根据《上市公司治理准则》，控股股东与上市公司应实行财务分开、独立核算。

思考：DX 公司在货币资金管理中存在的问题及完善措施？

第一节　库 存 现 金

一、库存现金的涵义

现金是流动性最强的一种货币性资产，可以随时用于购买所需要的物资，支付有关费用，偿还债务等。现金有广义和狭义之分。在我国会计实务中，现金指库存现金，即人民币现金和外币现金，是狭义现金概念。广义现金即货币资金，是以货币形态存在的资产，包括库存现金、银行存款和其他符合现金定义的票证。

二、库存现金的管理与控制

(一) 库存现金的使用范围

开户单位可以在下列范围内使用现金：

(1) 职工工资、津贴；

(2) 个人劳务报酬；

(3) 根据国家规定颁发给个人的科学技术、文化艺术、体育等各种奖金；

(4) 各种劳保、福利费用以及国家规定的对个人的其他支出；

(5) 向个人收购农副产品和其他物资的价款；

(6) 出差人员必须随身携带的差旅费；

(7) 结算起点(1 000 元)以下的零星支出；

(8) 中国人民银行确定的需要支付现金的其他支出。

除上述情况可以用现金支付，其他款项的支付应通过银行转账结算。

(二) 库存现金的限额

一般开户单位的库存现金限额按照单位 3～5 天日常零星开支的需要确定，边远地区和交通不便地区开户单位的库存现金限额可按单位 5～15 天日常零星开支的需要确定。开户单位需要增加或减少库存现金限额的，应向开户银行提出申请，由开户银行核定。

(三) 现金收支的规定

按照《现金管理暂行条例》的规定，开户单位现金收支应当依照下列规定办理：

(1) 开户单位现金收入应当于当日送存开户银行，当日送存确有困难的，由开户银行确定送存时间；

(2) 开户单位支付现金，可以从本单位库存现金限额中支付或者从开户银行提取，不得从本单位的现金收入中直接支付(即坐支)。因特殊情况需要坐支现金的，应当事先报经开户银行审查批准，由开户银行核定坐支范围和限额。坐支单位应当定期向开户银行报送坐支金额和使用情况；

(3) 开户单位从开户银行提取现金，应当写明用途，由本单位财会部门负责人签字盖章，经开户银行审核后，予以支付现金；

(4) 因采购地点不固定，交通不便，生产或者市场急需，抢险救灾以及其他特殊情况必须使用现金的，开户单位应当向开户银行提出申请，由本单位财会部门负责人签字盖章，经开户银行审核后，予以支付现金。

三、库存现金的会计处理

企业应设置“库存现金”账户，总括核算现金的收付和结存情况。同时，还应设置现金日记账，它是出纳人员按照现金收付业务发生或完成时间的先后，根据审核后的原始凭证或现金收付款凭证逐日逐笔登记，用来记录现金的增减变动情况的原始记录账簿，该账簿应做到日清日结。

【例 2-1】 企业开出一张现金支票，从银行提取现金 1 000 元备用。

借：库存现金　　1 000
　　贷：银行存款　　1 000

【例 2-2】 企业厂部管理人员购买办公用品，报销现金 520 元。

借：管理费用　　520
　　贷：库存现金　　520

【例 2-3】 企业销售商品货款 1 000 元，增值税 130 元，共计收入现金 1 130 元。

借：库存现金　　1 130
　　贷：主营业务收入　　1 000
　　　　应交税费——应交增值税(销项税额)　　130

四、零用现金制度

(一) 账户设置

在领取备用金的单位和职工较多、备用金总额较大的单位可以专设“备用金”账户进行核算，否则只在“其他应收款”科目下设立“备用金”二级科目来进行核算。

(二) 账务处理

设立备用金时，借记“其他应收款——备用金”，贷记“银行存款”(或“库存现金”)。报销备用金时，借记费用类科目，贷记“银行存款”(或“库存现金”)。备用金收回或减少时，借记“银行存款”(或“库存现金”)，贷记“其他应收款——备用金”。增加备用金时，借记“其他应收款——备用金”，贷记“银行存款”(或“库存现金”)。

【例 2-4】 某企业实行定额备用金制度，会计部门根据核定的定额，付给行政部门定额备用金 1 000 元，一周后，行政部门持购买办公用品的发票 870 元向会计部门报销，会计部门审核后付给现金，补足其定额。

① 设立备用金时：

借：其他应收款——备用金　　　　1 000

　　贷：库存现金　　　　　　　　1 000

② 报销备用金时：

借：管理费用　　　　　　　　　870

　　贷：库存现金　　　　　　　　870

③ 企业决定收回备用金，收回时，行政部门有购买办公用品的发票 400 元。

借：管理费用　　　　　　　　　400

　　库存现金　　　　　　　　　600

　　贷：其他应收款——备用金　　1 000

五、现金清查的账务处理

现金账面数与实际数不一致称为现金溢缺，实际库存金额大于账面数称为长款，实际库存金额小于账面数称为短款。发现现金短缺时，借记“待处理财产损溢”，贷记“库存现金”。查明原因后，如果属于由直接责任人赔偿的部分或是由保险公司赔偿的部分，应借记“其他应收款”，贷记“待处理财产损溢”；如果属于无法查明的其他原因，应作为增加管理费用处理，借记“管理费用”，贷记“待处理财产损溢”。发现现金溢余时，借记“库存现金”，贷记“待处理财产损溢”。查明原因后，如果属于应支付给有关人员或单位的部分，应借记“待处理财产损溢”，贷记“其他应付款”；如果属于无法查明的其他原因，应作为增加营业外收入处理，借记“待处理财产损溢”，贷记“营业外收入”。

【例 2-5】 企业在现金清查时，发现库存现金短缺 120 元。

借：待处理财产损溢　　　　　　120

　　贷：库存现金　　　　　　　　120

经查明，现金短缺系出纳人员责任，应由其赔偿。

借：其他应收款　　　　　　　　120

　　贷：待处理财产损溢　　　　　120

【例 2-6】 企业在现金清查时，发现长款 350 元。

借：库存现金　　　　　　　　　350

　　贷：待处理财产损溢　　　　　350

无法查明上述多余款项原因，经批准予以转销。

借：待处理财产损溢　　　　　　350

　　贷：营业外收入　　　　　　　350

【例 2-7】 如果现金的短缺无法查明原因，则应将该损失计入“营业外支出”。(　　)

【答案】 ×

【解析】 如果现金的短缺无法查明原因，则应将该损失计入“管理费用”。

【问题与思考】

库存现金的清查如何进行账务处理？

第二节　银 行 存 款

一、银行账户的管理

银行存款是指企业存入银行或其他金融机构的可随时支用的货币资金。《银行账户管理办法》将企业的银行存款账户分为以下四种：

(1) 基本存款账户，企业办理日常转账结算和现金收付的账户，企业职工的工资、奖金等现金的支取，只能通过本账户办理；

(2) 一般存款账户，基本存款账户以外的银行借款转存、与基本存款账户企业不在同一地点的附属非独立核算单位的账户，可办理转账结算和现金缴存，不能办理库存现金支取。

(3) 临时存款账户，因临时经营活动需要而开立的账户；

(4) 专用存款账户，因特定用途需要开设的账户。

一个企业只能选择一家银行开立一个基本账户，不得在同一家银行的几个分支机构开立基本存款账户。

二、银行结算方式

中国人民银行发布的《支付结算办法》规定，企业、单位和个人在社会经济活动中都可使用银行支付结算方式。银行支付结算业务可以采用银行汇票、银行本票、商业汇票、支票、信用卡、汇兑、委托收款、托收承付和信用证等九种不同的方式，不同的结算方式应当进行不同的会计处理。企业办理支付结算必须遵守下列原则：恪守信用，履约付款；谁的钱进谁的账，由谁支配；银行不垫款。

(一) 银行汇票

银行汇票是汇款人将款项交存当地出票银行，由出票银行签发的，由其在见票时，按照实际结算金额无条件支付给收款人或持票人的票据，银行汇票结算程序如图 2-1 所示。

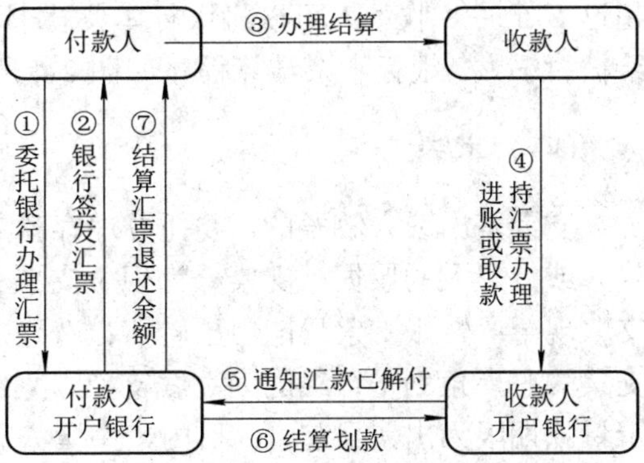

图 2-1　银行汇票结算程序

银行汇票具有使用灵活、票随人到、兑现性强等特点，适用于先收款后发货或钱货两清的商品交易。在我国，单位和个人办理各种款项结算均可使用银行汇票。银行汇票可用于转账，填明“现金”字样的银行汇票也可用于支取现金，银行汇票的提示付款期限为自出票日起 1 个月。收款人可以将银行汇票背书转让给被背书人。

(二) 商业汇票

商业汇票是出票人签发的，委托付款人在指定日期无条件支付确定的金额给收款人或者持票人的票据。按其承兑人的不同，分为商业承兑汇票和银行承兑汇票。商业承兑汇票由银行以外的付款人承兑，银行承兑汇票由承兑申请人提出申请，经银行审查同意后承兑。商业汇票的付款人为承兑人，付款期限由交易双方商定，但最长不超过 6 个月，提示付款期限为自汇票到期日起 10 日内。商业承兑汇票结算程序和银行承兑汇票结算程序如图 2-2、2-3 所示。

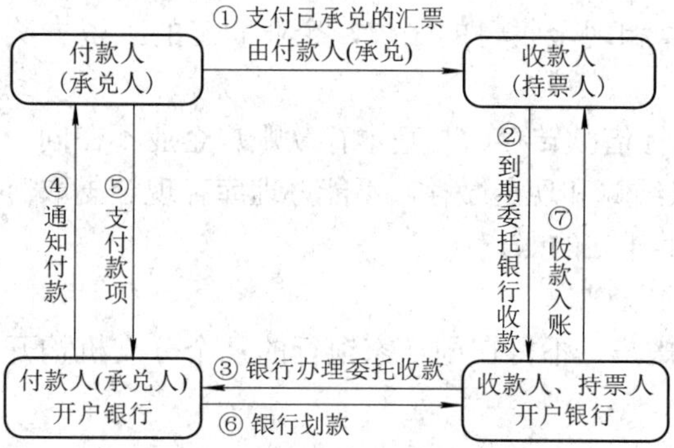

图 2-2　商业承兑汇票结算程序

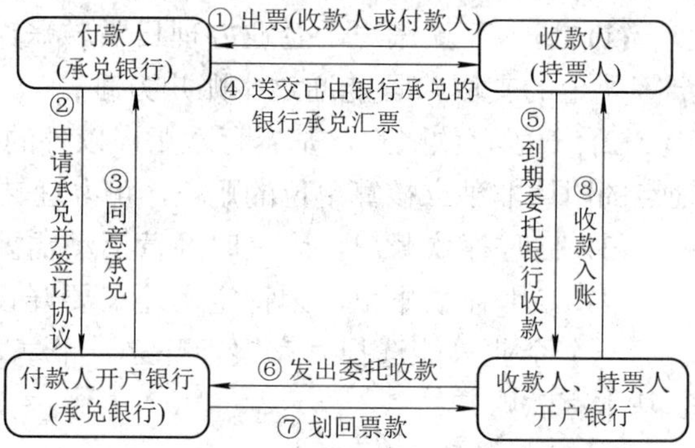

图 2-3　银行承兑汇票结算程序

(三) 银行本票

银行本票是银行签发的，承诺自己在见票时无条件支付确定金额给收款人或者持票人的票据。在我国，单位和个人在同一票据交换区域需要支付的各种款项，均可以使用银行本票。银行本票分为定额和不定额两种，定额本票面额分别为 1 000 元、5 000 元、10 000 元和 50 000 元。银行本票的提示付款期自出票日起最长不超过 2 个月。收款人可以将银行本票背书转让给被背书人。银行本票结算程序如图 2-4 所示。

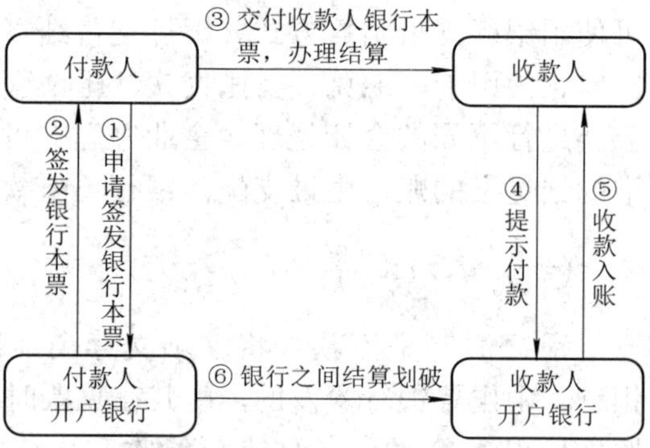

图 2-4　银行本票结算程序

(四) 支票

支票是出票人签发的，委托办理存款业务的银行在见票时无条件支付确定的金额给收款人或持票人的票据。支票分为现金支票、转账支票和普通支票三种。现金支票只能用于支取现金；转账支票只能用于转账；普通支票既可用于支取现金，又可用于转账。在普通支票的左上角划平行线的为划线支票，划线支票只能用于转账，不能支取现金。支票的提示付款期限为出票日起 10 日内，中国人民银行另有规定的除外。签发空头支票，银行除了退票，还应按照票面金额对付款人处以 5%但不低于 1 000 元的罚款，持票人有权要求出票人赔偿支票金额 2%的赔偿金。在我国，单位和个人在同一票据交换区域的各种款项结算，均可以使用支票。

(五) 信用卡

信用卡是指商业银行向个人和单位发行的，凭其向特约单位购物、消费和银行存取现金，具有消费信用的特制载体卡片。信用卡按使用对象分为单位卡和个人卡；按信誉等级分为金卡和普通卡。凡在中国境内金融机构开立基本存款账户的单位均可申领单位卡。单位卡可申领若干张，持卡人资格由申领单位法定代表人或其委托的代理人书面指定和注销，持卡人不得出租或转借信用卡。单位卡账户的资金一律从其基本存款账户转账存入，在使用过程中，需要向其账户续存资金的，也一律从其基本存款账户转账存入，不得交存现金，不得将销货收入的款项存入其账户。单位卡一律不得用于10万元以上的商品交易、劳务供应款项的结算，不得支取现金。信用卡按是否向发卡银行交存备用金分为贷记卡、准贷记卡两类。贷记卡是指发卡银行给予持卡人一定的信用额度，持卡人可在信用额度内先消费、后还款的信用卡。准贷记卡是指持卡人须先按发卡银行要求交存一定金额的备用金，当备用金账户余额不足支付时，可在发卡银行规定的信用额度内透支的信用卡。

(六) 汇兑

汇兑是汇款人委托银行将其款项支付给收款人的结算方式，单位和个人的各种款项的结算均可使用汇兑结算方式。汇兑分为信汇和电汇两种，由汇款人根据需要选择使用。汇兑结算方式适用于异地之间的各种款项结算，具有划拨款项简单、灵活的特点。采用汇兑结算方式的，收款单位对于汇入的款项，应在收到银行的收账通知时，根据收账通知编制收款凭证；付款单位对于汇出的款项，应在向银行办理汇款后，根据汇款回单编制付款凭证。

(七) 委托收款

委托收款是收款人委托银行向付款人收取款项的结算方式。采用委托收款结算方式的，收款单位对于托收款项，应在收到银行的收账通知时，根据收账通知编制收款凭证；付款单位在收到银行转来的委托收款凭证后，根据委托收款凭证的付款通知联和有关的原始凭证编制付款凭证。如在付款期满前提前付款，应于通知银行付款之日，编制付款凭证。如拒绝付款，属于全部拒付的，不做账务处理；属于部分拒付的，企业应在付款期内出具部分拒付理由书并退回有关单位，根据银行盖章退回的拒付理由书第一联编制部分付款的凭证。委托收款结算程序如图2-5所示。

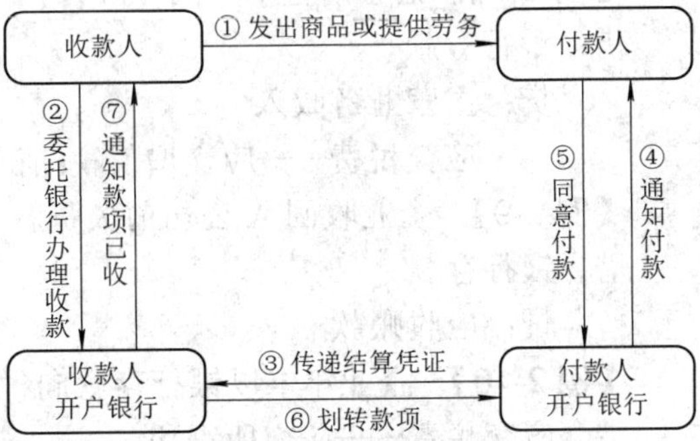

图2-5　委托收款结算程序

(八) 托收承付

托收承付是指根据购销合同，由收款人发货后委托银行向异地付款人收取款项，由付款单位向银行承认付款的结算方式。采用托收承付结算方式的，收款单位对于托收款项，应在收到银行的收账通知时，根据收账通知和有关原始凭证，编制收款凭证；付款单位对于承付的款项，应于承付时要托收承付结算凭证的承付通知和有关发票账单等原始凭证，并编制付款凭证。代销、寄销、赊销商品的款项，不得办理托收承付结算。托收承付结算每笔的金额起点为10 000元，新华书店系统每笔结算的金额起点为1 000元。承付货款分为验单付款和验货付款两种。验单付款的承付期为3天，从付款人开户银行发出承付通知的次日算起；验货付款的承付期为10天，从运输部门向付款人发出提货通知的次日算起。

(九) 信用证

信用证结算方式是国际结算的一种主要方式。经中国人民银行批准经营结算业务的商业银行总行以及经商业银行总行批准开办信用证结算业务的分支机构，也可以办理国内企业之间商品交易的信用证结算业务。采用信用证结算方式的，收款单位收到信用证后，即备货装运，签发有关发票账单，连同运输单据和信用证，送交银行，根据退还的信用证等有关凭证编制收款凭证；付款单位在接到开证行的通知时，根据付款的有关单据编制付款凭证。

中国人民银行发布的《支付结算办法》中规定了银行结算纪律，上述各种结算方式需遵守结算纪律，即不准签发没有资金保证的票据或远期支票套取银行信用；不准签发、取得和转让没有真实交易和债权债务的票据套取银行和他人资金；不准无理拒绝付款、任意占用他人资金；不准违反规定开立和使用账户等。企业必须严格遵守银行《支付结算办法》规定的结算纪律，保证结算业务的正常进行。

三、银行存款业务的会计处理

企业应设置“银行存款”账户，总括核算银行存款收支及结存情况。同时，企业还应按开户银行、存款种类设置银行存款日记账，由出纳人员根据审核后的银行存款收付款及现金付款凭证，按照业务发生的先后次序逐日逐笔登记。每日终了应结出余额，并且定期与银行对账单核对记录。

【例2-8】 企业销售甲产品400件，每件200元，货款已收存银行。

借：银行存款	90 400	
贷：主营业务收入		80 000
应交税费——应交增值税(销项税额)		10 400

【例2-9】 企业收回A公司前欠货款56 000元，货款已存银行。

借：银行存款	56 000	
贷：应收账款		56 000

【例2-10】 企业年末以银行存款向税务部门缴纳所得税90 000元。

借：应交税费——应交所得税	90 000	
贷：银行存款		90 000

四、银行存款的清查

银行存款的清查是指把企业银行存款日记账的账面余额与其开户银行转来的对账单

余额进行核对。银行存款日记账与银行对账单核对出现不一致的原因有：

(1) 企业和银行任一方或双方记录错误；

(2) 出现未达账项。

未达账项是指企业与银行一方已经入账，而另一方由于未收到结算凭证尚未入账的款项。未达账项通常要编制“银行存款余额调节表”进行调节。未达账项一般有四种情况：

(1) 企业已收款入账而银行尚未收款入账；

(2) 企业已付款入账而银行尚未付款入账；

(3) 银行已收款入账而企业尚未收款入账；

(4) 银行已付款入账而企业尚未付款入账。

【例 2-11】 企业 2020 年 3 月 31 日的银行存款日记账余额为 15 640 元，同日银行对账单余额为 16 200 元。经逐笔核对，发现如下未达账项：

① 3 月 29 日企业委托银行代收的一笔款项 5 200 元，银行已入账，尚未通知企业；

② 3 月 28 日银行代划企业本月电话费 640 元，银行已入账，企业未接到通知；

③ 3 月 28 日企业出售产品收取一张转账支票，金额 4 800 元，企业已入账，银行尚未入账；

④ 3 月 29 日企业开出一张转账支票购买办公用品，金额 800 元，企业已入账，银行尚未入账。

要求：根据上述资料编制“银行存款余额调节表”。

表 2-1 银行存款余额调节表

2020 年 3 月 31 日

项 目	金 额	项 目	金 额
银行存款日记账余额	15 640	银行对账单余额	16 200
加：银行已收、企业未收	5 200	加：企业已收、银行未收	4 800
减：银行已付、企业未付	640	减：企业已付、银行未付	800
调整后余额	20 200	调整后余额	20 200

需要指出的是，银行存款余额调节表只是为了核对账目，并不能作为调整银行存款账面余额的原始凭证，只有等结算凭证到达企业，未达账项有原始凭证之后才能进行相应的账务处理。

【例 2-12】 在下列各项中，企业银行存款日记账余额会小于银行对账单余额的有(　　)。

A. 企业开出支票，对方未到银行兑现

B. 银行误将其他公司的存款计入本企业银行存款账户

C. 银行代扣水电费，企业尚未接到通知

D. 银行收到委托收款结算方式的结算款项，企业尚未收到通知

【答案】 A、B、D

【问题与思考】

未达账通常有哪几种情况？

第三节　其他货币资金

一、其他货币资金的范围

其他货币资金是指企业库存现金、银行存款以外的各种货币资金。主要包括外埠存款、银行本票存款、银行汇票存款、信用证保证金存款、信用卡存款和存出投资款等。

二、其他货币资金的核算

其他货币资金通过“其他货币资金”科目进行核算，按其他货币资金的内容设置明细科目进行核算。

(一) 外埠存款

外埠存款是指企业到外地进行临时或零星采购时，汇往采购地银行开立采购专户的款项。该采购专户只付不收，付完即结束。企业将款项汇往外地开立采购专用账户时，借记“其他货币资金——外埠存款”科目，贷记“银行存款”科目。收到采购人员转来供应单位发票账单等时，借记“材料采购”等科目，贷记“其他货币资金——外埠存款”科目。采购完毕收回剩余款项时，借记“银行存款”等科目，贷记“其他货币资金——外埠存款”科目。

【例 2-13】 某企业委托当地开户银行汇款 50 000 元给采购地银行开立专户时：

借：其他货币资金——外埠存款	50 000	
贷：银行存款		50 000
收到购货发票时：		
借：材料采购	40 000	
应交税费——应交增值税(进项税额)	5 200	
贷：其他货币资金——外埠存款		45 200
多余外埠存款转回当地银行时：		
借：银行存款	4 800	
贷：其他货币资金——外埠存款		4 800

(二) 银行汇票存款与银行本票存款

银行汇票存款是指企业为取得银行汇票，按照规定存入银行的款项。银行本票存款是指企业为取得银行本票，按照规定存入银行的款项。企业向银行申请办理银行汇票存入款项时，借记“其他货币资金——银行汇票”科目，贷记“银行存款”科目。企业用银行汇票支付款项时，借记“材料采购”等科目，贷记“其他货币资金——银行汇票”科目。采购完毕收回剩余款项时，借记“银行存款”等科目，贷记“其他货币资金——银行汇票”科目。企业向银行申请办理银行本票存入款项时，借记“其他货币资金——银行本票”科目，贷记“银行存款”科目。企业用银行本票支付款项时，借记“材料采购”等科目，贷记“其他货币资金——银行本票”科目。采购完毕收回剩余款项时，借记“银行存款”等科目，贷记“其他货币资金——银行本票”科目。

【例 2-14】 企业填制“银行汇票委托书”将 10 000 元存入银行，取得银行汇票。

借：其他货币资金——银行汇票 10 000
　　贷：银行存款 10 000

企业用上述银行汇票支付不含税材料价款 7 000 元，增值税税率 13%。

借：材料采购 7 000
　　应交税费——应交增值税(进项税额) 910
　　贷：其他货币资金——银行汇票 7 910

企业收到开户银行转来银行汇票存款 2 090 元。

借：银行存款 2 090
　　贷：其他货币资金——银行汇票 2 090

(三) 信用证存款

信用证存款是指企业存入银行信用证保证金专户的款项。企业将信用证保证金交存银行时，借记“其他货币资金——信用证保证金”科目，贷记“银行存款”科目。企业接到开证行通知时，借记“材料采购”等科目，贷记“其他货币资金——信用证保证金”科目。将未用完的信用证存款转回开户银行时，借记“银行存款”等科目，贷记“其他货币资金——信用证保证金”科目。

【例 2-15】企业因业务需要向银行申请给境外供货单位开出信用证保证金 50 000 元。

借：其他货币资金——信用证保证金 50 000
　　贷：银行存款 50 000

收到境外供货单位信用证结算凭证及发票：

借：材料采购 40 000
　　应交税费——应交增值税(进项税额) 5 200
　　贷：其他货币资金——信用证保证金 45 200

企业收到未用完信用证保证金余额：

借：银行存款 4 800
　　贷：其他货币资金——信用证保证金 4 800

(四) 信用卡存款

信用卡存款指企业为取得信用卡，按照规定存入银行的款项。企业向银行交存款项后，借记“其他货币资金——信用卡”科目，贷记“银行存款”科目。企业用信用卡购物或支付有关费用，借记有关账户，贷记“其他货币资金——信用卡”账户。

【例 2-16】 企业从基本存款账户开出转账支票 100 000 元转入信用卡账户。

借：其他货币资金——信用卡 100 000
　　贷：银行存款 100 000

购物后根据购单与付款凭证

借：管理费用——办公费　　　　　　　　800
　　贷：其他货币资金——信用卡　　　　　　　800

(五) 存出投资款

企业向证券公司转出资金时，贷记“银行存款”账户。购买股票、债券时，按实际发生的金额借记“交易性金融资产”等账户，贷记“银行存款”账户。

【例 2-17】 2020 年 3 月 20 日，企业将银行存款 30 000 元存入证券公司准备进行股票投资。3 月 25 日买入股票，价款 25 000 元。

借：其他货币资金——存出投资款　　　　30 000
　　贷：银行存款　　　　　　　　　　　　　30 000
借：交易性金融资产　　　　　　　　　　25 000
　　贷：其他货币资金——存出投资款　　　　25 000

【例 2-18】 下列各项中，属于其他货币资金的有(　　)。

A. 备用金　　B. 存出投资款　　C. 银行承兑汇票　　D. 银行汇票存款

【答案】 B、D

【问题与思考】

“其他货币资金”科目如何填列会计报表？

本 章 小 结

现金有广义和狭义之分。在我国会计实务中，现金指库存现金，即人民币现金和外币现金，是狭义现金概念。广义现金即货币资金，是以货币形态存在的资产，包括库存现金、银行存款和其他符合现金定义的票证。

其他货币资金是指企业库存现金、银行存款以外的各种货币资金。主要包括外埠存款、银行本票存款、银行汇票存款、信用证保证金存款、信用卡存款和存出投资款等。

【延伸阅读】

库存现金　cash on hand

银行存款　bank deposit

其他货币资金　other monetary assets

支票　cheque

银行存款余额调节表　bank reconciliation statement

复 习 题

一、单选题

1. 甲股份有限公司 2020 年度正常生产经营过程中发生的下列事项中，不影响其 2020

年度利润表中营业利润的是(　　)。

A. 有确凿证据表明存在某金融机构的款项无法收回

B. 期末计提带息应收票据利息

C. 外币应收账款发生汇兑损失

D. 无法查明原因的现金短缺

2. 下列情形中，不违背《内部会计控制规范——货币资金(试行)》规定的“确保办理货币资金业务的不相容岗位相互分离、制约和监督”原则的是(　　)。

A. 由出纳人员兼任会计档案保管工作

B. 由出纳人员兼任固定资产明细账及总账的登记工作

C. 由出纳人员兼任收入总账和明细账的登记工作

D. 由出纳人员保管签发支票所需全部印章

3. 下列经济业务中，企业不得动用库存现金支付的是(　　)。

A. 支付职工奖金 65 000 元

B. 购买办公用品付款 300 元

C. 预付出差人员携带的差旅费 5 000 元

D. 支付购买设备款 70 200 元

4. 企业用于办理日常转账结算和现金收付的银行存款账户是(　　)。

A. 临时存款账户　　B. 基本存款账户

C. 专用存款账户　　D. 一般存款账户

5. 下列各项中，不得用于支取现金的是(　　)。

A. 现金支票　　B. 注有“现金”字样的银行本票

C. 信用卡(单位卡)　　D. 填有“现金”字样的银行汇票

6. 企业发现现金短缺属于无法查明的其他原因，按照管理权限经批准处理时，应在以下科目核算(　　)。

A. 其他应收款　　B. 管理费用

C. 其他应付款　　D. 财务费用

7. 因临时经营活动需要而开立的账户是(　　)。

A. 专用存款账户　　B. 一般存款账户

C. 临时存款账户　　D. 基本存款账户

8. 现金长、短款在查明原因后应确认损益，长款和短款经批准后应分别记入的科目是(　　)。

A. 管理费用，管理费用　　B. 营业外收入，营业外支出

C. 营业外收入，财务费用　　D. 营业外收入，管理费用

9. 已记入“待处理财产损溢”科目、无法查明原因的现金短缺，经批准后应记入的科目是(　　)。

A. 营业外收入　　B. 管理费用　　C. 销售费用　　D. 营业外支出

10. 企业因到外地临时采购而将款项汇往在采购地银行开立的采购专户时，应当借记(　　)科目。

A. 材料采购　　B. 在途物资　　C. 预付账款　　D. 其他货币资金

二、多选题

1. 按照《内部会计控制规范——货币资金(试行)》的要求，货币资金监督检查的主要内容包括(　　)。

A. 是否存在库存现金超限额的情况

B. 是否存在货币资金支出越权审批的行为

C. 是否存在办理付款业务的全部印章交由一人保管的情形

D. 是否存在票据购买、领用和保管的漏洞

2. 下列未达账项中，会导致企业银行存款日记账的账面余额大于银行对账单余额的有(　　)。

A. 企业送存支票，银行尚未入账

B. 企业开出支票，银行尚未支付

C. 银行代付电话费，企业尚未接到付款通知

D. 银行代收货款，企业尚未接到收款通知

3. 下列各项中，应通过“其他货币资金”科目核算的有(　　)。

A. 银行汇票存款　　B. 信用卡存款

C. 外埠存款　　D. 存出投资款

4. 按照《支付结算办法》的规定，采用托收承付结算方式时购货企业的承付期是(　　)。

A. 3天　　B. 15天　　C. 7天　　D. 10天

5. 下列业务中允许使用现金的是(　　)。

A. 职工工资、津贴

B. 根据国家规定颁发给个人的科学技术、文化艺术、体育等各种奖金

C. 出差人员必须随身携带的差旅费

D. 支付大额购货款

6. 中国人民银行《支付结算办法》中规定的结算纪律包括(　　)。

A. 不准超出库存现金限额保留现金

B. 不准签发、取得和转让没有真实交易和债权债务的票据

C. 不准无理拒绝付款

D. 不准违反规定开立和使用账户

7. 以下不会影响营业利润的业务有(　　)。

A. 期末计提带息应收票据利息

B. 无法查明原因的现金短缺

C. 无法查明原因的现金溢余

D. 有确凿证据表明存在某金融机构的款项无法收回

8. 以下不符合企业规定的做法有(　　)。

A. 因吸收存款单位已宣告破产导致其存款的损失部分计入营业外支出

B. 属于无法查明的其他原因导致现金短缺，经批准处理后计入管理费用

C. 已经存入证券公司并进行了短期投资的现金，计入其他货币资金

D. 属于无法查明的其他原因导致现金溢余，经批准处理后冲减管理费用

9. 下列项目中，属于未达账项的有(　　)。

A. 银行代企业支付电话费 5 400 元，并登记企业银行存款减少 5 400 元，但企业在收到银行付款通知后，将银行存款减少额登记为 3 400 元

B. 企业赊销商品，按购货协议于 60 天后收取

C. 企业将收取的转账支票送存银行，并登记银行存款增加，但银行尚未记账

D. 企业开出转账支票，并登记银行存款减少，但收款单位尚未持票到银行办理转账，银行尚未记账

10. 按照《现金管理暂行条例》规定，下列支出可以使用现金的有(　　)。

A. 王某出差预借差旅费 1200 元　　B. 购买办公用品 500 元

C. 购买一台设备，价值 10 万元　　D. 向个人收购农副产品款 1500 元

三、判断题

1. 企业到外地进行零星或临时采购，汇往采购地银行开立采购专户的款项，应借记“其他货币资金——外埠存款”科目，贷记“银行存款”科目。

2. 银行存款余额调节表是用来核对账目的，不能作为记账的凭证。

3. 将现金存入银行或从银行提取现金可以编制付款凭证，也可编制收款凭证。

4. 企业以其出纳员的名义在银行开立了账户，存入单位资金。

5. 企业内部各部门周转使用的备用金，应在“其他应收款”科目核算，或单独设置“备用金”科目核算。

6. 银行汇票存款结算后余额只能从收款单位收取，不能从银行转回。

7. 我国会计上所说的现金仅指企业库存的人民币现金，不包括外币现金。

8. 企业采购商品或接受劳务采用银行汇票结算时，应通过“应付票据”科目核算。

9. 任何情况下，企业都不准坐支现金。

10. 权责发生制基础下，企业本期付出的现金或银行存款一定与本期费用相关。

四、计算题

1. 甲企业 2020 年 4 月发生经济业务如下：

(1) 4 月 2 日，出纳员开出现金支票 3 000 元，补充库存现金；

(2) 4 月 4 日，审计部报销办公用品款，以现金支付 160 元；

(3) 4 月 7 日，李某出差预借差旅费 1 000 元，以现金支付；

(4) 4 月 18 日，李某出差回来，报销差旅费 850 元。

要求：根据上述业务编制会计分录。

2. 甲公司于 2020 年 3 月末收到某银行转来对账单，对账单余额为 25 000 元，公司在该银行的银行存款余额为 16 000 元。经查，存在下列未达账项：

(1) 企业于月末存入银行的转账支票 2 000 元，银行尚未入账；

(2) 委托银行代收的销货款 12 000 元，银行已经收到入账，企业尚未收到银行的收款通知；

(3) 银行代付本月电话费 4 000 元，企业尚未收到银行的付款通知；

(4) 企业于月末开出转账支票 3 000 元，持票人尚未到银行办理转账手续。

要求：根据资料填写下列银行存款余额调节表。

表 2-2　银行存款余额调节表

2020 年 3 月 31 日

项　目	金　额	项　目	金　额
银行对账单余额		企业存款日记账余额	
加：企业已收银行未收款项		加：银行已收企业未收款项	
减：企业已付银行未付款项		减：银行已付企业未付款项	
调节后余额		调节后余额	

3. 甲公司进行现金清查，发现短款 100 元，经查系出纳人员失责造成，应由出纳人员赔偿。

要求：请进行相关的账务处理。

4. 甲公司到外地采购原材料，开立临时采购账户，委托银行将 60 000 元汇往采购地银行开立的采购专户。采购员以外埠存款购买材料，价款 40 000 元，增值税 5 200 元，货款共计 45 200 元，材料已验收入库。采购结束后，外埠存款清户，余款 14 800 元收妥入账。

要求：请进行相关的账务处理。

5. 乙企业 2020 年 5 月发生经济业务如下：

(1) 5 月 9 日，对现金进行清查，发现现金短款 200 元。期末无法查明原因，经批准计入当期费用。

(2) 5 月 17 日，由当地银行汇往 B 市某银行临时采购货款 40 000 元。

(3) 5 月 20 日，在 B 市购买原材料，增值税专用发票注明价款 30 000 元，增值税 3 900 元，材料尚未运到。转回临时采购账户剩余存款。

要求：根据上述业务编制会计分录。

第三章　应收及预付款项

【内容提要】

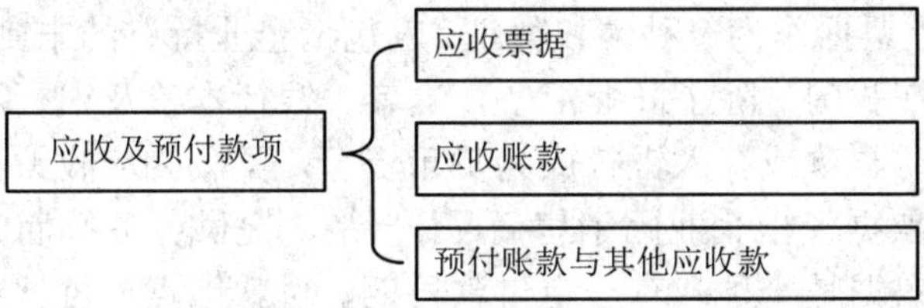

【学习目标】

1. 了解应收票据和应收账款的相关概念；
2. 熟悉应收票据的分类；
3. 掌握应收票据贴现和转让的会计处理；
4. 掌握应收账款的会计处理。

【导入案例】

2020 年 10 月 31 日，甲公司公布最新的三季报，公司前三季度业绩同比稍微有所下降，但从环比来看，三季度营收和净利下滑明显。其中，甲公司在三季度实现营收 87.33 亿元，实现净利润 8.9 亿元，同比下降 33.57%，创下自 2018 年以来的三季度新低。2018 年和 2019 年甲公司在三季度分别盈利 13.34 亿元和 13.38 亿元。环比来看，与二季度实现营收 142 亿元、净利 23.54 亿元，一季度业绩降幅大幅收窄的态势相比，三季度甲公司营收和净利方面降幅均加大。在甲公司公布的财报中，前三季度公司的应收账款达到 256 亿元，与年初的 189 亿元相比，上涨 35.59%，占总资产 28.8%，已超过 2019 年全年应收账款占比达 24%的水平。此外，甲公司前三季度的经营性现金流仅为 8 350 万元，与年初近 1.8 亿元的现金流相比，下降 95.3%。对此，甲公司方面称是 2020 年以来公司销售规模下降，货款回收减少所致。有外界分析称，在上半年净利大幅下滑的情况下，甲公司应收账款激增，同时经营性现金流大幅下降，显示目前机械工程行业困难，企业从客户手里回笼资金的压力较大，公司财务存在一定风险。

思考：分析应收账款增加和减少的原因有哪些？并做出相应的会计处理。

应收及预付款项是指企业在生产经营过程中因业务往来而发生的应向其他单位或个

人收回的各种债权，包括应收票据、应收账款、预付账款、其他应收款、应收股利和应收利息等。应收及预付款项是企业的主要流动资产之一，应归属于在活跃市场中没有报价且回收金额固定或可确定的非衍生金融资产，其管理状况直接影响着企业的资产质量和资产营运能力。

第一节　应收票据

一、应收票据概述

(一) 应收票据的性质

从广义上讲，应收票据作为一种债权凭证，应包括企业持有的未到期或未兑现的汇票、本票和支票等，但是在我国，除了商业汇票，支票、银行本票及银行汇票等均为见票即付的即期票据，可以及时收款或存入银行成为货币资金，不列为应收票据核算。因此，在我国会计实务中，应收票据仅指企业因销售商品(产品)、提供劳务等而收到的，尚未到兑现期的商业汇票。商业票据是一种载有一定付款日期、付款地点、付款金额和付款人的无条件支付的流通证券，也是一种可以由持票人自由转让给他人的债权凭证。

根据我国现行法律的有关规定，商业汇票的期限一般不得超过 6 个月，因此我国的应收票据是一种流动资产。

(二) 应收票据的分类

(1) 按照票据是否带息，商业汇票可分为带息票据和不带息票据。

带息票据是指商业汇票到期时，承兑人除了向收款人或被背书人支付票面金额款，还应按票面金额和票据规定的利息率支付自票据生效日起至票据到期日止的利息的商业汇票。不带息票据是指商业汇票到期时，承兑人只按票面金额向收款人或被背书人支付票面款项的票据。

(2) 按照票据承兑人的不同，商业汇票可分为银行承兑汇票和商业承兑汇票。

承兑是汇票付款人承诺在汇票到期日支付汇票金额的票据行为，商业汇票必须经承兑后方可生效。银行承兑汇票的承兑人是承兑申请人的开户银行，商业承兑汇票的承兑人是付款企业。

(3) 按照票据是否带有追索权，商业汇票分为带追索权的商业汇票和不带追索权的商业汇票。

追索权是指企业在转让应收款项的情况下，接受方在应收款项遭拒付或逾期时，向该转让方索取应收金额的权利。在我国，商业票据可以背书转让，持票人可以对背书人、出票人以及票据的其他债务人行使追索权。

(三) 应收票据的计价

对于应收票据入账价值的确定一般有两种方法：一种是按面值入账，另一种是面值的现值入账。前者比较简单、实用，后者比较科学、合理。在我国，由于商业汇票的期限较短，一般不超过6个月，利息金额相对来说不大，为了简化会计核算，企业收到的商业汇票应以面值入账。对于带息的应收票据，为了及时反映因应收票据而产生的利息收入，应于会计期末(指中期期末和年度终了)按面值与票面利率计算的利息金额，增加应收票据的账面余额或者单独列项反映。我国会计准则采用增加应收票据的账面余额的方法。

二、应收票据的核算

企业应当设立“应收票据”科目核算销售商品(产品)、提供劳务等收到承兑的商业汇票。企业应设置“应收票据备查簿”，逐笔记录应收票据的种类、号数、出票日期、票面金额、票面利率、交易合同、付款人、承兑人、背书人姓名、单位名称、到期日、背书转让日、贴现日期、贴现率、贴现净额、未收款日期、收回金额、退票情况等事项。应收票据到期结清票款或退票后，应在“应收票据备查簿”内逐笔注销。

(一) 应收票据的取得

企业因销售商品(产品)、提供劳务等收到承兑的商业汇票时，应按票面金额借记“应收票据”科目，按确认的营业收入，贷记“主营业务收入”“应交税费——应交增值税(销项税额)”等科目。

【例 3-1】 甲公司向乙公司销售一批产品，价款 50 000 元，增值税 6 500 元，收到由乙公司承兑的商业承兑汇票一张，金额共计 56 500 元。甲公司编制会计分录如下：

借：应收票据　　56 500
　　贷：主营业务收入　　50 000
　　　　应交税费——应交增值税(销项税额)　　6 500

【例 3-2】 甲公司向乙公司销售产品的应收货款共计 67 800 元(其中产品价款 60 000 元，增值税 7 800 元)，经双方协商，采用商业汇票方式结算，甲公司收到银行承兑汇票一张。

借：应收票据　　67 800
　　贷：应收账款　　67 800

(二) 应收票据持有期间的计息

对于带息商业汇票，如果商业汇票的出票日和到期日不在同一会计年度，企业应按权责发生制，于会计期末计算已产生的应收而未收利息收入，并作为应收票据的增加额，借记“应收票据”科目，贷记“财务费用”科目。至于企业于月末、季末，还是年末对持有的应收票据计提票据利息，应根据企业采取的会计政策而定。如果应收票据的利息金额较大，对企业财务成果有较大影响的，应按月计提利息；如果应收票据的利息金额不大，对企业财务成果的影响较小，可以于季末或年末计提应收票据的利息；如果应计利息金额极小，企业至少应于会计年末计提持有商业汇票的利息，以便正确计算企业的财务成果。

【例 3-3】 某公司 2020 年 9 月 1 日采用商业汇票结算方式销售一批产品，发票上注明的销售收入为 100 000 元，增值税为 13 000 元，企业当即收到带息商业承兑汇票一张，期限为 6 个月，到期日为 2021 年 3 月 1 日，票面利率为 8%。按企业会计政策规定，企业于年末计提应收票据的利息。

① 2020 年 9 月 1 日收到商业承兑汇票时：

借：应收票据　113 000

　贷：主营业务收入　100 000

　　应交税费——应交增值税(销项税额)　13 000

② 2020 年 12 月 31 日计提应收票据利息 3 013 元：

113 000 × 8% ÷ 12 × 4 = 3 013 (元)

借：应收票据　3 013

　贷：财务费用　3 013

(三) 应收票据到期

1. 到期日的确定

应收票据的到期日应按不同的约定方式来确定，可以按年、月或日计算。在实务中，一般按月和按日两种比较常用。

票据期限按月表示时，应以足月为标准，票据的期限不考虑各月份的实际天数，以到期月份的对应日为到期日。当出票日为月末时，以到期月份的最后一日为到期日。若到期月份无此日，应按到期月份的最后日确定。票据期限按月表示时，带息票据的利息应按票面金额、票据期限(月数)和月利率计算。

票据期限按日表示时，票据的期限不考虑月数，统一按票据的实际天数计算。计算时，应以足日为标准，对于出票日和到期日，按照“算头不算尾”或“算尾不算头”的方法确定。票据期限按日表示时，带息票据的利息应按票面金额、票据期限(天数)和日利率计算。

【例 3-4】 2020 年 7 月 18 日开出的期限为 60 天的票据，其到期日的计算如下：

第一种：“算头不算尾”

7 月：31 − 18 + 1 = 14 天

8 月：31 天

9 月：15 天

合计：60 天

第二种：“算尾不算头”

7 月：31 − 18=13 天

8 月：31 天

9 月：16 天

合计：60 天

所以到期日为 9 月 16 日。

2. 到期价值的确定

应收票据的到期价值即商业汇票到期时的全部应收金额。对于不带息票据，票据到期值 = 票据面值；对于带息票据，票据到期值 = 票据面值 + 票据利息 = 票据面值 × (1 + 票面利率 × 票据期限)，利率一般以年利率表示，票据期限则用月或日表示，在实际业务中，为了计算方便，全年按 360 天计算，每个月不分实际天数，均按 30 天计算。

【例 3-5】 某公司持有一张面值为 113 000 元的商业汇票，年利率为 9%，票据的出票日为 3 月 31 日，票据期限 4 个月，到期日为 7 月 31 日。则：

应收票据利息 = 113 000 × 9% ÷ 12 × 4 = 3 390 (元)

票据到期值 = 113 000 + 3 390 = 116 390 (元)

【例 3-6】 某公司持有一张面值为 40 000 元、年利率为 8.5%的商业汇票，出票日为 1 月 31 日，期限为 90 天，到期日为 5 月 1 日。则：

应收票据利息 = 40 000 × 8.5% ÷ 360 × 90 = 850 (元)

票据到期值 = 40 000 + 850 = 40 850 (元)

3. 应收票据到期的账务处理

应收票据到期收回时，应分别按以下情况进行账务处理：

(1) 不带息的应收票据到期收回时，按收到的票面金额，做如下会计分录：

借：银行存款

　　贷：应收票据(票据的面值)

(2) 带息的应收票据到期收回时，应按收到的本息，做如下会计分录：

借：银行存款(票据的面值 + 应收的利息)

　　贷：应收票据(票据的账面价值，即票据的面值 + 已计提的利息)

　　　　财务费用(收到的尚未计提的利息)

(3) 商业承兑汇票到期，承兑人违约拒付或无力偿还票款，收款企业应将到期票据的账面价值转入应收账款，尚未计提的利息在实际收到时计入当期损益。做如下会计分录：

借：应收账款

　　贷：应收票据(票据的账面价值，即票据的面值+已计提的利息)

【例 3-7】 甲公司 2020 年 10 月 1 日销售一批产品给乙公司，货已发出，发票上注明的销售收入为 100 000 元，增值税为 13 00 元。甲公司收到乙公司交来的商业承兑汇票一张，期限为 6 个月，票面利率为 10%。甲公司有关账务处理如下：

① 收到票据时：

借：应收票据　　113 000

　　贷：主营业务收入　　100 000

　　　　应交税费——应交增值税(销项税额)　　13 000

② 年度终了(2020 年 12 月 31 日)，计提票据利息：

应计提的票据利息 = 113 000 × 10% ÷ 12 × 3 = 2 825 (元)

借：应收票据　　2 825

　　贷：财务费用　　2 825

③ 票据到期时甲公司的会计处理：

收款金额 = 113 000 × (1 + 10% ÷ 12 × 6) = 118 650 (元)

尚未计提的票据利息 = 113 000 × 10% × 3 ÷ 12 = 2 825 (元)

借：银行存款　　118 650

　　贷：应收票据　　115 825

　　　　财务费用　　2 825

④ 若票据到期时乙公司无力付款，则甲公司的会计处理如下：

借：应收账款　　115 825

　　贷：应收票据　　115 825

(四) 应收票据的贴现

企业收到商业汇票，如在票据未到期前急需资金，可以持未到期的商业汇票向银行申请贴现。贴现是指企业将未到期的商业汇票经过背书后交给银行，银行从票据的到期价值中，扣除按一定利率计算的从贴现日至票据到期日的利息后，将余额付给票据持有人的行为。票据贴现实质上是一种融通资金的行为，在贴现中，企业给银行的利息称为贴现息，所用的利率称为贴现率，票据到期值与贴现息之差称为贴现净额。

贴现的步骤如下：

第一步，计算应收票据的到期价值。

第二步，计算贴现息。

$$贴现息 = 票据到期价值 \times 贴现率 \times 贴现天数 \div 360$$

贴现天数是指自贴现日起至票据到期前一日止的实际天数，在贴现日和票据到期日这两天中，只计算其中的一天。无论商业汇票的到期日按日表示还是按月表示，贴现期一律按实际贴现天数计算。

第三步，计算贴现净额。

$$贴现净额 = 票据到期价值 - 贴现息$$

按照中国人民银行《支付结算办法》的规定，实付贴现金额按票面金额扣除贴现日至汇票到期前一日的利息计算。承兑人在异地的，贴现利息的计算应另加 3 天的划款日期。

商业承兑汇票贴现后可能使企业被追索而发生或有负债。按照我国企业会计准则，企业持有未到期的商业汇票向银行贴现，符合金融资产终止确认条件的(将金融资产所有权上几乎所有的风险和报酬转移给转入方)，应终止确认该金融资产(如银行承兑汇票的贴现)；不符合金融资产终止确认条件的(如商业承兑汇票贴现)，作为取得短期借款处理，因贴现而产生的或有负债，通过报表附注披露予以反映。

企业持未到期的应收票据向银行办理贴现时的账务处理如下：

(1) 符合金融资产终止确认条件的商业汇票贴现(如银行承兑汇票贴现)，企业应做如下会计分录：

借：银行存款(实际收到的金额，即票据到期价值 − 贴现息)

　　财务费用(差额)(或贷记)

　　贷：应收票据(应收票据的账面价值，即票据面值 + 已计提的票据利息)

(2) 不符合金融资产终止确认条件的(如商业承兑汇票贴现)，企业应做如下会计分录：

借：银行存款(实际收到的金额，即票据到期价值 − 贴现息)

　　财务费用(短期借款——利息调整)(差额)

　　贷：短期借款(应收票据的到期值)

【例 3-8】 某公司于 2020 年 5 月 2 日持出票日为 3 月 23 日、期限为 6 个月、面值为 50 000 元的不带息银行承兑汇票到银行申请贴现，银行规定的年贴现率为 12%。

贴现天数 = 29 + 30 + 31 + 31 + 23 = 144 (天)

贴现息 = 50 000 × 12% ÷ 360 × 144 = 2 400 (元)

贴现净额 = 50 000 − 2 400 = 47 600 (元)

借：银行存款	47 600	
财务费用	2 400	
贷：应收票据		50 000

若贴现的汇票为商业承兑汇票，即附追索权，该公司应分别编制会计分录如下：

借：银行存款　47 600
　　财务费用　2 400
　　贷：短期借款　50 000

(五) 应收票据的转让

企业可以将持有的商业汇票背书转让。背书是指在票据背面或者粘单上记载有关事项并签章的票据行为。票据被拒绝承兑、被拒绝付款或者超过付款提示期的，不得背书转让。背书转让的，背书人应当承担票据责任。企业将持有的应收票据背书转让，以取得所需物资时，应计入取得物资成本的价值，借记"在途物资""材料采购""原材料"或"库存商品"等科目；按专用发票上注明的增值税税额，借记"应交税费——应交增值税(进项税额)"科目；按应收票据的账面余额，贷记"应收票据"科目：若有差额，借记或贷记"银行存款"等科目。

借：原材料等(材料的实际成本)
　　应交税费——应交增值税(进项税额)
　　贷：应收票据(票据的账面价值)
　　　　财务费用(至转让日止尚未计提的票据利息)
　　　　银行存款(企业补付的差款)

【例 3-9】 某公司采购一批材料，货款总计 11 300 元(其中材料价款 10 000 元，增值税 13 00 元)，将票据金额为 12 000 元的不带息商业承兑汇票背书转让，以支付该批材料的货款，同时收到差额款 700 元存入银行。

借：原材料　10 000
　　应交税费——应交增值税(进项税额)　1 300
　　银行存款　700
　　贷：应收票据　12 000

第二节　应 收 账 款

一、应收账款概述

应收账款是企业因对外销售商品(产品)、提供劳务等经营活动而应向客户收取的款项。从应收账款的回收期来看，应收账款是应在 1 年(可跨年度)内收回的短期债权。在资产负债表上，应收账款应列为流动资产项目。

二、应收账款的核算

一般来说，应收账款应按买卖双方成交时的实际发生额入账，其核算的内容包括销售货物或提供劳务的价款、销项税额以及代购买方垫付的包装费和运杂费等。但企业为了及时回笼货款，在销售时往往实行折扣政策，为了确保货物的销售以及与客户建立商业信用，对已销的商品、产品可能实行折让或退回制度等。此类事项的发生，会不同程度地影响应收账款及相应的销货收入的计价。

(一) 商业折扣

商业折扣是指销货企业为了鼓励客户多购商品，在商品标价上给予的扣除。一般用百分比来表示，如5%、10%、20%等。商业折扣对应收账款的入账价值没有什么实质性的影响，企业按扣除商品折扣后的净额确认应收账款。

【例 3-10】 某公司销售甲商品，商品价目单中所列示的价格为每件100元，现销售200件，并给予购买方5%的商业折扣。则该企业销售甲商品的实际销售单价为95元/件(100 × (1 − 5%))，销售200件的价款共计19 000元(95 × 200)，应收取的增值税销项税额为2 470元，共计21 470元。

借：应收账款　　21 470
　　贷：主营业务收入　　19 000
　　　　应交税费——应交增值税(销项税额)　　2 470

实际收到货款时：

借：银行存款　　21 470
　　贷：应收账款　　21 470

(二) 现金折扣

现金折扣是指销货企业为了鼓励客户在一定期间内早日偿还货款，对销售价格所给予的一定比率的扣减。现金折扣通常发生在以赊销方式销售商品及提供劳务的交易中。现金折扣对于销货企业来说，称为销货折扣；对于购货企业来说，则称为购货折扣。现金折扣一般用2/10，1/20，n/30等表示，其内容分别为10天内付款给予2%的折扣、20天内付款给予1%的折扣、30天内付款无折扣。

现金折扣实质上是企业为了尽早收到销货款所采取的一种激励手段，并随时间的推延而变化，属于交易价格中的可变对价，在会计上可对销售收入进行调整。具体方法是：附有现金折扣条件的商品赊销时，将应收账款总额扣除估计可能发生的现金折扣后的余额记入“应收账款”科目，将不含增值税的交易总价格扣除估计的现金折扣后的余额确认为主营业务收入，按照不扣除现金折扣的不含增值税的交易总价格和适用的增值税税率确定的增值税额记入“应交税费——应交增值税(销项税额)”科目。资产负债表日，新估计可能收到的对价金额，如果实际收款时间晚于估计的收款时间，客户因此丧失的现金折扣额作为可变对价，调增应收账款和主营业务收入；如果实际收款时间早于估计的收款时间，客户享受了现金折扣，则按实际享受的现金折扣大于估计的现金折扣的金额减少应收账款和主营业务收入。

【例 3-11】 甲企业根据发生的有关应收账款的经济业务，编制相关会计分录。

① 该企业赊销甲产品，合同规定的客户付款期为企业交付货物后30天内，付款条件为“2/20，n/30”，按含增值税的价款计算现金折扣。当日开出增值税专用发票，发票上注明的不含税价款为50 000元，增值税为6 500元。价税合计为56 500元。公司依客户以往付款情况的经验及客户现实经营状况，估计客户很可能在20天内结清全部款项，并很有可能获得1 130元(56 500 × 2%)的现金折扣。

借：应收账款 55 370

　　贷：主营业务收入 48 870

　　　　应交税费——应交增值税(销项税额) 6 500

② 如果客户于20天内付款，则获得1 130元的现金折扣，实际收到货款55 370元存入银行。

借：银行存款 55 370

　　贷：应收账款 55 370

③ 如果商品销售后20天内客户未能付款，则无法获得现金折扣。

借：应收账款 1 130

　　贷：主营业务收入 1 130

④ 如果30天内客户仍未付款，则将应收账款56 500元做逾期处理，并估计可能的坏账。

(三) 应收账款的减值

企业的应收账款可能由于种种原因而不能收回，这些不能收回或者收回可能性很小的应收账款称为坏账，由于坏账的发生而给企业造成的损失称为坏账损失或坏账费用。根据我国企业会计准则的有关规定，企业期末对应收款项进行减值测试，有客观证据表明其发生了减值的，应当根据其未来现金流量现值低于其账面价值的差额，确认减值损失。

一般符合下列条件之一，即可认为发生了坏账：

(1) 债务人被依法宣告破产、撤销，其剩余财产确实不足清偿的应收款项；

(2) 债务人死亡或依法被宣告死亡、失踪，其财产或遗产确实不足清偿的应收款项；

(3) 债务人遭受重大自然灾害或意外事故，损失巨大，以其财产(包括保险赔偿)确实无法清偿的应收款项；

(4) 债务人逾期未履行偿债义务，经法院裁决，确实无法清偿的应收款项；

(5) 超过法定年限以上(一般为3年)仍未收回的应收款项；

(6) 法定机构批准可核销的应收款项。

企业应当设置“信用减值损失”科目核算坏账损失，核算坏账的方法有直接转销法和备抵法。

1. 直接转销法

直接转销法是在实际发生坏账时，直接冲销应收账款，并确认坏账损失，借记“信用减值损失”科目，贷记“应收账款”科目。

在直接转销法下，已确认为坏账的应收账款因债务人经济状况好转等原因又全部或部分收回时，为了通过“应收账款”的账簿记录反映债务人的偿债信誉，首先按收回的金额冲销原确认坏账的会计分录，然后再反映应收账款的收回。借记“应收账款”科目，贷记“信用减值损失”科目；同时借记“银行存款”等科目，贷记“应收账款”科目。

【例3-12】 某企业根据发生的有关坏账的经济业务，编制相关会计分录。

① 应收甲公司的账款共计35 000元，已确认无法收回。

借：信用减值损失 35 000

　　贷：应收账款 35 000

② 已经确认为坏账的应收甲公司账款中，又收到2 000元。

借：应收账款　　2 000

　　贷：信用减值损失　　2 000

同时：

借：银行存款　　2 000

　　贷：应收账款　　2 000

2. 备抵法

备抵法是每个会计期间末，根据应收款项收回的可能性估计可能发生的坏账损失，并计提坏账准备，当某一应收款项全部或部分被确认为坏账时，将其金额冲减坏账准备并相应转销应收款项的方法。

在备抵法下，企业应设置“坏账准备”科目。该科目是各种应计提坏账准备的应收款项的备抵调整科目。“坏账准备”科目的贷方登记当期计提的坏账准备、收回已转销的应收账款而恢复的坏账准备，借方登记实际发生的坏账损失金额和冲减的坏账准备金额，期末贷方余额反映企业已计提但尚未转销的坏账准备。

坏账准备可按以下公式计算：

当期应计提的坏账准备＝当期按应收款项计算的坏账准备金额±
“坏账准备”科目的贷方(或借方)余额

根据我国会计准则，应计提坏账准备的范围主要包括应收账款、应收票据、预付账款、其他应收款等。本节主要以应收账款为例说明坏账的核算方法。采用备抵法核算应收账款的坏账，必须采用一定的方法合理估计各会计期间的坏账损失。坏账损失的确定应按金融资产减值模型加以确定。

对于应收账款的预期信用损失，企业可以在不违反《企业会计准则第22号——金融工具的确认和计量》有关规定(金融工具预期信用损失计量方法应反映的要素)的前提下，采用简便方法计量预期信用损失。如企业可根据应收账款历史信用损失经验数据，编制应收账款逾期天数与固定坏账准备率对照表(比如，若未逾期坏账准备率为1%；若逾期天数为1～30(不含)日，坏账准备率为5%；若逾期天数为30～90(不含)日，坏账准备率为10%；若逾期天数为90～180(不含)日，坏账准备率为20%)，以此为基础估计预期信用损失。如果企业对应收账款预期信用损失的历史经验数据表明不同细分客户群体发生损失的情况存在显著差异，那么企业应当对客户群体进行恰当的分组(如按客户的地理区域、信用评级、类型等)，在分组基础上运用上述简便方法。

企业首次计提坏账准备时，根据估计坏账损失的方法估计应计提的坏账准备金额，借记“信用减值损失”科目，贷记“坏账准备”科目。发生坏账时，按实际发生的坏账数额，借记“坏账准备”科目，贷记“应收账款”科目。已经确认坏账的应收账款又收回时，根据收回数额，借记“应收账款”科目，贷记“坏账准备”科目；同时借记“银行存款”等科目，贷记“应收账款”科目。以后各会计期末，估计的坏账损失与“坏账准备”科目的余额有差异时，应对“坏账准备”科目的余额进行调整，使调整后“坏账准备”科目的贷方余额与估计的坏账数额一致。调整“坏账准备”科目贷方余额时，有以下三种情况：

第一种情况：调整前的“坏账准备”科目为借方余额，该余额表明本期实际发生的坏账大于上期估计坏账的差额。此时，应按本期估计的坏账加上调整前“坏账准备”科目的借方余额之和作为计提坏账准备的数额，借记“信用减值损失”科目，贷记“坏账准备”科目。

第二种情况：调整前的“坏账准备”科目为贷方余额，而且该贷方余额小于本期估计的坏账额。此时，应按“坏账准备”科目贷方余额小于本期估计坏账数额的差额作为计提坏账准备的数额，借记“信用减值损失”科目，贷记“坏账准备”科目。

第三种情况：调整前的“坏账准备”科目为贷方余额，而且该贷方余额大于本期估计的坏账数额。此时，应按“坏账准备”科目贷方余额大于本期估计的坏账数额的差额冲减多计提的坏账准备，借记“坏账准备”科目，贷记“信用减值损失”科目。

【例 3-13】甲公司 2020 年 12 月 31 日应收账款金额、逾期天数和坏账率如表 3-1 所示。

表 3-1　应收账款逾期天数、金额及坏账率和估计损失

2020 年 12 月 31 日　　单位：元

账　龄	应收账款金额	估计损失百分比	估计损失金额
未到期	25 000	1%	250
过期 1 个月	20 000	3%	600
过期 2 个月	15 000	5%	750
过期 3 个月	10 000	7%	700
过期 4 个月	8 000	20%	1 600
过期 5 个月	5 000	50%	2 500
破产或追诉中	2 000	80%	1 600
合　计	85 000		8 000

① 假设提取坏账准备前“坏账准备”账户已有的账面余额为贷方 2 000 元，则本期应计提坏账准备的金额为 6 000 元(8 000 − 2 000 = 6 000)。甲公司应做如下会计分录：

借：信用减值损失　　6 000
　　贷：坏账准备　　6 000

② 假设提取坏账准备前“坏账准备”账户已有的账面余额为借方 2 000 元，则本期应计提坏账准备的金额为 10 000 元(8 000 + 2 000 = 10 000)。甲公司应做如下会计分录：

借：信用减值损失　　10 000
　　贷：坏账准备　　10 000

③ 假设提取坏账准备前“坏账准备”账户已有的账面余额为贷方 12 000 元，则本期应计提坏账准备的金额为 −4 000 元(8 000 − 12 000 = −4 000)。甲公司应做如下会计分录：

借：坏账准备　　4 000
　　贷：信用减值损失　　4 000

第三节　预付账款与其他应收款

一、预付账款

预付账款是指企业按照购货合同规定，预先以货币资金或以货币等价物支付供应单位的款项。对于预付账款业务，企业应设置“预付账款”科目进行核算，并按供应单位设置明细科目进行明细核算。

企业因购货预付款项时，借记“预付账款”科目，贷记“银行存款”科目；收到所购货物时，按应计入材料采购成本的金额，借记“材料采购”“原材料”“库存商品”等科目，按专用发票注明的增值税，借记“应交税费”科目，按发票账单注明的应付金额，贷记“预付账款”科目；补付款项时，借记“预付账款”科目，贷记“银行存款”科目；收到退回的多付款项时，借记“银行存款”科目，贷记“预付账款”科目。

会计实务中，预付账款业务不多时，可以通过“应付账款”科目核算预付账款业务；企业的应付账款业务不多时，也可以通过“预付账款”科目核算应付账款业务。

二、其他应收款

其他应收款是指企业应收票据、应收账款、预付账款、应收股利、应收利息等以外的各种应收及暂付款项。

企业应设置“其他应收款”科目对其他应收款的增减变动进行核算。“其他应收款”科目核算的其他应收及暂付款主要包括：

(1) 应收的各种赔款、罚款；

(2) 应收出租包装物租金；

(3) 应向职工收取的各种垫付款项；

(4) 备用金；

(5) 存出保证金(如租入包装物支付的押金)；

(6) 其他各种应收、暂付款项。

【例 3-14】 2020 年 1 月 5 日，甲职工预借差旅费 500 元，企业以现金支付。2020 年 1 月 20 日，甲职工报销差旅费 530 元，以现金补付 30 元。

借：其他应收款	500	
贷：库存现金		500
借：管理费用	530	
贷：其他应收款		500
库存现金		30

【例 3-15】 借入外单位包装物，支付包装物押金 800 元。

借：其他应收款	800	
贷：银行存款		800

三、应收股利

应收股利是指企业因进行股权投资应收而未实际收到的现金股利和应收取其他单位分配的利润。企业发生的应收股利通过“应收股利”科目进行核算，并按被投资单位进行明细核算。在资产负债表上，应收股利应单独反映于流动资产项目内。

企业取得交易性金融资产、长期股权投资等，实际支付的价款中所包含的、已宣告但尚未发放的现金股利，通过“应收股利”科目核算。交易性金融资产、长期股权投资持有期间被投资单位宣告发放现金股利(或利润)的，应按享有的份额借记“应收股利”科目，贷记“投资收益”科目。

【例 3-16】 某公司根据被投资企业股东大会通过的现金股利分配方案，本企业应分得现金股利 30 000 元。

借：应收股利　　30 000

　　贷：投资收益　　30 000

实际收到现金股利 30 000 元时：

借：银行存款　　30 000

　　贷：应收股利　　30 000

四、应收利息

应收利息是指企业因进行债权投资而发生的应计利息，主要包括企业交易性金融资产、发放贷款等应收取的利息。

【问题与思考】

应收账款如何填列资产负债表？

本 章 小 结

应收及预付款项，是指企业在生产经营过程中因业务往来等而发生的应向其他单位或个人收回的各种债权，包括应收票据、应收账款、预付账款、其他应收款、应收股利和应收利息等。

在我国会计实务中，应收票据仅指企业因销售商品(产品)、提供劳务等而收到的、尚未到兑现期的商业汇票。根据我国现行法律的有关规定，商业汇票的期限一般不得超过 6 个月，因此我国的应收票据是一种流动资产。

应收账款是企业因对外销售商品(产品)、提供劳务等经营活动而应向客户收取的款项。从应收账款的回收期来看，应收账款是应在 1 年(可跨年度)内收回的短期债权。在资产负债表上，应收账款应列为流动资产项目。

【延伸阅读】

应收账款　accounts receivable

应收票据　notes receivable

商业折扣　trade discount

现金折扣　cash discount

其他应收款　other receivables

坏账准备　allowance for uncollectible accounts

复　习　题

一、单选题

1. 2020 年 12 月 31 日，某企业应收账款账面余额为 1 200 万元，预计未来现金流量现值为 600 万元；计提坏账准备前，企业“坏账准备”科目贷方余额为 350 万元，不考虑其他因素，当日该企业应计提的坏账准备为(　　)万元。

A. 250　　B. 600　　C. 350　　D. 1 200

2. 应收票据在贴现时，其贴现息应该计入(　　)。

A. 财务费用　　B. 管理费用　　C. 应付利息　　D. 应收票据

3. 下列各项中，应在“预付账款”科目借方核算的是(　　)。

A. 收到货物验收入库　　B. 预付所购原材料的款项

C. 收到销货款　　D. 发出商品

4. 2020 年初甲公司“坏账准备——应收账款”科目贷方余额为 3 万元，3 月 20 日收回已核销的坏账 12 万元并已入账，12 月 31 日“应收账款”科目余额为 220 万元(所属明细科目为借方余额)，预计未来现金流量现值为 200 万元，不考虑其他因素，2020 年年末该公司应计提的坏账准备金额为(　　)万元。

A. 17　　B. 29　　C. 20　　D. 5

5. 2020 年 12 月初，某企业“坏账准备”科目贷方余额为 6 万元。12 月 31 日“应收账款”科目借方余额为 100 万元。经减值测试，该企业应收账款预计未来现金流量现值为 95 万元。该企业 2020 年年末应计提的坏账准备金额为(　　)万元。

A. 5　　B. 11　　C. −1　　D. 1

6. 如果企业预付款项业务不多且未设置“预付账款”科目，企业预付给供应商的采购款项，应记入(　　)。

A. “应收账款”科目的借方　　B. “应付账款”科目的贷方

C. “应收账款”科目的贷方　　D. “应付账款”科目的借方

7. 资产负债表日，应收账款计提的减值损失，应计入(　　)。

A. “信用减值损失”科目的贷方　　B. “坏账准备”科目的贷方

C. “管理费用”科目的借方　　D. “应收账款”科目的贷方

8. 2020 年 11 月 30 日，某企业“坏账准备——应收账款”科目贷方余额为 30 万元；12 月 31 日，相关应收账款所属明细科目借方余额合计为 500 万元。评估减值金额为 90 万元，不考虑其他因素，该企业 2020 年 12 月 31 日应确认的信用减值损失为(　　)万元。

A. 90　　B. 120　　C. 30　　D. 60

9. 2020 年 12 月初，某企业“坏账准备”科目贷方余额为 10 万元，本月收回上月已确认并作为坏账转销的应收账款 5 万元。12 月 31 日，“坏账准备”科目贷方余额为 18 万元，不考虑其他因素，12 月末该企业应计提的坏账准备为(　　)万元。

A. 13　　B. 18　　C. 3　　D. 8

10. 2020 年 12 月初，某企业“坏账准备”科目贷方余额为 6 万元。12 月 31 日“应收账款”科目借方余额为100万元，评估减值金额为5万元。该企业2020年年末应计提的坏账准备金额为(　　)万元。

A. −1　　B. 1　　C. 5　　D. 11

二、多选题

1. 按现行会计准则规定，不能通过“应收票据”核算的包括(　　)。

A. 银行汇票存款　　B. 银行承兑汇票

C. 银行本票存款　　D. 商业承兑汇票

2. 下列各项中，企业应通过“其他应收款”科目核算的有(　　)。

A. 应收代职工垫付的房租和水电费

B. 财产遭受意外损失应由保险公司支付的赔偿款项

C. 销售商品代客户垫付的运输费

D. 租入包装物支付的押金

3. 下列各项中，会引起应收账款账面余额发生增减变动的有(　　)。

A. 计提坏账准备　　B. 收回应收账款

C. 转销坏账准备　　D. 已转销的坏账又收回

4. 应收票据的账面价值可能是(　　)。

A. 面值　　B. 现值　　C. 面值加利息　　D. 市价

5. 企业将带息应收票据贴现时，影响贴现利息计算的因素有(　　)。

A. 票据的面值　　B. 票据的期限

C. 票据的种类　　D. 贴现的利率

6. 应收账款包括(　　)。

A. 应收职工欠款　　B. 应收赊销货款

C. 应收利息　　D. 应收为购货单位垫付的销售商品运费

7. 坏账损失的核算方法有(　　)。

A. 直接转销法　　B. 间接法　　C. 备抵法　　D. 成本法

8. 下列各项中，应计入“坏账准备”账户借方的有(　　)。

A. 提取坏账准备　　B. 冲回多提坏账准备

C. 收回以前确认并转销的坏账　　D. 备抵法下实际发生的坏账

9. 下列关于现金折扣与商业折扣的说法中，正确的有(　　)。

A. 商业折扣是指在商品标价上给予的扣除

B. 现金折扣是指债权人为鼓励债务人早日付款，而向债务人提供的债务扣除

C. 存在商业折扣的情况下，应收账款入账金额应按扣除商业折扣后的实际售价确认

D. 我国会计实务中采用总价法核算现金折扣

10. 下列项目中应计提坏账准备的有(　　)。

A. 应收账款　　B. 应收票据　　C. 其他应收款　　D. 预付账款

三、判断题

1. “其他应收款”科目借方登记其他应收款的增加，贷方登记其他应收款的收回，期末余额一般在借方。

2. 某企业由于预付账款业务不多，不单独设置“预付账款”科目，对于预付的款项应通过“应付账款”科目核算。

3. 应收票据有发生坏账的风险，一般企业应对其计提坏账准备。

4. 商业折扣是债权人为鼓励债务人在规定期限内付款而向其提供的债务扣除。

5. 不带息商业汇票的贴现能同时引起企业资产和利润的减少。

6. 企业年度终了计提应收票据利息时，应增加应收票据的账面价值，并冲减当期财务费用。

7. 不带息票据的到期值等于应收票据的面值。

8. 将销售方给予客户的商业折扣视为融资的财务费用。

9. 采用备抵法核算坏账损失，需设置“坏账准备”账户。

10. 企业坏账准备提取的方法和提取的比例由国家统一规定。

四、计算题

1. 甲公司于4月10日销售一批商品，售价为500 000元，增值税为65 000元，收到购货单位的银行承兑汇票一张，面值为565 000元，期限为180天，票面利率为12%。6月15日，甲公司持该票据向银行申请贴现，贴现率为8%。

要求：

(1) 计算票据的贴现息和贴现所得金额。

(2) 分别编制甲公司商业汇票取得和贴现的会计分录。

2. 甲企业3月1日收到乙企业出具的期限为3个月，年利率10%，面值10 000元的商业汇票一张，以偿付前欠货款。一个月后，甲企业向银行贴现，贴现率为12%。

要求：根据上述经济业务编制甲企业有关会计分录。

3. 甲公司规定客户购买10万元以上的商品可给予商业折扣10%，2020年3月2日，甲公司销售一批商品给乙企业，售价为20万元，增值税税率为13%，款项尚未收到，给予乙企业现金折扣条件为“2/10，1/20，N/30”(假定计算现金折扣时不考虑增值税)，乙企业2020年3月10日支付款项。

要求：编制甲公司有关销售产品和收款时的会计分录。

4. 甲企业2018年年末应收账款的余额为1 500 000元，均已逾期30天以上，甲企业确定的逾期30天以上的固定坏账准备率为10%；2019年发生的坏账损失为60 000元，其中A公司20 000元，B公司40 000元，年末应收账款余额为1 800 000元(假定均已逾期30天以上，但不足90天，仍按10%计提坏账准备)。2020年，已冲销的上年A单位应收账款20 000元又收回，期末应收账款余额为1200 000元(假定均已逾期30天以上，但不足90天，仍按10%计提坏账准备)。

要求：计算甲企业各年应计提的坏账准备并编制相关会计分录。

5. 甲公司于2020年5月11日通过银行转账向乙公司支付原材料预购定金90 000元；2020年6月2日，收到乙公司发来的材料，价款80 000元，增值税10 400元，材料已于当日办理入库手续；同时办理货款差额400元的补付手续。

要求：根据上述经济业务编制甲公司的有关会计分录。

第四章　存　　货

【内容提要】

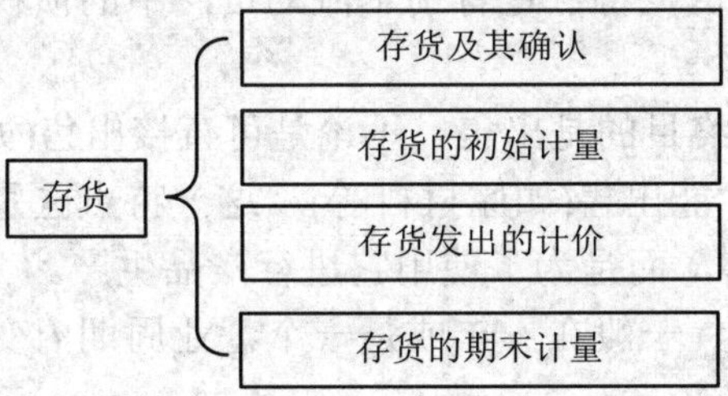

【学习目标】

1. 了解存货的概念和分类；
2. 熟悉存货的核算范围；
3. 掌握存货入账价值的确定和存货发出的计价方法；
4. 掌握实际成本和计划成本的核算方法；
5. 掌握存货的清查方法。

【导入案例】

甲公司 2019 年实现存货账面价值 14.33 亿元，而存货跌价准备仅计提了 1243 万元，计提比例为 0.87%，这一计提比例远低于同行业的乙公司和丙公司。数据显示，乙公司 2019 年实现存货 40 104.98 万元，存货跌价准备计提 7 467.84 万元，计提比例为 18.62%。丙公司 2019 年实现存货 19 350.72 万元，存货跌价准备计提 1 595.28 万元，计提比例为 8.25%。分项来看，甲公司 2019 年实现原材料、在产品、工程施工、库存商品、开发产品、委托加工物资和周转材料账面价值分别为 32 280.55 万元、1 619.32 万元、29 732.59 万元、74 469.96 万元、2 573.05 万元、2 183.54 万元和 473.82 万元。对于这些项目，甲公司对其中的原材料、库存商品和开发产品项目分别计提了 4.87 万元、1 112.37 万元和 125.88 万元的存货跌价准备。而与此相应的是，乙公司对 18 039.68 万元的原材料跌价准备计提 3 422.34 万元，对 14 865.68 万元的库存商品跌价准备计提 4 045.50 万元。

思考：从会计核算的角度分析存货变动可能的原因有哪些?存货变动的同时，利润会有变化吗?

第一节 存货及其确认

一、存货的概念及其特征

根据《企业会计准则第 1 号——存货》的规定，存货是指企业在日常活动中持有以备出售的产成品或商品、处在生产过程中的在产品、在生产过程或提供劳务过程中耗用的材料、物料等。

存货与其他资产相比较，具有如下特点：

(1) 存货是有形资产。这一特点是有别于流动资产中的债权性资产，如应收账款、其他应收款等。

(2) 企业持有存货的最终目的是出售，不论是可直接出售(如企业的产成品、商品等)，还是需经过进一步加工后才能出售(如原材料等)。这一特点区别于固定资产，企业持有固定资产的目的不是为了出售，而是为了使用它进行产品生产。

(3) 存货属于流动资产，一般在一年或是一个营业周期内变现。这一特点区别于固定资产、无形资产等非流动资产。

(4) 存货具有实用性和发生潜在损失的可能性。在生产经营活动中，存货能转换为货币资产或其他资产，但长期闲置有可能发生积压损失。

二、存货的分类

存货包含的内容极为广泛，为了便于进行会计核算，也为了对具有不同特点的存货采取不同的管理方法，可对存货进行如下分类：

(一) 按经济内容分类

(1) 原材料，是指企业在生产过程中经过加工改变其形态或性质，并构成产品主要实体的各种原料、主要材料、辅助材料、外购半成品、修理用备件、燃料、包装材料等。

(2) 在产品，是指企业正在制造尚未完工的产品，包括正在各个生产工序加工的产品，也包括已加工完毕但尚未检验或已检验但尚未办理入库手续的产品。

(3) 自制半成品，是指经过一定生产过程并已检验合格交付半成品仓库保管，且尚未完工还需进一步加工的中间产品。但不包括从一个生产车间转给另一个生产车间继续加工的自制半成品以及不能单独核算成本的自制半成品。自制半成品可对外销售。

(4) 产成品，是指工业企业已经完成全部生产过程并验收入库，可以按照合同规定的条件送交订货单位，或者可以作为商品对外销售的产品。

(5) 商品，是指商品流通企业的产品，包括外购或委托加工完成验收入库用于销售的各种产品。

(6) 包装物，是指为包装本企业产品而储备的各种容器，如桶、瓶、袋、箱等。但各种包装用的材料，如纸、绳、塑料等，应归入原材料。

(7) 低值易耗品，是指不能作为固定资产的各种用具物品，如工具、玻璃器皿、管理用具、劳动保护用品等。其特点是使用期限相对于固定资产较短，在使用过程中基本保持原有实物形态不变。

(8) 委托代销商品，是指企业委托其他单位代销的商品。

(二) 按来源分类

(1) 外购存货，是指从企业外部购入的存货，如外购原材料、外购包装物、外购零部件等。

(2) 自制存货，是指经企业加工制造的存货，包括在产品、产成品、自制半成品、自制包装物等。

(3) 委托加工存货，是指企业以提供部分原材料或主要材料并支付一定加工费的方式委托外单位生产的存货。

(4) 投资者投入的存货。

(5) 接受捐赠的存货。

(6) 通过债务重组取得的存货。

(7) 通过非货币性交易换入的存货。

(8) 存货盘盈，是指存货清查过程中发现的账外存货。

(三) 按存放地点分类

(1) 库存存货，是指已运达企业并已验收入库的各种材料、商品、自制半成品和产成品。

(2) 在途存货，包括运入在途存货和运出在途存货。

(3) 在制存货，包括在产品和委托加工存货。委托加工存货是指企业已经委托外单位加工、但尚未加工完成的各种存货。

(4) 委托代销存货，是指企业已经委托外单位代销，但按合同规定尚未办理代销货款结算的存货。

三、存货的确认条件

根据《企业会计准则第 1 号——存货》的规定，存货必须在符合定义的前提下，同时满足下列两个条件，才能予以确认。

1. 与该存货有关经济利益很可能流入企业

资产最重要的特征是预期会给企业带来经济利益。如果某一项目预期不能给企业带来经济利益，就不能确认为企业的资产。存货是企业的一项重要流动资产，因此，对存货的确认，关键是判断其是否很可能给企业带来经济利益或其所包含的经济利益是否很可能流入企业。通常，拥有存货的所有权是与该存货有关的经济利益很可能流入本企业的一个重要标志。一般情况下，根据销售合同已经售出(取得现金或收取现金的权利)，所有权已经转移的存货，因其所含经济利益已不能流入本企业，因而不能再作为企业的存货进行核算，即使该存货尚未运离企业。企业在判断与该存货有关的经济利益能否流入企业时，通常应结合该存货所有权的归属综合考虑，而不应当仅仅看其存放的地点等。

2. 该存货的成本能够可靠地计量

成本或者价值能够可靠地计量是资产确认的一项基本条件。存货作为企业资产的组成部分，要确认能够对其成本进行可靠地计量。存货的成本能够可靠地计量必须以取得确凿证据为依据，并且具有可验证性。如果存货成本不能可靠地计量，则不能确认为一项存货。如企业承诺的订货合同，由于并未实际发生，不能可靠地确定其成本，因此就不能确认为购买企业的存货。

【问题与思考】

属于存货范畴的项目有哪些？

第二节 存货的初始计量

一、存货初始计量的概述

按照有关规定，企业取得存货应当以其成本进行计量。存货取得成本包括采购成本、加工成本和其他成本。这里的成本就是存货取得时的实际成本，即为存货的历史成本。在会计实务中，由于存货取得的来源不同，其实际成本的构成也不同。

(一) 外购存货的成本

企业外购存货主要包括原材料和商品。制造业企业外购存货的成本即存货的采购成本，是指企业物资从采购到入库前所发生的全部支出，包括购买价款、相关税费、运输费、装卸费、保险费以及其他可归属于存货采购成本的费用。

(1) 购买价款，是指企业购入材料或商品的发票账单上列明的价款，但不包括按规定可以抵扣的增值税税额。

(2) 存货的相关税费，是指企业购买存货所发生的进口关税、消费税、资源税、不能从增值税销项税额中抵扣的进项税额以及相应的教育费附加等应计入存货采购成本的税费。

(3) 其他可归属于存货采购成本的费用，即采购成本中上述各项以外的可归属于存货采购成本的费用，如在采购过程中发生的仓储费、保险费、包装费；运输途中的合理损耗；入库前的挑选整理费用等。这些费用能分清负担对象的，应直接计入存货的采购成本；不能分清负担对象的，应选择合理的分配方法，分配计入有关存货的采购成本。分配方法通常按所购存货的数量或采购价格比例进行分配。

商品流通企业在采购商品过程中发生的运输费、装卸费、保险费以及其他可归属于存货采购成本费用等进货费用，应计入所购商品成本。在实务中，企业也可以将发生的运输费、装卸费、保险费以及其他可归属于存货采购成本费用等进货费用先进行归集，期末，按照所购商品的存销情况进行分摊。对于已销售商品的进货费用，计入主营业务成本；对于未售商品的进货费用，计入期末存货成本。商品流通企业采购商品的进货费用金额较小的，可以在发生时直接计入当期销售费用。

(二) 加工取得存货的成本

企业通过进一步加工取得的存货，主要包括产成品、在产品、半成品、委托加工物资等，其成本由采购成本和加工成本构成。某些存货还包括使存货达到目前场所和状态所发生的其他成本，如可直接认定的产品设计费用等。通过进一步加工取得的存货的成本中，采购成本是由所使用或消耗的原材料采购成本转移而来的，因此，计算加工取得的存货成本，重点是要确定存货的加工成本。

存货加工成本由直接人工和制造费用构成，其实质是企业在进一步加工存货的过程中追加发生的生产成本，因此，不包括直接由材料存货转移来的价值。其中，直接人工是指企业在生产产品过程中，直接从事产品生产的工人的职工薪酬。直接人工和间接人工的划分依据通常是生产工人是否与所生产的产品直接相关(即可否直接确定其服务的产品对象)。制造费用是指企业为生产产品和提供劳务而发生的各项间接费用。制造费用是一种间接生产成本，包括企业生产部门(如生产车间)管理人员的职工薪酬、折旧费、办公费、水电费、机物料消耗、劳动保护费、季节性和修理期间的停工损失等。

(三) 其他方式取得存货的成本

企业取得存货的其他方式主要包括接受投资者投资、非货币性资产交换、债务重组、企业合并以及存货盘盈等。

1. 投资者投入存货的成本

投资者投入存货的成本，应当按照投资合同或协议约定的价值确定，但合同或协议约定价值不公允的除外。在投资合同或协议约定价值不公允的情况下，按照该项存货的公允价值作为其入账价值。

2. 通过非货币性资产交换、债务重组、企业合并等方式取得存货的成本

企业通过非货币性资产交换、债务重组、企业合并等方式取得的存货，其成本应当分别按照《企业会计准则第 7 号——非货币性资产交换》《企业会计准则第 12 号——债务重组》和《企业会计准则第 20 号——企业合并》等规定确定。

3. 盘盈存货的成本

盘盈的存货，应按其重置成本作为入账价值，并通过“待处理财产损溢”科目进行会计处理，按管理权限报经批准后，冲减当期管理费用。

在确定存货成本的过程中，应当注意，下列费用不应当计入存货成本，而应当在其发生时计入当期损益：

(1) 非正常消耗的直接材料、直接人工及制造费用，应计入当期损益，不得计入存货成本。例如，企业超定额的废品损失以及由自然灾害而发生的直接材料、直接人工及制造费用，由于这些费用的发生无助于使该存货达到目前场所和状态，不应计入存货成本，而应计入当期损益。

(2) 仓储费用，指企业在采购入库后发生的储存费用，应计入当期损益。但是，在生产过程中为达到下一个生产阶段所必需的仓储费用则应计入存货成本。例如，某种酒类产品生产企业为使生产的酒达到规定的产品质量标准，而必须发生的仓储费用，就应计入酒

的成本，而不是计入当期损益。

(3) 不能归属于使存货达到目前场所和状态的其他支出，不符合存货的定义和确认条件，应在发生时计入当期损益，不得计入存货成本。

二、材料取得的核算

(一) 材料取得按实际成本计量的核算

材料按实际成本计量核算的特点是，从材料收发凭证到材料明细分类账和总分类账全部按实际成本计量和登记。

1. 外购材料核算应设置的账户

为了总括地反映和监督材料的增减变动和结存情况，按实际成本计量进行材料核算的企业，应设置“在途物资”和“原材料”等账户。

(1) “在途物资”账户用来核算企业已购入，但尚未到达或尚未验收入库的各种存货的实际成本。该账户属于资产类账户，其借方登记已经付款或开出承兑商业汇票但尚未验收入库材料的实际成本，贷方登记已验收入库材料的实际成本，期末借方余额反映已支付货款或开出承兑商业汇票但尚未验收入库材料的成本。该账户应按供应单位和材料品种设置明细账。

(2) “原材料”账户用来核算企业库存的各种材料，包括原料、主要材料、辅助材料、燃料、外购半成品、包装材料、修理用备件等的实际成本。

【问题与思考】

实际成本法与计划成本法下设置的会计科目有什么不同？

2. 外购材料的核算

企业购入材料，由于采用的结算方式和供货地点不同，经常出现付款与收料在时间上不一致，因而其核算也有所不同。

(1) 单料已到，货款已付。这种情况属于收料和付款同时进行的业务，一般在当地采购时较为常见。当发票和结算凭证已经收到并已付款，材料已经验收入库时，应根据有关凭证记账。

【例 4-1】 A 企业按合同规定从 B 机械厂购入一批材料，增值税专用发票上货款为 8 000 元，增值税税额为 1 040 元，B 机械厂另垫付运杂费 140 元，全部款项用支票付讫，材料已验收入库。

借：原材料　　8 140
　　应交税费——应交增值税(进项税额)　　1 040
　　贷：银行存款　　9 180

(2) 单料已到，货款未付。这种情况材料已经验收入库，应根据有关凭证记账。

【例 4-2】 A 企业从某厂购入一批乙材料，增值税专用发票上货款为 30 000 元，增值税税额为 3 900 元，对方代垫运杂费的发票金额为 2 000 元，材料已验收入库，而货款暂欠。

借：原材料——乙材料　　32 000
　　应交税费——应交增值税(进项税额)　　3 900
　　贷：应付账款　　35 900

实际支付货款时：

借：应付账款　　35 900
　　贷：银行存款　　35 900

(3) 单到，料未到。这种情况属于在途材料，在异地采购中经常出现。

【例 4-3】 某企业购入一批材料，增值税专用发票上的货款为 27 000 元，增值税税额为 3 510 元，发票等单据已到，货款已付，月终材料尚未到达验收入库。

借：在途物资　　27 000
　　应交税费——应交增值税(进项税额)　　3 510
　　贷：银行存款　　30 510

以后，这批材料到达验收入库时：

借：原材料　　27 000
　　贷：在途物资　　27 000

(4) 料到，单未到。材料已经先到企业，但由于尚未接到结算凭证，不知道款项数额，无法付款。一般等到结算凭证到达时，编制会计分录。如果等到月末结算凭证仍然未到，按暂估价入账，下月初用红字冲回，以便结算凭证到时，作正常付款的会计处理。

【例 4-4】 某企业购入一批燃料，已验收入库，但月末发票等结算凭证未到，货款尚未支付。该批燃料合同价格为 450 000 元。

收到燃料时不作会计处理，月末按合同价格暂估入账时：

借：原材料　　450 000
　　贷：应付账款——暂估应付账款　　450 000

下月初用红字作相同会计分录予以冲回：

借：原材料　　−450 000
　　贷：应付账款——暂估应付账款　　−450 000

(二) 材料取得按计划成本计量的核算

企业应预先制定各种材料的计划单位成本，并在材料目录上标明，作为核算的依据。材料计划成本的构成内容与实际成本相同。计划单位成本的确定，应尽可能接近实际。材料计划单位成本一经确定，除有特殊情况可调整，在年内一般不作变动。

1. 材料取得的明细核算

采用计划成本计量进行材料核算，材料收发明细核算包括材料采购明细核算、库存材料明细核算和材料成本差异明细核算三部分。

(1) 材料采购明细核算。为了具体反映各类材料采购过程中的实际支出和成本差异形成情况，企业应按材料大类设置材料采购明细账。月末该账户只有借方金额而无贷方金额的购料业务是已付款尚未验收入库的在途材料。

(2) 库存材料明细核算。采用计划成本计量的情况下，库存材料核算通常在仓库设一套材料数量明细账，财会部门按仓库和材料大类设置原材料二级明细账，登记收发结存的计划成本金额。该账户根据仓库转来的材料收发凭证，定期归类汇总登记，反映各类材料资金占用情况，并定期与仓库的材料明细账或材料卡片进行核定，起到相互控制作用。

(3) 材料成本差异明细核算。为了反映各类材料成本差异的形成、分配和结余情况，企业应按材料大类设置材料成本差异明细账，进行材料成本差异的明细分类核算。材料成本差异明细账格式见表 4-1。

表 4-1　材料成本差异明细账

材料类别：原材料

记账凭证			摘要	收入			差异率(%)	发出		结存		
2020 年		编号		计划成本	借方差额	贷方差额		计划成本	成本差异	计划成本	借方差额	贷方差额
月	日											
10	1	略	月初余额							10 000		600
10	31	略	本月购入	190 000	3 600			160 000	2 400	40 000	600	
			本月合计	190 000	3 600		1.5	160 000	2 400	40 000	600	

2. 材料取得的总分类核算

(1) 外购材料核算应设置的账户。按计划成本进行材料收发核算，应设置“材料采购”“原材料”和“材料成本差异”三个账户。

(2) 外购材料收入业务的核算。材料收入业务按计划成本计量的核算，与按实际成本计量的核算基本相同，主要区别在于收入材料应分别核算计划成本和成本差异。

在计划成本核算的情况下，企业应根据收到银行转来的发票账单进行付款或开出商业汇票，按发票上注明的买价和运杂费，借记“材料采购”账户；按专用发票上注明的增值税，借记“应交税费——应交增值税”账户；按实际支付或应付的价款，贷记“库存现金”“银行存款”“应付票据”“其他货币资金”等账户。材料验收入库时，根据收料单，按计划成本借记“原材料”账户；按实际成本大于计划成本的超支差，借记“材料成本差异”账户；按实际成本小于计划成本的节约差，贷记“材料成本差异”账户；按实际成本，贷记“材料采购”账户。

【问题与思考】

“材料成本差异”科目是计划成本法才会出现的吗？实际成本法有“材料成本差异”科目吗？

【例 4-5】 A 公司用面值为 234 000 元的银行汇票支付采购 B 材料的价款 200 000 元，增值税专用发票上注明的增值税税额为 26 000 元，企业收到开户银行转来银行汇票多余款通知，通知上填写的多余款为 8 000 元，原材料已验收入库，该批原材料的计划价格为 210 000 元。会计分录如下：

借：材料采购　　200 000
　　应交税费——应交增值税(进项税额)　　26 000
　　银行存款　　8 000
　　贷：其他货币资金——银行汇票　　234 000

借：原材料　　210 000
　　贷：材料采购　　200 000
　　　　材料成本差异　　10 000

三、委托加工取得存货的核算

委托加工物资的核算主要包括委托加工物资发出的核算、加工过程中发生各项支出的核算、加工完成验收入库的核算等。企业设置“委托加工物资”账户用于核算企业委托外单位加工的各种存货的实际成本，其借方登记发出存货的实际成本、计划成本、成本差异、支付的加工费、运杂费、保险费等，贷方登记加工完成并验收入库存货的实际成本以及退回剩余存货的实际成本，期末借方余额反映尚在加工中的各种存货的实际成本。

企业发给外单位加工的存货，应按实际成本借记“委托加工物资”账户，贷记“原材料”“库存商品”等账户。采用计划成本核算的企业，应按计划成本，借记“委托加工物资”账户，贷记“原材料”账户，同时结转材料成本差异，借记“委托加工物资”账户，贷记“材料成本差异”账户(实际成本小于计划成本时，用红字登记)；采用售价金额核算的企业，应按售价借记“委托加工物资”账户，贷记“库存商品”账户，同时结转商品进销差价，借记“商品进销差价”账户，贷记“委托加工物资”账户。

支付加工费和运杂费等，借记“委托加工物资”“应交税费——应交增值税(进项税额)”等账户，贷记“银行存款”等账户。需要交纳消费税的委托加工物资，其由受托方代收代交的消费税，分别按以下情况处理：对委托加工的应税消费品收回后直接用于销售的，应将代扣代缴的消费税计入委托加工物资的成本；对委托加工的应税消费品收回后用于连续生产应税消费品、按规定准予抵扣的，代扣代缴的消费税不能计入存货的成本，而是借记“应交税费——应交消费税”账户，以便在以后缴纳消费税时抵扣。

加工完成并验收入库的商品和剩余存货，应按加工收回存货的实际成本、计划成本或售价，剩余存货的实际成本或计划成本，借记“原材料”“库存商品”账户，贷记“委托加工物资”账户。采用计划成本核算的企业还应同时结转存货成本差异，借记(或贷记)“委托加工物资”账户，贷记(或借记)“材料成本差异”账户。

【例 4-6】 某公司发生以下经济业务(按实际成本核算)：

① 根据加工合同发出一批 A 材料，交加工单位加工，实际成本为 48 000 元。会计分录如下：

借：委托加工物资　　48 000
　　贷：原材料——A 材料　　48 000

② 通过银行支付加工费 6 000 元，增值税为 780 元。会计分录如下：

借：委托加工物资　　6 000

应交税费——应交增值税(进项税额)　780

贷：银行存款　6 780

③ 通过银行支付消费税，消费税率为 10%，有关计算及会计分录如下：

消费税计税价格 = (48 000 + 6 000) ÷ (1 − 10%) = 60 000 (元)

应交消费税 = 60 000 × 10% = 6 000 (元)

借：应交税费——应交消费税　6 000

贷：银行存款　6 000

如果本例收回的加工存货直接用于销售，则会计分录如下：

借：委托加工物资　6 000

贷：银行存款　6 000

④ 委托加工物资收回用于连续生产，收回原材料入库。会计分录如下：

借：原材料　54 000

贷：委托加工物资　54 000

四、库存商品取得的核算

(一) 自制库存商品的核算

制造业企业自制的库存商品主要指产成品。产成品是指企业已经完成全部生产过程并已验收入库，合乎标准规格和技术条件，可以按照合同规定的条件送交订货单位，或者可以作为商品对外销售的产品。企业接受外来原材料加工制造的代制品和为外单位加工修理的代修品，制造和修理完成验收入库后，也应视同企业的产成品。

1. 库存商品的计量

制造业企业的库存商品一般应按实际成本进行核算。库存商品的收入、发出和销售，平时只记数量不记金额，月份终了，计算入库产品实际成本；对发出和销售的库存商品，可采用先进先出法、加权平均法、移动加权平均法、个别计价法确定其实际成本。核算方法一经确定，不得随意变更，如需变更，应在会计报表附注中予以说明。

库存商品种类比较多的企业，也可以按计划成本进行日常核算，其实际成本与计划成本的差额，可以单独设置“产品成本差异”账户进行核算。库存商品的收入、发出和销售，平时可以用计划成本进行核算，月份终了，计算入库产品的实际成本，按计划成本登记库存商品增加，并按实际成本与计划成本的差额记入产品成本差异，然后再将产品成本差异在发出、销售和结存的库存商品之间进行分配。

2. 库存商品取得的计算

制造业企业应设置“库存商品”账户进行产成品的收入、发出、结存的核算。制造业企业生产完成并验收入库的产成品，按实际成本，借记“库存商品”账户，贷记“生产成本”等账户；采用计划成本核算的企业，按计划成本，借记“库存商品”账户，按实际成本贷记“生产成本”账户，按实际成本与计划成本的差异，借记或贷记“产品成本差异”账户。

【例 4-7】 某公司月末汇总本月产品入库单，并根据产品成本计算单编制“商品产品收入汇总表”，其格式如表 4-2 所示。

表 4-2 商品产品收入汇总表

产品名称	单位	数量	单位成本	总成本
甲产品	公斤	2 000	100	200 000
乙产品	公斤	500	1 000	500 000
合计				700 000

该公司编制会计分录如下：

借：库存商品——甲产品　　　　200 000
　　　　　　——乙产品　　　　500 000
　　贷：生产成本　　　　　　　　700 000

(二) 商品流通企业外购商品的核算

商品流通企业库存商品的日常核算，可按进价计量，也可按售价计量。在通常情况下，批发企业的库存商品一般按进价计量核算，而零售企业的库存商品则常按售价计量核算。

1. 企业购入商品采用进价金额核算

按进价计量核算商品收发，是指“库存商品”账户的收入、发出和结存，都按进价反映。除了“库存商品”账户，还应设置“在途物资”账户，比照材料按实际成本法计量核算。

企业购入商品，根据收到发票账单上所列的商品买价和采购费用，借记“库存商品”或“在途物资”账户，根据专用发票上注明的增值税，借记“应交税费——应交增值税(进项税额)”账户，根据发票账单应付金额，贷记“银行存款”“库存现金”“其他货币资金”和“应付票据”等账户。

【例 4-8】 甲公司为一般纳税人，从乙食品厂购进白糖 10 000 千克，每千克 3 元，增值税率为 13%，企业收到银行结算凭证、增值税专用发票，经审核，价税款用银行存款支付，白糖已经验收入库。会计分录如下：

借：库存商品——白糖　　　　　30 000
　　应交税费——应交增值税(进项税额)　3 900
　　贷：银行存款　　　　　　　　33 900

2. 库存商品采用售价金额核算

所谓售价，是指不含增值税的商品销售价格，如果一般纳税人的零售企业，销售商品的价格属于含税价的，按售价计量核算时，应将含税价换算为不含税价。

按售价计量商品收入与发出的核算，是指“库存商品”账户的收入、发出和结存，都按售价反映。除了设置“库存商品”账户，还应设置“材料采购”“商品进销差价”账户。设置“商品进销差价”账户的目的是调整“库存商品”售价与进价之间的差额。其贷方登记商品入库以及库存商品发生溢余等形成的售价与进价的差额，借方登记商品出库以及库存商品发生损失等应分摊的进销差价，期末贷方余额反映结存的库存商品应负担的进销差价。

库存商品采用售价核算的企业，购入的商品验收入库后，按商品售价，借记“库存商品”账户，按商品的进价，贷记“材料采购”账户，按商品售价与进价的差额，贷记“商品进销差价”账户。企业委托外单位加工收回的商品，按商品售价，借记“库存商品”账户，按可抵扣的消费税，借记“应交税费——应交消费税”账户，按委托加工商品的成本，贷记“委托加工物资”账户，按商品售价与进价的差异，贷记“商品进销差价”账户。

【例 4-9】 某公司从电冰箱厂购进电冰箱 60 台，每台进价 1 500 元，增值税率为 13%，收到银行转来的结算凭证和增值税专用发票。企业按合同规定当即签发为期 3 个月的商业汇票一张，面额 101 700 元。5 天后电冰箱到达，经家电柜验收，该批电冰箱每台含税价 1 977.5 元。会计分录如下：

① 根据有关凭证签发商业汇票时：

借：材料采购——电冰箱　　90 000
　　应交税费——应交增值税(进项税额)　　11 700
　　贷：应付票据　　101 700

② 电冰箱入库时：

将含税价换算为不含税价：1 977.5 ÷ (1 + 13%) = 1 750 (元)

借：库存商品——电冰箱　　105 000
　　贷：材料采购——电冰箱　　90 000
　　　　商品进销差价　　15 000

第三节　存货发出的计价

一、发出存货的计价方法

按照有关规定，企业应当根据各类存货的实际情况，确定发出存货的实际成本，常见的发出存货计量方法有先进先出法、移动加权平均法、月末一次加权平均法、个别计价法等。发出存货计量的方法不同，对企业财务状况、经营成果会产生不同的影响，主要表现在以下三个方面。

(1) 对企业损益的计算有直接影响。它表现为：如发出存货计量过低，当期的收益可能因此而增加；反之，发出存货计量过高，当期的收益可能因此而减少。

(2) 对资产负债表有关项目数额计算有直接影响。流动资产总额、所有者权益等项目数额都会因存货计量的不同而有所不同。

(3) 对缴纳所得税的数额有一定的影响。因为采用不同的存货计量方法所结转当期销售成本的数额会有所不同，从而影响企业当期应纳税利润数额的确定。

企业应当根据各类存货的实物流转方式、企业管理的要求、存货的性质等实际情况，合理地选择发出存货成本的计算方法，以确定当期发出存货的实际成本。

(一) 先进先出法

先进先出法是以假定先入库的存货先发出为前提，并依据这种假定的成本流转顺序，对发出存货和结存存货进行计量的一种方法。在这种方法下，发出存货的成本总是按照较早的购进(或生产)单位成本计算，而期末存货的成本则是按照近期的购近(或生产)单位成本计算。

先进先出法的优点，在于期末结存的存货价值比较符合物价变动趋势，但它在计算每批发出存货成本时，有时要按两个或两个以上取得单位成本计算，计算工作较为繁琐。另外，当物价持续上涨时，这种方法会高估当期利润和库存存货价值，不符合谨慎性要求。

【例 4-10】 某公司 2020 年 6 月 1 日结存甲材料 300 千克，每千克实际成本为 10 元；6 月 5 日、6 月 20 日和 6 月 28 日分别购入该材料 900 千克、600 千克和 500 千克，每千克实际成本分别为 11 元、12 元和 13 元；6 月 10 日和 6 月 25 日分别发出该材料 1 050 千克和 600 千克。

要求：在永续盘存制下，按先进先出法计价核算时，计算发出和结存材料的成本。解答如表 4-3 所示。

表 4-3　材料收发存表

2020 年		凭证号	摘要	收入			发出			结存		
月	日			数量	单价	金额	数量	单价	金额	数量	单价	金额
6	1	略	期初结存							300	10	3 000
	5		购入	900	11	9 900				300	10	3 000
										900	11	9 900
	10		发出				300	10	3 000			
							750	11	8 250	150	11	1 650
	20		购入	600	12	7 200				150	11	1 650
										600	12	7 200
	25		发出				150	11	1 650			
							450	12	5 400	150	12	1 800
	28		购入	500	13	6 500				150	12	1 800
										500	13	6 500
	30		合计	2 000		23 600	1 650		18300	650		8 300

【例 4-11】 甲公司按先进先出法计算材料的发出成本。2020 年 4 月 1 日结存 A 材料 1 000 千克，每千克实际成本 100 元。本月发生如下业务：

① 4 日，购入 A 材料 500 千克，每千克实际成本 105 元，材料已验收入库；

② 6 日，发出 A 材料 800 千克；

③ 8 日，购入 A 材料 700 千克，每千克实际成本 98 元，材料已验收入库；

④ 14 日，发出 A 材料 1 300 千克；

⑤ 22 日，购入 A 材料 800 千克，每千克实际成本 110 元，材料已验收入库；

⑥ 28 日，发出 A 材料 300 千克。

要求：根据上述资料，计算 A 材料下列成本。

① 6 日发出存货的成本；

② 14 日发出存货的成本；

③ 28 日发出存货的成本；

④ 期末结存的成本。

解答如下：

① 6日发出存货的成本 = 800 × 100 = 80 000 (元)；

② 14日发出存货的成本 = 200 × 100 + 500 × 105 + 600 × 98 = 131 300 (元)；

③ 28日发出存货的成本 = 100 × 98 + 200 × 110 = 31 800 (元)；

④ 期末结存成本 = (1 000 + 500 − 800 + 700 − 1300 + 800 − 300) × 110 = 66 000 (元)。

(二) 移动加权平均法

移动加权平均法，亦称移动平均法，它是指原有库存存货成本加本次收入存货成本，除以原有库存存货数量与本次收入存货数量之和，以此计算移动加权平均单位成本，并对发出存货进行计量的一种方法，其计算公式为

$$\text{移动加权平均单位成本} = \frac{\text{原有存货成本} + \text{本期收入存货成本}}{\text{原有存货数量} + \text{本期收入存货数量}}$$

$$\text{本次发出存货成本} = \text{本次发出存货数量} \times \text{移动加权平均单位成本}$$

移动加权平均法的优点在于能使管理者及时了解存货的结存情况，而且计算的平均单位成本以及发出和结存的存货成本都比较客观。但采用这种方法，每次收货后都需要重新计算一次平均单位成本，计算工作量较大，收发货较频繁的企业不宜采用。

(三) 月末一次加权平均法

月末一次加权平均法是以一个月为计算期，每月末以期初结存存货实际成本加本期收入存货实际成本，除以期初结存存货数量与本期收入存货数量之和，计算出存货的加权平均单位成本，从而确定发出存货成本和期末存货成本。计算公式如下：

$$\text{存货加权平均单位成本} = \frac{\text{期初结存存货实际成本} + \text{本期收入存货实际成本}}{\text{期初结存存货数量} + \text{本期收入存货数量}}$$

$$\text{本期发出存货成本} = \text{本期发出存货数量} \times \text{存货加权平均单位成本}$$

$$\text{期末结存存货成本} = \text{期初结存存货成本} + \text{本期收入存货成本} - \text{本期发出存货成本}$$

月末一次加权平均法的优点在于对存货成本的分摊较为折中。但是，这种方法平时从账上无法提供发出和结存存货的单位成本及金额，不利于加强对存货资金的日常管理。

【例 4-12】 某公司2020年6月1日结存甲材料300千克，每千克实际成本为10元；6月5日、6月20日和6月28日分别购入该材料900千克、600千克和500千克，每千克实际成本分别为11元、12元和13元；6月10日和6月25日分别发出该材料1 050千克和600千克。

要求：按月末一次加权平均法计价核算时，计算发出和结存材料的成本。

解答如下：

$$\text{存货加权平均单位成本} = \frac{3\,000 + 23\,600}{300 + 2\,000} = 11.57\ (\text{元})$$

$$\text{本期发出存货成本} = 1\,650 \times 11.57 = 19\,090.50\ (\text{元})$$

$$\text{期末结存存货成本} = 3\,000 + 23\,600 - 19\,090.50 = 7\,509.50\ (\text{元})$$

(四) 个别计价法

个别计价法，亦称个别认定法，其特征是注重所发出存货具体项目的实物流转与成本流转之间的联系，逐一辨认各批发出存货和期末存货所属的购进批别或生产批别，分别按其购入或生产时所确定的单位成本计算各批发出存货和期末存货的成本。即把每一种存货的实际成本作为计算发出存货成本和期末存货成本的基础。对于不能替代使用的存货、为特定项目专门购入或制造的存货以及提供的劳务，通常采用个别计价法确定发出存货的成本。该方法适用于一般不能替代使用的存货以及为特定项目专门购入或制造的存货，如珠宝、船舶等贵重物品。

【例 4-13】 某公司 2020 年 5 月购货的数据资料如表 4-4 所示。该企业 5 月 31 日存货结存 80 件，经确认属于以下各批购货中的留存。

表 4-4 购货明细表

日期及摘要	收入		发出		结存数量
	数量	单位成本	数量	单位成本	
5 月 1 日存货	60	2.00			60
5 月 7 日购货	40	2.20			100
5 月 15 日发出			80		20
5 月 22 日购货	60	2.30			80
5 月 29 日发出			40		40
5 月 31 日购货	40	2.50			80

要求：计算期末成本。

解答如表 4-5 所示。

表 4-5 成本计算表

批次	数量	单位成本	每批成本
期初存货	20	2.00	40
第一批购货	10	2.20	22
第二批购货	40	2.30	92
第三批购货	10	2.50	25
期末存货成本			179

企业销售存货，应当将已售存货的成本结转为当期损益，计入营业成本。这就是说，企业在确认存货销售收入的当期，应当将已经销售存货的成本结转为当期营业成本，这种结转是为了符合收入与费用相配比的要求。

对已售存货计提存货跌价准备，结转已计提的存货跌价准备，冲减当期主营业务成本或其他业务成本，实际上是按已售产成品或商品的账面价值结转主营业务成本或其他业务成本。企业按存货类别计提存货跌价准备的，也应按比例结转相应的存货跌价准备。企业因非货币性资产交换、债务重组等转出的存货成本，分别参见“非货币性资产交换”和“债务重组”等章节的内容。

【问题与思考】

发出存货的不同计价方法(先进先出法和月末一次加权平均法)对企业缴纳企业所得税会产生什么样的影响?

二、存货的估价方法

前文介绍的发出存货的计价方法，例如先进先出法、移动加权平均法、月末一次加权平均法和个别计价法等，工作量一般较大。对于销售毛利率比较稳定的行业来说，可以采用一些简化的方法来估计期末存货，到会计期末时再进行适当的调整，比较常用的估计方法有毛利率法和零售价格法。

(一) 毛利率法

毛利率法是根据上期毛利率(或本月计划毛利率)匡算本期销售毛利，并计算发出存货和期末结存存货成本的一种方法。计算步骤和公式如下：

(1) 根据前期实际销售资料或本期计划数据匡算毛利率

$$毛利率=\frac{销售毛利}{销售净额}\times 100\%$$

$$销售净额=销售收入-销售退回与折让$$

(2) 根据本期实际销售和匡算的毛利率计算本期销售成本，公式为

$$销售成本=销售净额\times(1-毛利率)$$

(3) 计算期末存货成本，公式为

$$期末存货成本=期初存货成本+本期购货成本-本期销售成本$$

【例 4-14】 某公司月初商品存货成本 292 000 元，本月购货成本为 1 700 000 元，销售额为 2 400 000 元，销售退回与折让合计 20 000 元，上季度该类商品毛利率为 25%，计算本月已销商品和月末结存商品的成本。

计算如下：

$$本月销售净额=2\ 400\ 000-20\ 000=2\ 380\ 000\ (元)$$

$$本月销售毛利=2\ 380\ 000\times 25\%=595\ 000\ (元)$$

$$销售成本=2\ 380\ 000-595\ 000=1\ 785\ 000\ (元)$$

$$月末结存存货成本=292\ 000+1\ 700\ 000-1\ 785\ 000=207\ 000\ (元)$$

用毛利率法计算本期销售成本和期末存货成本在商品流通企业较为常见，特别是在商品批发企业。若按每种商品计算并结转销售成本，工作量较为繁重，而且商品流通企业的同类商品毛利率大致相同，采用这种方法，商品销售成本按商品大类销售额计算，在大类商品账上结转成本，计算手续简便。

(二) 零售价格法

零售价格法是指用成本占零售价的百分比计算期末存货成本的一种方法。这种方法广泛应用于商品零售企业，如百货商店、超市等，尤其对那些出售商品的型号、款式、品种

繁多，商品的单位成本相对来说又比较小的商店更为适用。

采用零售价格法的计算步骤和公式如下：

(1) 期初存货和本期进货同时按成本和零售价记录，以便计算可供销售的存货成本和售价总额。

(2) 本期销货只按售价记录，从本期可供销售的存货售价总额中减去本期销售的售价总额，计算出期末存货的售价总额。

(3) 计算成本率：

$$成本率=\frac{期货存货成本+本期购货成本}{期货存货售价+本期购货售价}\times 100\%$$

(4) 计算期末存货成本：

$$期末存货成本=期末存货售价总额\times 成本率$$

(5) 计算本期销售成本：

$$本期销售成本=期初存货成本+本期购货成本-期末存货成本$$

【例 4-15】 某公司 2020 年 5 月份的期初存货成本为 100 000 元，售价总额为 125 000 元；本期购货成本为 500 000 元，售价总额为 675 000 元；本期销售收入为 640 000 元。

要求：计算期末存货成本和本期销货成本。

计算结果如表 4-6 所示。

表 4-6 存货成本计算表

项 目	成 本	售 价
期初存货	100 000	125 000
本期购货	500 000	675 000
可供销售商品	600 000	800 000
成本率= 600 000/800 000 = 75%		
减：销售收入		640 000
期末存货售价		160 000
期末存货成本(160 000 × 75%)	120 000	
本期销售成本	480 000	

另外，在我国的会计实务中，商品零售企业还广泛采用售价金额核算法。这种方法是通过设置“商品进销差价”账户进行处理的，平时商品存货的购、销、存均按售价记账，售价与进价的差额记入“商品进销差价”账户，期末通过计算进销差价率的办法计算本期已销售商品应分摊的进销差价，并据以调整本期销售成本。进销差价率的计算公式如下：

$$进销差价率=\frac{期初库存商品进销差价+本期购入商品进销差价}{期初库存商品售价+本期购入商品售价}\times 100\%$$

$$本期已售商品应分摊的进销差价=本期商品销售收入\times 进销差价率$$

$$本期销售商品实际成本=本期商品销售收入-本期已售商品应分摊的进销差价$$

【例 4-16】 某公司 2020 年 5 月份的期初存货成本为 100 000 元，售价总额为 125 000 元；本期购货成本为 500 000 元，售价总额为 675 000 元；本期销售收入为 640 000 元。

要求：在售价金额法下进行会计处理(不考虑增值税)。

会计处理如下：

① 本期购进商品，结转入库商品成本。

借：库存商品　　675 000

　　贷：材料采购　　500 000

　　　　商品进销差价　　175 000

② 本期销售商品。

借：银行存款　　640 000

　　贷：主营业务收入　　640 000

③ 平时结转商品销售成本。

借：主营业务成本　　640 000

　　贷：库存商品　　640 000

④ 计算进销差价率。

$$进销差价率=\frac{25\ 000+175\ 000}{125\ 000+675\ 000}\times100\%=25\%$$

本期已售商品应分摊的进销差价 = 640 000 × 25% = 160 000

⑤ 根据已售商品应分摊的进销差价冲转销售成本。

借：商品进销差价　　160 000

　　贷：主营业务成本　　160 000

本期销售商品实际成本 = 640 000 − 160 000 = 480 000

三、材料发出的核算

企业材料日常领发业务频繁，凭证数量较多，为了简化核算，平时一般不直接根据发料凭证填制记账凭证，而是陆续将发料凭证按材料的类别和用途进行分类整理，于月末汇总编制“发料凭证汇总表”，然后据以填制发料业务的记账凭证，登记总分类账。如果按计划成本计量，发出材料还应结转其成本差异额，将发出材料的计划成本调整为实际成本。发出材料应负担的成本差异，必须按月进行分摊，不得在季末或年末一次计算。发出材料应负担的成本差异，除了委托外部加工发出材料可按上月的差异率计算，其他都应使用当月的实际差异率计算；如果上月的成本差异率与本月的成本差异率相差不大，也可按上月的成本差异率计算。计算方法一经确定，不得任意变动。材料成本差异率的计算公式如下：

$$本月材料成本差异率=\frac{月初结存材料的成本差异+本月收入材料的成本差异}{月初结存材料的计划成本+本月收入材料的计划成本}\times100\%$$

$$上月材料成本差异率=\frac{月初结存材料的成本差异}{月初结存材料的计划成本}\times100\%$$

发出材料应负担的材料成本差异额 = 本月发出材料计划成本 × 材料成本差异率

发出材料实际成本 = 本月发出材料计划成本 + 发出材料应负担的材料成本差异

【例 4-17】 以表 4-7 所显示的资料为例，计算有关的材料成本差异额和材料成本差异率。

表 4-7　材料成本差异明细账　　材料类别：原材料

记账凭证			摘要	收入			差异率(%)	发出		结存		
2020 年		编号		计划成本	借方差额	贷方差额		计划成本	成本差异	计划成本	借方差额	贷方差额
月	日											
10	1	略	月初余额							10 000		600
10	31	略	本月购入	190 000	3600			160 000	2400	40 000	600	
			本月合计	190 000	3600		1.5	160 000	2400	40 000	600	

计算如下：

$$本月材料成本差异率=\frac{-600+3\ 600}{10\ 000+190\ 000}\times 100\%=1.5\%$$

$$发出材料应负担的材料成本差异额=160\ 000\times 1.5\%=2\ 400\ (元)$$

$$发出材料实际成本=160\ 000+2\ 400=162\ 400\ (元)$$

$$月末结存材料负担的材料成本差异额=40\ 000\times 1.5\%=600\ (元)$$

$$上月材料成本差异率=\frac{-600}{10\ 000}\times 100\%=-6\%$$

【例 4-18】 某公司“发料汇总表”中生产产品耗用原材料费用 288 800 元，销售部门耗用材料费用 4 400 元，生产车间一般性耗用材料费用 10 200 元，行政管理部门耗用材料费用 5 200 元，其他业务部门耗用材料费用 3 000 元，基建工程领用材料费用 20 000 元。材料发出按实际成本计价。根据发料汇总表编制会计分录如下：

借：生产成本——基本生产成本　　288 800
　　销售费用　　4 400
　　制造费用　　10 200
　　管理费用　　5 200
　　在建工程　　20 000
　　其他业务成本　　3 000
　　贷：原材料　　331 600

【例 4-19】 某公司本月仓库发出材料计划成本 108 000 元，其中生产产品耗用材料费用 92 000 元，车间一般性耗用材料费用 10 000 元，行政管理部门耗用材料费用 4 000 元，销售机构耗用材料费用 2 000 元，材料成本差异率为 −1%，企业根据发料汇总表应编制如下会计分录：

借：生产成本——基本生产成本　　92 000
　　制造费用　　10 000
　　管理费用　　4 000
　　销售费用　　2 000
　　贷：原材料　　108 000

同时结转材料成本差异：

借：生产成本——基本生产成本	-920	
制造费用	-100	
管理费用	-40	
销售费用	-20	
贷：材料成本差异		-1 080

四、周转材料的核算

周转材料是指企业能够多次使用，并可基本保持原来的形态而逐渐转移其价值的材料，包括包装物、低值易耗品、钢模板、木模板、脚手架等。企业应当采用一次转销法或者五五摊销法对包装物和低值易耗品进行摊销，计入相关资产的成本或者当期损益。如果对相关包装物或低值易耗品计提了存货跌价准备，还应结转已计提的存货跌价准备，冲减相关资产的成本或当期损益。

生产领用的包装物应将其成本计入制造费用；随同商品出售但不单独计价的包装物，应将其成本计入当期销售费用；随同商品出售并单独计价的包装物，应将其成本计入当期其他业务成本。

(一) 一次转销法

一次转销法，是指低值易耗品或包装物在领用时就将其全部账面价值计入相关资产成本或当期损益的方法。一次转销法通常适用于：价值较低或极易损坏的管理用具和小型工具等低值易耗品，生产领用的包装物和随同商品出售的包装物，数量不多、金额较小且业务不频繁的出租或出借包装物等，在以后收回使用过的出租和出借包装物时，应加强实物管理，并在备查簿上进行登记。

低值易耗品报废时回收的残料、出租或出借的包装物不能用作报废处理所取得的残料，应作为当月低值易耗品或包装物摊销额的减少，冲减有关资产成本或当期损益。

【例 4-20】 某公司生产车间为生产产品领用一批包装物，实际成本为 142 000 元，销售产品领用包装物费用 12 000 元，采用一次摊销法。其会计分录如下：

借：生产成本——基本生产成本	142 000	
销售费用	12 000	
贷：周转材料		154 000

(二) 五五摊销法

五五摊销法，是指低值易耗品在领用、出租或出借包装物时先摊销其成本的一半，在报废时再摊销其成本的另一半，即低值易耗品或包装物分两次各按 50%进行摊销。

【例 4-21】 某公司对低值易耗品采用五五摊销法核算。本月基本生产车间领用一批工具，实际成本 60 000，其领用时的会计分录如下：

借：周转材料——在用	60 000	
贷：周转材料——在库		60 000

借：制造费用　30 000
　　贷：周转材料——摊销　30 000

需要注意的是，周转材料报废时，采用一次摊销法的，应按报废周转材料的残料价值，借记“原材料”等账户，贷记“管理费用”“生产成本”“销售费用”等账户。

采用其他摊销法的，按应补提摊销额，借记“管理费用”“生产成本”“销售费用”等账户，贷记“周转材料(摊销)”账户；按报废周转材料的残料价值，借记“原材料”等账户，贷记“管理费用”“生产成本”“销售费用”等账户；按已提摊销额，借记“周转材料(摊销)”账户，贷记“周转材料(在用)”账户。

【例 4-22】 某公司对低值易耗品采用五五摊销法核算。本月基本生产车间领用一批工具，实际成本 60 000，低值易耗品报废时，回收残料费用 240 元，已入库，其报废时的会计分录如下：

借：原材料　240
　　贷：制造费用　240
借：制造费用　30 000
　　贷：周转材料——摊销　30 000
借：周转材料——摊销　60 000
　　贷：周转材料——在用　60 000

第四节　存货的期末计量

一、存货清查

(一) 存货清查意义

企业的存货品种多，收发频繁。在日常存货收、发、保管过程中，由于计量不准、核算错误、自然损耗、自然灾害或意外事故等客观原因，或者由于管理不善发生盗窃、私分等失职或不法行为等，可能会发生存货的盘盈、盘亏和毁损现象，从而造成存货账实不符。

企业存货的盘点，可分为定期盘点和不定期盘点两种。定期盘点一般在月末、季末、年末进行；不定期盘点是指临时性的盘点，如发生事故损失、仓库保管员交接、存货调价等而进行的盘点。企业应当根据管理要求做好存货盘点，防止存货的积压或损失，做到账实相符，确保企业存货的安全与完整。

(二) 存货清查的核算

按有关规定，存货应当定期盘点，每年至少盘点一次。盘点结果如果与账面记录不符，应当于办理年终决算前查明原因，并根据企业的管理权限，经股东大会或董事会、经理(厂长)会议等类似机构批准后，在年终结账前处理完毕。

盘亏或盘盈的存货，如在年终结账前尚未批准处理，应当在对外提供财务报告时先进行处理，并在财务报告附注中进行说明；如果其后批准处理的金额与已处理的金额不一致，应当按其差额调整会计报表相关项目的年初数。

1. 存货盘盈的核算

发生盘盈的存货，经查明是由于收发计量或核算误差等原因造成的，应及时办理存货入账的手续，调整存货的账存数，借记有关存货账户，贷记“待处理财产损溢”账户，并于办理期末决算前，根据企业的管理权限，经批准后再冲减管理费用。

【例 4-23】 某公司经财产清查，发现盘盈甲材料 2 000 千克，经查明是由于收发计量错误所造成的，按每千克 3.5 元入账。

未批准以前的会计分录如下：

借：原材料——甲材料　　7 000

　　贷：待处理财产损溢　　7 000

经批准后的会计分录如下：

借：待处理财产损溢　　7 000

　　贷：管理费用　　7 000

2. 存货盘亏和毁损的核算

发生盘亏和毁损的存货，批准以前应先结转到“待处理财产损溢”账户。按企业的管理权限批准后，分析形成的原因，分别按以下情况进行核算：

(1) 属于自然损耗产生的定额内损耗，计入管理费用；

(2) 属于计量收发差错和管理不善等原因造成的存货短缺或毁损，应先扣除残料价值、可以收回的保险赔偿和过失人的赔偿，然后将净损失计入管理费用；

(3) 属于自然灾害或意外事故等非常原因造成的存货毁损，应先扣除残料价值、可以收回的保险赔偿和过失人的赔偿，然后将净损失计入营业外支出。

【例 4-24】 某公司发生以下经济业务：

① 发生盘亏甲产品 20 千克，单位实际成本为 150 元，经查明，属于定额内合理损耗。假设本题不考虑增值税。

批准前，调整甲产品账面金额的会计分录如下：

借：待处理财产损溢　　3 000

　　贷：库存商品——甲商品　　3 000

批准后，计入管理费用的会计分录如下：

借：管理费用　　3 000

　　贷：待处理财产损溢　　3 000

② 盘亏 A 材料 10 吨，每吨实际成本为 600 元。经查明，这是由于过失人造成材料毁损，应由过失人赔偿 3 000 元，毁损材料残料价值 200 元，本题不考虑增值税。

批准前，调整 A 材料账面金额的会计分录如下：

借：待处理财产损溢　　6 000

　　贷：原材料——A 材料　　6 000

批准后，按不同情况分别处理：

A. 由过失人赔款 3 000 元时，会计分录如下：

借：其他应收款　　3 000

　　贷：待处理财产损溢　　3 000

B. 残料作价入库时，会计分录如下：

借：原材料　　200

　　贷：待处理财产损溢　　200

C. 扣除过失人的赔款和残值后的盘亏数，计入管理费用时，会计分录如下：

借：管理费用　　2 800

　　贷：待处理财产损溢　　2 800

③ 自然灾害造成毁损，其实际成本为 16 000 元，应收保险赔款 8 000 元。本题不考虑增值税。

批准前，调整 A 材料账面金额，会计分录如下：

借：待处理财产损溢　　16 000

　　贷：原材料　　16 000

批准后，按不同情况分别处理：

A. 由保险公司赔款 8 000 元时，会计分录如下：

借：其他应收款　　8 000

　　贷：待处理财产损溢　　8 000

B. 扣除保险公司赔款后的毁损数，计入营业外支出时，会计分录如下：

借：营业外支出　　8 000

　　贷：待处理财产损溢　　8 000

二、存货期末计量原则

资产负债表日，存货应当按照成本与可变现净值孰低计量。当存货成本低于可变现净值时，存货按成本计量；当存货成本高于可变现净值时，存货按可变现净值计量，同时按照成本高于可变现净值的差额计提存货跌价准备。当存货的可变现净值下跌至成本以下时，表明该存货给企业带来的未来经济利益低于其账面成本，应将这部分损失从资产价值中扣除，计入当期损益。否则，当存货的可变现净值低于成本时，如果仍然以其成本计量，就会出现虚计资产的现象。

三、可变现净值的含义

可变现净值是指在日常活动中，存货的估计售价减去至完工时估计将要发生的成本、估计的销售费用以及相关税费后的金额。

(一) 可变现净值的基本特征

(1) 确定存货可变现净值的前提是企业在进行日常活动。

如果企业不是在进行正常的生产经营活动，比如企业处于清算过程，那么不能按照存货准则的规定确定存货的可变现净值。

(2) 可变现净值为存货的预计未来净现金流量，而不是存货的售价或合同价。企业预计的销售存货现金流量，并不完全等于存货的可变现净值。存货在销售过程中可能发生的销售费用和相关税费，以及为达到预定可销售状态还可能发生的加工成本等相关支出，构成现金流入的抵减项目。企业预计的销售存货现金流量，扣除这些抵减项目后，才能确定存货的可变现净值。

(3) 不同存货可变现净值的构成不同。

① 产成品、商品和用于出售的材料等直接用于出售的商品存货，在正常生产经营过程中，应当以该存货的估计售价减去估计的销售费用和相关税费后的金额，确定其可变现净值。

② 需要经过加工的材料存货，在正常生产经营过程中，应当以所生产的产品的估计售价减去至完工时估计将要发生的成本、估计的销售费用和相关税费后的金额，确定其可变现净值。

(二) 确定存货的可变现净值时应考虑的因素

1. 确定存货的可变现净值应当以取得确凿证据为基础

确定存货的可变现净值必须建立在取得确凿证据的基础上。这里所讲的“确凿证据”是指对确定存货的可变现净值和成本有直接影响的客观证明。

(1) 存货成本的确凿证据。存货的采购成本、加工成本和其他成本，及以其他方式取得存货的成本，应当以取得外来原始凭证、生产成本账簿记录等作为确凿证据。

(2) 存货可变现净值的确凿证据。存货可变现净值的确凿证据是指对确定存货的可变现净值有直接影响的确凿证明，如产成品或商品的市场销售价格、与产成品或商品相同(或类似)商品的市场销售价格、销货方提供的有关资料和生产成本资料等。

2. 确定存货的可变现净值应当考虑持有存货的目的

由于企业持有存货的目的不同，确定存货可变现净值的计算方法也不同，用于出售和继续加工的存货的可变现净值计算就不相同。企业持有存货的目的，通常可以分为如下两点：

(1) 持有以备出售，如商品、产成品，持有的存货又分为有合同约定的存货和没有合同约定的存货；

(2) 在生产过程或提供劳务过程中耗用，如材料等。

3. 确定存货的可变现净值应当考虑资产负债表日后事项等的影响

资产负债表日后事项应当能够确定资产负债表日存货的存在状况，即在确定资产负债表日存货的可变现净值时，不仅要考虑资产负债表日与该存货相关的价格与成本波动，还应考虑未来的相关事项。

四、存货期末计量的具体方法

(一) 存货估计售价的确定

企业应当区别如下情况确定存货的估计售价：

(1) 为执行销售合同或者劳务合同而持有的存货，通常应当以产成品或商品的合同价格作为其可变现净值的计算基础。

如果企业与购买方签订了销售合同(或劳务合同，下同)，并且销售合同订购的数量等于企业持有存货的数量，在这种情况下，在确定与该项销售合同直接相关存货的可变现净值时，应当以销售合同价格作为其可变现净值的计算基础。也就是说，如果企业就其产成品或商品签订了销售合同，则该批产成品或商品的可变现净值应当以合同价格作为计算基础；如果企业销售合同所规定的标的物还没有生产出来，但持有专门用于该标的物生产的原材料，其可变现净值也应当以合同价格作为计算基础。

【例 4-25】 2019 年 8 月 1 日，甲公司与乙公司签订了一份不可撤销的销售合同，双方约定，2020 年 1 月 25 日，甲公司应按每台 62 万元的价格向乙公司提供 W1 型机器 100 台。2019 年 12 月 31 日，甲公司 W1 型机器的成本为 5 600 万元，数量为 100 台，单位成本为 56 万元/台。2019 年 12 月 31 日，W1 型机器的市场销售价格为 60 万元/台。假定不考虑相关税费和销售费用。

根据甲公司与乙公司签订的销售合同规定，该批 W1 型机器的销售价格已由销售合同约定，并且其库存数量等于销售合同约定的数量，在这种情况下，计算 W1 型机器的可变现净值应以销售合同约定的价格 6 200(62 × 100)万元作为计算基础。

(2) 如果企业持有存货的数量多于销售合同订购数量，超出部分的存货可变现净值应当以产成品或商品的一般销售价格(即市场销售价格)作为计算基础。

【例 4-26】 2019 年 11 月 1 日，甲公司与丙公司签订了一份不可撤销的销售合同，双方约定，2020 年 3 月 31 日，甲公司应按每台 15 万元的价格向丙公司提供 W2 型机器 120 台。2019 年 12 月 31 日，甲公司 W2 型机器的成本为 1 960 万元，数量为 140 台，单位成本为 14 万元/台。根据甲公司销售部门提供的资料表明，向丙公司销售的 W2 型机器的平均运杂费等销售费用为 0.12 万元/台；向其他客户销售 W2 型机器的平均运杂费等销售费用为 0.1 万元/台。2019 年 12 月 31 日，W2 型机器的市场销售价格为 16 万元/台。

在本例中，能够证明 W2 型机器的可变现净值的确凿证据是甲公司与丙公司签订的有关 W2 型机器的销售合同、市场销售价格资料、账簿记录和公司销售部门提供的有关销售费用的资料等。

根据该销售合同规定，库存的 W2 型机器中的 120 台的销售价格已由销售合同约定，其余 20 台并没有由销售合同约定。因此，在这种情况下，对于销售合同约定数量(120 台)的 W2 型机器的可变现净值应以销售合同约定的价格 15 万元/台作为计算基础，而对于超出部分(20 台)的 W2 型机器的可变现净值应以市场销售价格 16 万元/台作为计算基础。

$$\text{W2 型机器的可变现净值} = (15 \times 120 - 0.12 \times 120) + (16 \times 20 - 0.1 \times 20) = 2\ 103.6\ (\text{万元})$$

(3) 如果企业持有存货的数量少于销售合同订购数量，实际持有与该销售合同相关的存货应以销售合同所规定的价格作为可变现净值的计算基础。

(4) 没有销售合同约定的存货(不包括用于出售的材料)，其可变现净值应当以产成品或商品一般销售价格作为计算基础。

【例 4-27】 2019 年 12 月 31 日，甲公司 W3 型机器的账面成本为 600 万元，数量为 10 台，单位成本为 60 万元/台。2019 年 12 月 31 日，W3 型机器的市场销售价格为 64 万元/台。预计发生的相关税费和销售费用合计为 3 万元/台。甲公司没有签订有关 W3 型机器的销售合同。

由于甲公司没有就 W3 型机器签订销售合同，在这种情况下，计算 W3 型机器的可变现净值应以一般销售价格总额 610 万元((64 − 3) × 10)作为计算基础。

(5) 用于出售的材料等通常以市场价格作为其可变现净值的计算基础，这里的市场价格是指材料等的市场销售价格。如果用于出售的材料存在销售合同约定，应按合同价格作为其可变现净值的计算基础。

【例 4-28】 2019 年 11 月 1 日，甲公司根据市场需求的变化，决定停止生产 W4 型机器。为减少不必要的损失，决定将库存原材料中专门用于生产 W4 型机器的外购原材料 A 材料全部出售，2019 年 12 月 31 日其账面成本为 500 万元，数量为 10 吨。据市场调查，A 材料的市场销售价格为 30 万元/吨，同时可能发生销售费用及相关税费共计为 5 万元。

在本例中，由于企业已决定不再生产 W4 型机器，因此，该批 A 材料的可变现净值不能再以 W4 型机器的销售价格作为其计算基础，而应按其本身的市场销售价格作为计算基础。即：该批 A 材料的可变现净值 = 30 × 10 − 5 = 295 (万元)

(二) 材料存货的期末计量

对于材料存货应当区分以下两种情况确定其期末价值。

(1) 对于为生产而持有的材料，如果用其生产的产成品的可变现净值预计高于成本，则该材料应当按照成本计量。这里的“材料”指原材料、在产品、委托加工材料等，“可变现净值高于成本”中的成本是指产成品的生产成本。

(2) 如果材料价格的下降表明产成品的可变现净值低于成本，则该材料应当按可变现净值计量。

(三) 计提存货跌价准备的方法

(1) 企业通常按照单个存货项目计提存货跌价准备。

企业在计提存货跌价准备时，通常以单个存货项目为基础。在企业采用计算机信息系统进行会计处理的情况下，完全有可能做到按单个存货项目计提存货跌价准备。在这种方式下，企业应当将每个存货项目的成本与其可变现净值逐一进行比较，按较低者计量存货，并且按成本高于可变现净值的差额，计提存货跌价准备。

(2) 对于数量繁多、单价较低的存货，可以按照存货类别计提存货跌价准备。

如果某一类存货的数量繁多并且单价较低，企业可以按存货类别计量成本与可变现净值，即按存货类别的成本总额与可变现净值的总额进行比较，每个存货类别均取较低者确定存货期末价值。

(3) 与在同一地区生产和销售的产品系列相关、具有相同(或类似)最终用途或目的，且难以与其他项目分开计量的存货，可以合并计提存货跌价准备。

存货具有相同(或类似)最终用途或目的，并在同一地区生产和销售，意味着存货所处的经济环境、法律环境和市场环境等相同，具有相同的风险和报酬，因此，在这种情况下，可以对该存货进行合并计提存货跌价准备。

(4) 存货存在下列情形之一的，通常表明存货的可变现净值低于成本。

① 该存货的市场价格持续下跌，并且在可预见的未来无回升的希望；

② 企业使用该项原材料生产产品的成本大于产品的销售价格；

③ 企业因产品更新换代，原有库存原材料已不适应新产品的需要，而该原材料的市场价格又低于其账面成本；

④ 企业所提供的商品或劳务过时、消费者偏好改变而使市场的需求发生变化，导致市场价格逐渐下跌；

⑤ 其他足以证明该项存货实质上已经发生减值的情形。

(5) 存货存在下列情形之一的，通常表明存货的可变现净值为零。

① 已霉烂变质的存货；

② 已过期且无转让价值的存货；

③ 生产中已不再需要，并且已无使用价值和转让价值的存货；

④ 其他足以证明已无使用价值和转让价值的存货。

需要注意的是，资产负债表日，同一项存货中一部分有合同价格约定、其他部分不存在合同价格的，应当分别确定其可变现净值，并与其相对应的成本进行比较，分别确定存货跌价准备的计提或转回的金额，由此计提的存货跌价准备不得相互抵消。

【例 4-29】 某企业分别按单项比较法、分类比较法、总额比较法计算确定期末存货成本，如表 4-8 所示。

表 4-8　存货类别表

项　目	成　本	市　价	单项比较	分类比较	总额比较
甲类存货					
A	50 000	48 000	48 000		
B	60 000	62 800	60 000		
C	80 000	79 000	79 000		
小计	190 000	189 800		189 800	
乙类存货					
X	4 500	4 800	4 500		
Y	9 800	9 600	9 600		
小计	14 300	14 400		14 300	
总计	204 300	204 200	201 100	204 100	204 200

① 单项比较法：

借：资产减值损失　　3 200

　　贷：存货跌价准备　　3 200

② 分类比较法：

借：资产减值损失　　200

　　贷：存货跌价准备　　200

③ 总额比较法：

借：资产减值损失　　100

　　贷：存货跌价准备　　100

(四) 存货跌价准备转回的处理

(1) 资产负债表日，企业应当确定存货的可变现净值。企业确定存货的可变现净值应当以资产负债表日的状况为基础确定，既不能提前确定存货的可变现净值，也不能延后确定存货的可变现净值，并且在每一个资产负债表日都应当重新确定存货的可变现净值。

(2) 企业的存货在符合条件的情况下，可以转回计提的存货跌价准备。存货跌价准备转回的条件是以前减记存货价值的影响因素已经消失，而不是在当期造成存货可变现净值高于成本的其他影响因素。

(3) 存货符合存货跌价准备转回的条件时，应在原已计提的存货跌价准备金额内转回。即在对该项存货、该类存货或该合并存货已计提的存货跌价准备金额内转回。转回的存货跌价准备与计提该准备的存货项目或类别应存在直接对应关系，但转回的金额以将存货跌价准备余额冲减至零为限。

【例 4-30】 2019 年 12 月 31 日，A 材料的账面金额为 100 000 元，由于市场价格下跌，预计可变现净值为 80 000 元，由此应计提的存货跌价准备为 20 000 元。作如下会计处理：

借：资产减值损失——计提的存货跌价准备　　20 000
　　贷：存货跌价准备　　20 000

假设 2020 年 6 月 30 日，A 材料的账面金额为 100 000 元，由于市场价格有所上升，使得 A 材料的预计可变现净值变为 95 000 元，应转回的存货跌价准备为 15 000 元。作如下会计处理：

借：存货跌价准备　　15 000
　　贷：资产减值损失——计提的存货跌价准备　　15 000

【例 4-31】 2019 年，甲公司库存 A 机器 5 台，每台成本为 5 000 元，已经计提的存货跌价准备为 6 000 元。2020 年，甲公司将库存的 5 台机器全部以每台 6 000 元的价格售出。假定不考虑可能发生的销售费用及税金的影响，甲公司应将这 5 台 A 机器已经计提的跌价准备在结转其销售成本的同时，全部予以结转。

甲公司的相关账务处理如下：

借：主营业务成本　　19 000
　　存货跌价准备　　6 000
　　贷：库存商品——A 机器　　25 000

五、存货的披露

企业应当在附注中披露与存货有关的下列信息：

(1) 各类存货的期初和期末账面价值；

(2) 确定发出存货成本所采用的方法；

(3) 存货可变现净值的确定依据、存货跌价准备的计提方法、当期计提存货跌价准备的金额、当期转回存货跌价准备的金额以及计提和转回的有关情况；

(4) 用于债务担保的存货账面价值。

【问题与思考】

可变现净值如何确定？

本章小结

存货是指企业在日常活动中持有以备出售的产成品或商品、处在生产过程中的在产品、在生产过程或提供劳务过程中耗用的材料、物料等。

企业应当根据各类存货的实物流转方式、企业管理的要求、存货的性质等实际情况，合理地选择发出存货成本的计算方法，以确定当期发出存货的实际成本。常见的发出存货计量方法有先进先出法、移动加权平均法、月末一次加权平均法、个别计价法等。

按有关规定，存货应当定期盘点，每年至少盘点一次。盘点结果如果与账面记录不符，应当于办理年终决算前查明原因，并根据企业的管理权限，经股东大会或董事会、经理(厂长)会议等类似机构批准后，在年终结账前处理完毕。

可变现净值是指在日常活动中，存货的估计售价减去至完工时估计将要发生的成本、估计的销售费用以及相关税费后的金额。

【延伸阅读】

存货 inventory

计划成本法 planned cost method

材料成本差异 materials cost variance

可变现净值 net realizable value

存货跌价准备 inventory falling price reserves

复 习 题

一、单选题

1. 某企业采用月末一次加权平均法计算发出材料成本。2020 年 3 月 1 日结存甲材料 200 件，单位成本 40 元；3 月 15 日购入甲材料 400 件，单位成本 35 元；3 月 20 日购入甲材料 400 件，单位成本 38 元；当月共发出甲材料 500 件。该企业 3 月份发出甲材料的成本为(　　)元。

A. 18 500　　B. 18 600　　C. 19 000　　D. 20 000

2. 计入存货成本的相关税费不应该包括(　　)。

A. 可以抵扣的增值税税额　　B. 消费税

C. 资源税　　D. 不能抵扣的进项税额

3. 某企业为增值税小规模纳税人，原材料采用计划成本核算。甲材料计划成本每千克为 18 元。本月购进甲材料 9 000 千克，收到的增值税专用发票上注明的价款为 153 000 元，增值税税额为 19 890 元。另发生运输费 1 000 元，包装费 500 元，仓储费 600 元，途中保险费用 538.5 元。原材料运抵企业后验收入库 8 992.50 千克，运输途中合理损耗 7.5 千克。则购进甲材料发生的成本超支差异为(　　)元。

A. 5 398.50　　B. 24 361.50　　C. 27 961.50　　D. 13 663.50

4. 某小规模纳税企业本期购入原材料，取得增值税专用发票，原材料价款为 4 500 万元，增值税 585 万元，商品到达后验收发现短缺，其中 5%短缺属于途中合理损耗，15%的短缺原因待查，则该材料入库的实际成本是(　　)万元。

A. 4 212　　B. 5 001.75　　C. 4 322.25　　D. 3 825

5. 甲公司期末存货采用成本与可变现净值孰低法计价，该公司各期末某项存货账面成本与可变现净值为：2018 年末，成本 5 625 万元，可变现净值 5 175 万元；2019 年末，成本 6 750 万元，可变现净值 6 075 万元；2020 年末，成本 7 200 万元，可变现净值 6 975 万元。该公司 2020 年末计入资产减值损失的金额为(　　)万元。

A. 225　　B. −225　　C. 450　　D. −450

6. 企业期末编制资产负债表时，下列各项应包括在“存货”项目的是(　　)。

A. 已做销售但购货方尚未运走的商品

B. 委托代销商品

C. 合同约定购入的商品

D. 为在建工程购入的工程物资

7. 某公司从 2020 年 1 月 1 日起对期末存货采用成本与可变现净值孰低法计价，成本与可变现净值的比较采用单项比较法。该公司 2019 年 6 月 30 日 A、B、C 三种存货的成本分别为：30 万元、21 万元、36 万元；A、B、C 三种存货的可变现净值分别为：28 万元、25 万元、36 万元。该公司当年 6 月 30 日资产负债表中反映的存货净额为(　　)万元。

A. 85　　B. 87　　C. 88　　D. 91

8. 在存货采购过程中，因遭受意外灾害发生的损失和尚待查明原因的途中损耗，应先计入(　　)科目进行核算，在查明原因后再作处理。

A. 原材料　　B. 待处理财产损溢

C. 管理费用　　D. 营业外支出

9. 某企业采用先进先出法计算发出原材料成本，2020 年 9 月甲材料结存 100 千克，每千克实际成本为 200 元，9 月 7 日购入甲材料 350 千克，每千克实际成本 210 元，9 月 21 日购入甲材料 400 千克，每千克实际成本 230 元，9 月 28 日发出甲材料 500 千克，9 月份甲材料发出成本为(　　)元。

A. 145 000　　B. 150 000　　C. 105 000　　D. 155 000

10. 某企业为增值税一般纳税人，增值税税率为 13%。本月销售一批材料，价值 5 876 元。该批材料计划成本为 4 200 元，材料成本差异率为 2%，该企业销售材料应确认的损益为(　　)元。

A. 916　　B. 1 084　　C. 1 884　　D. 1 968

二、多选题

1. 下列项目中，应该计入工业企业存货采购成本的是(　　)。

A. 运输费　　B. 入库前的挑选整理费

C. 途中合理损耗　　D. 小规模纳税企业支付的增值税

2. 对于存货采购过程中发生的物资毁损、短缺等，下列处理正确的是(　　)。

A. 合理的损耗计入采购成本

B. 尚待查明原因的途中损耗，增加物资的采购成本

C. 应从供应单位收回的物资短缺或赔款，冲减物资的采购成本

D. 意外灾害发生的损失，直接计入当期损益

3. 下列税金中，应计入存货成本的有(　　)。

A. 由受托方代扣代缴的委托加工继续用于生产应纳消费税商品负担的消费税

B. 由受托方代扣代缴的委托加工直接用于对外销售的商品负担的消费税

C. 进口商品交纳的进口关税

D. 一般纳税企业进口原材料交纳的增值税

4. 商品流通企业在采购商品过程中发生的运输费、装卸费、保管费以及其他可归属于存货采购成本的费用等，应当(　　)。

A. 计入存货的采购成本

B. 计入销售费用

C. 计入管理费用

D. 先进行归集，期末再根据所购商品的存销情况进行分摊

5. 当存货出现下列哪种情况时，应将存货账面价值全部转入当期损益(　　)。

A. 市价持续下跌，并且在可预见的未来无回升的希望

B. 已过期且无转让价值的存货

C. 由于市场需求发生变化，导致存货市场价格逐渐下跌

D. 已霉烂变质的存货

6. 企业期末编制资产负债表时，下列各项应包括在“存货”项目的是(　　)。

A. 委托加工物资　　B. 在途物资

C. 为在建工程购入的工程物资　　D. 生产过程中的在产品

7. 企业确定存货的可变现净值时应考虑的因素包括(　　)。

A. 存货的成本　　B. 存货可变现净值的确凿证据

C. 持有存货的目的　　D. 资产负债表日后事项等的影响

8. 下列与存货相关会计处理的表述中，正确的有(　　)。

A. 应收保险公司存货损失赔偿款计入其他应收款

B. 资产负债表日存货应按成本与可变现净值孰低计量

C. 按管理权限报经批准的盘盈存货价值冲减管理费用

D. 结转商品销售成本的同时转销其已计提的存货跌价准备

9. 下列各项中，会引起企业期末存货账面价值变动的有(　　)。

A. 已发出商品但尚未确认销售收入

B. 委托外单位加工发出的材料

C. 发生的存货盘亏

D. 冲回多计提的存货跌价准备

10. 下列各项中，应计入相关资产成本的有(　　)。

A. 企业进口原材料交纳的进口关税

B. 企业商务用车交纳的车船税

C. 小规模纳税人购买商品支付的增值税

D. 企业书立加工承揽合同交纳的印花税

三、判断题

1. 购入材料在运输途中发生的合理损耗不需要单独进行账务处理。

2. 商品流通企业在采购商品过程中发生的运输费、装卸费等，应当直接计入当期损益。

3. 投资者投入存货的成本，一律按照投资合同或协议约定的价值确定。

4. 通过提供劳务取得的存货，其成本按从事劳务提供人员的直接人工、其他直接费用以及可归属于该存货的间接费用确定。

5. 企业发出的存货，在资产负债表日可以按实际成本核算，也可以按计划成本核算。

6. 对于性质和用途相似的存货，应当采用相同的成本计算方法确定发出存货的成本。

7. 存货的可变现净值等于企业预计的销售存货取得的现金流量。

8. 企业租入包装物支付的押金应计入其他业务成本。

9. 企业采用计划成本进行材料日常核算时，月末分摊材料成本差异时，超支差异计入“材料成本差异”科目的借方，节约差异计入“材料成本差异”的贷方。

10. 采用月末一次加权平均法的只在月末一次计算加权平均单价，比较简单，有利于简化成本计算工作。

四、计算题

1. A、B 公司均为一般纳税人，增值税税率为 13%。A 公司将生产应税消费品甲产品所需原材料委托 B 公司加工。5 月 10 日 A 公司发出材料实际成本为 519.50 万元，应付加工费为 70 万元(不含增值税)，消费税税率为 10%，A 公司收回 B 公司加工的产品后，在此基础上进一步加工生产应税消费品甲产品；5 月 25 日收回加工物资并验收入库，另支付往返运杂费 1.50 万元，加工费及代扣代交的消费税均未结算；5 月 28 日将加工后收回的物资投入生产甲产品，此外，生产甲产品过程中发生工资费用 200 万元，福利费 28 万元，分配制造费用 181 万元；5 月 31 日甲产品全部完工验收入库。6 月 5 日销售一批甲产品，售价 2 000 万元(不含增值税)，货款尚未收到。

要求：编制 A 公司有关委托加工材料及收回后的会计分录。

2. 甲公司期末原材料的账面余额为 150 万元，数量为 10 吨，该原材料专门用于生产与乙公司所签合同约定的 30 台 A 产品。该合同约定：甲公司为乙公司提供 A 产品 30 台，每台售价 10 万元(不含增值税)。将该原材料加工成 30 台 A 产品尚需加工成本总额为 142.50 万元。估计销售每台 A 产品尚需发生相关税费 1 万元(不含增值税)。本期期末市场上该原材料每吨售价为 14 万元，估计销售每吨原材料尚需发生相关税费 0.2 万元。

要求：计算原材料可变现净值，编制会计分录。

3. 某公司 2020 年 5 月发生下列经济业务：

(1) 1 日，赊购一批 A 材料，共计 200 件，价值 20 000 元，增值税 2 600 元，发票已到，材料尚未运到。

(2) 5 日，仓库转来收料单，本月 1 日赊购的 A 材料已验收入库。该批材料计划成本为每件 110 元。

(3) 11 日，生产车间领用 A 材料 230 件用于直接生产。

(4) 15 日，与甲公司签订购货合同，购买 A 材料 400 件，每件 125 元，根据合同规定，先预付货款 50 000 元的 40%，其余货款在材料验收入库后支付。

(5) 16 日，购入一批 B 材料，材料已运到并验收入库，月末尚未收到发票等结算凭证。

该材料的同期市场价格为 12 000 元。

(6) 25 日，收到 15 日购买的 A 材料并验收入库，以银行存款支付其余货款。

(7) 月初，A 材料账面结存 50 件，“材料成本差异”科目贷方余额 1 855 元。

要求：根据上述材料编制相关会计分录。

4. 某企业有甲材料、乙产品两种存货可能存在减值，甲材料账面价值 500 万元，乙产品账面价值 2 000 万元。其中，甲材料加工制成甲产品，在现有环境下，还需发生加工成本 300 万元，产出甲产品公允价值为 820 万元，估计销售甲产品的销售费用为 30 万元。乙产品账面价值 2 000 万元，共计 2 000 件，其中，1 000 件有销售合同，合同单价 1.2 万元，合同销售费用及税金预计为 240 万元；另 1 000 件无销售合同，按市场一般销售价总额为 1 030 万元，估计销售费用及相关税费为 80 万元。

要求：确认甲、乙两种存货的减值，并编制会计分录。

5. 某小规模纳税人企业 2020 年 12 月在存货清查中发生下列经济业务：

(1) 15 日，A 种原材料盘盈 250 千克，每千克成本为 16 元，盘盈原因待查。

(2) 15 日，B 种原材料盘亏 550 千克，每千克成本为 10 元；C 种原材料盘亏 700 千克，每千克成本为 5 元。

(3) 上述 A 材料盘盈，经查系发料差错所致，31 日报经批准后冲减当期管理费用。

(4) 上述 B 材料盘亏，经查系意外灾害所致，可收回残料价值 500 元；C 材料盘亏，经查系经营管理不善造成，追究责任，由过失人负担 30%，其余部分作为一般经营损失处理。31 日报经批准后，同意按上述原因进行账务处理。

要求：根据以上经济业务编制有关会计分录。

第五章　固定资产

【内容提要】

固定资产
- 固定资产及其确认
- 固定资产的初始计量
- 固定资产的后续计量
- 固定资产处置与披露

【学习目标】

1. 了解固定资产的分类；
2. 熟悉固定资产的定义和确认条件；
3. 掌握固定资产的初始计量和后续支出的核算；
4. 掌握固定资产折旧的核算；
5. 掌握固定资产处置的核算。

【导入案例】

甲公司为上市公司，该公司内部审计部门在对其 2020 年度财务报表进行内审时，对以下交易或事项的会计处理提出疑问。2019 年 11 月 20 日，甲公司购进一台需要安装的 B 设备，取得的增值税专用发票上注明的设备价款为 1 000 万元，可抵扣增值税进项税额为 130 万元，款项已通过银行存款支付。安装 B 设备时，甲公司领用原材料费用 50 万元(不含增值税)，支付安装人员工资 30 万元。2020 年 6 月 30 日，B 设备达到预定可使用状态，B 设备预计使用年限为 5 年，预计净残值率为 5%，甲公司采用双倍余额递减法计提折旧。假定该设备是用于管理部门使用，甲公司 2020 年计提折旧会计处理如下：

借：管理费用　　　　205.2

　贷：累计折旧　　　　205.2

假定生产产品的机器设备在年末全部生产完工并未对外进行销售。

思考：根据资料判断甲公司会计处理是否正确，如不正确，简要说明理由，并编制有关差错更正的会计分录。

第一节 固定资产及其确认

一、固定资产的定义和确认条件

(一) 固定资产的定义

固定资产是指企业为生产商品、提供劳务、出租或经营管理而持有、使用寿命超过一个会计年度，价值达到一定标准的非货币性资产。

从固定资产的定义看，固定资产具有以下三个特征：

1. 为生产商品、提供劳务、出租或经营管理而持有

企业持有固定资产的目的是生产商品、提供劳务、出租或经营管理，即企业持有的固定资产是企业的劳动工具或手段而不是用于出售的产品。其中“出租”的固定资产，是指企业以经营租赁方式出租的机器设备类固定资产，不包括以经营租赁方式出租的建筑物，后者属于企业的投资性房地产，不属于固定资产。

2. 使用寿命超过一个会计年度

固定资产的使用寿命，是指企业使用固定资产的预计期间，或者该固定资产所能生产产品或提供劳务的数量。通常情况下，固定资产的使用寿命是指使用固定资产的预计期间，比如自用房屋建筑物的使用寿命表现为企业对该建筑物的预计使用年限。固定资产使用寿命超过一个会计年度，意味着固定资产属于非流动资产，随着使用和磨损，通过计提折旧方式逐渐减少账面价值。

3. 固定资产是有形资产

固定资产具有实物特征，这一特征将固定资产与无形资产区别开来。有些无形资产可能同时符合固定资产的其他特征，如无形资产为生产商品、提供劳务而持有，使用寿命超过一个会计年度，但是由于其没有实物形态，所以不属于固定资产。

(二) 固定资产的确认条件

固定资产在符合定义的前提下，应当同时满足以下两个条件，才能加以确认。

1. 与该固定资产有关的经济利益很可能流入企业

在实务中，判断与固定资产有关的经济利益是否很可能流入企业，主要判断与该固定资产所有权相关的风险和报酬是否转移到了企业。与固定资产所有权相关的风险，是指由于经营情况变化造成的相关收益的变动，以及由于资产闲置、技术陈旧等原因造成的损失；与固定资产所有权相关的报酬，是指在固定资产使用寿命内使用该资产获得的收入，以及处置该资产所实现的利得等。

通常，取得固定资产的所有权是判断与固定资产所有权相关的风险和报酬转移到企业的一个重要标志。但是，所有权是否转移，不是判断与固定资产所有权相关的风险和报酬转移到企业的唯一标志。在有些情况下，某项固定资产的所有权虽然不属于企业，但是，企业能够控制与该项固定资产有关的经济利益流入企业，这就意味着与该固定资产所有权相关的风险和报酬实质上已转移到企业，在这种情况下，企业应将该项固定资产予以确认。例如，融资租入的固定资产，企业虽然不拥有固定资产的所有权，但与固定资产所有权相关的风险和报酬实质上已转移到了企业(承租人)，因此，符合固定资产确认的第一个条件。

2. 固定资产的成本能够可靠地计量

成本能够可靠地计量是资产确认的一项基本条件。企业在确定固定资产成本时必须取得确凿证据，但是，有时需要根据所获得的最新资料，对固定资产的成本进行合理地估计。比如，企业对于已达到预定可使用状态但尚未办理竣工决算的固定资产，需要根据工程预算、工程造价或者工程实际发生的成本等资料，按估计价值确定其成本，办理竣工决算后，再按照实际成本调整原来的暂估价值。

(三) 确认条件的具体应用

对于购置的环保设备和安全设备等资产，使用其不能直接为企业带来经济利益，但是有助于企业从相关资产获得经济利益，或者能减少企业未来经济利益的流出，因此，对于这类设备，企业应将其确认为固定资产。例如，为净化环境或者满足国家有关排污标准的需要购置的环保设备，这些设备的使用虽然不会为企业带来直接的经济利益，却有助于企业提高对废水、废气、废渣的处理能力，企业将减少未来由于污染环境而需要支付的环境净化费或者罚款，因此，也符合固定资产确认的第一个条件。

对于工业企业所持有的工具、用具、备品备件、维修设备等资产，施工企业所持有的模板、挡板、架料等周转材料，以及地质勘探企业所持有的管材等资产，企业应当根据实际情况，分别管理和核算。尽管该类资产具有固定资产的某些特征，比如，使用期限超过一年，也能够带来经济利益，但由于数量多、单价低，考虑到成本效益原则，在实务中，通常确认为存货。但符合固定资产定义和确认条件的，比如企业(民用航空运输)的高价周转件等，应当确认为固定资产。

固定资产的各组成部分，如果各自具有不同使用寿命或者以不同方式为企业提供经济利益，从而适用不同折旧率或折旧方法的，该各组成部分实际上是以独立的方式为企业提供经济利益，企业应当分别将各组成部分确认为单项固定资产。例如，飞机的引擎，如果其与飞机机身具有不同的使用寿命，适用不同折旧率或折旧方法，则企业应当将其确认为单项固定资产。

二、固定资产的分类

企业的固定资产种类繁多，规格也不一样，这些固定资产在企业生产经营过程中处于不同的地位，发挥着不同的作用。为了加强对固定资产的管理，就要根据企业管理的需要和不同的分类标准对固定资产进行分类。

(一) 按固定资产的经济用途分类

固定资产按其经济用途，可分为生产经营用固定资产和非生产经营用固定资产。其中，生产经营用固定资产是指直接参加生产经营过程，或直接服务于生产经营过程的各项固定资产，如建筑物、设备、器具等；非生产经营用固定资产是指不直接服务于生产、经营过程的各项固定资产，如职工宿舍、卫生所、食堂、浴室、理发室、幼儿园、俱乐部等使用的房屋和设备，以及其他固定资产。

(二) 按固定资产的使用情况分类

固定资产按其使用情况，可分为使用中固定资产、未使用固定资产和不需用固定资产。

(1) 使用中固定资产是指企业正在使用中的生产经营用固定资产和非生产经营用固定资产。企业的建筑物不管是否使用，都应作为使用中固定资产。由于季节性或大修理等原因暂时停止使用的，以及出租、在车间准备替换使用的固定资产，也属于使用中固定资产。

(2) 未使用固定资产是指已完工或已购建的尚未交付使用的新增固定资产，以及因进行改建、扩建等原因暂停使用的固定资产。如企业购建的尚待安装的固定资产、生产任务变更停止使用的固定资产。

(3) 不需用固定资产是指不适合本企业需要的、多余的、需要调配处理的各种固定资产。

(三) 按固定资产的所有权分类

固定资产按其所有权，可分为自有固定资产和租入固定资产。其中，自有固定资产是指企业从不同来源取得的拥有法定所有权的固定资产；租入固定资产是指企业从其他单位租入的，拥有使用权而不拥有所有权的固定资产，包括以经营租赁方式租入的和以融资租赁方式租入的固定资产。在实际会计工作中，为了加强对融资租入固定资产的管理，一般将其视同自有固定资产进行核算。

(四) 按固定资产的经济用途和使用情况综合分类

采用这一分类方法，可把企业的固定资产分为七大类。

(1) 生产经营用固定资产。

(2) 非生产经营用固定资产。

(3) 租出的固定资产，是指在经营性租赁方式下出租给外单位使用的固定资产。

(4) 不需用固定资产。

(5) 未使用固定资产。

(6) 土地，指过去已经估价单独入账的土地。因征地而支付的补偿费，应计入与土地有关的房屋建筑物的价值内，不单独作为土地价值入账，企业取得的土地使用权不能作为固定资产管理。

(7) 融资租入固定资产，指企业以融资租赁方式租入的固定资产，在租赁期内，应视同自有固定资产进行管理。

由于企业的经营性质不同，经营规模各异，对固定资产的分类不可能完全一致，企业可以根据各自的具体情况、经营管理、会计处理的需要进行必要的分类。

【问题与思考】

融资租入的固定资产和经营租入的固定资产有什么不一样？

第二节　固定资产的初始计量

固定资产的初始计量是指确定固定资产的取得成本。《企业会计准则第4号——固定资产》规定，固定资产应当按照成本进行初始计量。其中，成本应包括企业为购建某项固定资产达到预定可使用状态前所发生的一切合理的、必要的支出。固定资产的取得方式包括购买、自行建造、投资者投入、非货币性交易、债务重组等，取得方式的不同，其成本的具体确定方法也不尽相同。

一、外购固定资产

企业外购固定资产的成本包括买价、进口关税等相关税费，以及为使固定资产达到预定可使用状态前发生的可直接归属于该资产的其他支出，如场地整理费、运输费、装卸费、安装费和专业人员服务费等。

固定资产是否达到预定可使用状态，具体可以从以下几个方面进行判断：

(1) 固定资产的实体建造(包括安装)工作已经全部完成或实质上已经完成；

(2) 所购建的固定资产与设计要求或合同要求相符或基本相符，即使有极个别与设计或合同要求不相符的地方，也不影响其正常使用；

(3) 在该固定资产上的支出金额很少继续发生或几乎不再发生。

如果所购建固定资产需要试生产或试运行，则在试生产结果表明该固定资产能够正常生产出合格产品时，或试运行结果表明能够正常运转或营业时，就应当认为资产已经达到预定可使用状态。工程在达到预定可使用状态前，因必须进行试运转而形成的、能够对外销售的产品，其发生的成本，计入在建工程成本，销售或转为库存商品时，按实际销售收入或按预计售价冲减工程成本。

企业购入的固定资产分不需要安装的固定资产和需要安装的固定资产两种。前者的取得成本为企业实际支付的买价、包装费、运杂费、保险费、专业人员服务费和相关税费等；后者的取得成本是在前者取得成本的基础上，加上安装调试成本等。

(一) 购入不需要安装的固定资产

企业购入不需要安装的固定资产时，据有关凭证，借记“固定资产”科目，贷记“银行存款”等科目。

【例5-1】 2020年1月1日，甲公司购入一台不需要安装的生产设备，取得的增值税专用发票上注明的设备价款为100万元，增值税进项税额为13万元，发生运杂费5 000元，款项全部付清，假定不考虑其他相关税费。账务处理如下：

借：固定资产	1 005 000	
应交税费——应交增值税(进项税额)	130 000	
贷：银行存款		1 135 000

甲公司购置设备的成本 = 1 000 000 + 5 000 = 1 005 000 (元)

(二) 购入需要安装的固定资产

企业购入需要安装的固定资产，要发生各种安装成本，因此，企业不能将购入的固定资产直接记入“固定资产”科目，而应先记入“在建工程”科目，待安装完毕、交付使用时再转入“固定资产”科目。

【例 5-2】 2020 年 2 月 1 日，甲公司购入一台需要安装的机器设备，取得的增值税专用发票上注明的设备价款为 500 000 元，增值税进项税额为 65 000 元，支付的运杂费为 2 500 元，款项已通过银行支付；安装设备时，支付给安装工人的工资为 4 900 元。假定不考虑其他相关税费。甲公司的账务处理如下：

① 支付设备价款、增值税、运输费合计为 587 500 元

借：在建工程	502 500	
应交税费——应交增值税(进项税额)	65 000	
贷：银行存款		567 500

② 支付安装工人工资等费用合计为 4 900 元

借：在建工程	4 900	
贷：应付职工薪酬		4 900

③ 设备安装完毕达到预定可使用状态

借：固定资产	507 400	
贷：在建工程		507 400

固定资产的成本 = 502 500 + 4 900 = 507 400 (元)

(三) 外购固定资产的特殊考虑

企业用一笔款项购入多项没有单独标价的固定资产时，应按各项资产公允价值的比例对总成本进行分配，以确定各项固定资产的入账价值。如果以一笔款项购入的多项资产中还包括固定资产以外的其他资产，也应按类似方法进行处理。

【例 5-3】 2020 年 3 月 1 日，A 公司为降低采购成本，从 B 公司一次购进了 3 套不同型号具有不同生产能力的设备甲、乙和丙。A 公司为该批设备共支付货款 780 万元，增值税 101.4 万元，包装费 4.2 万元，全部以银行存款支付。假定设备甲、乙和丙均满足固定资产的定义及其确认条件，公允价值分别为 292.6 万元、359.48 万元和 183.92 万元；不考虑其他相关税费。A 公司的账务处理如下：

① 确定计入固定资产成本的金额，包括买价、包装费等：

应计入固定资产成本的金额 = 7 800 000 + 42 000 = 7 842 000

② 确定设备甲、乙和丙应分配的固定资产价值比例：

甲设备：2 926 000 / (2 926 000 + 3 594 800 + 1 839 200) × 100% = 35%

乙设备：3 594 800 / (2 926 000 + 3 594 800 + 1 839 200) × 100% = 43%

丙设备：1 839 200 / (2 926 000 + 3 594 800 + 1 839 200) × 100% = 22%

③ 确定设备甲、乙和丙各自的入账价值：

甲设备：7 842 000 × 35% = 2 744 700 (元)

乙设备：7 842 000 × 43% = 3 372 060 (元)

丙设备：7 842 000 × 22% = 1 725 240 (元)

④ 编制会计分录：

借：固定资产——甲设备　2 744 700
　　　　　　——乙设备　3 372 060
　　　　　　——丙设备　1 725 240
　　应交税费——应交增值税(进项税额) 1 014 000
　　贷：银行存款　8 856 000

企业购买固定资产通常在正常信用条件期限内付款，但也会发生超过正常信用条件购买固定资产的经济业务，如采用分期付款方式购买资产，且在合同中规定的付款期限比较长，超过了正常信用条件(通常在 3 年以上)。在这种情况下，该项合同实质上具有融资性质，购入固定资产的成本不能以各期付款额之和确定，而应以各期付款额之和的现值确定。固定资产购买价款的现值，应当按照各期支付的价款选择恰当的折现率进行折现后的金额加以确定。折现率是反映当前市场货币时间价值和延期付款债务特定风险的利率。各期实际支付的价款之和与其现值之间的差额，在达到预定可使用状态之前符合《企业会计准则第 17 号——借款费用》中规定的资本化条件的，应当计入固定资产成本，其余部分应当在信用期间内确认为财务费用，计入当期损益。其会计处理为：购入固定资产时，按购买价款的现值，借记“固定资产”或“在建工程”科目，按应支付的金额，贷记“长期应付款”科目，按其差额，借记“未确认融资费用”科目。

二、自行建造固定资产

企业生产经营所需的固定资产，除了外购等方式取得，还经常根据生产经营的特殊需要，利用自有的人力、物力条件自行建造，即称之为自制、自建固定资产。自制固定资产是指企业自己制造生产经营所需的设备等，如自制特殊需要的车床等；自建固定资产是指企业自行建造建筑物、各种设施以及进行大型机器设备的安装工程等，包括固定资产新建工程、改扩建工程和大修理工程等。

按照固定资产准则规定，企业自行建造的固定资产，应按建造该项资产达到预定可使用状态前所发生的必要支出，作为入账价值。这些支出包括工程用物资成本、人工成本、应予以资本化的固定资产借款费用、交纳的相关税费以及分摊的其他间接费用等。企业自行建造固定资产包括自营建造和出包建造两种方式。

(一) 自营方式建造固定资产

企业采用自营方式建造固定资产，意味着企业自行组织工程物资采购、自行组织施工人员从事工程施工。企业以自营方式建造固定资产，其入账价值应当按照建造该项固定资产达到预定可使用状态前所发生的必要支出确定，包括直接材料、直接人工、直接机械施工费等。企业为建造固定资产准备的各种物资应当按照实际支付的买价、运输费、保险费等相关税费作为实际成本、工程项目较多且工程支出较大的企业，应当按照工程项目的性质分别核算各项工程的成本。企业为建造固定资产准备的各种物资应当按照实际支付的买价、运输费、保险货等相关税费作为实际成本，并按照各种专项物资的种类进行明细核算。

工程完工达到预定可使用状态后，应将该项工程完工达到预定可使用状态前所发生的必要支出结转，作为固定资产的入账价值。固定资产达到预定可使用状态后剩余的工程物资，如转为本企业库存材料，应按其实际成本或计划成本转作企业的库存材料。盘盈、盘亏、报废、毁损的工程物资，减去保险公司、过失人等赔偿部分后的余额，分情况处理：如果工程项目尚未达到预定可使用状态，计入或冲减所建工程项目的成本；如果工程项目已经达到预定可使用状态，计入当期营业外收支。

固定资产在达到预定可使用状态前，因试运行而形成的、能够对外销售的产品，其发生的成本，计入在建工程成本，其销售或转为库存商品时，按实际销售收入或预计售价冲减工程成本。

所建造的固定资产已经达到预定可使用状态，但尚未办理竣工决算的，应当自达到预定可使用之日起，根据工程预算、造价或者工程实际成本等，按暂估价值转入固定资产，并按有关计提固定资产折旧的规定，计提固定资产折旧。待办理了竣工决算手续后，再按实际成本调整原来的暂估价值，但不需要调整原已计提的折旧。

由于正常原因造成的单项工程或单位工程报废、毁损，减去残料价值和过失人或保险公司等赔偿后的净损失或净收益，如果工程项目尚未达到预定可使用状态，计入或者冲减继续施工的工程成本；如果工程项目已经达到预定可使用状态，属于筹建期间的，计入或者冲减管理费用，不属于筹建期间的，直接计入当期营业外收支。如为非正常原因造成的报废或毁损，或在建工程项目全部报废或毁损，应将其损失直接计入当期营业外支出。

企业的自营工程主要通过“工程物资”和“在建工程”科目核算。“工程物资”科目核算用于在建工程的各种物资的实际成本。“在建工程”科目核算企业建造该资产达到预定可使用状态前所发生的必要支出以及改扩建工程等转入的固定资产净值，可按“建筑工程”“安装工程”“在安装工程”“待摊支出”以及“单项工程”等进行明细核算。在建工程发生减值的，可以单独设置“在建工程减值准备”科目，比照“固定资产减值准备”科目进行处理。

(1) 购入工程物资时：

借：工程物资

　　应交税费——应交增值税(进项税额)

　　贷：银行存款

(2) 领用工程物资时：

借：在建工程

　　贷：工程物资

(3) 支付其他工程费用时：

借：在建工程

　　贷：银行存款

(4) 支付工程工资及福利时：

借：在建工程

　　贷：应付职工薪酬

(5) 使用本企业产品时：

借：在建工程

　　贷：库存商品

(6) 使用本企业材料时：

借：在建工程

　　贷：原材料

(7) 工程完工时：

借：固定资产

　　贷：在建工程

【例 5-4】 2020 年 1 月 A 公司准备自行建造一座厂房，购入工程物资的费用为 25 万元，增值税额进项税额 3.25 万元，以银行存款支付；1 月至 6 月实际领用价值 25 万元的工程物资；另外，还领用公司生产的一批原材料，实际成本为 3.2 万元，该批材料的进项税额为 0.416 万元；分配工程人员工资 6.58 万元，辅助生产车间提供有关劳务支出 3.5 万元；6 月底，工程达到预定可使用状态，但尚未办理竣工决算手续，工程按暂估价值结转固定资产成本；7 月中旬，该工程决算实际成本为 39.28 万元，经查其与暂估成本的差额为应付工程人员薪酬；假定不考虑其他相关税费。

A 公司的会计处理为：

① 购入为工程准备的物资：

借：工程物资　　250 000

　　应交税费——应交增值税(进项)　　32 500

　　贷：银行存款　　282 500

② 工程领用物资：

借：在建工程——厂房　　250 000

　　贷：工程物资　　250 000

③ 工程领用原材料：

借：在建工程——厂房　　32 000

　　贷：原材料　　32 000

④ 分配工程人员工资：

借：在建工程——厂房　　65 800

　　贷：应付职工薪酬　　65 800

⑤ 辅助生产车间为工程提供劳务：

借：在建工程——车间　　35 000

　　贷：生产成本——辅助生产成本　　35 000

⑥ 6 月底，工程达到预定可使用状态，尚未办理竣工决算手续，固定资产成本按暂估价值入账：

借：固定资产　　382 800

　　贷：在建工程——厂房　　382 800

⑦ 7 月中旬，按竣工决算实际成本调整固定资产成本：

借：固定资产——厂房　　10 000

　　贷：应付职工薪酬　　10 000

(二) 出包方式建造固定资产

在出包方式下，企业通过招标方式将工程项目发包给建造承包商，由建造承包商(即施工企业)组织工程项目施工。企业以出包方式建造固定资产，其成本由建造该项固定资产达到预定可使用状态前所发生的必要支出构成，包括发生的建筑工程支出、安装工程支出，以及需要分摊计入各固定资产价值的待摊支出。建筑工程支出和安装工程支出，如人工费、材料费、机械使用费等由建造承包商核算。对于发包企业而言，建筑工程支出、安装工程支出是构成在建工程成本的重要内容，发包企业按照合同规定的结算方式和工程进度定期与建造承包商办理工程价款结算，结算的工程价款计入在建工程成本。待摊支出是指在建设期发生的，不能直接计入某项固定资产价值、而应由所建造固定资产共同负担的相关费用，包括为建造工程发生的管理费、征地费、可行性研究费、临时设施费、公证费、监理费、应负担的税费、符合资本化条件的借款费用，以及建设期间发生的工程物资盘亏、报废、毁损的净损失和负荷联合试车费等。

企业为建造固定资产通过出让方式取得土地使用权而支付的土地出让金不计入在建工程成本，应确认为无形资产(土地使用权)。

在出包方式下，“在建工程”科目主要是企业与建造承包商办理工程价款的结算科目，企业支付给建造承包商的工程价款，作为工程成本通过“在建工程”科目核算。企业应按合理估计的工程进度和合同规定结算的进度款，借记“在建工程——建筑工程(××工程)”“在建工程——安装工程(××工程)”科目，贷记“银行存款”“预付账款”等科目。工程完成时，按合同规定补付的工程款，借记“在建工程”科目，贷记“银行存款”等科目。企业将需安装设备运抵现场安装时，借记“在建工程——在安装设备(××设备)”科目，贷记“工程物资——××设备”科目；企业为建造固定资产发生的待摊支出，借记“在建工程——待摊支出”科目，贷记“银行存款”“应付职工薪酬”“长期借款”等科目。

企业采用出包方式建造固定资产发生的、需分摊计入固定资产价值的待摊支出，应按下列方法计算：

首先，计算分配待摊支出，待摊支出的分配率可按下列公式计算：

$$\text{待摊支出分配率}=\frac{\text{累计发生的待摊支出}}{\text{建筑工程支出}+\text{安装工程支出}+\text{在安装设备支出}}\times 100\%$$

$$\text{某工程应分配的待摊支出}=\text{该工程支出合计}\times\text{待摊支出分配率}$$

其次，计算确定已完工的固定资产成本：

$$\text{房屋、建筑物等固定资产成本}=\text{建筑工程支出}+\text{应分摊的待摊支出}$$

$$\text{需要安装设备的成本}=\text{设备成本}+\text{为设备安装发生的基础、支座等建筑工程支出}+\text{安装工程支出}+\text{应分摊的待摊支出}$$

然后，进行相应的账务处理，借记“固定资产”科目，贷记“在建工程——建筑工程”“在建工程——安装工程”“在建工程——待摊支出”等科目。

【例 5-5】 甲公司经批准新建一个火电厂，包括建造发电车间、冷却塔及安装发电设备等 3 个单项工程。2020 年 2 月 1 日，甲公司与乙公司签订合同，将火电厂新建工程出包给乙公司。双方约定，建造发电车间的价款为 500 万元，建造冷却塔的价款为 280 万元，安装发电设备的安装费用为 45 万元。其他有关资料如下：

① 2020年2月1日，甲公司向乙公司预付建造发电车间的工程价款300万元；

② 2020年5月8日，甲公司购入需安装的发电设备，价款总计380万元，款已付；

③ 2020年7月2日，甲公司向乙公司预付建造冷却塔的工程价款140万元；

④ 2020年7月22日，甲公司将发电设备运抵现场，交付乙公司安装；

⑤ 工程项目发生管理费、可行性研究费、公证费、监理费共计11.6万元，款已付；

⑥ 工程建造期间，由于台风造成冷却塔部分工程毁损，经核算，损失为45万元，保险公司已经承诺支付30万元；

⑦ 2020年12月20日，所有工程完工，甲公司收到乙公司的有关工程结算单据后，补付剩余工程款。

甲公司的账务处理如下：

① 2020年2月1日，预付建造发电车间工程款：

借：预付账款——建筑工程(发电车间)　　3 000 000

　　贷：银行存款　　3 000 000

② 2020年5月8日，购入发电设备：

借：工程物资——发电设备　　3 800 000

　　贷：银行存款　　3 800 000

③ 2020年7月2日，预付建造冷却塔工程款：

借：预付账款——建筑工程(冷却塔)　　1 400 000

　　贷：银行存款　　1 400 000

④ 2020年7月22日，将发电设备交乙公司安装：

借：在建工程——在安装设备(发电设备)　　3 800 000

　　贷：工程物资——发电设备　　3 800 000

⑤ 支付工程发生的管理费、可行性研究费、公证费、监理费：

借：在建工程——待摊支出　　116 000

　　贷：银行存款　　116 000

⑥ 台风造成冷却塔工程部分毁损：

借：营业外支出　　150 000

　　其他应收款　　300 000

　　贷：在建工程——建筑工程(冷却塔)　　450 000

⑦ 2020年12月20日，结算工程款并补付：

借：在建工程——建筑工程(发电车间)　　5 000 000

　　　　　　——建筑工程(冷却塔)　　2 800 000

　　　　　　——安装工程(发电设备)　　450 000

　　贷：银行存款　　3 850 000

　　　　预付账款——建筑工程(发电车间)　　3 000 000

　　　　　　　　——建筑工程(冷却塔)　　1 400 000

⑧ 分摊待摊支出：

待摊支出分配率＝116000/(5 000 000＋2 800 000－450 000＋3 800 000＋450 000)×100%＝1%

发电车间应分摊的待摊支出＝5 000 000×1%＝50 000(元)

冷却塔应分摊的待摊支出 = (2 800 000 − 450 000) × 1% = 23 500 (元)

发电设备(安装工程)应分摊的待摊支出 = 450 000 × 1% = 4 500 (元)

发电设备(在安装设备)应分摊的待摊支出 = 3 800 000 × 1% = 38 000 (元)

借：在建工程——建筑工程(发电车间) 50 000
　　　　　　——建筑工程(冷却塔) 23 500
　　　　　　——安装工程(发电设备) 4 500
　　　　　　——在安装设备(发电设备) 38 000
　贷：在建工程——待摊支出 116 000

⑨ 结转固定资产：

借：固定资产——发电车间 5 050 000
　　　　　　——冷却塔 2 373 500
　　　　　　——发电设备 4 292 500
　贷：在建工程——建筑工程(发电车间) 5 050 000
　　　　　　　——建筑工程(冷却塔) 2 373 500
　　　　　　　——安装工程(发电设备) 454 500
　　　　　　　——在安装设备(发电设备) 3 838 000

【问题与思考】

增值税税率下降，对企业固定资产的相关处理有哪些影响？

三、投资者投入的固定资产

投资者投入固定资产的成本按照投资合同或协议约定的价值确定，但合同或协议约定价值不公允的除外。在投资合同或协议约定价值不公允的情况下，固定资产的入账价值应该按照该项固定资产的公允价值确定。

【例 5-6】 某企业接受股东 A 投资的设备一台，原值为 10 万元，累计折旧为 0.5 万元，经双方确认的价值为 9 万元，该设备经验收交付使用。有关会计分录为：

借：固定资产——生产经营用固定资产 90 000
　贷：股本——股东 A 90 000

四、存在弃置义务的固定资产

对于特殊行业的特定固定资产，确定其初始成本时，还应考虑弃置费用。弃置费用通常是指根据国家法律和行政法规、国际公约等规定，企业承担的环境保护和生态恢复等义务所确定的支出，如核电站核设施等的弃置和恢复环境义务。

弃置费用的金额与其现值比较通常较大，需要考虑货币时间价值，对于这些特殊行业的特定固定资产，企业应当根据《企业会计准则第 13 号——或有事项》，按照现值计算确定应计入固定资产成本的金额和相应的预计负债。在固定资产的使用寿命内按照预计负债的摊余成本和实际利率计算确定的利息费用应当在发生时计入财务费用。一般企业的固定资产发生的报废清理费用不属于弃置费用，应当在发生时作为固定资产处置费用处理。

【例 5-7】乙公司经国家批准于 2020 年 1 月 1 日建造完成核电站核反应堆并交付使用，建造成本为 2 500 000 万元。预计使用寿命 40 年。根据法律规定，该核反应堆将会对生态环境产生一定的影响，企业应在该项设施使用期满后将其拆除，并对造成的污染进行整治，预计发生弃置费用 250 000 万元。假定适用的折现率为 10%。核反应堆属于特殊行业的特定固定资产，确定其成本时应考虑弃置费用。账务处理为：

① 2020 年 1 月 1 日，弃置费用的现值 = 250 000 × (P/F，10%，40)

= 250 000 × 0.0221

= 5 525 (万元)

固定资产的成本 = 2 500 000 + 5 525 = 2 505 525 (万元)

借：固定资产　　25 055 250 000

　贷：在建工程　　25 000 000 000

　　　预计负债　　55 250 000

② 计算第 1 年应负担的利息费用 = 55 250 000 × 10% = 5 525 000 (元)

借：财务费用　　5 525 000

　贷：预计负债　　5 525 000

以后年度，企业应当按照实际利率法计算每年财务费用，账务处理略。

五、其他方式取得固定资产的成本

企业取得固定资产的其他方式与存货类似，主要包括非货币性资产交换、债务重组、企业合并等。

(1) 通过非货币性资产交换、债务重组、企业合并等方式取得的固定资产的成本。企业通过非货币性资产交换、债务重组、企业合并等方式取得的固定资产，其成本应当分别按照《企业会计准则第 7 号——非货币性资产交换》《企业会计准则第 12 号——债务重组》《企业会计准则第 20 号——企业合并》等规定确定。但是，该项固定资产的后续计量和披露应当执行固定资产准则的规定。

(2) 盘盈固定资产的成本。盘盈的固定资产，作为前期差错处理，在按管理权限报经批准处理前，应先通过“以前年度损益调整”科目核算。

第三节　固定资产的后续计量

一、固定资产折旧概述

(一) 固定资产折旧的定义

折旧是指在固定资产的使用寿命内，按照确定的方法对应计折旧额进行系统分摊。应计折旧额，是指应当计提折旧的固定资产的原价扣除其预计净残值后的余额。如果已对固定资产计提减值准备，还应当扣除已计提的固定资产减值准备累计金额。

影响固定资产提供效用和获取收入能力降低的因素主要是有形损耗和无形损耗。有形损耗是指固定资产由于使用和自然的、化学的、物理的因素而产生的价值损耗；无形损耗是指由于科学技术的进步，使生产原有固定资产的社会必要劳动减少，而造成原有固定资产的贬值，以及由于技术进步生产出性能更好、效率更高的机器设备，而使原有机器设备显得陈旧过时，继续使用已不合乎经济上的要求，而产生提前报废的无形损失。

(二) 影响固定资产折旧的因素

更正确合理地计算固定资产的折旧额，必须了解影响固定资产折旧的因素，这些因素主要有固定资产原值、固定资产使用寿命(即折旧年限)和固定资产净残值。如果固定资产已计提了减值准备，则固定资产折旧还要考虑已计提减值准备这一因素。

1. 固定资产原值

固定资产原值是计算固定资产折旧的价值基数，它的高低直接影响各期折旧额的大小。固定资产原值是指取得某项固定资产并使其处于可使用状态前所发生的一切必要支出。

2. 预计净残值

预计净残值指假定固定资产预计使用寿命已满并处于使用寿命终了时的预期状态，企业目前从该项资产处置中获得的扣除预计处置费用后的金额。

3. 固定资产减值准备

固定资产减值准备指固定资产已计提的固定资产减值准备累计金额。固定资产计提减值准备后，应当在剩余使用寿命内根据调整后的固定资产账面价值(固定资产账面余额扣减累计折旧和累计减值准备后的金额)和预计净残值重新计算确定折旧率和折旧额。

4. 固定资产的使用寿命

固定资产的使用寿命指企业使用固定资产的预计期间，或者该固定资产所能生产产品或提供劳务的数量。企业确定固定资产使用寿命时，应当考虑下列因素：

(1) 该项资产预计生产能力或实物产量；

(2) 该项资产预计有形损耗，如设备使用中发生磨损、房屋建筑物受到自然侵蚀等；

(3) 该项资产预计无形损耗，如因新技术的出现而使现有的资产技术水平相对陈旧、市场需求变化使产品过时等；

(4) 法律或者类似规定对该项资产使用的限制。

(三) 计提折旧的固定资产范围

固定资产折旧的范围应从两方面加以界定，一是折旧的空间范围，二是折旧的时间范围。空间范围是指界定应计提折旧的固定资产和不计提折旧的固定资产的界限；时间范围是指在应计提折旧的固定资产中界定计提折旧的起始时间和停止时间。

企业应当对所有的固定资产计提折旧，但是，已提足折旧仍继续使用的固定资产和单独计价入账的土地除外。在确定计提折旧的范围时还应注意以下几点：

(1) 固定资产应当按月计提折旧，并根据用途计入相关资产的成本或者当期损益。当月增加的固定资产，当月不计提折旧，从下月起计提折旧；当月减少的固定资产，当月仍计提折旧，从下月起不计提折旧。

(2) 固定资产提足折旧后，不论能否继续使用，均不再计提折旧，提前报废的固定资产也不再补提折旧。所谓提足折旧是指已经提足该项固定资产的应计折旧额。

(3) 已达到预定可使用状态但尚未办理竣工决算的固定资产，应当按照估计价值确定其成本，并计提折旧；待办理竣工决算后再按实际成本调整原来的暂估价值，但不需要调整原已计提的折旧额。

二、固定资产折旧方法

企业应当根据与固定资产有关的经济利益的预期实现方式，合理选择折旧方法。可选用的折旧方法包括年限平均法、工作量法和加速折旧法等。企业选用不同的固定资产折旧方法，将影响固定资产使用寿命期间内不同时期的折旧费用，因此，固定资产的折旧方法一经确定，不得随意变更。如需变更应当符合固定资产准则第十九条的规定。

(一) 年限平均法

年限平均法又称直线法，是指将固定资产的应计折旧额均衡地分摊到固定资产预计使用寿命内的一种方法。采用平均年限法计算折旧，可以按个别固定资产单独计算，也可以按类别计算固定资产折旧，还可以将全部固定资产放在一起综合计算固定资产折旧。

1. 按个别固定资产计算折旧

这种方法是按每项固定资产来计算折旧。其计算公式如下：

$$年折旧率=\frac{年折旧率额}{原值}=\frac{1-预计净残值率}{预计使用年限}$$

$$月折旧率=\frac{年折旧率}{12}$$

$$月折旧额=固定资产原值\times月折旧率$$

【例 5-8】 某公司有精密车床一台，原价为 500 000 元，预计可使用年限为 20 年，该车床的净残值率为 2%。有关折旧计算如下：

$$年折旧率=\frac{1-2\%}{20}\times100\%=4.9\%$$

$$月折旧率=\frac{4.9\%}{12}=0.41\%$$

$$月折旧额=500\,000\times0.41\%=2\,050\ (元)$$

2. 按类别计算固定资产折旧

这种方法是将性质、结构和使用年限接近的固定资产归为一类，按类计算分类折旧率和分类折旧额。其计算公式如下：

$$某类固定资产月分类折旧率=\frac{该类固定资产的月折旧额}{该类固定资产的原值之和}\times100\%$$

$$某类固定资产月分类折旧额=该类固定资产原价之和\times该类固定资产月折旧率$$

3. 按全部固定资产综合计算固定资产折旧

这种方法是将整个企业的固定资产综合在一起，计算综合折旧率和综合折旧额。其计算公式如下：

$$固定资产月综合折旧率=\frac{各项固定资产月折旧额之和}{各项固定资产的原值之和}\times 100\%$$

$$固定资产月综合折旧额=各项固定资产原值之和\times 固定资产月综合折旧率$$

采用年限平均法计算固定资产折旧虽然比较简便，但它也存在着一些明显的局限性。首先，固定资产在不同使用年限提供的经济效益是不同的。一般来讲，固定资产在其使用前期工作效率相对较高，所带来的经济利益也就多；而在其使用后期，工作效率一般呈下降趋势，因而，所带来的经济利益也就逐渐减少。年限平均法对此不考虑，明显是不合理的。其次，固定资产在不同的使用年限发生的维修费用也不一样。固定资产的维修费用将随着其使用时间的延长而不断增加，而年限平均法也没有考虑这一因素。

(二) 工作量法

工作量法是根据实际工作量计算每期应提折旧额的一种方法。工作量法适用于专业运输车辆、大型设备、大型建筑施工机械、专用设备等。计算公式如下：

$$单位工作量折旧额=\frac{固定资产原价\times(1-预计净残值率)}{预计总工作量}$$

$$某项固定资产月折旧额=该项固定资产当月工作量\times 单位工作量折旧额$$

工作量法可以根据固定资产的具体情况细分为工作时数法、行驶里程法和产量法等具体的方法。

1. 工作时数法

工作时数法是按照固定资产工作时数平均计算固定资产折旧的方法。这种方法适用于固定资产在各个期间的使用程度很不均衡、固定资产的磨损与其使用程度密切相关的情况，如大型专用设备。其计算公式如下：

$$机器的小时折旧额=\frac{机器的原值\times(1-净残值率)}{预计机器的工作总时数}$$

$$机器的月折旧额=机器当月工作时数\times 机器的小时折旧额$$

【例 5-9】 某公司的某大型专用设备原值为 8 000 000 元，净残值率为 3%，预计工作总时数为 1 200 000 小时。本月工作时数为 200 小时。则本月折旧额计算如下：

$$小时折旧额=\frac{8\ 000\ 000\times(1-3\%)}{1\ 200\ 000}=6.47\ (元/小时)$$

$$本月折旧额=200\times 6.47=1\ 294\ (元)$$

2. 行驶里程法

行驶里程法适用于运输工具折旧的计算，它是按照行驶里程平均计算折旧的方法。其计算公式如下：

$$运输工具每公里折旧额=\frac{运输工具原值\times(1-净残值率)}{预计全部行使里程}$$

$$运输工具的月折旧额=运输工具当月行驶里程\times 运输工具每公里折旧额$$

【例 5-10】 某公司的一辆客车原价 600 000 元，预计净残值为 5%，预计总行驶里程为 500 000 公里，本月行驶 4000 公里。则月折旧额计算如下：

$$单位里程折旧额=\frac{600\ 000\times(1-5\%)}{500\ 000}=1.14\ (元/公里)$$

$$本月折旧额=4\ 000\times1.14=4\ 560(元)$$

3. 产量法

产量法是按照固定资产生产产品的产量平均计算折旧额的一种折旧方法。它适用于采煤、发电等专用生产设备。其计算公式如下：

$$设备单位产量折旧额=\frac{设备原值\times(1-净残值率)}{设备预计总产量}$$

$$设备月折旧额=设备当月产品产量\times设备单位产量折旧额$$

【例 5-11】 某公司的某设备的原值为 1 300 000 元，估计净残值为 100 000 元。该设备专门用于生产甲产品，预计可生产 1 000 000 件，本月生产 5 000 件。则月折旧额计算如下：

$$单位产量折旧额=\frac{1\ 300\ 000-100\ 000}{1\ 000\ 000}=1.2\ (元/件)$$

$$本月折旧额=5\ 000\times1.2=6\ 000\ (元)$$

工作量法的优点：简单明了，易于计算；以工作时数或生产数量为计提折旧的标准，能使所提的折旧额与资产的使用程度成正比例。工作量法的缺点：只承认使用是折旧的唯一因素，而没有考虑无形损耗；在实际工作中，固定资产在其全部耐用年限中究竟能工作多少时间或生产多少产品，要做到比较准确的估计是十分困难的，因此，按这种方法计提折旧的准确性不高。

(三) 加速折旧法

加速折旧通常是指为了加速资本投资的回收，把固定资产的应计折旧金额的大部分，在其使用初期各年内进行摊销而计提折旧。加速折旧法也称快速折旧法或递减折旧法，是指在固定资产有效使用年限内，前期多提折旧，后期少提折旧，计提的折旧额逐年递减的一种折旧方法。实行加速折旧的目的是使固定资产的成本在估计耐用年限内加快得到补偿。

加速折旧法的计算方法主要有四种：即余额递减法、双倍余额递减法、年数总和法和递减折旧率法。目前，我国允许企业实行的主要是年数总和法和双倍余额递减法两种。

1. 年数总和法

年数总和法，又称年限合计法，计算公式如下：

$$年折旧率=\frac{尚可使用年限}{预计使用寿命的年数总和}\times100\%$$

$$月折旧率=\frac{年折旧率}{12}$$

$$月折旧额=(固定资产原价-预计净残值)\times月折旧率$$

采用这种方法，尚可使用年限是逐年减少的。因此，年折旧率在逐年降低，由此带来年折旧额逐年减少，以达到加速折旧的目的。

【例 5-12】 甲公司的某项固定资产，原值为 1 000 000 元，预计净残值为 10 000 元，使用年限为 5 年。采用年数总和法计算折旧如下：

$$第一年折旧额 = (1\ 000\ 000 - 10\ 000) \times \frac{5}{15} = 330\ 000$$

$$第二年折旧额 = (1\ 000\ 000 - 10\ 000) \times \frac{4}{15} = 264\ 000$$

$$第三年折旧额 = (1\ 000\ 000 - 10\ 000) \times \frac{3}{15} = 198\ 000$$

$$第四年折旧额 = (1\ 000\ 000 - 10\ 000) \times \frac{2}{15} = 132\ 000$$

$$第五年折旧额 = (1\ 000\ 000 - 10\ 000) \times \frac{1}{15} = 66\ 000$$

2. 双倍余额递减法

双倍余额递减法，是指在不考虑固定资产预计净残值的情况下，计算固定资产折旧的一种方法。计算公式如下：

$$年折旧率 = \frac{2}{预计使用寿命(年)} \times 100\%$$

$$月折旧率 = \frac{年折旧率}{12}$$

$$月折旧额 = 固定资产账面净值 \times 月折旧率$$

由于每年年初固定资产净值没有扣除预计净残值。因此，在应用这种方法计算折旧额时，注意不能使固定资产的账面折余价值降低到其预计净残值以下，即实行双倍余额递减法计算折旧的固定资产，应在其折旧年限到期前两年内，将固定资产净值扣除预计净残值后的余额平均摊销。

【例 5-13】 甲公司某项设备原价为 120 万元，预计使用寿命为 5 年，预计净残值率为 4%；假设甲公司没有对该机器设备计提减值准备。甲公司按双倍余额递减法计算折旧，每年折旧额计算如下：

$$年折旧率 = \frac{2}{5} \times 100\% = 40\%$$

$$第一年应提的折旧额 = 120 \times 40\% = 48\ (万元)$$

$$第二年应提的折旧额 = (120 - 48) \times 40\% = 28.8\ (万元)$$

$$第三年应提的折旧额 = (120 - 48 - 28.8) \times 40\% = 17.28\ (万元)$$

从第四年起改按年限平均法(直线法)计提折旧：

$$折旧额 = \frac{120 - 48 - 28.8 - 17.28 - 120 \times 4\%}{2} = 10.56\ (万元)$$

【问题与思考】

为什么税务部门要严格地限制企业采用加速折旧方法？

三、固定资产折旧的会计处理

固定资产折旧的核算应设置“累计折旧”账户。该账户是固定资产的调整账户，反映固定资产因损耗而减少的价值，该账户性质上属于资产类账户。借方反映因出售、报废、毁损、对外投资、盘亏等原因减少的固定资产注销的折旧金额，贷方反映固定资产提取的折旧，期末余额在贷方，反映企业提取的固定资产折旧的累计数。本账户只进行总分类核算，不进行明细分类核算。如果要了解某项固定资产已提折旧，可以从固定资产卡片上所记载的该项固定资产原价、折旧率和实际使用年数等资料进行计算。

根据有关规定，固定资产计提折旧，以月初应计提折旧的固定资产的账面原值为依据(也可以以上月计提的折旧额为基础)，在对上月增加、减少的固定资产应计提的折旧额进行调整后，得出当月应计提的折旧额。计算公式如下：

当月固定资产应计提折旧额 = 上月固定资产应计提的折旧额 + 上月增加固定资产应计提的折旧额 − 上月减少固定资产应计提的折旧额

固定资产应当按月计提折旧，并根据用途计入相关资产的成本或者当期损益。固定资产折旧费用应按使用部门或用途分配，生产车间及分厂使用的固定资产计提的折旧应分配计入制造费用；企业管理部门使用的固定资产计提的折旧应分配计入管理费用；专设销售机构使用的固定资产计提的折旧应分配计入销售费用；经营性租赁出租固定资产应计提的折旧额分配计入其他业务成本。企业按月计提的固定资产折旧，借记“制造费用”“销售费用”“管理费用”“其他业务成本”等账户，贷记“累计折旧”账户。

【例 5-14】 甲公司 2020 年 1 月份固定资产计提折旧情况如下：

第一生产车间厂房计提折旧 7.6 万元，机器设备计提折旧 9 万元；管理部门房屋建筑物计提折旧 13 万元，运输工具计提折旧 4.8 万元；销售部门房屋建筑物计提折旧 6.4 万元，运输工具计提折旧 5.26 万元。

此外，本月第一生产车间新购置一台设备，原价为 122 万元，预计使用寿命 10 年，预计净残值 1 万元，按年限平均法计提折旧。

本例中，新购置的设备本月不提折旧，应从 2020 年 2 月开始计提折旧。甲公司 2020 年 1 月份计提折旧的账务处理如下：

借：制造费用——第一生产车间	166 000	
管理费用	178 000	
销售费用	116 600	
贷：累计折旧		460 600

四、固定资产使用寿命、预计净残值和折旧方法的复核

为真实反映固定资产为企业提供经济利益的期间及每期实际的资产消耗，企业至少应当于每年年度终了，对固定资产使用寿命和预计净残值进行复核。如果固定资产使用寿命预计数与原先估计数有差异，应当调整固定资产使用寿命；如果固定资产预计净残值预计数与原先估计数有差异，应当调整预计净残值。

固定资产使用过程中所处经济环境、技术环境以及其他环境的变化也可能致使与固定

资产有关的经济利益的预期实现方式发生重大改变。如果固定资产给企业带来经济利益的方式发生重大变化，企业也应相应改变固定资产折旧方法。例如，某企业以前年度采用年限平均法计提固定资产折旧，此次年度复核中发现，与该固定资产相关的技术发生很大变化，年限平均法已很难反映该项固定资产给企业带来经济利益的方式，因此，决定变年限平均法为加速折旧法。

固定资产使用寿命、预计净残值和折旧方法的改变应作为会计估计变更。按照《企业会计准则第 28 号——会计政策、会计估计变更和差错更正》处理。

【例 5-15】 某公司 2015 年 12 月 31 日购入一台管理用设备，原始价值 168 000 元，原估计使用年限 8 年，预计净残值为 8 000 元，按直线法计提折旧。由于技术因素以及更新办公设施的原因，已不能继续按原定使用年限计提折旧，该公司于 2020 年 1 月 1 日将该设备的折旧年限改为 6 年，预计净残值改为 4 000 元。该公司的管理用设备已计提折旧 4 年，累计折旧 80 000 元，固定资产净值 88 000 元。2020 年 1 月 1 日起，该公司改按新的使用年限和预计净残值计提折旧，并采用未来适用法对固定资产使用寿命、预计净残值的变更进行处理。有关计算及会计分录如下：

$$2020\text{年年折}=\frac{88\ 000-4\ 000}{6-4}=42\ 000\ (\text{元})$$

$$2020\text{年月折旧额}=\frac{42\ 000}{12}=3\ 500\ (\text{元})$$

借：管理费用　　　　　　　　3 500

　　贷：累计折旧　　　　　　　　3 500

五、固定资产的后续支出

固定资产的后续支出是指固定资产在使用过程中发生的日常修理费用、大修理费用、更新改造支出等。固定资产的后续支出，满足固定资产规定确认条件的，如固定资产发生的更新改造支出等，应当计入固定资产成本，同时将被替换部分的账面价值扣除；不满足固定资产规定确认条件的，如固定资产的日常修理费用和大修理费用等，应当在发生时计入当期损益。对于应计入固定资产账面价值的后续支出，企业应在发生时计入“在建工程”账户，工程完工交付使用后再转入“固定资产”账户。

(一) 费用化的后续支出

与固定资产有关的修理费用等后续支出，不符合固定资产确认条件的，应当根据不同情况分别在发生时计入当期管理费用或销售费用。

固定资产的日常修理费用等支出只是确保固定资产的正常工作状况，一般不产生未来的经济利益。因此，通常不符合固定资产的确认条件，在发生时应直接计入当期损益。企业生产车间(部门)和行政管理部门等发生的固定资产修理费用等后续支出计入“管理费用”；企业设置专设销售机构的，其发生的与专设销售机构相关的固定资产修理费用等后续支出，计入“销售费用”。对于处于修理、更新改造过程而停止使用的固定资产，如果其修理、更新改造支出不满足固定资产的确认条件，在发生时也应直接计入当期损益。

【例 5-16】 2020 年 1 月 3 日，甲公司对现有的一台生产用机器设备进行日常维护，维护过程中领用本企业一批原材料，价值为 94 000 元，应支付维护人员的工资为 28 000 元；不考虑其他相关税费。

本例中，对机器设备的维护，仅仅是为了维护固定资产的正常使用而发生的，不产生未来的经济利益，因此应在其发生时确认为费用。甲公司的账务处理为：

借：管理费用　　122 000

　　贷：原材料　　94 000

　　　　应付职工薪酬　　28 000

(二) 资本化的后续支出

固定资产发生可资本化的后续支出时，企业一般应将该固定资产的原价、已计提的累计折旧和减值准备转销，将固定资产的账面价值转入在建工程，并在此基础上重新确定固定资产原价。因已转入在建工程，所以停止计提折旧。在固定资产发生的后续支出完工并达到预定可使用状态时，再从在建工程转为固定资产，并按重新确定的固定资产原价、使用寿命、预计净残值和折旧方法计提折旧。固定资产发生的可资本化的后续支出，通过“在建工程”科目核算。

【例 5-17】 甲公司有关固定资产更新改造的资料如下：

① 2017 年 12 月 30 日，该公司自行建成了一条生产线。建造成本为 1 136 000 元；采用年限平均法计提折旧；预计净残值率为 3%，预计使用寿命为 6 年。

② 2020 年 1 月 1 日，由于生产的产品适销对路，现有生产线的生产能力已难以满足公司生产发展的需要，但若新建生产线则建设周期过长。甲公司决定对现有生产线进行改扩建，以提高其生产能力。假定该生产线未发生减值。

③ 2020 年 1 月 1 日至 3 月 31 日。经过三个月的改扩建。完成了对这条印刷生产线的改扩建工程，共发生支出 537 800 元，全部以银行存款支付。

④ 该生产线改扩建工程达到预定可使用状态后，大大提高了生产能力，预计将其使用寿命延长 4 年，即为 10 年。假定改扩建后的生产线的预计净残值率为改扩建后固定资产账面价值的 3%；折旧方法仍为年限平均法。

⑤ 为简化计算过程，整个过程不考虑其他相关税费；公司按年度计提固定资产折旧。

本例中，生产线改扩建后，生产能力将大大提高，能够为企业带来更多的经济利益，改扩建的支出金额也能可靠计量，因此该后续支出符合固定资产的确认条件，应计入固定资产的成本。有关的账务处理如下：

① 2018 年 1 月 1 日至 2019 年 12 月 31 日两年间，即固定资产后续支出发生前：

该条生产线的应计折旧额 = 1 136 000 × (1 − 3%) = 1 101 920(元)

$$\text{年折旧额}=\frac{1\,101\,920}{6}=183\,653.33(\text{元})$$

这两年计提固定资产折旧的账务处理为：

借：制造费用　　183 653.33

　　贷：累计折旧　　183 653.33

② 2020 年 1 月 1 日，固定资产的账面价值 = 1 136 000 − (183 653.33 × 2)
= 768 693.34(元)

固定资产转入改扩建：

借：在建工程 768 693.34
　　累计折旧 367 306.66
　　贷：固定资产 1 136 000

③ 2020 年 1 月 1 日至 3 月 31 日，发生改扩建工程支出：

借：在建工程 537 800
　　贷：银行存款等 537 800

④ 2020 年 3 月 31 日，生产线改扩建工程达到预定可使用状态。

固定资产的入账价值 = 768 693.34 + 537 800 = 1 306 493.34(元)

借：固定资产 1 306 493.34
　　贷：在建工程 1 306 493.34

⑤ 2020 年 3 月 31 日，转为固定资产后，按重新确定的使用寿命、预计净残值和折旧方法计提折旧：

应计折旧额 = 1 306 493.34 × (1 − 3%) = 1 267 298.54(元)

$$月折旧额=\frac{1\ 267\ 298.54}{7\times12+9}=13\ 626.87(元)$$

年折旧额 = 13 626.87 × 12 = 163 522.39(元)

2020 年应计提的折旧额 = 13 626.87 × 9 = 122 641.79(元)

会计分录为：

借：制造费用 122 641.79
　　贷：累计折旧 122 641.79

企业发生的某些固定资产后续支出可能涉及替换原固定资产的某组成部分，当发生的后续支出符合固定资产确认条件时，应将其计入固定资产成本，同时将被替换部分的账面价值扣除。这样可以避免将替换部分的成本和被替换部分的成本同时计入固定资产成本，导致固定资产成本高计。企业对固定资产进行定期检查发生的大修理费用，有确凿证据表明符合固定资产确认条件的部分，可以计入固定资产成本，不符合固定资产确认条件的，应当费用化，计入当期损益。固定资产在定期大修理间隔期间照提折旧。

【例 5-18】 某航空公司 2010 年 12 月购入一架飞机总计花费 8 000 万元(含发动机)，发动机当时的购价为 500 万元。公司未将发动机作为一项单独的固定资产进行核算。2019 年初，公司开辟新航线，航程增加。为延长飞机的空中飞行时间，公司决定更换一部性能更为先进的发动机。新发动机购价 700 万元，另需支付安装费用 51 000 元。假定飞机的年折旧率为 3%，不考虑预计净残值和相关税费的影响，公司的账务处理为：

① 2019 年初飞机的累计折旧金额为：

80 000 000 × 3% × 8 = 19 200 000 (元)，固定资产转入在建工程。

借：在建工程 60 800 000
　　累计折旧 19 200 000
　　贷：固定资产 80 000 000

② 安装新发动机：

借：在建工程　　7 051 000

　贷：工程物资　　7 000 000

　　银行存款　　51 000

③ 2019 年初老发动机的账面价值为：

5 000 000 − 5 000 000 × 3% × 8 = 3 800 000 (元)，终止确认老发动机的账面价值。

借：营业外支出　　3 800 000

　贷：在建工程　　3 800 000

④ 发动机安装完毕，投入使用，固定资产的入账价值为：

60 800 00 + 7 051 000 − 3 800 000 = 64 051 000 (元)

借：固定资产　　64 051 000

　贷：在建工程　　64 051 000

六、固定资产减值准备

(一) 固定资产减值的认定

企业应当在资产负债表日判断固定资产是否存在可能发生减值的迹象。存在下列迹象的，表明固定资产可能发生了减值：

(1) 固定资产的市价当期大幅度下跌，其跌幅明显高于因时间的推移或者正常使用而预计的下跌；

(2) 企业经营所处的经济、技术或者法律等环境以及固定资产所处的市场在当期或者将在近期发生重大变化，从而对企业产生不利影响；

(3) 市场利率或者其他市场投资报酬率在当期已经提高，从而影响企业计算资产预计未来现金流量现值的折现率，导致固定资产可收回金额大幅度降低；

(4) 有证据表明固定资产已经陈旧过时或者其实体已经损坏；

(5) 固定资产已经或者将被闲置、终止使用或者计划提前处置；

(6) 企业内部报告的证据表明固定资产的经济绩效已经低于或者将低于预期，如固定资产所创造的净现金流量或者实现的营业利润(或者亏损)远远低于(或者高于)预计金额等；

(7) 其他表明固定资产可能已经发生减值的迹象。

(二) 固定资产可收回金额的计量

固定资产存在减值迹象的，应当估计其可收回金额。可收回金额应当根据固定资产的公允价值减去处置费用后的净额与固定资产预计未来现金流量的现值两者之间较高者确定。处置费用包括与固定资产处置有关的法律费用、相关税费、搬运费以及为使固定资产达到可销售状态所发生的直接费用等。

固定资产的公允价值减去处置费用后的净额，应当根据公平交易中销售协议价格减去可直接归属于以固定资产处置费用的金额确定。不存在销售协议但存在固定资产活跃市场的，应当按照该固定资产的市场价相减去处置费用后的金额确定。固定资产的市场价格通常应当根据固定资产的买方出价确定。在不存在销售协议和固定资产活跃市场的情况下，应当以可获取的最佳信息为基础，估计固定资产的公允价值减去处置费用后的净额，该净额可以参考同行业类似固定资产的最近交易价格或者结果进行估计。

企业按照上述规定仍然无法可靠估计固定资产的公允价值减占处置费用后的净额的，应当以该固定资产预计未来现金流量的现值作为其可收回金额。固定资产预计未来现金流量的现值，应当按照固定资产在持续使用过程中和最终处置时所产生的预计未来现金流量，选择恰当的折现率对其进行折现后的金额加以确定。预计固定资产未来现金流量的现值，应当综合考虑固定资产的预计未来现金流量、使用寿命和折现率等因素。

预计的固定资产未来现金流量应当包括下列各项：

(1) 固定资产持续使用过程中预计固定产生的现金流入。

(2) 为实现固定资产持续使用过程中产生的现金流入所必需的预计现金流出(包括为使固定资产达到预定可使用状态所发生的现金流出)。该现金流出应当是可直接归属于或者可通过合理一致的基础分配到固定资产中的现金流出。

(3) 固定资产使用寿命结束时，处置固定资产所收到或者支付的净现金流量。该现金流量应当是在公平交易中，熟悉情况的交易双方自愿进行交易时，企业预期可从固定资产的处置中获取或者支付的、减去预计处置费用后的金额。

预计固定资产未来现金流量时，企业管理层应当在合理和有依据的基础上对固定资产剩余使用寿命内的整个经济状况进行最佳估计。

☒【知识链接】

可变现净值，是指在日常活动中，存货的估计售价减去至完工时估计将要发生的成本、估计的销售费用以及相关税费后的金额。

(三) 固定资产减值损失的确定

可收回金额的计量结果表明，固定资产的可收回金额低于其账面价值的，应当将固定资产的账面价值减记至可收回金额，减记的金额确认为固定资产减值损失，计入当期损益(资产减值损失)，同时计提相应的资产减值准备。

固定资产减值损失确认后，减值资产的折旧应当在未来期间做相应调整，以使该资产在剩余使用寿命内，系统地分摊调整后的固定资产账面价值(扣除预计净残值)。固定资产减值损失一经确认，在以后会计期间不得转回。

(四) 固定资产减值披露

企业应当在附注中披露与固定资产减值有关的下列信息：

(1) 当期确认的各项固定资产减值损失金额；

(2) 计提的各项固定资产减值准备累计金额；

(3) 提供分部报告信息的，应当披露每个报告分部当期确认的减值损失金额。

发生重大固定资产减值损失的，应当在附注中披露导致每项重大固定资产减值损失的原因和当期确认的重大固定资产减值损失的金额。

☒【知识链接】

固定资产的减值准备一旦计提，不允许转回；存货的减值准备则允许转回。

第四节　固定资产处置与披露

一、固定资产终止确认的条件

固定资产满足下列条件之一的，应当予以终止确认。

1. 该固定资产处于处置状态

固定资产处置包括固定资产的出售、转让、报废或毁损、对外投资、非货币性资产交换、债务重组等。处于处置状态的固定资产不再用于生产商品、提供劳务、出租或经营管理，因此不再符合固定资产的定义，应予终止确认。

2. 该固定资产预期通过使用或处置不能产生经济利益

固定资产的确认条件之一是“与该固定资产有关的经济利益很可能流入企业”，如果一项固定资产预期通过使用或处置不能产生经济利益，那么它就不再符合固定资产的定义和确认条件，应予终止确认。

二、固定资产处置的会计处理

固定资产处置是指企业对不适用或不需用的固定资产所进行的出售转让，对不能继续有效使用的固定资产按规定所进行的报废清理，对遭受灾害而发生毁损的固定资产所进行的毁损清理，以及固定资产对外投资、对外捐赠等。

固定资产处置应通过“固定资产清理”账户进行核算。该账户核算企业因出售、报废和毁损等原因转入清理的固定资产净值及其在清理过程中所发生的清理费用和清理收入，确定清理净损益。该账户借方登记转入清理的固定资产的账面价值和发生的清理费用、出售固定资产的应交税费以及结转清理净收益；贷方登记出售固定资产的价款收入，报废、毁损清理固定资产的变价收入或残料收入，应收保险赔偿款以及结转清理净损失等，期末如是借方余额，表示期末尚未结转的清理净损失；如是贷方余额，表示期末尚未结转的清理净收益。该账户在进行总分类核算的同时，可按清理的固定资产项目设置明细账，进行明细分类核算。

企业出售、转让、报废固定资产或发生固定资产毁损，应当将处置收入扣除账面价值和相关税费后的金额计入当期损益。

(一) 固定资产处置的会计处理步骤

第一，固定资产转入清理。固定资产转入清理时，按固定资产账面价值，借记“固定资产清理”科目，按已计提的累计折旧，借记“累计折旧”科目，按已计提的减值准备，借记“固定资产减值准备”科目，按固定资产账面余额，贷记“固定资产”科目。

第二，发生的清理费用。固定资产清理过程中发生的有关费用以及应支付的相关税费，借记“固定资产清理”科目，贷记“银行存款”“应交税费”等科目。

第三，出售收入和残料等的处理。企业收回出售固定资产的价款、残料价值和变价收入等，应冲减清理支出。按实际收到的出售价款以及残料变价收入等，借记“银行存款”“原材料”等科目，贷记“固定资产清理”科目。

第四，保险赔偿的处理。企业计算或收到的应由保险公司或过失人赔偿的损失，应冲减清理支出，借记“其他应收款”“银行存款”等科目，贷记“固定资产清理”科目。

第五，清理净损益的处理。固定资产清理完成后的净损失，属于正常出售、转让固定资产所产生的利得或损失，借记或贷记“资产处置损益”科目，贷记或借记“固定资产清理”科目；属于已丧失使用功能而报废或毁损的固定资产所产生的损失或利得，借记“营业外支出—非常损失”科目，贷记“固定资产清理”科目，或借记“固定资产清理”科目，贷记“营业外收入”科目。

(二) 固定资产处置的会计处理方式

1. 固定资产出售

固定资产出售是指企业将不适用或不需用的固定资产出售转让给其他单位的行为。出售固定资产的主要会计事项：注销出售固定资产的原有账面记录，确认并记录出售收入，确认并记录清理费用，确认并结转清理净损益。

【例 5-19】 某公司出售一台设备，其原值为 60 000 元，已提折旧 15 000 元，已提固定资产减值准备 10 000 元，出售收入 40 000 元，已存入银行。清理过程中发生清理费用 2 000 元，以银行存款支付。假定此项业务不考虑相关税金。有关会计分录如下：

① 固定资产转入清理：

借：固定资产清理　　35 000
　　累计折旧　　15 000
　　固定资产减值准备　　10 000
　　贷：固定资产　　60 000

② 发生清理费用：

借：固定资产清理　　2 000
　　贷：银行存款　　2 000

③ 收到残料变价收入：

借：银行存款　　40 000
　　贷：固定资产清理　　40 000

④ 结转固定资产净损益：

借：固定资产清理　　3 000
　　贷：资产处置损益　　3 000

2. 固定资产报废

固定资产报废是指由于固定资产磨损或陈旧，使用期满不能继续使用，或由于技术进步必须用先进设备淘汰落后设备，而造成固定资产废弃。

【例 5-20】 乙公司有一台设备，因使用期满经批准报废。该设备原价为 186 400 元，累计已计提折旧 177 080 元、减值准备 2 300 元。在清理过程中，以银行存款支付清理费用 4 270 元，收到残料变卖收入 5 400 元。假定此项业务不考虑相关税金。有关账务处理如下：

① 固定资产转入清理：

借：固定资产清理　7 020
　　累计折旧　177 080
　　固定资产减值准备　2 300
　　贷：固定资产　186 400

② 发生清理费用：

借：固定资产清理　4 270
　　贷：银行存款　4 270

③ 收到残料变价收入：

借：银行存款　5 400
　　贷：固定资产清理　5 400

④ 结转固定资产净损益：

借：营业外支出——处置非流动资产损失　5 890
　　贷：固定资产清理　5 890

3. 固定资产毁损

固定资产毁损是指由于灾害等原因使固定资产遭受毁灭或毁坏而造成损失。固定资产毁损的核算可比照固定资产报废进行，所不同的是如果企业向保险公司投过保险，那就会有保险公司赔偿损失。

【例 5-21】 某公司因火灾烧毁一幢房屋，该房屋原值为 100 000 元，已提折旧 95 000 元，毁损清理由本企业职工进行，发生清理期间的应付职工薪酬 1 140 元，银行存款支付其他清理费用 1 860 元，残料估价 4 000 元，已入库。经保险公司核定应赔偿损失 5 000 元。有关会计分录如下：

① 固定资产转入清理：

借：固定资产清理　5 000
　　累计折旧　95 000
　　贷：固定资产　100 000

② 发生清理费用：

借：固定资产清理　3 000
　　贷：银行存款　1 860
　　　　应付职工薪酬　1 140

③ 收到残料变价收入：

借：原材料　4 000
　　贷：固定资产清理　4 000

④ 确定保险公司赔偿的损失：

借：其他应收款　5 000
　　贷：固定资产清理　5 000

⑤ 结转固定资产净损益：

借：固定资产清理 1 000

贷：营业外收入 1 000

4. 捐赠转出固定资产

企业捐赠转出固定资产的核算，可以比照固定资产出售处理。清理完毕，按“固定资产清理”账户的余额，借记“营业外支出——捐赠支出”账户，贷记“固定资产清理”账户。

【例 5-22】 某公司将某项固定资产对外捐赠，该固定资产的账面原值为 100 000 元，已提折旧 20 000 元，已提固定资产减值准备 10 000 元。发生清理费用 3 000 元，以银行存款支付。假定此项业务不考虑相关税金。有关会计分录如下：

① 固定资产转入清理：

借：固定资产清理 70 000

累计折旧 20 000

固定资产减值准备 10 000

贷：固定资产 100 000

② 发生清理费用和相关税费：

借：固定资产清理 3 000

贷：银行存款 3 000

③ 确认捐赠价值：

借：营业外支出——处置非流动资产损失 73 000

贷：固定资产清理 73 000

三、固定资产的清查

财产清查制度是加强财产物资管理、进行会计核算工作的一项重要制度。固定资产清查是通过定期或不定期、全面或不全面地对各项固定资产进行清查核对的一种制度。通过清查，可以确定各项固定资产的实存数，以查明实存数与账面数是否相符，并查明不符的原因及责任，以采取措施，做到账实相符，保证会计资料的真实、完整。

按照有关会计制度的规定，企业在编制年度财务报告之前必须进行财产清查，对账实不符的问题根据有关规定进行会计处理。为反映企业固定资产的盘盈情况，应设置“以前年度损益调整”账户，盘盈固定资产的净值，记入该账户的贷方。为反映企业固定资产的盘亏及其处理情况，应设置“待处理财产损溢”账户，固定资产盘亏净值在批准处理前记入该账户的借方，批准处理后从该账户的贷方转到“营业外支出”账户的借方。

四、固定资产盘亏、盘盈的会计处理

固定资产盘亏造成的损失，应当计入当期损益。企业在财产清查中盘亏的固定资产，按盘亏固定资产的账面价值借记“待处理财产损溢——待处理固定资产损益”科目，按已计提的累计折旧，借记“累计折旧”科目，按已计提的减值准备，借记“固定资产减值准备”科目，按固定资产原价，贷记“固定资产”科目。按管理权限报经批准后处理时，按可收回的保险赔偿或过失人赔偿，借记“其他应收款”科目，按应计入营业外支出的金额，借记“营业外支出——盘亏损失”科目，贷记“待处理财产损溢”科目。

【例 5-23】 甲公司年末对固定资产进行清查时，发现丢失一台冷冻设备。该设备原价 52 000 元，已计提折旧 20 000 元，并已计提减值准备 12 000 元。经查，冷冻设备丢失的原因是保管员看守不当。经批准，由保管员赔偿 5 000 元。有关账务处理如下(不考虑增值税)：

① 发现冷冻设备丢失时：

借：待处理财产损溢　　20 000
　　累计折旧　　20 000
　　固定资产减值准备　　12 000
　　贷：固定资产　　52 000

② 报经批准后：

借：其他应收款　　5 000
　　营业外支出——盘亏损失　　15 000
　　贷：待处理财产损溢　　20 000

对于清查中盘盈的固定资产，根据有关规定，应作为前期差错处理。盘盈固定资产的入账价值，按以下规定处理：如果同类或类似固定资产存在活跃市场，按同类或类似固定资产的市场价格，减去按该项资产的新旧程度估计的价值损耗后的余额，作为入账价值；如果同类或类似固定资产不存在活跃市场的，按该项固定资产的预计未来现金流量的现值，作为入账价值。企业应按上述规定确定的入账价值，借记“固定资产”账户，贷记“以前年度损益调整”账户。

【例 5-24】 某公司盘盈一台机器，经确定其市场价格为 20 000 元，估计折旧为 6 000 元。有关会计分录如下：

借：固定资产　　14 000
　　贷：以前年度损益调整　　14 000

五、固定资产的披露

企业应当在附注中披露与固定资产有关的下列信息：

(1) 固定资产的确认条件、分类、计量基础和折旧方法；

(2) 各类固定资产的使用寿命、预计净残值和折旧率；

(3) 各类固定资产的期初和期末原价、累计折旧额及固定资产减值准备累计金额；

(4) 当期确认的折旧费用；

(5) 对固定资产所有权的限制及其金额和用于担保的固定资产账面价值；

(6) 准备处置的固定资产名称、账面价值、公允价值、预计处置费用和预计处置时间等。

【问题与思考】

固定资产清查与存货清查的账务处理有什么差别？

本 章 小 结

固定资产是指同时具有下列特征的有形资产：

(1) 为生产商品、提供劳务、出租或经营管理而持有；

(2) 使用寿命超过一个会计年度。

固定资产的初始计量是指确定固定资产的取得成本。成本应包括企业为购建某项固定资产达到预定可使用状态前所发生的一切合理的、必要的支出。

企业应当根据与固定资产有关的经济利益的预期实现方式，合理选择折旧方法。可选用的折旧方法包括年限平均法、工作量法和加速折旧法等。

固定资产的后续支出是指固定资产在使用过程中发生的日常修理费用、大修理费用、更新改造支出等。固定资产的后续支出，满足固定资产规定确认条件的，如固定资产发生的更新改造支出等，应当计入固定资产成本，同时将被替换部分的账面价值扣除；不满足固定资产规定确认条件的，如固定资产的日常修理费用和大修理费用等，应当在发生时计入当期损益。

【延伸阅读】

固定资产　fixed assets

累计折旧　accumulated depreciation

直线法　straight-line method

工作量法　units-of-production method

双倍余额递减法　double-declining-balance method

年数总和法　sum-of-the years'-digits method

复 习 题

一、单选题

1. 甲公司 2019 年 12 月购进一台压模机，入账价值为 100 万元，预计净残值 5.6 万元，预计使用年限为 5 年，甲公司采用双倍余额递减法计提折旧，2022 年应计提折旧(　　)万元。

A. 14.4　　B. 26　　C. 24　　D. 20

2. 某企业对一条生产线进行改建，该设备的原始价值为 1 000 万元，已经提取折旧 500 万元，以改建过程中发生支出共计 500 万元，同时替换拆下一台设备，该设备账面原值 300 万元，将其出售取得价款 500 万元，则改建后该生产线的入账价值为(　　)万元。

A. 500　　B. 1 000　　C. 1 200　　D. 850

3. 某项固定资产的原值为 1 000 万元，预计净残值为 10%，预计使用年限为 5 年，那么在年数总和法下第四年计提的折旧为(　　)万元。

A. 120　　B. 240　　C. 133.33　　D. 266.67

4. 下列项目中，不应记入固定资产入账价值的是(　　)。

A. 固定资产购入时交纳的关税

B. 固定资产安装过程中发生的各种材料、工资等费用

C. 固定资产大修理期间发生的修理费

D. 固定资产改良过程中发生的材料费

5. 如果不考虑固定资产的减值准备，下列方法中每期折旧额相等的折旧方法是(　　)。

A. 工作量法　　B. 双倍余额递减法
C. 年数总和法　　D. 平均年限法

6. 实行(　　)计提折旧的资产，一般应在固定资产折旧年限到期前两年内，将固定资产的净值扣除预计净残值后的净额平均摊销。
A. 工作量法　　B. 双倍余额递减法
C. 年数总和法　　D. 平均年限法

7. 企业一次购入多项没有标价的固定资产，各项固定资产的原价应按(　　)确定。
A. 各项固定资产的重置完全价值
B. 各项固定资产公允价值比例
C. 各项同类固定资产的历史成本
D. 各项固定资产的净值

8. 与平均年限法相比，采用年数总和法对固定资产计提折旧将导致(　　)。
A. 计提折旧的初期，企业利润减少，固定资产净值减少
B. 计提折旧的初期，企业利润减少，固定资产原值减少
C. 计提折旧的后期，企业利润减少，固定资产净值减少
D. 计提折旧的后期，企业利润减少，固定资产原值减少

9. 某增值税一般纳税人自建一幢仓库，购入工程物资的费用为 200 万元，增值税为 26 万元，已全部用于建造仓库；耗用价值 50 万元的库存材料，应负担的增值税为 6.5 万元；支付建筑工人工资 36 万元。该仓库建造完成并达到预定可使用状态，其入账价值为(　　)万元。
A. 250　　B. 292.5　　C. 286　　D. 328.5

10. 不会导致固定资产账面价值发生增减的是(　　)。
A. 盘盈固定资产　　B. 经营性租入设备
C. 以固定资产对外投资　　D. 计提减值准备

二、多选题

1. 在固定资产计提折旧时，始终考虑固定资产残值的折旧方法有(　)。
A. 平均年限法　　B. 工作量法
C. 双倍余额递减法　　D. 年数总和法

2. “固定资产清理”核算的内容包括(　　)。
A. 固定资产报废　　B. 固定资产出售
C. 固定资产盘盈　　D. 固定资产改建

3. 固定资产的后续支出，可能记入的会计科目有(　　)。
A. 固定资产　　B. 制造费用　　C. 管理费用　　D. 销售费用

4. 双倍余额递减法和年数总和法是两种计算折旧的方法，其共同点包括(　　)。
A. 都属于加速折旧的方法　　B. 每期折旧率是固定的
C. 前期的折旧高，后期的折旧低　　D. 都不考虑残值

5. “固定资产清理”账户的贷方登记的项目有(　　)。
A. 残值收入　　B. 转入清理的固定资产净值
C. 结转的清理净收益　　D. 结转的清理净损失

6. 关于固定资产的处置，下列说法正确的是(　　)。

A. 当固定资产预期通过使用或处置不能产生经济利益的，应终止确认

B. 固定资产出售、转让、报废固定资产或发生固定资产毁损，应当将处置收入扣除账面价值和相关税费后的金额计入当期损益

C. 固定资产清偿债务的应按债务重组的处理原则进行处理

D. 固定资产处置一般通过“固定资产清理”科目进行核算

7. 下列影响固定资产清理净收益的因素包括(　　)。

A. 出售固定资产的价款　　B. 应交的增值税

C. 从保险公司取得的赔款　　D. 报废固定资产的原价

8. 下列各项中，需要对固定资产账面价值进行调整的有(　　)。

A. 对办公楼进行装修　　B. 对融资租入固定资产发生的装修费用

C. 计提固定资产减值准备　　D. 固定资产大修理支出

9. 下列各项中，应计提固定资产折旧的有(　　)。

A. 经营租入的设备

B. 融资租入的办公楼

C. 已投入使用但未办理竣工决算的厂房

D. 已达到预定可使用状态但未投产的生产线

10. 下列各项中，企业需暂估入账的有(　　)。

A. 月末已验收入库但发票账单尚未到的原材料

B. 已发出商品但货款很可能无法收回的商品销售

C. 已达到预定可使用状态但尚未办理竣工决算的办公楼

D. 董事会已通过但股东大会尚未批准的拟分配现金股利

三、判断题

1. 固定资产在资产负债表日存在可能发生减值的迹象时，其可回收金额低于账面价值的，企业应该计提相应的减值准备。计提的减值准备一经确认，在以后的会计期间不能转回。

2. 固定资产折旧方法的选择不但影响资产负债表中的资产总额，也影响利润表中的净利润。

3. 固定资产在提取折旧时，当月增加的固定资产提取折旧，当月减少的固定资产不计提折旧。

4. 企业应当根据税法规定计提折旧的方法，合理选择固定资产折旧方法。

5. 按双倍余额递减法计提的折旧额在任何时期都大于按平均年限法计提的折旧额。

6. 与固定资产有关的经济利益预期实现方式有重大改变的，应当改变固定资产折旧方法，并作为会计估计变更进行会计处理。

7. 固定资产出售、报废、由于各种不可抗拒的自然灾害而产生的毁损，均应通过“固定资产清理”科目核算，计算出处置固定资产的净损益后，直接转入本年利润。

8. 固定资产是指使用寿命超过一年的资产。

9. 判断与固定资产有关的风险和报酬是否转移到企业时，看所有权是否转移就够了。

10. 企业以经营租赁方式租入的固定资产发生的改良支出，应记入“管理费用”科目。

四、计算题

1. 2020 年 1 月 1 日，某企业准备自行建造一座仓库。有关资料如下：

(1) 1 月 8 日购入工程物资一批，价款为 300 000 元，支付的增值税进项税额为 39 000 元，款项以银行存款支付。

(2) 2 月 3 日领用一批生产用原材料，价值为 32 000 元，购进该批原材料时支付的增值税进项税额为 4 160 元。

(3) 1 月 8 日至 6 月 30 日，工程先后领用工程物资价值 272 500 元。

(4) 6 月 30 日对工程物资进行清查，发现工程物资价值减少 18 000 元，经调查属保管员过失造成，根据企业管理规定，保管员应赔偿。剩余工程物资转入企业原材料。

(5) 工程建设期间辅助生产车间为工程提供有关的劳务支出为 35 000 元。

(6) 工程建设期间发生工程人员职工薪酬 65 800 元。

(7) 6 月 30 日，完工并交付使用。

要求：做出相应的账务处理。

2. A 公司是一家从事印刷业的企业，有关资料如下：

(1) 2018 年 1 月，该公司自行建成了一条印刷生产线，建造成本为 568 000 元；采用年限平均法计提折旧；预计净残值率为固定资产原价的 3%，预计使用年限为 6 年。

(2) 2020 年 1 月 1 日，由于生产的产品适销对路，现有生产线的生产能力已难以满足公司生产发展的需要，但若新建生产线成本过高，周期过长。于是公司决定对现有生产线进行改扩建，以提高其生产能力。假定该生产线未发生减值。

(3) 2020 年 1 月 1 日至 3 月 31 日，经过三个月的改扩建，完成了对这条印刷生产线的改扩建工程，共发生支出 268 900 元，全部以银行存款支付。

(4) 该生产线改扩建工程达到预定可使用状态后，大大提高了生产能力，改造后重新估计的使用年限为 5 年。假定改扩建后的生产线的预计净残值率为改扩建后固定资产账面价值的 3%；折旧方法仍为年限平均法。

(5) 为简化计算过程，整个过程不考虑其他相关税费，公司按年度计提固定资产折旧。

要求：做出相应的账务处理。

3. 甲企业出售乙机器设备，原值为 50 000 元，累计折旧为 30 000 元，未计提固定资产减值准备，清理过程中用现金支付清理费用 150 元，取得出售价款 22 000 元，存入银行。

要求：做出相应的账务处理。

4. 乙企业某项固定资产的原值为 80 000 元，预计净残值为 2 500 元，预计使用年限为 10 年，现已使用 10 年，由于不能继续使用而报废。报废时残料计价 2 600 元入库，用银行存款支付清理费用 300 元。

要求：做出相应的账务处理。

5. 甲公司为增值税一般纳税人，2020 年发生的有关自行建造机器设备的经济业务如下：

(1) 4 月 10 日，领用一批生产用原材料，价值 30 000 元，增值税税率为 13%，购进该批原材料时支付的进项税额 3 900 元已经抵扣。

(2) 4 月 20 日，领用本企业一批产品，账面价值 20 000 元，对外售价 25 000 元。

(3) 4 月 30 日，分配建造人员薪酬 10 000 元。

(4) 5 月 5 日，该机器设备建造完毕，交付使用。

要求：做出相应的账务处理。

第六章　无 形 资 产

【内容提要】

无形资产
- 无形资产及其确认
- 无形资产的初始计量
- 无形资产的后续计量
- 无形资产的处置与披露

【学习目标】

1. 了解无形资产的分类；
2. 熟悉无形资产的定义和确认条件；
3. 熟悉无形资产使用寿命的确定原则；
4. 掌握无形资产初始计量的核算方法；
5. 掌握无形资产处置和报废的核算方法。

【导入案例】

甲公司 2015 年开始研发一项管理用新专利技术，2015 年 1 月至 8 月共发生的研究、调查、试验等各项费用支出 400 万元，相关款项以银行存款支付。2015 年 8 月月末，该项专利技术进入开发阶段，2015 年 9 月至 12 月领用材料成本为 100 万元、发生人工费用支出 50 万元(均满足资本化条件)。2016 年 1 月至 7 月领用原材料成本为 200 万元、发生人工费用支出 100 万元、以银行存款支付其他费用 50 万元(均满足资本化条件)。2016 年 7 月 15 日该项专利技术完工，达到了预定可使用状态。该项专利技术的法律保护年限为 10 年，乙公司承诺将会在第 4 年年末以 100 万元价格购买该项专利技术。甲公司对该项专利技术采用直线法摊销。2017 年度由于市场上更先进的专利技术出现，导致甲公司的该项专利技术出现了减值迹象。2017 年 12 月 31 日，甲公司经减值测试，结果表明其公允价值减去处置费用后的净额为 260 万元，未来现金流量现值为 240 万元。减值后，无形资产的预计使用年限、净残值以及摊销方法均未发生改变。2020 年 7 月月初，甲公司将该项专利技术以 100 万元的价格出售给乙公司。

假设不考虑增值税等其他因素的影响，按年度做出相关会计处理。

思考：甲公司对上述经济业务如何进行会计处理。

第一节　无形资产及其确认

一、无形资产的定义与特征

无形资产是指企业拥有或者控制的没有实物形态的可辨认非货币性资产。无形资产主要包括专利权、非专利技术、商标权、著作权、土地使用权和特许权等。无形资产具有以下特征：

1. 由企业拥有或者控制并能为其带来未来经济利益的资源

预计能为企业带来未来经济利益，是作为一项资产的本质特征，无形资产也不例外。通常情况下，企业拥有或者控制的无形资产应当拥有其所有权并且能够为企业带来未来经济利益。但在某些情况下并不需要企业拥有其所有权，如果企业有权获得某项无形资产产生的经济利益，同时又能约束其他人获得这些经济利益，则说明企业控制了该无形资产，或者说控制了该无形资产产生的经济利益，具体表现为企业拥有该无形资产的法定所有权，或者使用权并受法律的保护。比如，企业自行研制的技术通过申请依法取得专利权后，在一定期限内拥有了该专利技术的法定所有权；又比如企业与其他企业签订合约转让商标权，由于合约的签订，使商标使用权转让方的相关权利受到法律的保护。

2. 无形资产不具有实物形态

无形资产通常表现为某种权利、某项技术或是某种获取超额利润的综合能力。它们不具有实物形态，看不见，摸不着，比如土地使用权、非专利技术等。无形资产为企业带来经济利益的方式与固定资产不同，固定资产是通过实物价值的磨损和转移来为企业带来未来经济利益，而无形资产很大程度上是通过自身所具有的技术等优势为企业带来未来经济利益，不具有实物形态是无形资产区别于其他资产的特征之一。

3. 无形资产具有可辨认性

要作为无形资产进行核算，则该资产必须是能够区别于其他资产可单独辨认的，如企业持有的专利权、非专利技术、商标权、土地使用权、特许权等。从可辨认性角度考虑，商誉是与企业整体价值联系在一起的，无形资产的定义要求无形资产是可辨认的，以便与商誉区分开来。企业合并中取得的商誉代表了购买方为从不能单独辨认并独立确认的资产中获得预期未来经济利益而付出的代价。这些未来经济利益可能产生于取得的可辨认资产之间的协同作用，也可能产生于购买者在企业合并中准备支付的、但不符合在财务报表上确认条件的资产。从计量上来讲，商誉是企业合并成本大于合并中取得的各项可辨认资产、负债公允价值份额的差额，代表的是企业未来现金流量大于每一单项资产产生未来现金流量的合计金额，其存在无法与企业自身区分开来，由于不具有可辨认性，虽然商誉也是没有实物形态的非货币性资产，但不构成无形资产。

4. 无形资产属于非货币性资产

非货币性资产，是指企业持有的货币资金和将以固定或可确定的金额收取的资产以外的其他资产。无形资产由于没有发达的交易市场，一般不容易转化成现金，在持有过程中为企业带来未来经济利益的情况不确定，不属于以固定或可确定的金额收取的资产，属于非货币性资产。

【问题与思考】

无形资产的特征与固定资产的特征有哪些是相似的？

二、无形资产的分类

(1) 无形资产按来源途径分类，可以分为外来无形资产和自创无形资产。

外来无形资产是指企业用货币资金或可以变现的资产从国内外科研单位、其他企业购进的无形资产，或接受投资、捐赠形成的无形资产。自创无形资产是指企业自行开发、研制的无形资产。

(2) 无形资产按其是否具有确定的经济寿命期限分类，可以分为期限确定的无形资产和期限不确定的无形资产。

期限确定的无形资产是指国家有关法律明确规定其最长有效期限的无形资产。期限不确定的无形资产是指国家有关法律没有明文规定其有效期限的无形资产。

(3) 无形资产按其内容分类，可以分为专利权、非专利技术、商标权、著作权、特许权、土地使用权等。

① 专利权是指国家专利主管机关依法授予发明创造专利申请人，对其发明创造在法定期限内所享有的专有权利，包括发明专利权、实用新型专利权和外观设计专利权。发明是指对产品、方法或者其改进所提出的新的技术方案。实用新型是指对产品的形状、构造或者其结合所提出的实用的新的技术方案。外观设计是指对产品的形状、图案或者其结合以及色彩与形状、图案的结合所作出的富有美感并适用于工业应用的新设计。发明专利权的期限为 20 年，实用新型专利权和外观设计专利权的期限为 10 年，均自申请日起计算。

② 非专利技术也称专有技术，是指不为外界所知、在生产经营活动中已采用了的、不享有法律保护的、可以带来经济效益的各种技术和诀窍。非专利技术一般包括工业专有技术、商业贸易专有技术、管理专有技术等。工业专有技术指在生产上已经采用，仅限于少数人知道，不享有专利权或发明权的生产、装配、修理、工艺或加工方法的技术知识，可以用蓝图、配方、技术记录、操作方法的说明等具体资料表现出来，也可以通过卖方派出技术人员进行指导，或接受买方人员进行技术实习等手段实现；商业贸易专有技术指具有保密性质的市场情报、原材料价格情报以及用户、竞争对象的情况的有关知识；管理专有技术指生产组织的经营方式、管理方法、培训职工方法等保密知识。非专利技术并不是专利法的保护对象，用自我保密的方式来维持其独占性，具有经济性、机密性和动态性等特点。

③ 商标是用来辨认特定的商品或劳务的标记。商标权指专门在某类指定的商品或产

品上使用特定的名称或图案的权利。经商标局核准注册的商标为注册商标，包括商品商标、服务商标和集体商标、证明商标，商标注册人享有商标专用权，受法律保护。集体商标是指以团体、协会或者其他组织名义注册，供该组织成员在商事活动中使用，以表明使用者在该组织中的成员资格的标志。证明商标是指由对某种商品或者服务具有监督能力的组织所控制，而由该组织以外的单位或者个人使用于其商品或者服务，用以证明该商品或者服务的原产地、原料、制造方法、质量或者其他特定品质的标志。注册商标的有效期为 10 年，自核准注册之日起计算，如有效期满，需要继续使用的，应当在期满前 6 个月内申请续展注册；在此期间未能提出申请的，可以给予 6 个月的宽展期。宽展期满仍未提出申请的，注销其注册商标。每次续展注册的有效期为 10 年。

④ 著作权又称版权，指作者对其创作的文学、科学和艺术作品依法享有的某些特殊权利。著作权包括作品署名权、发表权、修改权和保护作品完整权，还包括复制权、发行权、出租权、展览权、表演权、放映权、广播权、信息网络传播权、摄制权、改编权、翻译权、汇编权以及应当由著作权人享有的其他权利。著作权人包括作者和其他依法享有著作权的公民、法人或者其他组织。著作权属于作者，创作作品的公民是作者。由法人或者其他组织主持，代表法人或者其他组织意志创作，并由法人或者其他组织承担责任的作品，法人或者其他组织视为作者。作者的署名权、修改权、保护作品完整权的保护期不受限制。公民的作品，其享有的其他权利的保护期，为作者终生及其死亡后 50 年，截至作者死亡后第 50 年的 12 月 31 日；如果是合作作品，截至最后死亡的作者死亡后第 50 年的 12 月 31 日。

⑤ 特许权，又称经营特许权、专营权，指企业在某一地区经营或销售某种特定商品的权利或是一家企业接受另一家企业使用其商标、商号、技术秘密等的权利。通常有两种形式，一种是由政府机构授权，准许企业使用或在一定地区享有经营某种业务的特权，如水、电、邮电通信等专营权、烟草专卖权等；另一种指企业间依照签订的合同，有限期或无限期使用另一家企业的某些权利，如连锁店分店使用总店的名称等。特许权业务涉及特许权受让人和让与人两个方面。通常在特许权转让合同中规定了特许权转让的期限、转让人和受让人的权利和义务。转让人一般要向受让人提供商标、商号等使用权，传授专有技术，并负责培训营业人员，提供经营所必需的设备和特殊原料。受让人则需要向转让人支付取得特许权的费用，开业后则按营业收入的一定比例或其他计算方法支付享用特许权费用。此外，还要为转让人保守商业秘密。

⑥ 土地使用权，指国家准许某企业在一定期间内对国有土地享有开发、利用、经营的权利。根据我国土地管理法的规定，我国土地实行公有制，任何单位和个人不得侵占、买卖或者以其他形式非法转让。企业取得土地使用权的方式大致有行政划拨取得、外购取得(例如以缴纳土地出让金方式取得)及投资者投资取得等。通常情况下，作为投资性房地产或者作为固定资产核算的土地，按照投资性房地产或者固定资产核算；以缴纳土地出让金等方式外购的土地使用权、投资者投入等方式取得的土地使用权作为无形资产核算。

【注意】 商誉不属于无形资产的范畴。

三、无形资产的确认条件

无形资产应当在符合定义的前提下，同时满足以下两个确认条件时，才能予以确认。

1. 与该资产有关的经济利益很可能流入企业

通常情况下，无形资产产生的未来经济利益可能包括在销售商品、提供劳务的收入中，或者企业使用该项无形资产而减少或节约的成本中，或体现在获得的其他利益中。实务中，要确定无形资产创造的经济利益是否很可能流入企业，需要实施职业判断。在实施这种判断时，需要对无形资产在预计使用寿命内可能存在的各种经济因素做出合理估计，并且应当有明确的证据支持。

2. 该无形资产的成本能够可靠地计量

成本能够可靠地计量是资产确认的一项基本条件。对于无形资产来说，这个条件相对更为重要。因为无形资产本身具有某些特点，如无形的实体、非货币性资产等，给计量带来了许多困难。

【例 6-1】 因甲公司某项生产活动需要乙公司已获得的专利技术，如果使用了该项专利技术，甲公司预计其生产能力比原先提高 20%，销售利润率增长 15%。为此，甲公司从乙公司购入一项专利权。按照协议约定以现金支付，实际支付的价款为 300 万元，并支付相关税费 1 万元和有关专业服务费用 5 万元，款项已通过银行转账支付。

分析：

① 甲公司购入的专利权符合无形资产的定义，即甲公司能够拥有或者控制该项专利技术符合可辨认的条件，同时是不具有实物形态的非货币性资产。

② 甲公司购入的专利权符合无形资产的确认条件。首先，甲公司的某项生产活动需要乙公司已获得的专利技术，甲公司使用了该项专利技术。预计甲公司的生产能力比原先提高 20%，销售利润率增长 15%，即经济利益很可能流入企业。其次，甲公司购买该项专利权的成本为 300 万元，另外支付相关税费和有关专业服务费用 5 万元，即成本能够可靠计量。由此，符合无形资产的确认条件。

无形资产初始计量的成本 = 300 + 1 + 5 = 306(万元)

甲公司的账务处理如下：

借：无形资产——专利权　　　　3 060 000

　　贷：银行存款　　　　　　　　3 060 000

第二节　无形资产的初始计量

无形资产通常是按实际成本计量，即以取得无形资产并使之达到预定用途而发生的全部支出，作为无形资产的成本。对于不同来源取得的无形资产，其初始成本构成也不尽相同。

一、外购的无形资产

外购的无形资产，成本包括购买价款、相关税费和直接归属于使该项资产达到预定用途所发生的其他支出。其中，直接归属于使该项资产达到预定用途所发生的其他支出包括使无形资产达到预定用途所发生的专业服务费用、测试无形资产是否能够正常发挥作用的费用等。下列各项不包括在无形资产的初始成本中：

(1) 为引入新产品进行宣传发生的广告费、管理费用及其他间接费用。

(2) 无形资产已经达到预定用途以后发生的费用。例如，在形成预定经济规模之前发生的初始运作损失，以及在无形资产达到预定用途之前发生的其他经营活动的支出，如果该经营活动并非无形资产达到预定用途必不可少的，则有关经营活动的损益应于发生时计入当期损益，而不构成无形资产的成本。

【例 6-2】 甲股份有限公司从外单位购得一项商标权，支付价款 3 000 万元，并支付有关专业服务费 5 万元，款项已支付。

借：无形资产——商标权　　　30 050 000

　　贷：银行存款　　　　　　　30 050 000

外购的无形资产，应按其取得成本进行初始计量；如果购入的无形资产超过正常信用条件延期支付价款，实质上具有融资性质的，应按所取得无形资产购买价款的现值计量其成本，现值与应付价款之间的差额作为未确认的融资费用，在付款期间内按照实际利率法确认为利息费用。

购入无形资产时，借记“无形资产”科目，按应支付的金额，贷记“长期应付款”科目，按其差额，借记“未确认融资费用”科目。其中，“未确认融资费用”科目核算企业应当分期计入利息费用的未确认融资费用。该科目应当按照未确认融资费用项目进行明细核算。采用实际利率法计算确定当期的利息费用，借记“财务费用”“在建工程”“研发支出”科目，贷记“未确认融资费用”。该科目期末借方余额，反映企业未确认融资费用的摊余价值。

【例 6-3】 2020 年 1 月 8 日，甲公司从乙公司购买一项商标权，由于甲公司资金周转比较紧张，经与乙公司协议采用分期付款方式支付款项。合同规定，该项商标权费用总计 1 000 万元，每年年末付款 200 万元，5 年付清。假定银行同期贷款利率为 5%。为了简化核算，假定不考虑其他有关税费，(P/A，5%，5) = 4.3295，甲公司的账务处理如表 6-1 所示：

表 6-1　未确认的融资费用　　　　金额单位：万元

年份	融资余额 (1)	利率 (2)	确认的融资费用 (3) = (1)*(2)	付款额 (4)	未确认融资费用 (5) = (5) − (3)
0	865.90				134.10
1	709.20	5%	43.30	200.00	90.80
2	544.66	5%	35.46	200.00	55.34
3	371.89	5%	27.23	200.00	28.11
4	190.48	5%	18.59	200.00	9.52
5	0.00	5%	9.52	200.00	0.00
合计			134.10	1 000.00	

无形资产现值 = 1 000 × 20% × 4.3295 = 865.9(万元)

未确认的融资费用 = 1 000 − 865.9 = 134.10(万元)

借：无形资产——商标权　　　　　8 659 000

未确认融资费用	1 341 000	
贷：长期应付款		10 000 000

2020 年底付款时：

借：长期应付款	2 000 000	
贷：银行存款		2 000 000
借：财务费用	433 000	
贷：未确认融资费用		433 000

2021 年底付款时：

借：长期应付款	2 000 000	
贷：银行存款		2 000 000
借：财务费用	354 600	
贷：未确认融资费用		354 600

2022 年底付款时：

借：长期应付款	2 000 000	
贷：银行存款		2 000 000
借：财务费用	272 300	
贷：未确认融资费用		272 300

2023 年底付款时：

借：长期应付款	2 000 000	
贷：银行存款		2 000 000
借：财务费用	185 900	
贷：未确认融资费用		185 900

2024 年底付款时：

借：长期应付款	2 000 000	
贷：银行存款		2 000 000
借：财务费用	95 200	
贷：未确认融资费用		95 200

二、内部开发的无形资产

通常情况下，企业自创商誉以及企业内部产生的无形资产不确认为无形资产，如企业内部产生的品牌、报刊名等。研究与开发活动发生的费用，除了要遵循无形资产确认和初始计量的一般要求，还需要满足其他特定的条件，才能够确定为一项无形资产。首先，为评价内部产生的无形资产是否满足确认标准，企业应当将资产的形成过程分为研究阶段与开发阶段两部分；其次，对于开发过程中发生的费用，在符合一定条件的情况下，才可确认为一项无形资产。

(一) 研究阶段和开发阶段的划分

对于企业自行进行的研究开发项目，应当区分研究阶段与开发阶段两个部分分别进行核算。

研究是指为获取并理解新的科学或技术知识而进行的独创性的有计划调查。研究阶段有以下特点：

(1) 计划性。研究阶段建立在有计划的调查基础上，即研发项目已经董事会或者相关管理层的批准，并着手收集相关资料、进行市场调查等。例如，某药品公司为研究开发某药品，经董事会或者相关管理层的批准，进行有计划的收集相关资料，市场调查，比较市场中相关药品的药性、效用等活动。

(2) 探索性。研究阶段基本上是探索性的，为进一步的开发活动进行资料及相关方面的准备，在这一阶段不会形成阶段性成果。从研究活动的特点看，其研究是否能在未来形成成果，即通过开发后是否会形成无形资产具有很大的不确定性，企业也无法证明其能够带来未来经济利益的无形资产的存在，因此，研究阶段的有关支出在发生时，应当予以费用化计入当期损益。

开发阶段是指在进行商业性生产或使用前，将研究成果或其他知识应用于某项计划或设计，以生产出新的或具有实质性改进的材料、装置、产品等。开发阶段有以下特点：

(1) 针对性。开发阶段是建立在研究阶段基础上的，因而对项目的开发具有针对性。

(2) 形成成果的可能性较大。

(二) 开发阶段有关支出资本化的条件

在开发阶段，判断可以将有关支出资本化计入无形资产的条件包括：

(1) 完成该无形资产以使其能够使用或出售在技术上具有可行性；

(2) 具有完成该无形资产并使用或出售的意图；

(3) 无形资产产生经济利益的方式，包括能够证明运用该无形资产生产的产品存在市场或无形资产自身存在市场，无形资产将在内部使用的，应当证明其有用性；

(4) 有足够的技术、财务资源和其他资源支持，以完成该无形资产的开发，并有能力使用或出售该无形资产；

(5) 归属于该无形资产开发阶段的支出能够可靠地计量。

(三) 内部开发的无形资产的计量

内部研发活动形成的无形资产成本，由可直接归属于该资产的创造、生产并使该资产能够以管理层预定的方式运作的所有必要支出组成。可直接归属成本包括：开发该无形资产时耗费的材料、劳务成本、注册费、在开发该无形资产过程中使用的其他专利权和特许权的摊销，以及按照借款费用的处理原则可资本化的利息支出。内部开发无形资产的成本仅包括在满足资本化条件的时点至无形资产达到预定用途前发生的支出总和，对于同一项无形资产在开发过程中达到资本化条件之前已经费用化计入当期损益的支出不再进行调整。

(四) 内部研究开发费用的会计处理

企业内部研究和开发无形资产，其在研究阶段的支出全部费用化，计入当期损益(管理费用)；开发阶段的支出符合条件的资本化，不符合资本化条件的计入当期损益(管理费用)。如果确实无法区分研究阶段的支出和开发阶段的支出，应将其所发生的研发支出全部费用化，计入当期损益。具体账务处理方法如下：

(1) 企业自行开发无形资产发生的研发支出，不满足资本化条件的，借记“研发支出——费用化支出”科目，满足资本化条件的，借记“研发支出——资本化支出”科目，贷记“原材料”“银行存款”“应付职工薪酬”等科目。

(2) 企业以其他方式取得的正在进行中的研究开发项目，应按确定的金额，借记“研发支出——资本化支出”科目，贷记“银行存款”等科目。以后发生的研发支出，应当比照上述第一条原则进行处理。

(3) 研究开发项目达到预定用途形成无形资产的，应按“研发支出——资本化支出”科目的余额，借记“无形资产”科目，贷记“研发支出——资本化支出”科目。

【例 6-4】 2020 年 1 月 1 日，甲公司经董事会批准研发某项新产品专利技术，该公司董事会认为，研发该项目具有可靠的技术和财务等资源的支持，并且一旦研发成功将降低该公司生产产品的生产成本。该公司在研究开发过程中发生材料费 5 000 万元、人工工资 1 000 万元，以及其他费用 4 000 万元，总计 10 000 万元，其中，符合资本化条件的支出费用为 6 000 万元。2020 年 12 月 31 日，该专利技术已经达到预定用途。

分析：首先，甲公司经董事会批准研发某项新产品专利技术，并认为完成该项新型技术无论从技术上，还是财务等方面能够得到可靠的资源支持，并且一旦研发成功将降低公司的生产成本，因此，符合条件的开发费用可以资本化。其次，甲公司在开发该项新型技术时，累计发生 10 000 万元的研究与开发支出，其中符合资本化条件的开发支出为 6 000 万元，其符合“归属于该无形资产开发阶段的支出能够可靠地计量”的条件。

甲公司的账务处理如下：

① 发生研发支出：

借：研发支出——费用化支出	40 000 000	
——资本化支出	60 000 000	
贷：原材料		50 000 000
应付职工薪酬		10 000 000
银行存款		40 000 000

② 2020 年 12 月 31 日，该专利技术已经达到预定用途：

借：管理费用	40 000 000	
无形资产	60 000 000	
贷：研发支出——费用化支出		40 000 000
——资本化支出		60 000 000

【问题与思考】

在现实生活中，研究阶段和开发阶段如何进行合理划分？

三、投资者投入的无形资产

投资者投入的无形资产的成本，应当按照投资合同或协议约定的价值确定无形资产的取得成本。如果投资合同或协议约定价值不公允的，应按无形资产的公允价值作为无形资产初始成本入账。

【例 6-5】 因乙公司创立的商标已有较好的声誉，甲公司预计使用乙公司商标后可使其未来利润增长 30%。为此，甲公司与乙公司协议商定，乙公司以其商标权投资于甲公司，双方协议价格(等于公允价值)为 500 万元，甲公司另支付印花税等相关税费 2 万元，款项已通过银行转账支付。

该商标权的初始计量，应当以取得时的成本为基础。取得时的成本为投资协议约定的价格 500 万元，加上支付的相关税费 2 万元。

甲公司接受乙公司作为投资的商标权的成本 = 500 + 2 = 502(万元)

甲公司的账务处理如下：

借：无形资产——商标权	5 020 000	
贷：实收资本(或股本)		5 000 000
银行存款		20 000

【问题与思考】

企业接受投资者投入的固定资产和无形资产，在账务处理上有什么相同和不同的地方？

四、通过非货币性资产交换、债务重组、政府补助等取得的无形资产

企业通过非货币性资产交换、债务重组、政府补助等取得的无形资产，按照相关会计准则的有关规定进行处理。

五、土地使用权的有关处理

企业取得的土地使用权通常应确认为无形资产。土地使用权用于自行开发建造厂房等地上建筑物时，土地使用权的账面价值不与地上建筑物合并计算其成本，而仍作为无形资产进行核算，土地使用权与地上建筑物分别进行摊销和提取折旧。但下列情况除外：

(1) 房地产开发企业取得的土地使用权用于建造对外出售的房屋建筑物，相关的土地使用权应当计入所建造的房屋建筑物成本。

(2) 企业外购的房屋建筑物，实际支付的价款中包括土地以及建筑物的价值，则应当对支付的价款按照合理的方法(如公允价值)在土地使用权和地上建筑物之间进行分配。如果确实无法在地上建筑物与土地使用权之间进行合理分配的，应当全部作为固定资产核算。

企业改变土地使用权的用途，将其作为用于出租或增值目的时，应将其转为投资性房地产。

【例 6-6】 2020 年 1 月 1 日，A 股份有限公司购入一块土地的使用权，以银行存款转账支付 8 000 万元，并在该土地上自行建造厂房，发生材料支出 12 000 万元，工资费用 8 000 万元，其他相关费用 10 000 万元等。该工程已经完工并达到预定可使用状态。假定土地使用权的使用年限为 50 年，该厂房的使用年限为 25 年，两者都没有净残值，都采用直线法进行摊销和计提折旧。为简化核算，不考虑其他相关税费。

分析：A 公司购入土地使用权，使用年限为 50 年，表明它属于使用寿命有限的无形

资产。在该土地上自行建造厂房，应将土地使用权和地上建筑物分别作为无形资产和固定资产进行核算，并分别摊销和计提折旧。

A公司的账务处理如下：

① 支付转让价款：

借：无形资产——土地使用权	80 000 000	
贷：银行存款		80 000 000

② 在土地上自行建造厂房：

借：在建工程	300 000 000	
贷：工程物资		120 000 000
应付职工薪酬		80 000 000
银行存款		100 000 000

③ 厂房达到预定可使用状态：

借：固定资产	300 000 000	
贷：在建工程		300 000 000

④ 每年分期摊销土地使用权和对厂房计提折旧：

借：管理费用	1 600 000	
贷：累计摊销		1 600 000
借：制造费用	12 000 000	
贷：累计折旧		12 000 000

第三节 无形资产的后续计量

无形资产的后续计量指企业对无形资产初始确认和计量后对其价值变动的计量，主要包括摊销、减值测试以及计提减值准备等。

一、无形资产后续计量的原则

无形资产初始确认和计量后，在其后使用该项无形资产期间内，应以成本减去累计摊销额和累计减值准备后的余额计量。要确定无形资产在使用过程中的累计摊销额，首先是估计其使用寿命，而使用寿命有限的无形资产才需要在估计使用寿命内采用系统合理的方法进行摊销，对于使用寿命不确定的无形资产则不需要摊销。

(一) 估计无形资产的使用寿命

企业应当于取得无形资产时分析判断其使用寿命。无形资产的使用寿命如为有限的，应当估计该使用寿命的年限或者构成使用寿命的产量等类似计量单位数量；无法预见无形资产为企业带来未来经济利益期限的，应当视为使用寿命不确定的无形资产。

估计无形资产使用寿命应考虑的主要因素包括：

(1) 该资产通常的产品寿命周期，以及可获得的类似资产使用寿命的信息；

(2) 技术、工艺等方面的现实情况及对未来发展的估计；

(3) 该资产在该行业运用的稳定性和生产的产品或服务的市场需求情况；

(4) 现在或潜在的竞争者预期采取的行动；

(5) 为维持该资产产生未来经济利益的能力所需要的维护支出，以及企业预计支付有关支出的能力；

(6) 对该资产的控制期限，以及对该资产使用的法律或类似限制，如特许使用期间、租赁期间等；

(7) 与企业持有的其他资产使用寿命的关联性等。

例如，企业以支付土地出让金方式取得一块土地 50 年的使用权，如果企业准备持续持有，在 50 年期间内没有计划出售，则该项土地使用权预期为企业带来未来经济利益的期间为 50 年。

(二) 无形资产使用寿命的确定

某些无形资产的取得源自合同性权利或其他法定权利，其使用寿命不应超过合同性权利或其他法定权利的期限。如果企业使用资产的预期期限短于合同性权利或其他法定权利规定的期限，则应当按照企业预期使用期限确定其使用寿命。

例如，企业取得一项专利技术，法律保护期间为 20 年，企业预计运用该专利生产的产品在未来 15 年内会为企业带来经济利益。就该项专利技术，第三方向企业承诺在 5 年内以其取得之日公允价值的 60%购买该专利权，从企业管理层目前的持有计划来看，准备在 5 年内将其出售给第三方。为此，该项专利权的实际使用寿命为 5 年。

如果合同性权利或其他法定权利能够在到期时因续约等延续，则仅当有证据表明企业续约不需要付出重大成本时，续约期才能够包括在使用寿命的估计中。没有明确的合同或法律规定无形资产的使用寿命的，企业应当综合各方面情况。例如，企业经过努力，聘请相关专家进行论证、与同行业的情况进行比较以及参考企业的历史经验等，来确定无形资产为企业带来未来经济利益的期限。如果经过这些努力，仍确实无法合理确定无形资产为企业带来经济利益的期限，才能将该无形资产作为使用寿命不确定的无形资产。

例如，企业取得了一项在过去几年市场份额领先的畅销产品的商标。该商标按照法律规定还有 5 年的使用寿命，但是在保护期届满时，企业可每 10 年以较低的手续费申请延期，同时有证据表明企业有能力申请延期。此外，有关的调查表明，根据产品生命周期、市场竞争等方面情况综合判断，该品牌将在不确定的期间内为企业产生现金流量。综合各方面情况，该商标可视为使用寿命不确定的无形资产。又如，企业通过公开拍卖取得一项出租车运营许可，按照所在地规定，以现有出租运营许可为限，不再授予新的运营许可，而且在旧的出租车报废以后，有关的运营许可可用于新的出租车。企业估计在有限的未来其将持续经营出租车行业。对于该运营许可，其为企业带来未来经济利益的期限无法可靠估计，因此，应视其为使用寿命不确定的无形资产。

(三) 无形资产使用寿命的复核

企业至少应当于每年年度终了，对无形资产的使用寿命及摊销方法进行复核，如果有证据表明无形资产的使用寿命及摊销方法不同于以前估计，如由于合同的续约或无形资产应用条件的改善，延长了无形资产的使用寿命，则对于使用寿命有限的无形资产，应改变其摊销年限及摊销方法并按照会计估计变更进行处理。

例如，企业使用的某项非专利技术，原预计使用寿命为5年，使用至第2年年末，该企业计划再使用2年不再使用，为此，企业应当在第2年年末，变更该项无形资产的使用寿命，并作为会计估计变更进行处理。又如，某项无形资产计提了减值准备，这可能表明企业原估计的摊销期限需要作出变更。

对于使用寿命不确定的无形资产，如果有证据表明其使用寿命是有限的，则应视为会计估计变更，应当估计其使用寿命并按照使用寿命有限的无形资产处理原则进行处理。

二、使用寿命有限的无形资产

使用寿命有限的无形资产，应在其预计的使用寿命内采用系统合理的方法对应摊销金额进行摊销。应摊销金额是指无形资产的成本扣除残值后的金额。已计提减值准备的无形资产，还应扣除已计提的无形资产减值准备累计金额。使用寿命有限的无形资产，其残值一般应当视为零。

(一) 摊销期和摊销方法

无形资产的摊销期自其可供使用(即其达到预定用途)时起至终止确认时止，即无形资产摊销的起始和停止日期。当月增加的无形资产，当月开始摊销，当月减少的无形资产，当月不再摊销。

在无形资产的使用寿命内系统地分摊其应摊销金额，存在多种方法，如直线法、产量法等。企业选择无形资产摊销方法，应当能够反映与该项无形资产有关的经济利益的预期实现方式。例如，受技术陈旧因素影响较大的专利权和专有技术等无形资产，可采用类似固定资产加速折旧的方法进行摊销；有特定产量限制的特许经营权或专利权，应采用产量法进行摊销。无法可靠确定其预期实现方式的，应当采用直线法进行摊销。

无形资产的摊销一般应计入当期损益，但如果某项无形资产专门用于生产某种产品或者其他资产，其所包含的经济利益是通过转入所生产的产品或其他资产中实现的，则无形资产的摊销费用应当计入相关资产的成本。

(二) 残值的确定

除了下列情况，无形资产的残值一般为零：

(1) 有第三方承诺在无形资产使用寿命结束时购买该项无形资产；

(2) 可以根据活跃市场得到无形资产预计残值信息，并且该市场在无形资产使用寿命结束时很可能存在。

残值确定以后，在持有无形资产的期间，至少应于每年年末进行复核，预计其残值与原估计金额不同的，应按照会计估计变更进行处理。如果无形资产的残值重新估计数高于其账面价值的，则无形资产不再摊销，直至残值降至低于账面价值时再恢复摊销。

例如，企业从外单位购入一项实用专利技术的成本为100万元，根据目前企业管理层的持有计划，预计5年后转让给第三方。根据目前活跃市场上得到的信息，该实用专利技术预计残值为10万元。企业采取生产总量法对该项无形资产进行摊销。到第3年期末，市场发生变化，经复核重新估计，该项实用专利技术预计残值为 30 万元，如果此时企业已摊销 72 万元，该项实用专利技术账面价值为 28 万元，低于重新估计的该项实用专利技术的残值，则不再对该项实用专利技术进行摊销，直至残值降至低于其账面价值时再恢复摊销。

(三) 使用寿命有限的无形资产摊销的账务处理

使用寿命有限的无形资产应当在其使用寿命内，采用合理的摊销方法进行摊销。摊销时，应当考虑该项无形资产所服务的对象，并以此为基础将其摊销价值计入相关资产的成本或者当期损益。

【例 6-7】 2020 年 1 月 1 日，A 公司从外单位购得一项非专利技术，支付价款 5 000 万元，款项已支付，估计该项非专利技术的使用寿命为 10 年，该项非专利技术用于产品生产；同时，购入一项商标权，支付价款 3 000 万元，款项已支付，估计该商标权的使用寿命为 15 年。假定这两项无形资产的净残值均为零，并按直线法摊销。

本例中，A 公司外购的非专利技术的估计使用寿命为 10 年，表明该项无形资产是使用寿命有限的无形资产，且该项无形资产用于产品生产，因此，应当将其摊销金额计入相关产品的制造成本。A 公司外购的商标权的估计使用寿命为 15 年，表明该项无形资产同样也是使用寿命有限的无形资产，而商标权的摊销金额通常直接计入当期管理费用。

A 公司的账务处理如下：

① 取得无形资产时：

借：无形资产——非专利技术	50 000 000	
无形资产——商标权	30 000 000	
贷：银行存款		80 000 000

② 按年摊销时：

借：制造费用——非专利技术	5 000 000	
管理费用——商标权	2 000 000	
贷：累计摊销		7 000 000

三、使用寿命不确定的无形资产

如果无法合理估计某项无形资产的使用寿命，应作为使用寿命不确定的无形资产进行核算。对于使用寿命不确定的无形资产，在持有期间内不需要摊销，但应当在每个会计期间进行减值测试。其减值测试的方法按照资产减值的原则进行处理，如经减值测试表明已发生减值，则需要计提相应的减值准备，其相关的账务处理为：借记“资产减值损失”科目，贷记“无形资产减值准备”科目。

【例 6-8】 2019 年 1 月 1 日，A 公司购入一项市场领先的畅销产品商标，其成本为 6 000 万元，该商标按照法律规定还有 5 年的使用寿命，但是在保护期满时，A 公司可每 10 年以较低的手续费申请延期，同时 A 公司有充分的证据表明其有能力申请延期。此外，有关的调查表明，根据产品生命周期、市场竞争等方面情况综合判断，该商标将在不确定的期间内为企业带来现金流量。

根据上述情况，该商标可视为使用寿命不确定的无形资产，在持有期间内不需要进行摊销。

2020 年年底，A 公司对该商标按照资产减值的原则进行减值测试，经测试表明该商标已发生减值。2020 年年底，该商标的公允价值为 4 000 万元。

A 公司的账务处理如下：

① 2019 年购入商标时：

借：无形资产——商标权 60 000 000

　　贷：银行存款 60 000 000

② 2020 年发生减值时：

借：资产减值损失 20 000 000

　　贷：无形资产减值准备——商标权 20 000 000

四、无形资产减值

(一) 无形资产减值的判断

按照《企业会计准则第 8 号——资产减值》的规定，无形资产减值是指无形资产的可收回金额低于其账面价值。企业应当在资产负债表日判断无形资产是否存在可能发生减值的迹象。因企业合并所形成的商誉和使用寿命不确定的无形资产，无论是否存在减值迹象，每年都应当进行减值测试。存在下列迹象的，表明无形资产可能发生了减值：

(1) 无形资产的市价当期大幅度下跌，其跌幅明显高于因时间的推移或者正常使用而预计的下跌；

(2) 企业经营所处的经济、技术或者法律等环境以及无形资产所处的市场在当期或者将在近期发生重大变化，从而对企业产生不利影响；

(3) 市场利率或者其他市场投资报酬率在当期已经提高，从而影响企业计算资产预计未来现金流量现值的折现率，导致无形资产可收回金额大幅度降低；

(4) 有证据表明无形资产已经陈旧过时；

(5) 无形资产已经或者将被闲置、终止使用或者计划提前处置；

(6) 企业内部报告的证据表明无形资产的经济绩效已经低于或者将低于预期，如资产所创造的净现金流量或者实现的营业利润(或者亏损)远远低于(或者高于)预计金额等；

(7) 其他表明无形资产可能已经发生减值的迹象。

(二) 无形资产可收回金额的计量

无形资产存在减值迹象的，应当估计其可收回金额。可收回金额应当根据无形资产的公允价值减去处置费用后的净额与资产预计未来现金流量的现值两者之间较高者确定。处置费用包括与无形资产处置有关的法律费用、相关税费等。

无形资产的公允价值减去处置费用后的净额，应当根据公平交易中的销售协议价格减去可直接归属于该无形资产处置费用的金额确定。不存在销售协议但存在无形资产活跃市场的，应当按照该无形资产的市场价格减去处置费用后的金额确定。在不存在销售协议和无形资产活跃市场的情况下，应当以可获取的最佳信息为基础进行估计。企业按照上述规定，仍然无法可靠估计无形资产的公允价值减去处置费用后的净额，应当以该无形资产预计未来现金流量的现值作为其可收回金额。

无形资产预计未来现金流量的现值，应当按照无形资产在持续使用过程中和最终处置时所产生的预计未来现金流量，选择恰当的折现率对其进行折现后的金额加以确定。

可收回金额的计量结果表明，无形资产的可收回金额低于其账面价值的，应当将无形资产的账面价值减记至可收回金额，减记的金额确认为无形资产减值损失，计入当期损益，同时计提相应的无形资产减值准备。无形资产减值损失确认后，减值无形资产的摊销费用应当在未来期间做相应调整，以使该无形资产在剩余使用寿命内，系统地分摊调整后的资产账面价值(扣除预计净残值)。无形资产减值损失一经确认，在以后会计期间不得转回。

【知识链接】

固定资产的减值准备和无形资产减值准备一旦计提，不允许转回；存货的减值准备则允许转回。

(三) 无形资产减值的会计处理

资产负债表日，企业所持有的无形资产账面价值高于可收回金额时，应按其差额，借记“资产减值损失”科目，贷记“无形资产减值准备”科目。

【例 6-9】 A 公司 2019—2025 年与无形资产业务有关的资料如下：

① 2019 年 12 月 5 日，A 公司以银行存款 300 万元从 B 公司购买一项无形资产，该无形资产尚可使用 10 年。

② 2023 年 12 月 31 日，预计该无形资产的可收回金额为 142 万元。该无形资产发生减值后，原预计使用年限不变。

③ 2024 年 12 月 31 日，预计该无形资产的可收回金额为 129.8 万元，调整该无形资产减值准备后，原预计使用年限不变。

④ 2025 年 1 月 10 日，将该无形资产对外出售，取得价款 130 万元并收存银行(不考虑相关税费)。

其有关计算及会计分录如下：

① 2019 年 12 月 5 日：

借：无形资产　　3 000 000
　贷：银行存款　　3 000 000

② 2019 年 12 月 31 日：

$$\text{无形资产年摊销额} = \frac{300}{10} \times \frac{1}{12} = 2.5\ (\text{万元})$$

借：管理费用　　25 000
　贷：累计摊销　　25 000

③ 2020 年 12 月 31 日：

$$\text{无形资产年摊销额} = \frac{300}{10} = 30\ (\text{万元})$$

借：管理费用　　300 000
　贷：累计摊销　　300 000

④ 2021 年 12 月 31 日：

$$无形资产年摊销额=\frac{300}{10}=30\ (万元)$$

借：管理费用　　　　　　　300 000

　　贷：累计摊销　　　　　　　300 000

⑤ 2022 年 12 月 31 日：

$$无形资产年摊销额=\frac{300}{10}=30\ (万元)$$

借：管理费用　　　　　　　300 000

　　贷：累计摊销　　　　　　　300 000

⑥ 2023 年 12 月 31 日：

$$无形资产年摊销额=\frac{300}{10}=30\ (万元)$$

借：管理费用　　　　　　　300 000

　　贷：累计摊销　　　　　　　300 000

2023 年 12 月 31 日无形资产账面净值 = 300 − 122.5 = 177.5(万元)

⑦ 编制 2023 年 12 月 31 日该无形资产计提减值准备的会计分录：

借：资产减值损失　　　　　355 000

　　贷：无形资产减值准备　　　355 000

⑧ 2024 年 12 月 31 日：

$$无形资产年摊销额=\frac{142}{71}\times12=24\ (万元)$$

借：管理费用　　　　　　　240 000

　　贷：累计摊销　　　　　　　240 000

2024 年 12 月 31 日该无形资产的账面净值 = 177.5 − 24 = 153.5(万元)

⑨ 2024 年 12 月 31 日该无形资产价值恢复，不做会计分录。

⑩ 2025 年 1 月 10 日：

该无形资产出售形成的净损益 = 出售价 − 无形资产账面价值

= 130 − (153.5 − 35.5) = 12(万元)

借：银行存款　　　　　　1 300 000

　　无形资产减值准备　　　355 000

　　累计摊销　　　　　　1 465 000

　　贷：无形资产　　　　　　　3 000 000

　　　　资产处置损益　　　　　　120 000

第四节　无形资产的处置与披露

无形资产的处置，主要是指无形资产出售、对外出租、对外捐赠或是无法为企业带来未来经济利益时，应予终止确认并转销。

一、无形资产的出售

企业出售某项无形资产，表明企业放弃无形资产的所有权，应将所取得的价款与该无形资产账面价值的差额作为资产处置利得或损失(资产处置损益)，与固定资产处置性质相同，计入当期损益。

出售无形资产时，应按实际收到的金额，借记“银行存款”等科目，按已计提的累计摊销，借记“累计摊销”科目，原已计提减值准备的，借记“无形资产减值准备”科目，按应支付的相关税费，贷记“应交税费”等科目，按其账面余额，贷记“无形资产”科目，按其差额，贷记或借记“资产处置损益”科目。

【例 6-10】 2020 年 1 月 1 日，B 公司拥有的某项专利技术的成本为 1 000 万元，已摊销金额为 500 万元，已计提的减值准备为 20 万元。该公司于 2020 年将该项专利技术出售给 C 公司，取得出售收入 600 万元，不考虑销售过程中的相关税费。B 公司的账务处理为：

借：银行存款　　6 000 000
　　累计摊销　　5 000 000
　　无形资产减值准备　　200 000
　　贷：无形资产　　10 000 000
　　　　资产处置损益　　1 200 000

如果该公司转让该项专利技术取得收入为 4 000 000 元，不考虑销售过程中的相关税费。则 B 公司的账务处理为：

借：银行存款　　4 000 000
　　累计摊销　　5 000 000
　　无形资产减值准备　　200 000
　　资产处置损益　　800 000
　　贷：无形资产　　10 000 000

二、无形资产的出租

企业将所拥有的无形资产的使用权让渡给他人，并收取租金，属于与企业日常活动相关的其他经营活动取得的收入，应确认相关的收入及成本。让渡无形资产使用权而取得的租金收入，借记“银行存款”等科目，贷记“其他业务收入”等科目；摊销出租无形资产的成本并发生与转让有关的各种费用支出时，借记“其他业务成本”科目，贷记“累计摊销”等科目。

【例 6-11】 2020 年 1 月 1 日，A 企业将一项专利技术出租给 B 企业使用，该专利技术账面余额为 500 万元，摊销期限为 10 年，出租合同规定，承租方每销售一件用该专利生产的产品，必须付给出租方 10 元专利技术使用费。假定承租方当年销售该产品 10 万件，不考虑销售过程中的相关税费。A 企业的账务处理如下：

① 取得该项专利技术使用费时：

借：银行存款　　1 000 000

贷：其他业务收入 1 000 000

② 按年对该项专利技术进行摊销：

借：其他业务成本 500 000

贷：累计摊销 500 000

三、无形资产的报废

如果无形资产预期不能为企业带来未来经济利益，例如，该无形资产已被其他新技术所替代或超过法律保护期，不能再为企业带来经济利益的，则不再符合无形资产的定义，应将其报废并予以转销，其账面价值转作当期损益。转销时，应按已计提的累计摊销，借记“累计摊销”科目，按其账面余额，贷记“无形资产”科目，按其差额，借记“营业外支出”科目。已计提减值准备的，还应同时结转减值准备。

【例 6-12】 D 企业拥有某项专利技术，根据市场调查，用其生产的产品已没有市场，决定应予转销。转销时，该项专利技术的账面余额为 600 万元，摊销期限为 10 年，采用直线法进行摊销，已累计摊销了 300 万元，假定该项专利权的残值为零，已累计计提的减值准备为 160 万元，假定不考虑其他相关因素。则 D 公司的账务处理如下：

借：累计摊销 3 000 000

无形资产减值准备 1 600 000

营业外支出——处置非流动资产损失 1 400 000

贷：无形资产——专利权 6 000 000

四、无形资产的披露

企业应当按照无形资产的类别在附注中披露与无形资产有关的下列信息：

(1) 无形资产的期初和期末账面余额、累计摊销额及减值准备累计金额；

(2) 使用寿命有限的无形资产，其使用寿命的估计情况；使用寿命不确定的无形资产，其使用寿命不确定的判断依据；

(3) 无形资产的摊销方法；

(4) 用于担保的无形资产账面价值、当期摊销额等情况；

(5) 计入当期损益和确认为无形资产的研究开发支出金额。

【问题与思考】

无形资产处置和固定资产处置的区别？

本 章 小 结

无形资产是指企业拥有或者控制的没有实物形态的可辨认非货币性资产。无形资产主要包括专利权、非专利技术、商标权、著作权、土地使用权和特许权等。

无形资产通常是按实际成本计量，即以取得无形资产并使之达到预定用途而发生的全部支出，作为无形资产的成本。对于不同来源取得的无形资产，其初始成本构成也不尽相同。

无形资产的后续计量指企业对无形资产初始确认和计量后，对其价值变动的计量，主要包括摊销、减值测试以及计提减值准备等。

无形资产的处置，主要是指无形资产出售、对外出租、对外捐赠或是无法为企业带来未来经济利益时，应予终止确认并转销。

【延伸阅读】

无形资产　intangible assets

专利权　patent

商标权　trademark

商誉　goodwill

累计摊销　accumulative amortization

复　习　题

一、单选题

1. 下列项目中，应确认为无形资产的是(　　)。

A. 企业自创商誉

B. 企业内部产生的品牌

C. 企业内部研究开发项目研究阶段的支出

D. 企业购入的专利权

2. 甲公司出售所拥有的一项无形资产，取得收入 300 万元，不考虑销售过程中的相关税费。该无形资产取得时实际成本为 400 万元，已摊销 120 万元，已计提减值准备 50 万元。甲公司出售该项无形资产应计入当期损益的金额为(　　)万元。

A. −100　　B. −20　　C. 300　　D. 70

3. 关于企业内部研究开发项目的支出，下列说法错误的是(　　)。

A. 企业内部研究开发项目的支出，应当区分研究阶段支出与开发阶段支出

B. 企业内部研究开发项目研究阶段的支出，应当于发生时计入当期损益

C. 企业内部研究开发项目开发阶段的支出，应确认为无形资产

D. 企业内部研究开发项目开发阶段的支出，可能确认为无形资产，也可能确认为费用

4. 如果无法区分研究阶段和开发阶段的支出，应当在发生时(　　)。

A. 作为管理费用全部计入当期损益

B. 全部确认为无形资产

C. 按适当比例划分计入当期损益和无形资产的金额

D. 由企业自行决定计入当期损益或者无形资产

5. 企业出售无形资产发生的净损失，应计入(　　)。

A. 资产处置损益　　B. 其他业务成本

C. 销售费用　　D. 管理费用

6. 甲公司 2020 年 1 月 1 日购入一项无形资产。该无形资产的实际成本为 500 万元，摊销年限为 10 年，采用直线法摊销。2024 年 12 月 31 日，该无形资产发生减值，预计可收回金额为 180 万元。计提减值准备后，该无形资产原摊销年限不变。2025 年 12 月 31 日，该无形资产的账面价值为(　　)万元。

A. 500　　B. 214　　C. 200　　D. 144

7. 企业出租无形资产取得的收入，应当计入(　　)。

A. 主营业务收入　　B. 其他业务收入

C. 投资收益　　D. 营业外支出

8. 甲公司为增值税一般纳税人，2020 年 1 月 5 日以 2 700 万元购入一项专利权，另支付相关税费 120 万元。为推广由该专利权生产的产品，甲公司发生广告宣传费 60 万元。该专利权预计使用 5 年，预计净残值为零，采用直线法摊销。假设不考虑其他因素，2020 年 12 月 31 日该专利权的账面价值为(　　)万元。

A. 2 160　　B. 2 256　　C. 2 304　　D. 2 700

9. 下列各项关于无形资产会计处理的表述，正确的是(　　)。

A. 内部产生的商誉应确认为无形资产

B. 计提的无形资产减值准备在该资产价值恢复时应予转回

C. 使用寿命不确定的无形资产账面价值均应按 10 年平均摊销

D. 以支付土地出让金方式取得的自用土地使用权应单独确认为无形资产

10. 甲公司 2020 年 1 月 10 日开始自行研究开发无形资产，12 月 31 日达到预定用途。研究阶段发生职工薪酬 30 万元、计提专用设备折旧 40 万元；进入开发阶段后，相关支出符合资本化条件前发生的职工薪酬 30 万元、计提专用设备折旧 30 万元，符合资本化条件后发生职工薪酬 100 万元、计提专用设备折旧 200 万元。假定不考虑其他因素，甲公司 2020 年对上述研发支出进行的下列会计处理，正确的是(　　)。

A. 确认管理费用 70 万元，确认无形资产 360 万元

B. 确认管理费用 30 万元，确认无形资产 400 万元

C. 确认管理费用 130 万元，确认无形资产 300 万元

D. 确认管理费用 100 万元，确认无形资产 330 万元

二、多选题

1. 下列选项中，会引起无形资产账面价值发生增减变动的有(　　)。

A. 对无形资产计提减值准备

B. 企业内部研究开发项目研究阶段的支出

C. 摊销无形资产成本

D. 企业内部研究开发项目开发阶段的支出不满足“无形资产确认条件”

2. 下列条件符合无形资产可辨认性标准的是(　　)。

A. 能够从企业中分离出来

B. 能够单独或者与相关合同、资产、负债一起，用于出售、转移、授予许可、租赁或交换

C. 源自合同性权利或其他法定权利

D. 合同性权利必须能从企业或其他权利和义务中转移或分离

3. 关于无形资产的初始计量，下列说法正确的有(　　)。
A. 外购的无形资产，其成本包括购买价款、相关税费以及直接归属于使该项资产达到预定用途所发生的其他支出
B. 购入无形资产超过正常信用条件延期支付价款，实质上具有融资性质的，应按所购无形资产购买价款总额入账
C. 投资者投入的无形资产的成本，应当按照投资合同或协议约定的价值确定，但合同或协议约定价值不公允的除外
D. 自行开发的无形资产，其成本包括从满足无形资产确认条件至达到预定用途前所发生的支出总额，但对于以前期间已经费用化的支出不再进行调整
4. 下列关于无形资产会计处理的表述，正确的有(　　)。
A. 无形资产均应确定预计使用年限并分期摊销
B. 有偿取得的自用土地使用权应确认为无形资产
C. 内部研发项目开发阶段支出应全部确认为无形资产
D. 无形资产减值损失一经确认在以后会计期间不得转回
5. 关于无形资产的后续计量，下列说法正确的有(　　)。
A. 使用寿命不确定的无形资产应按一定方式摊销
B. 使用寿命不确定的无形资产不应摊销
C. 无形资产的摊销方法只有直线法
D. 企业选择的无形资产摊销方法，应当反映与该项无形资产有关的经济利益的预期实现方式
6. 下列有关无形资产会计处理的表述，正确的有(　　)。
A. 自用的土地使用权应确认为无形资产
B. 使用寿命不确定的无形资产应每年进行减值测试
C. 无形资产均应确定预计使用年限并分期摊销
D. 内部研发项目研究阶段发生的支出不应确认为无形资产
7. 关于无形资产的后续计量，下列说法不正确的有(　　)。
A. 使用寿命不确定的无形资产，应于期末按照系统合理的方法摊销
B. 对于使用寿命不确定的无形资产，如果有证据表明其使用寿命是有限的，则应视为政策变更，从取得时开始追溯调整其每期应摊销额
C. 无形资产的摊销应计入当期管理费用
D. 在对无形资产的残值进行期末复核时，如果无形资产的残值重新估计以后高于其账面价值的，则无形资产不再摊销，直至残值降至低于账面价值时再恢复摊销
8. 下列事项，可能影响当期利润表中营业利润的有(　　)。
A. 计提无形资产减值准备
B. 新技术项目研究过程中发生的人工费用
C. 出租无形资产取得的租金收入
D. 接受其他单位捐赠的专利权
9. 下列关于无形资产的说法，不正确的有(　　)。
A. 使用寿命不确定的无形资产不需要进行摊销

B. 无形资产的成本应自其可供使用次月开始摊销

C. 无形资产只能采用直线法摊销

D. 转让无形资产所有权的收入应当确认为其他业务收入

10. 下列各项支出应计入无形资产成本的有(　　)。

A. 购入专利权发生的支出　　B. 购入商标权发生的支出

C. 取得土地使用权发生的支出　　D. 研发新技术在研究阶段发生的支出

三、判断题

1. 无形资产是指企业拥有或控制的没有实物形态的非货币性资产，包括可辨认无形资产和不可辨认无形资产。

2. 企业开发阶段发生的支出应全部资本化，计入无形资产成本。

3. 企业取得的使用寿命有限的无形资产均应按直线法摊销。

4. 内部开发无形资产的成本仅包括在满足资本化条件至无形资产达到预定用途前发生的支出总和，对于同一项无形资产在开发过程中达到资本化条件之前已经将费用计入当期损益的支出应该进行调整。

5. 企业取得的土地使用权通常应确认为无形资产。土地使用权用于自行开发建造厂房等地上建筑物时，相关的土地使用权账面价值应转入在建工程成本。

6. 企业外购房屋建筑物所支付的价款中包括土地使用权以及建筑物价值的，应当全部作为固定资产，按照固定资产确认和计量的原则进行处理。

7. 企业自行开发无形资产的研发支出，无论是否满足资本化条件，均应先在“研发支出”项目中归集。

8. 使用寿命有限的无形资产应当自达到预定用途的下月起开始摊销。

9. 企业无法可靠区分研究阶段和开发阶段支出的，应将其所发生的研发支出全部资本化计入无形资产成本。

10. 专门用于生产某产品的无形资产，其所包含的经济利益通过所生产的产品实现的，该无形资产的摊销额应计入产品成本。

四、计算题

1. 甲企业 2018 年 1 月 1 日从乙企业购入一项专利的所有权，以银行存款支付买价和有关费用共计 180 万元。该专利自可供使用至不再作为无形资产确认的年限为 10 年，假定甲企业于年末一次计提全年无形资产摊销。2020 年 1 月 1 日，甲企业将上项专利权出售给丙企业，取得收入 120 万元存入银行，不考虑相关税费。

要求：

(1) 编制甲企业购入专利权的会计分录；

(2) 计算该项专利权的年摊销额并编制有关会计分录；

(3) 编制与该项专利权转让有关的会计分录并计算转让该项专利权的净损益。

2. 某公司自 2019 年 1 月 1 日开始自行研究开发一项新产品专利技术，2020 年 10 月该项专利技术获得成功，达到预定用途。2019 年在研究开发过程中发生材料费 3 000 000 元、人工工资 600 000 元，以及支付的其他费用 500 000 元，共计 4 100 000 元，其中，符合资本化条件的支出为 3 200 000 元；2020 年在研究开发过程中发生材料费 1 500 000 元、人工工资 500 000 元，以及支付的其他费用 300 000 元，共计 2 300 000 元，其中，符合资本化条件的支出为 1 800 000 元。

要求：编制该公司 2019 年度和 2020 年度有关研究开发专利权的会计分录。

3. 某公司有关无形资产的业务如下：

(1) 该公司 2017 年 2 月 1 日开始自行研究开发一项新产品专利技术，在研究开发过程中发生材料费 500 000 元、人工工资 200 000 元，以及支付的其他费用 20 000 元，共计 720 000 元，其中，符合资本化条件的支出为 480 000 元；2017 年年末专利技术获得成功，达到预定用途。对于该项专利权，相关法律规定该专利权的有效年限为 10 年，该公司估计该专利权的预计使用年限为 6 年，并采用直线法摊销该项无形资产。

(2) 2019 年 12 月 31 日，由于市场发生不利变化，致使该专利权发生减值，该公司预计其可收回的金额为 200 000 元。

(3) 2020 年 7 月 10 日东方公司出售该专利权，收到价款 250 000 元，已存入银行，不考虑相关税费。

要求：

(1) 编制该公司 2017 年度有关研究开发专利权的会计分录；

(2) 编制该公司 2018 年摊销无形资产的会计分录(假定按年摊销)；

(3) 编制该公司 2019 年末计提减值准备的会计分录；

(4) 编制该公司 2020 年与该专利权相关的会计分录。

4. 2020 年 1 月 1 日，甲股份有限公司将乙产品商标权出租给 M 公司使用，租期为 5 年，每年收取固定租金 200 000 元，应交增值税 12 000 元。甲股份有限公司在出租期间内不再使用该商标权。出租商标权初始入账价值为 150 000 元，预计使用年限为 10 年，采用直线法摊销。

要求：编制甲股份有限公司的相关会计分录。

5. 2020 年 1 月 5 日，甲股份有限公司从 A 公司购买一项商标权，采用分期付款方式支付款项。合同规定，该项商标权金额 4 500 000 元，每年年末付款 1 500 000 元，分 3 年等额付清。假定银行同期贷款利率为 8%。不考虑其他相关税费，(P/A，8%，3) = 2.577 1

要求：编制甲股份有限公司的相关会计分录。

第七章 投资性房地产

【内容提要】

- 投资性房地产
  - 投资性房地产的概念及其范围
  - 投资性房地产的确认及其初始计量
  - 投资性房地产的后续计量
  - 投资性房地产的转换和处置

【学习目标】

1. 了解投资性房地产的概念和范围；
2. 熟悉投资性房地产的确认条件；
3. 掌握投资性房地产初始计量、后续计量和转换的核算；
4. 掌握投资性房地产处置的核算。

【导入案例】

从上市银行公开披露的信息来看，将固定资产转换为投资性房地产的，通常按其在转换日的公允价值确认初始金额，公允价值大于账面价值的，差额计入其他综合收益，公允价值小于账面价值的，计入当期损益。需要注意的是，会计准则指出，投资性房地产需具备两条特征："为赚取租金或资本增值，能够单独计量和出售。"换而言之，只要改变资产的使用目的，并且划分好资产权属，固定资产就可以转变为投资性房地产并按照公允价值入账。事实上，部分银行已经行动了。例如，A 银行中报显示，该行截至 2019 年 6 月末的投资性房地产账面价值为 543 亿元，其中有 2.43 亿元是今年上半年由自有房地产转入的。此外，B 银行中报也显示，截至期末该行投资性房地产账面价值为 2.12 亿元，其中的 0.23 亿元为今年上半年由固定资产转入的。此外，2019 年上半年，部分上市银行的固定资产明细中，出现了名为"处置"的项目，这部分资产在财报中已经不仅仅是会计核算手法的变更，而是直接变现。虽然从目前的情况来看，上市银行不可能将自用的房地产全部转为投资属性，但是，按照手机银行和电子银行的发展速度，物理网点正在加速被替代，网点背后的房产未来可能不再全部需要“处于稳定的生产环境、稳定的生产状态中”，也就是出现了按照市价变现的可能。上市银行中报也印证了部分银行收缩物理网点的消息。截至 2019 年 6 月末，C 银行机构总数 17 433 个，比上年末减少 65 个。值得一提的是，C 银行已经连续三年在境内机构数量方面减少，2017 年 C 银行减少了 123 家境内机构；2018 年 C 银行减少了 11 家境内机构，境外机构数量则有所增加。

思考：投资性房地产和固定资产的区别？

第一节　投资性房地产的概念及其范围

一、投资性房地产的概念

投资性房地产是指为赚取租金或资本增值，或两者兼有而持有的房地产。投资性房地产主要包括已出租的土地使用权、持有并准备增值后转让的土地使用权和已出租的建筑物。

投资性房地产的特点：

(1) 目的是赚取租金或资本增值，或两者兼有；

(2) 能够单独计量和出售。

二、投资性房地产的范围

(一) 属于投资性房地产的项目

1. 已出租的土地使用权

已出租的土地使用权是指企业通过出让或转让方式取得，并以经营租赁方式出租的土地使用权。企业计划用于出租但尚未出租的土地使用权，不属于此类。 对于以经营租赁方式租入土地使用权再转租给其他单位的，不能确认为投资性房地产。

2. 持有并准备增值后转让的土地使用权

持有并准备增值后转让的土地使用权是指企业取得的、准备增值后转让的土地使用权。按照国家有关规定认定的闲置土地，不属于持有并准备增值后转让的土地使用权。

3. 已出租的建筑物

已出租的建筑物是指企业拥有产权并以经营租赁方式出租的建筑物。企业以经营租赁方式租入再转租的建筑物，不能确认为投资性房地产。

企业将建筑物出租，按租赁协议向承租人提供的相关辅助服务在整个协议中不重大的，如企业将办公楼出租并向承租人提供保安、维修等辅助服务，应当将该建筑物确认为投资性房地产。

(二) 不属于投资性房地产的项目

下列各项不属于投资性房地产：

(1) 自用房地产，即为生产商品、提供劳务或者经营管理而持有的房地产。例如，企业拥有并自行经营的旅馆饭店，其经营目的主要是通过提供客房服务赚取服务费，该旅馆饭店不确认为投资性房地产。

(2) 作为存货的房地产。某项房地产，部分用于赚取租金或资本增值，部分用于生产商品、提供劳务或经营管理，能够单独计量和出售的、用于赚取租金或资本增值的部分，应当确认为投资性房地产；不能够单独计量和出售的、用于赚取租金或资本增值的部分，不确认为投资性房地产。

【例 7-1】 下列项目中，属于投资性房地产的有(　　)。

A. 已出租的建筑物

B. 已出租的土地使用权

C. 持有并准备增值后转让的土地使用权

D. 按照国家有关规定认定的闲置土地

【答案】 A、B、C

【例 7-2】 甲开发商建造了一栋商住两用楼盘，一层出租给一家大型超市，已签订经营租赁合同，其余楼层均为普通住宅，正在公开销售中。这种情况下，如果一层商铺能够单独计量和出售，应当确认为甲企业的投资性房地产，其余楼层为甲企业的存货，即开发产品。

【问题与思考】

如何区分投资性房地产、无形资产和固定资产？

第二节　投资性房地产的确认及其初始计量

一、投资性房地产的确认

将某个项目确认为投资性房地产，首先应当符合投资性房地产的概念，其次要同时满足投资性房地产的两个确认条件：

(1) 与该资产相关的经济利益很可能流入企业；

(2) 该投资性房地产的成本能够可靠地计量。

二、投资性房地产的初始计量

根据投资性房地产准则的规定，投资性房地产应当按照成本进行初始计量。

(一) 外购的投资性房地产

对于企业外购的房地产，只有在购入房地产的同时开始对外出租(自租赁期开始日起，下同)或用于资本增值，才能称之为外购的投资性房地产。外购投资性房地产的成本包括购买价款、相关税费和可直接归属于该资产的其他支出。

企业购入房地产，自用一段时间之后再改为出租或用于资本增值的，应当先将外购的房地产确认为固定资产或无形资产，自租赁期开始日或用于资本增值之日开始，才能从固定资产或无形资产转换为投资性房地产。

【例 7-3】 某公司在 2020 年 3 月 20 日用银行存款 500 万购入一间商铺，并于当日对外出租，同时支付相关费用 1 万元。

要求：编制该公司 2020 年 3 月 20 日的会计分录。

该公司的账务处理如下：

借：投资性房地产　　5 010 000

　　贷：银行存款　　5 010 000

(二) 自行建造的投资性房地产

企业自行建造(或开发，下同)的房地产，只有在自行建造或开发活动完成(即达到预定可使用状态)的同时开始对外出租或用于资本增值，才能将自行建造的房地产确认为投资性房地产。自行建造投资性房地产的成本由建造该房地产达到预定可使用状态前发生的必要支出构成。

企业自行建造房地产达到预定可使用状态后一段时间才对外出租或用于资本增值的，应当先将自行建造的房地产确认为固定资产或无形资产，自租赁期开始日或用于资本增值之日开始，才能从固定资产或无形资产转换为投资性房地产。

【例 7-4】 A 公司在 2020 年 3 月 20 日开始兴建一栋写字楼，耗用工程物资费用 500 万元，人工费用 100 万，写字楼完工后出租给 B 公司使用。

要求：编制 A 公司的会计分录。

A 公司的账务处理如下：

借：在建工程　　6 000 000

　　贷：工程物资　　5 000 000

　　　　应付职工薪酬　　1 000 000

借：投资性房地产　　6 000 000

　　贷：在建工程　　6 000 000

第三节　投资性房地产的后续计量

根据投资性房地产准则的规定，企业通常应当采用成本模式对投资性房地产进行后续计量，也可以采用公允价值模式对投资性房地产进行后续计量。但是，同一企业只能采用一种模式对所有投资性房地产进行后续计量，不得同时采用两种计量模式。

【例 7-5】 关于投资性房地产的后续计量，下列说法中正确的有(　　)。

A. 企业通常应当采用成本模式对投资性房地产进行后续计量

B. 企业可以采用公允价值模式对投资性房地产进行后续计量

C. 企业应当采用一种模式对投资性房地产进行后续计量，不得同时采用两种计量模式

D. 企业可以同时采用两种计量模式对投资性房地产进行后续计量

【答案】 A、B、C

一、采用成本模式进行后续计量的投资性房地产

在成本模式下，应当按照固定资产或无形资产的有关规定，对投资性房地产进行后续计量，计提折旧或摊销；存在减值迹象的，还应当按照资产减值的有关规定进行处理。

对投资性房地产计提折旧或进行摊销时，借记“其他业务成本”科目，贷记“投资性房地产累计折旧(摊销)”科目。取得租金收入，借记“银行存款”科目，贷记“其他业务收入”科目。在成本模式下，一般涉及的会计科目有：“投资性房地产”“投资性房地产累计折旧(摊销)”“投资性房地产减值准备”。

【例 7-6】 甲企业将一栋办公楼出租给丙企业使用，采用成本模式对投资性房地产进行后续计量。假设该栋办公楼的成本为 7 200 万元，按照直线法计提折旧，使用寿命为 30 年，预计净残值为零。按照合同约定，丙企业每月支付甲企业租金 20 万元。

甲企业的账务处理如下：

① 计提折旧：

借：其他业务成本　　200 000(7200÷30÷12＝20 万元)

　　贷：投资性房地产累计折旧(摊销)　　200 000

② 确认租金：

借：银行存款　　200 000

　　贷：其他业务收入　　200 000

二、采用公允价值模式进行后续计量的投资性房地产

(一) 采用公允价值模式的前提条件

企业只有存在确凿证据表明投资性房地产的公允价值能够持续可靠取得，才可以采用公允价值模式对投资性房地产进行后续计量。企业一旦选择采用公允价值模式计量，就应当对其所有投资性房地产均采用公允价值模式进行后续计量。采用公允价值模式进行后续计量的投资性房地产，应当同时满足下列条件：

(1) 投资性房地产所在地有活跃的房地产交易市场。所在地，通常是指投资性房地产所在的城市。对于大中城市，应当为投资性房地产所在的城区。

(2) 企业能够从活跃的房地产交易市场上取得同类或类似房地产的市场价格信息及其他相关信息，从而可对投资性房地产的公允价值进行合理的估计。

同类或类似的房地产，对建筑物而言，是指所处地理位置和地理环境相同、性质相同、结构类型相同或相近、新旧程度相同或相近、可使用状况相同或相近的建筑物；对土地使用权而言，是指同一城区、同一位置区域、所处地理环境相同或相近、可使用状况相同或相近的土地。

(二) 采用公允价值模式进行后续计量的会计处理

企业采用公允价值模式进行后续计量的，不对投资性房地产计提折旧或进行摊销，应当以资产负债表日投资性房地产的公允价值为基础调整其账面价值，公允价值与原账面价

值之间的差额计入当期损益(公允价值变动损益)。投资性房地产取得的租金收入，确认为其他业务收入。

资产负债表日，投资性房地产的公允价值高于其账面余额的差额，借记“投资性房地产——公允价值变动”科目，贷记“公允价值变动损益”科目；公允价值低于其账面余额的差额做相反的会计分录。在公允价值模式下，一般涉及的会计科目有：“投资性房地产——成本”“投资性房地产——公允价值变动”“投资性房地产减值准备”等。

【例 7-7】 甲公司为从事房地产经营开发的企业。2020 年 8 月，甲公司与乙公司签订租赁协议，约定将甲公司开发的一栋精装修的写字楼于开发完成的同时开始租赁给乙公司使用，租赁期为 10 年。当年 10 月 1 日，该栋写字楼开发完成并开始起租，写字楼的造价为 90 000 000 元。由于该栋写字楼地处商业繁华区，所在城区有活跃的房地产交易市场，而且能够从房地产交易市场上取得同类房地产的市场报价，甲公司决定采用公允价值模式对该项出租的房地产进行后续计量。2020 年 12 月 31 日，该栋写字楼的公允价值为 92 000 000 元。2021 年 12 月 31 日，该栋写字楼的公允价值为 93 000 000 元。

甲公司的账务处理如下：

① 2020 年 10 月 1 日，甲公司开发完成写字楼并出租。

借：投资性房地产——成本　　　　90 000 000
　贷：开发产品　　　　　　　　　　90 000 000

② 2020 年 12 月 31 日，以公允价值为基础调整其账面价值，公允价值与原账面价值之间的差额计入当期损益。

借：投资性房地产——公允价值变动　　2 000 000
　贷：公允价值变动损益　　　　　　　2 000 000

③ 2021 年 12 月 31 日，公允价值又发生变动。

借：投资性房地产——公允价值变动　　1 000 000
　贷：公允价值变动损益　　　　　　　1 000 000

三、投资性房地产后续计量模式的变更

企业对投资性房地产的计量模式一经确定，不得随意变更。以成本模式转为公允价值模式的，应当作为会计政策变更处理，在计量模式变更时，将公允价值与账面价值的差额，调整期初留存收益(未分配利润)。

已采用公允价值模式计量的投资性房地产，不得从公允价值模式转为成本模式。

【例 7-8】 关于投资性房地产后续计量模式的转换，下列说法中正确的是(　　)。

A. 成本模式转为公允价值模式的，应当作为会计估计变更

B. 已采用公允价值模式计量的投资性房地产，不得从公允价值模式转为成本模式

C. 已采用成本模式计量的投资性房地产，不得从成本模式转为公允价值模式

D. 企业对投资性房地产的计量模式可以随意变更

【答案】 B

【例 7-9】 甲公司将某一栋写字楼租赁给乙公司使用，并一直采用成本模式进行后续计量。2020 年 1 月 1 日，甲公司认为，出租给乙公司使用的写字楼，其所在地的房地产交

易市场比较成熟，具备了采用公允价值模式计量的条件，决定将该项投资性房地产的计量模式从成本模式转换为公允价值模式。该写字楼的原造价为 90 000 000 元，已计提折旧 2 700 000 元，账面价值为 87 300 000 元。2020 年 1 月 1 日，该写字楼的公允价值为 95 000 000 元。假设甲公司按净利润的 10%计提盈余公积。

甲公司的账务处理如下：

借：投资性房地产——成本　　95 000 000
　　投资性房地产累计折旧(摊销)　　2 700 000
　　贷：投资性房地产——写字楼　　90 000 000
　　　　利润分配——未分配利润　　6 930 000
　　　　盈余公积　　770 000

第四节　投资性房地产的转换和处置

一、房地产的转换

(一) 房地产的转换形式及转换日

房地产的转换，实质上是因房地产用途发生改变而对房地产进行的重新分类。企业有确凿证据表明房地产用途发生改变，且满足下列条件之一的，应当将投资性房地产转换为其他资产或者将其他资产转换为投资性房地产：

(1) 投资性房地产开始自用，即投资性房地产转为自用房地产。在此种情况下，转换日为房地产达到自用状态，企业开始将房地产用于生产商品、提供劳务或者经营管理的日期。

(2) 作为存货的房地产改为出租。通常指房地产开发企业将其持有的开发产品以经营租赁的方式出租，存货相应地转换为投资性房地产。在此种情况下，转换日为房地产的租赁期开始日。租赁期开始日是指承租人有权行使其使用租赁资产权利的日期。

(3) 自用建筑物或土地使用权停止自用，改为出租，即企业将原本用于生产商品、提供劳务或者经营管理的房地产改用于出租，固定资产或土地使用权相应地转换为投资性房地产。在此种情况下，转换日为租赁期开始日。

(4) 自用土地使用权停止自用改用于资本增值，即企业将原本用于生产商品、提供劳务或者经营管理的土地使用权改用于资本增值，土地使用权相应地转换为投资性房地产。在此种情况下，转换日为自用土地使用权停止自用后确定用于资本增值的日期。

(二) 房地产转换的会计处理

1. 成本模式下的转换

应当将房地产转换前的账面价值作为转换后的入账价值。

(1) 将作为存货的房地产转换为投资性房地产的，应按其在转换日的账面余额，借记“投资性房地产”科目，贷记“开发产品”等科目。已计提跌价准备的，还应同时结转跌价准备。

【例 7-10】 甲企业是从事房地产开发业务的企业，2020 年 3 月 10 日，甲企业与乙企业签订租赁协议，将其开发的一栋写字楼整体出租给乙企业使用，租赁期开始日为 2020 年 4 月 15 日。2020 年 4 月 15 日，该写字楼的账面余额为 450 000 000 元，未计提存货跌价准备，转换后采用成本模式计量。

甲企业 2020 年 4 月 15 日的账务处理如下：

借：投资性房地产——写字楼　　450 000 000
　　贷：开发产品　　450 000 000

(2) 将自用土地使用权或建筑物转换为以成本模式计量的投资性房地产的，应当按该项土地使用权或建筑物在转换日的原价、累计折旧、减值准备等，分别转入“投资性房地产”“投资性房地产累计折旧(摊销)”“投资性房地产减值准备”科目。按其账面余额，借记“投资性房地产”科目，贷记“固定资产”或“无形资产”科目；按已计提的折旧或摊销，借记“累计折旧”或“累计摊销”科目，贷记“投资性房地产累计折旧(摊销)”科目；原已计提减值准备的，借记“固定资产减值准备”或“无形资产减值准备”科目，贷记“投资性房地产减值准备”科目。

【例 7-11】 甲企业拥有一栋办公楼，用于本企业总部办公。2020 年 3 月 10 日，甲企业与乙企业签订了经营租赁协议，将这栋办公楼整体出租给乙企业使用，租赁期开始日为 2020 年 4 月 15 日，为期 5 年。2020 年 4 月 15 日，这栋办公楼的账面余额为 450 000 000 元，已计提折旧 3 000 000 元。假设甲企业所在城市没有活跃的房地产交易市场。

甲企业 2020 年 4 月 15 日的账务处理如下：

借：投资性房地产——写字楼　　450 000 000
　　累计折旧　　3 000 000
　　贷：固定资产　　450 000 000
　　　　投资性房地产累计折旧(摊销)　　3 000 000

(3) 将投资性房地产转为自用的，应按其在转换日的账面余额、累计折旧、减值准备等，分别转入“固定资产”“累计折旧”“固定资产减值准备”等科目。

【例 7-12】 2020 年 7 月末，甲企业将出租在外的厂房收回，8 月 1 日开始用于本企业的商品生产，该厂房相应地由投资性房地产转换为自用房地产。该项房地产在转换前采用成本模式计量，截至 2020 年 7 月 31 日，账面价值为 37 650 000 元，其中，原价 50 000 000 元，累计已计提折旧 12 350 000 元。

甲企业 2020 年 8 月 1 日的账务处理如下：

借：固定资产　　50 000 000
　　投资性房地产累计折旧(摊销)　　12 350 000
　　贷：投资性房地产——厂房　　50 000 000
　　　　累计折旧　　12 350 000

2. 公允价值模式下的转换

(1) 采用公允价值模式计量的投资性房地产转换为自用房地产时，应当以其转换当日的公允价值作为自用房地产的账面价值，公允价值与原账面价值的差额计入当期损益(公允价值变动损益)。

将投资性房地产转为自用的，应按其在转换日的公允价值，借记“固定资产”等科目，按其账面余额，贷记“投资性房地产——成本、公允价值变动”科目，按其差额，贷记或借记“公允价值变动损益”科目。

【例 7-13】 2020 年 10 月 15 日，甲企业因租赁期满，将出租的写字楼收回，准备作为办公楼用于本企业的行政管理。2020 年 12 月 1 日，该写字楼正式开始自用，相应由投资性房地产转换为自用房地产，当日的公允价值为 48 000 000 元。该项房地产在转换前采用公允价值模式计量，原账面价值为 47 500 000 元，其中，成本为 45 000 000 元，公允价值变动为增值 2 500 000 元。

甲企业的账务处理如下：

借：固定资产	48 000 000	
贷：投资性房地产——写字楼(成本)		45 000 000
——写字楼(公允价值变动)		2 500 000
公允价值变动损益		500 000

(2) 自用房地产或存货转换为采用公允价值模式计量的投资性房地产时，投资性房地产应当按照转换当日的公允价值计量。

转换当日的公允价值小于原账面价值的，其差额计入当期损益(公允价值变动损益)；转换当日的公允价值大于原账面价值的，其差额作为其他综合收益，计入所有者权益。处置该项投资性房地产时，原计入所有者权益的部分应当转入处置当期损益(其他业务成本)。

将作为存货的房地产转换为投资性房地产的，应按其在转换日的公允价值，借记“投资性房地产——成本”科目，按其账面余额，贷记“开发产品”等科目，按其差额，贷记“其他综合收益”科目或借记“公允价值变动损益”科目。已计提跌价准备的，还应同时结转跌价准备。

将自用的建筑物等转换为投资性房地产的，按其在转换日的公允价值，借记“投资性房地产——成本”科目，按已计提的累计折旧等，借记“累计折旧”等科目，按其账面余额，贷记“固定资产”等科目，按其差额，贷记“其他综合收益”科目或借记“公允价值变动损益”科目。已计提减值准备的，还应同时结转减值准备。

【例 7-14】 甲企业是从事房地产开发的企业，2020 年 3 月 10 日，甲企业与乙企业签订租赁协议，将其开发的一栋写字楼出租给乙企业使用，租赁期开始日为 2020 年 5 月 15 日。当日，该写字楼的账面余额 55 000 万元，公允价值为 57 000 万元。2020 年 12 月 31 日，该项投资性房地产的公允价值为 58 000 万元。

甲企业的账务处理如下：

① 2020 年 5 月 15 日。

借：投资性房地产——写字楼(成本)	570 000 000	
贷：开发产品		550 000 000
其他综合收益		20 000 000

② 2020 年 12 月 31 日。

借：投资性房地产——写字楼(公允价值变动)	10 000 000	
贷：公允价值变动损益		10 000 000

【例 7-15】 2020 年 6 月，甲企业打算搬迁至新建办公楼，由于原办公楼处于商业繁华地段，甲企业准备将其出租，以赚取租金。2020 年 10 月，甲企业完成了搬迁工作，原办公楼停止自用。2020 年 12 月，甲企业与乙企业签订了租赁协议，将其原办公楼租赁给乙企业使用，租赁期开始日为 2021 年 1 月 1 日，租赁期限为 3 年。在本例中，甲企业应当于租赁期开始日(2021 年 1 月 1 日)，将自用房地产转换为投资性房地产。由于该办公楼处于商业区，房地产交易活跃，该企业能够从市场上取得同类或类似房地产的市场价格信息及其他相关信息。假设甲企业对出租的办公楼采用公允价值模式计量。假设 2021 年 1 月 1 日，该办公楼的公允价值为 350 000 000 元，其原价为 500 000 000 元，已计提折旧 142 500 000 元。

甲企业 2021 年 1 月 1 日的账务处理如下：

借：投资性房地产——成本	350 000 000	
公允价值变动损益	7 500 000	
累计折旧	142 500 000	
贷：固定资产		500 000 000

【例 7-16】关于投资性房地产转换后的入账价值的确定，下列说法中正确的有(　　)。

A. 在成本模式下，应当将房地产转换前的账面价值作为转换后的入账价值

B. 采用公允价值模式计量的投资性房地产转换为自用房地产时，应当以其转换当日的公允价值作为自用房地产的账面价值

C. 采用公允价值模式计量的投资性房地产转换为自用房地产时，应当以其转换当日的账面价值作为自用房地产的账面价值

D. 自用房地产或存货转换为采用公允价值模式计量的投资性房地产时，投资性房地产按照转换当日的账面价值计价

【答案】 A、B

二、投资性房地产的处置

当投资性房地产被处置，或者永久退出使用且预计不能从其处置中取得经济利益时，应当终止确认该项投资性房地产。

企业出售、转让、报废投资性房地产或者发生投资性房地产毁损时，应当将处置收入扣除其账面价值和相关税费后的金额计入当期损益，即将实际收到的处置收入计入其他业务收入，所处置投资性房地产的账面价值计入其他业务成本。

(一) 成本模式计量的投资性房地产

处置投资性房地产时，应按实际收到的金额，借记“银行存款”等科目，贷记“其他业务收入”科目。按该项投资性房地产的累计折旧或累计摊销，借记“投资性房地产累计折旧(摊销)”科目，按该项投资性房地产的账面余额，贷记“投资性房地产”科目，按其差额，借记“其他业务成本”科目。已计提减值准备的，还应同时结转减值准备。

(二) 公允价值模式计量的投资性房地产

处置投资性房地产时，应按实际收到的金额，借记“银行存款”等科目，贷记“其他

业务收入”科目。按该项投资性房地产的账面余额，借记“其他业务成本”科目，贷记“投资性房地产——成本”科目、贷记或借记“投资性房地产——公允价值变动”科目；同时，按该项投资性房地产的公允价值变动，借记或贷记“公允价值变动损益”科目，贷记或借记“其他业务成本”科目。按该项投资性房地产在转换日记入其他综合收益的金额，借记“其他综合收益”科目，贷记“其他业务成本”科目。

【例 7-17】 甲公司将其出租的一栋写字楼确认为投资性房地产。租赁期满后，甲公司将该栋写字楼出售给乙公司，合同价款为 300 000 000 元，乙公司已用银行存款付清。假设该栋写字楼原采用公允价值模式计量。出售时，该栋写字楼的成本为 210 000 000 元，公允价值变动为借方余额 40 000 000 元。

甲公司的账务处理如下：

借：银行存款　　300 000 000

　　贷：其他业务收入　　300 000 000

借：其他业务成本　　250 000 000

　　贷：投资性房地产——成本　　210 000 000

　　　　　　　　　　——公允价值变动　　40 000 000

同时，将投资性房地产累计公允价值变动转入其他业务成本：

借：公允价值变动损益　　40 000 000

　　贷：其他业务成本　　40 000 000

【例 7-18】 某房地产公司于 2020 年 12 月 31 日将一建筑物对外出租并采用成本模式计量，租期为 3 年，每年 12 月 31 日收取租金 150 万元。出租时，该建筑物的成本为 2 800 万元，已提折旧 500 万元，已提减值准备 300 万元，尚可使用年限为 20 年，公允价值为 1 800 万元。该公司对该建筑物采用年限平均法计提折旧，无残值。

2021 年 12 月 31 日该建筑物的公允价值减去处置费用后的净额为 2 000 万元，预计未来现金流量现值为 1 950 万元。2022 年 12 月 31 日该建筑物的公允价值减去处置费用后的净额为 1 650 万元，预计未来现金流量现值为 1 710 万元。2023 年 12 月 31 日该建筑物的公允价值减去处置费用后的净额为 1 650 万元，预计未来现金流量现值为 1 700 万元。

2023 年 12 月 31 日租赁期满，将投资性房地产转为自用房地产投入行政管理部门使用。假定转换后建筑物的折旧方法、预计折旧年限和预计净残值未发生变化。2024 年 12 月 31 日该建筑物的公允价值减去处置费用后的净额为 1 540 万元，预计未来现金流量现值为 1 560 万元。2025 年 1 月 5 日该公司将该建筑物对外出售，收到 1 530 万元，存入银行。假定不考虑相关税费。

要求：编制该公司上述经济业务的会计分录。

① 2020 年 12 月 31 日。

借：投资性房地产　　2 800

　　累计折旧　　500

　　固定资产减值准备　　300

　　贷：固定资产　　2 800

　　　　投资性房地产累计折旧　　500

　　　　投资性房地产减值准备　　300

② 2021 年 12 月 31 日。

借：银行存款　　150

　　贷：其他业务收入　　150

借：其他业务成本　　100 (2000 ÷ 20)

　　贷：投资性房地产累计折旧　　100

2021 年 12 月 31 日，投资性房地产的账面价值 = 2 000 万元 − 100 万元 = 1 900 万元，可收回金额为 2 000 万元，按规定，计提的减值准备不能转回。

③ 2022 年 12 月 31 日。

借：银行存款　　150

　　贷：其他业务收入　　150

借：其他业务成本　　100(1 900 ÷ 19)

　　贷：投资性房地产累计折旧　　100

2022 年 12 月 31 日，投资性房地产的账面价值 = 1 900 万元 − 100 万元 = 1 800 万元，可收回金额为 1 710 万元，应计提减值准备 90 万元。

借：资产减值损失　　90

　　贷：投资性房地产减值准备　　90

④ 2023 年 12 月 31 日。

借：银行存款　　150

　　贷：其他业务收入　　150

借：其他业务成本　　95(1 710 ÷ 18)

　　贷：投资性房地产累计折旧　　95

2023 年 12 月 31 日，投资性房地产的账面价值 = 1710 万元 − 95 万元 = 1615 万元，可收回金额为 1 700 万元，按规定，计提的减值准备不能转回。

借：固定资产　　2 800

　　投资性房地产累计折旧　　795

　　投资性房地产减值准备　　390

贷：投资性房地产　　2 800

　　累计折旧　　795

　　固定资产减值准备　　390

⑤ 2024 年 12 月 31 日。

借：管理费用　　95(1 615 ÷ 17)

　　贷：累计折旧　　95

2024 年 12 月 31 日，固定资产的账面价值 = 1 615 − 95 = 1 520 万元，可收回金额为 1 560 万元，按规定，计提的减值准备不能转回。

⑥ 2025 年 1 月 5 日。

借：固定资产清理　　1 520

　　累计折旧　　890

　　固定资产减值准备　　390

　　贷：固定资产　　2 800

借：银行存款　　1 530
　　贷：固定资产清理　　1 520
　　　　资产处置损益　　10

【例 7-19】 某房地产公司于 2020 年 1 月 1 日将一幢商品房对外出租并采用公允价值模式计量，租期为 3 年，每年 12 月 31 日收取租金 100 万元。出租时，该幢商品房的成本为 2 000 万元，公允价值为 2 200 万元，2020 年 12 月 31 日，该幢商品房的公允价值为 2 150 万元，2021 年 12 月 31 日，该幢商品房的公允价值为 2 120 万元，2022 年 12 月 31 日，该幢商品房的公允价值为 2 050 万元。2023 年 1 月 5 日将该幢商品房对外出售，收到 2 080 万元，存入银行。

要求：编制该公司上述经济业务的会计分录(假定按年确认公允价值变动损益和确认租金收入)。

① 2020 年 1 月 1 日。

借：投资性房地产——成本　　2 200
　　贷：开发产品　　2 000
　　　　其他综合收益　　200

② 2020 年 12 月 31 日。

借：银行存款　　100
　　贷：其他业务收入　　100
借：公允价值变动损益　　50
　　贷：投资性房地产——公允价值变动　　50

③ 2021 年 12 月 31 日。

借：银行存款　　100
　　贷：其他业务收入　　100
借：公允价值变动损益　　30
　　贷：投资性房地产——公允价值变动　　30

④ 2022 年 12 月 31 日。

借：银行存款　　100
　　贷：其他业务收入　　100
借：公允价值变动损益　　70
　　贷：投资性房地产——公允价值变动　　70

⑤ 2023 年 1 月 5 日。

借：银行存款　　2 080
　　贷：其他业务收入　　2 080
借：其他业务成本　　2 050
　　投资性房地产——公允价值变动　　150
　　贷：投资性房地产——成本　　2 200
借：其他综合收益　　200
　　贷：其他业务成本　　200
借：其他业务成本　　150
　　贷：公允价值变动损益　　150

三、投资性房地产的减值

采用成本模式进行后续计量的，企业对其拥有的投资性房地产在按照规定进行核算并确定其账面价值的基础上，如果存在减值迹象的，还应当适用资产减值的有关规定。经减值测试后确定发生减值的，应当计提减值准备，借记“资产减值损失”科目，贷记“投资性房地产减值准备”科目。

采用公允价值模式进行后续计量的，应当以每一个资产负债表日的公允价值对投资性房地产进行计量，不必单独考虑减值问题。

【问题与思考】

投资性房地产转换的会计处理。

本 章 小 结

投资性房地产是指为赚取租金或资本增值，或两者兼有而持有的房地产。投资性房地产主要包括已出租的土地使用权、持有并准备增值后转让的土地使用权和已出租的建筑物。

根据投资性房地产准则的规定，企业通常应当采用成本模式对投资性房地产进行后续计量，也可以采用公允价值模式对投资性房地产进行后续计量。但是，同一企业只能采用一种模式对所有投资性房地产进行后续计量，不得同时采用两种计量模式。

企业出售、转让、报废投资性房地产或者发生投资性房地产毁损时，应当将处置收入扣除其账面价值和相关税费后的金额计入当期损益，即将实际收到的处置收入计入其他业务收入，所处置投资性房地产的账面价值计入其他业务成本。

【延伸阅读】

投资性房地产　investment property

公允价值模式　fair value model

成本模式　cost model

复 习 题

一、单选题

1. 下列不属于企业投资性房地产的是(　　)。

A. 房地产开发企业将作为存货的商品房以经营租赁方式出租

B. 企业开发完成后用于出租的房地产

C. 企业持有并准备增值后转让的土地使用权

D. 房地产企业拥有并自行经营的饭店

2. 关于企业租出并按出租协议向承租人提供保安和维修等其他服务的建筑物，是否属于投资性房地产的说法正确的是(　　)。

A. 所提供的其他服务在整个协议中不重大的，该建筑物应视为企业的经营场所，应当确认为自用房地产

B. 所提供的其他服务在整个协议中重大的，应将该建筑物确认为投资性房地产

C. 所提供的其他服务在整个协议中不重大的，应将该建筑物确认为投资性房地产

D. 所提供的其他服务在整个协议中无论是否重大，均不将该建筑物确认为投资性房地产

3. 下列关于投资性房地产初始计量的表述不正确的有(　　)。

A. 外购投资性房地产按照购买价款、相关税费可直接归属于该资产的其他支出

B. 自行建造投资性房地产的成本，由建造该项资产达到可销售状态前所发生的必要支出构成

C. 债务重组取得的投资性房地产按照债务重组的相关规定处理

D. 非货币性资产交换取得的投资性房地产按照非货币性资产交换的规定处理

4. 企业对成本模式进行后续计量的投资性房地产摊销时，应该借记(　　)科目。

A. 投资收益　　B. 其他业务成本　　C. 营业外收入　　D. 管理费用

5. 2020 年 1 月 1 日，甲公司购入一幢建筑物用于出租，发票上注明的价款为 100 万元，款项以银行存款支付。购入该建筑物发生的契税为 2 万元，也以银行存款支付。该投资性房地产的入账价值为(　　)万元。

A. 102　　B. 100　　C. 98　　D. 104

6. 假定甲公司 2020 年 1 月 1 日以 9 360 000 元购入的建筑物预计使用寿命为 20 年，预计净残值为零，采用直线法按年计提折旧。2020 年应计提的折旧额为(　　)元。

A. 468 000　　B. 429 000　　C. 439 000　　D. 478 000

7. 存货转换为采用公允价值模式计量的投资性房地产时，投资性房地产应当按照转换当日的公允价值计量。转换当日的公允价值小于原账面价值的，其差额通过(　　)科目核算。

A. 营业外支出　　B. 公允价值变动损益

C. 投资收益　　D. 其他业务收入

8. 某企业的投资性房地产采用成本计量模式。2020 年 1 月 1 日，该企业将一项投资性房地产转换为固定资产。该投资性房地产的账面余额为 120 万元，已提折旧 20 万元，已经计提的减值准备为 10 万元。该投资性房地产的公允价值为 75 万元。转换日固定资产的入账价值为(　　)万元。

A. 100　　B. 80　　C. 90　　D. 120

9. 关于投资性房地产后续计量模式的转换，下列说法正确的是(　　)。

A. 成本模式转为公允价值模式的，应当作为会计估计变更处理

B. 已经采用成本模式计量的投资性房地产，不得从成本模式转为公允价值模式

C. 企业对投资性房地产的计量模式可以随意选择

D. 已经采用公允价值模式计量的投资性房地产，不得从公允价值模式转为成本模式

10. 企业出售、转让、报废投资性房地产时，应当将处置收入计入(　　)。

A. 公允价值变动损益　　B. 营业外收入

C. 其他业务收入　　D. 其他综合收益

二、多选题

1. 下列各项中，不属于投资性房地产的是(　　)。

A. 房地产企业开发的准备出售的房屋

B. 房地产企业开发的已出租的房屋

C. 企业持有的准备建造房屋的土地使用权

D. 企业以经营租赁方式租入的建筑物

2. 将投资性房地产转换为其他资产或者将其他资产转换为投资性房地产的，关于转换日的确定，叙述正确的有(　　)。

A. 企业将原本用于出租的房地产改用于经营管理的自用房地产，则该房地产的转换日为房地产达到自用状态，企业开始将房地产用于经营管理的日期

B. 房地产开发企业将其持有的开发产品以经营租赁的方式出租，则该房地产的转换日为房地产的租赁期开始日

C. 企业将原本用于经营管理的土地使用权改用于资本增值，则该房地产的转换日应确定为自用土地使用权停止自用后的日期

D. 企业将原本用于生产商品的房地产改用于出租，则该房地产的转换日为承租人有权行使其使用租赁资产权利的日期

3. 采用公允价值模式进行后续计量的投资性房地产，应当同时满足(　　)条件。

A. 投资性房地产所在地有活跃的房地产交易市场

B. 企业能够从活跃的房地产交易市场上取得同类或类似房地产的市场价格信息及其他相关信息，从而可对投资性房地产的公允价值做出合理的估计

C. 所有的投资性房地产有活跃的房地产交易市场

D. 企业能够取得交易价格的信息

4. 下列各项应该计入一般企业“其他业务收入”科目的有(　　)。

A. 出售投资性房地产的收入

B. 出租建筑物的租金收入

C. 出售自用房屋的收入

D. 将持有并准备增值后转让的土地使用权予以转让所取得的收入

5. 下列各项中，不影响企业当期损益的是(　　)。

A. 采用成本计量模式，期末投资性房地产的可收回金额高于账面价值

B. 采用成本计量模式，期末投资性房地产的可收回金额高于账面余额

C. 采用公允价值计量模式，期末投资性房地产的公允价值高于账面余额

D. 自用的房地产转换为采用公允价值模式计量的投资性房地产时，转换日房地产的公允价值大于账面价值

6. 下列情况下，企业可将其他资产转换为投资性房地产的有(　　)。

A. 原自用土地使用权停止自用改为出租

B. 房地产企业将开发的准备出售的商品房改为出租

C. 自用办公楼停止自用改为出租

D. 出租的厂房收回改为自用

7. 企业应当在附注中披露与投资性房地产有关的下列信息：(　　)。

A. 投资性房地产的种类、金额和计量模式

B. 采用成本模式的，投资性房地产的折旧或摊销，以及减值准备的计提情况

C. 房地产转换情况、理由，以及对损益或所有者权益的影响

D. 当期处置的投资性房地产及其对损益的影响

8. 关于投资性房地产的计量模式，下列说法中正确的是(　　)。

A. 已经采用公允价值模式计量的投资性房地产，不得从公允价值模式转为成本模式

B. 已经采用成本模式计量的投资性房地产，不得从成本模式转为公允价值模式

C. 采用公允价值模式计量的，不对投资性房地产计提折旧或进行摊销

D. 企业对投资性房地产计量模式一经确定，不得随意变更

9. 关于投资性房地产的后续计量，下列说法正确的有(　　)。

A. 采用公允价值模式计量的，不对投资性房地产计提折旧或进行摊销

B. 已采用公允价值模式计量的投资性房地产，不得从公允价值模式转为成本模式

C. 已经采用成本模式计量的，可以转为采用公允价值模式计量

D. 采用公允价值模式计量的，应对投资性房地产计提折旧或进行摊销

10. 企业将自用房地产或存货转换为采用公允价值模式计量的投资性房地产，下列说法正确的有(　　)。

A. 自用房地产或存货为采用公允价值模式计量的投资性房地产，该项投资性房地产应当按照转换当日的公允价值计量

B. 自用房地产或存货转换为采用公允价值模式计量的投资性房地产，该项投资性房地产应当按照转换当日的账面价值计量

C. 转换当日的公允价值小于原账面价值的差额作为公允价值变动损益

D. 转换当日的公允价值小于原账面价值的差额计入其他综合收益

三、判断题

1. 企业将投资性房地产的账面余额单独列示在资产负债表上。

2. 企业以融资租赁方式出租建筑物是作为投资性房地产进行核算的。

3. 企业不论在成本模式下，还是在公允价值模式下，投资性房地产取得的租金收入，均确认为其他业务收入。

4. 企业采用公允价值模式进行后续计量的，不对投资性房地产计提折旧或进行摊销，应当以资产负债表日投资性房地产的公允价值为基础调整其账面价值，公允价值与原账面价值之间的差额计入其他业务成本或其他业务收入。

5. 已采用公允价值模式计量的投资性房地产，不得从公允价值模式转为成本模式。

6. 在以成本模式计量的情况下，将作为存货的房地产转换为投资性房地产的，应按其在转换日的账面余额，借记“投资性房地产”科目，贷记“开发产品”等科目。

7. 采用公允价值模式计量的投资性房地产转换为自用房地产时，应当以其转换当日的公允价值作为自用房地产的账面价值，公允价值与原账面价值的差额计入当期损益(公允价值变动损益)。

8. 自用房地产或存货转换为采用公允价值模式计量的投资性房地产时，投资性房地产应当按照转换当日的公允价值计量，公允价值与原账面价值的差额计入当期损益(公允价值

变动损益)。

9. 企业出售投资性房地产或者发生投资性房地产毁损的，应当将处置收入扣除其账面价值和相关税费后的金额直接计入所有者权益。

10. 投资性房地产采用公允价值模式进行后续计量的，应按资产负债表日该资产的公允价值调整其账面价值。

四、计算题

1. 2020 年 4 月 20 日，乙公司购买一块土地的使用权，购买价款为 2000 万元，支付相关手续费 30 万元，款项全部以银行存款支付。企业购买后准备等其增值后予以转让。乙公司对该投资性房地产采用公允价值模式进行后续计量。该项投资性房地产 2020 年取得租金收入为 150 万元，已存入银行，假定不考虑其他相关税费。经复核，该投资性房地产 2020 年 12 月 31 日的公允价值为 2 000 万元。

要求：做出乙公司相关的会计处理。

2. 乙公司将原采用公允价值计量模式计价的一栋出租用厂房收回，作为企业的一般性固定资产处理。在收回前，该投资性房地产的成本和公允价值变动明细科目分别为 700 万元和 100 万元(借方)。转换当日该厂房的公允价值为 780 万元。

要求：做出乙公司转换日的会计处理。

3. 某房地产公司于 2020 年 12 月 31 日将一建筑物对外出租并采用公允价值模式计量，租期为 3 年，每年 12 月 31 日收取租金 200 万元。出租当日，该建筑物的成本为 2 700 万元，已计提折旧 400 万元，尚可使用年限为 20 年，公允价值为 1 700 万元。2021 年 12 月 31 日，该建筑物的公允价值为 1 830 万元，2022 年 12 月 31 日，该建筑物的公允价值为 1 880 万元，2023 年 12 月 31 日，该建筑物的公允价值为 1 760 万元。2024 年 1 月 5 日，将该建筑物对外出售，收到 1 800 万元，存入银行。

要求：编制该公司上述经济业务的会计分录。

4. 某公司于 2020 年 1 月 30 日将采用公允价值模式计量的投资性房地产(建筑物)转为行政管理部门使用，该建筑物 2019 年 12 月 31 日的公允价值为 2 000 万元(成本 1 900 万元，公允价值变动 100 元)，2020 年 1 月 30 日的公允价值为 2 070 万元，转换日该建筑物的尚可使用年限为 15 年，采用年限平均法计提折旧，无残值。

要求：

(1) 编制该公司 2020 年 1 月 30 日将投资性房地产转为自用的会计分录。

(2) 计算该公司 2020 年计提的折旧额并编制会计分录。

5. 甲公司将其出租的一栋写字楼确认为投资性房地产。租赁期满后，甲公司将该栋写字楼出售给乙公司，合同价款为 300 000 000 元，乙公司已用银行存款付清。假设这栋写字楼原采用成本模式计量。出售时，该栋写字楼的成本为 280 000 000 元，已计提折旧 30 000 000 元。

要求：做出甲公司的会计处理。

第八章 金 融 资 产

【内容提要】

- 金融资产
  - 金融资产概述
  - 以公允价值计量且其变动计入当期损益的金融资产
  - 以摊余成本计量的金融资产
  - 以公允价值计量且其变动计入其他综合收益的金融资产
  - 金融资产的重分类

【学习目标】

1. 了解金融资产的含义、分类；
2. 熟悉金融资产重分类的会计处理；
3. 掌握交易性金融资产的会计处理；
4. 掌握债权投资的会计处理；
5. 掌握其他债权投资的会计处理；
6. 掌握其他权益工具投资的会计处理。

【导入案例】

沪深两市已发布的上市公司年报业绩中，投资收益仍为其中的亮点之一。据统计，目前已公布年报的公司中，投资净收益为年报净利润贡献了15%左右，除了少数几家公司投资收益为零，其余公司的投资收益表现则各不相同。统计数据显示，约70%的公司的投资为正收益，约30%的公司发生投资亏损。在已公布年报的公司中，90%以上的企业都进行了对外投资。A证券分析师在接受记者采访时表示，在主业发展空间遇到瓶颈时，公司为了追求利益最大化，选择其他方面的投资是一种正常现象。原因主要在于公司寻求突破的成本存在较大风险，当风险投资产生的收益比主业获利空间更大时，多数公司选择以投资方式去获利。但需要提醒的是，很多风险投资都是一种“短视”行为，更多的是对主业未来看不清的一个选择。这其中的优势是短期可追求股东利益最大化，而弊端就是把用于发展的资金用于其他投资，可能会错失主业发展的时机。一般情况下，当上市公司的现金流量非常充裕时，将闲置的现金拿去做投资是必然的选择。

思考：对外投资作为一柄“双刃剑”，它对企业的利润和现金流量将带来怎样的影响？

第一节　金融资产概述

在现代经济社会中，金融资产是企业的重要资源构成，在企业总资产中所占的比例逐渐扩大。企业偿还债务、购买存货、发放薪酬和缴纳税款的能力，与金融资产紧密相关。

一、金融资产的内容

金融资产是指企业持有的现金、其他方的权益工具以及符合下列条件之一的资产：

(1) 从其他方收取现金或其他金融资产的合同权利。例如，企业的银行存款、应收账款、应收票据和贷款等均属于金融资产。需要注意的是，预付账款不是金融资产，因其产生的未来经济利益是商品或服务，不是收取现金或其他金融资产的权利。

(2) 在潜在有利条件下，与其他方交换金融资产或金融负债的合同权利。例如，企业持有的看涨期权或看跌期权等。

(3) 将来须用或可用企业自身权益工具进行结算的非衍生工具合同，且企业根据该合同将收到可变数量的自身权益工具。

(4) 将来须用或可用企业自身权益工具进行结算的衍生工具合同，但以固定数量的自身权益工具交换固定金额的现金或其他金融资产的衍生工具合同除外。其中，企业自身权益工具不包括应当按照《企业会计准则第 37 号——金融工具列报》分类为权益工具的可回售工具或发行方仅在清算时才有义务向另一方按比例交付其净资产的金融工具，也不包括本身就要求在未来收取或交付企业自身权益工具的合同。

金融资产主要包括库存现金、银行存款、其他货币资金、应收账款、应收票据、贷款、其他应收款、债权投资、股权投资、基金投资、衍生金融资产等。本章内容不涉及货币资金、应收款项和长期股权投资等。

二、金融资产的分类

企业应当根据其管理金融资产的业务模式和金融资产的合同现金流量特征，对金融资产进行合理的分类。金融资产一般划分为以下三类：以摊余成本计量的金融资产、以公允价值计量且其变动计入当期损益的金融资产、以公允价值计量且其变动计入其他综合收益的金融资产。

(一) 以摊余成本计量的金融资产

金融资产同时符合下列条件的，应当分类为以摊余成本计量的金融资产：

(1) 企业管理该金融资产的业务模式是以收取合同现金流量为目标；

(2) 该金融资产的合同条款规定，在特定日期产生的现金流量，仅为对本金和以未偿付本金金额为基础的利息的支付。

例如，企业持有的公司债券、政府债券等金融资产，其合同现金流量特征仅为对本金和以未偿付本金金额为基础的利息的支付。如果企业管理这些金融资产的业务模式是以收取合同现金流量为目标，则应分类为以摊余成本计量的金融资产。此外，企业日常业务中形成的应收账款、应收票据等金融资产，通常也都能够同时满足分类为以摊余成本计量的金融资产的条件。在会计处理上，以摊余成本计量的金融资产具体可以划分为债权投资和应收款项两部分。其中，债权投资应当通过“债权投资”科目进行核算，应收款项应当分别通过“应收账款”“应收票据”“其他应收款”等科目进行核算。应收款项的相关内容在前面章节已经介绍，本章主要介绍债权投资的相关内容。

(二) 以公允价值计量且其变动计入当期损益的金融资产

1. 交易性金融资产

金融资产满足下列条件之一的，表明企业持有该金融资产的目的是交易性的：

(1) 取得相关金融资产的主要目的是近期出售。如企业以赚取差价为目的从二级市场购入的股票、债券、基金等。通常情况下，这是企业交易性金融资产的主要组成部分。

(2) 相关金融资产在初始确认时属于集中管理的可辨认金融工具组合的一部分，且有客观证据表明近期实际存在短期获利模式。如企业基于投资策略和风险管理的需要，将某些金融资产进行组合、从事短期获利活动，对于组合中的金融资产，采用公允价值计量，并将公允价值变动计入当期损益。在这种情况下，即使组合中有某个组成项目持有的期限稍长也不受影响。

(3) 相关金融资产属于衍生工具。衍生金融工具形成的资产通常应划分为交易性金融资产，例如，企业持有的国债期货、远期合同、股指期货等衍生金融工具，当其公允价值变动大于零时，应将公允价值变动金额确认为交易性金融资产，同时计入当期损益。但符合财务担保合同定义的衍生工具以及被指定为有效套期工具的衍生工具除外。

2. 指定为以公允价值计量且其变动计入当期损益的金融资产

在初始确认时，如果能够消除或显著减少会计错配，企业可以将金融资产指定为以公允价值计量且其变动计入当期损益的金融资产。该指定一经做出，不得撤销。在会计处理上，交易性金融资产和指定为以公允价值计量且其变动计入当期损益的金融资产，应当通过“交易性金融资产”科目进行核算。

(三) 以公允价值计量且其变动计入其他综合收益的金融资产

金融资产同时符合下列条件的，应当分类为以公允价值计量且其变动计入其他综合收益的金融资产：

(1) 企业管理该金融资产的业务模式既以收取合同现金流量为目标又以出售该金融资产为目标；

(2) 该金融资产的合同条款规定，在特定日期产生的现金流量，仅为对本金和以未偿付本金金额为基础的利息的支付。

在会计处理上，以公允价值计量且其变动计入其他综合收益的债权投资，应当通过“其他债权投资”科目进行核算；指定为以公允价值计量且其变动计入其他综合收益的非交易性权益工具投资，应当通过“其他权益工具投资”科目进行核算。

【问题与思考】

金融资产的范围包括哪些？

第二节　以公允价值计量且其变动计入当期损益的金融资产

以公允价值计量且其变动计入当期损益的金融资产主要是指按照企业会计准则的规定，除以摊余成本计量的金融资产和以公允价值计量且其变动计入其他综合收益的金融资产以外的金融资产。主要包括以交易为目的的债券、股票、基金和权证等。形成以公允价值计量且其变动计入当期损益的金融资产的方式主要有两种：一是购入；二是重分类，即将一项以摊余成本计量的金融资产或以公允价值计量且其变动计入其他综合收益的金融资产重分类为以公允价值计量且其变动计入当期损益的金融资产。本部分仅就购入方式形成的交易性金融资产的会计处理进行说明。

一、交易性金融资产的概述

(一) 概念

交易性金融资产主要是指企业为了近期内出售而持有的金融资产，例如企业以赚取差价为目的从二级市场购入的股票、债券、基金等。

(二) 特征

(1) 企业持有交易性金融资产的目的是短期获利。一般此处所指的短期也应该是不超过一年(包括一年)；

(2) 以公允价值计量，且其变动计入当期损益。

(三) 账户设置

为了核算交易性金融资产的取得、收取现金股利或利息、处置等业务，企业应当设置“交易性金融资产”“公允价值变动损益”和“投资收益”等科目。

1. 交易性金融资产

本科目属于资产类科目，核算企业为交易所持有的债券投资、股票投资、基金投资等交易性金融资产的公允价值。企业持有的直接指定为以公允价值计量且其变动计入当期损益的金融资产，也在本科目核算。

本科目可按交易性金融资产的类别和品种，分别以“成本”“公允价值变动”等进行明细核算。借方登记交易性金融资产的取得成本、资产负债表日其公允价值高于账面余额的差额；贷方登记资产负债表日其公允价值低于账面余额的差额，以及企业出售交易性金融资产时结转的成本和公允价值变动损益。期末借方余额，反映企业持有的交易性金融资产的公允价值。

2. 公允价值变动损益

本科目属于损益类科目，核算企业交易性金融资产等公允价值变动而形成的应计入当期损益的利得或损失。贷方登记资产负债表日企业持有的交易性金融资产等的公允价值高于账面余额的差额；借方登记资产负债表日企业持有的交易性金融资产等的公允价值低于账面余额的差额。期末，应将本科目余额转入“本年利润”科目，结转后本科目无余额。

3. 投资收益

本科目属于损益类科目，核算企业持有交易性金融资产等期间取得的投资收益以及处置交易性金融资产等实现的投资收益或投资损失。贷方登记企业出售交易性金融资产等实现的投资收益；借方登记企业出售交易性金融资产等发生的投资损失。期末，应将本科目余额转入“本年利润”科目，结转后本科目无余额。

二、交易性金融资产的初始计量

企业在取得交易性金融资产时，应当按照取得金融资产的公允价值作为初始确认金额。例如，企业从二级市场购入的公司股票，其支付的价款(不含交易费用)就可以认为是该股票的公允价值。

实际支付的价款中包含的已宣告但尚未领取的现金股利，或已到付息期但尚未领取的债券利息，应当作为“应收股利”或“应收利息”单独列示，不构成金融资产的初始入账金额。发生的相关交易费用应在发生时计入当期损益“投资收益”。这里的交易费用是指可直接归属于购买、发行或处置金融工具新增的外部费用。交易费用包括支付给代理机构、咨询公司、券商等的手续费和佣金及其他必要支出，不包括债券溢价、折价、融资费用、内部管理成本及其他与交易不直接相关的费用。发生交易费用取得增值税专用发票的，按其注明的增值税进项税额，借记“应交税费——应交增值税(进项税额)”，按照实际支付的金额，贷记“其他货币资金”或“银行存款”等科目。

三、交易性金融资产的后续计量

金融资产的后续计量主要是指资产负债表日对金融资产的计量。

(一) 取得现金股利或利息

持有交易性金融资产期间，收到取得交易性金融资产时支付价款中包含的已宣告发放的现金股利或债券利息，借记“其他货币资金”或“银行存款”，贷记“应收股利”或“应收利息”科目。

持有交易性金融资产期间，被投资单位宣告发放现金股利，或在资产负债表日按债券票面利率计算利息时，应确认为投资收益，借记“应收股利”或“应收利息”科目，贷记“投资收益”科目。收到现金股利或债券利息时，借记“其他货币资金”或“银行存款”，贷记“应收股利”或“应收利息”科目。

(二) 资产负债表日

以公允价值计量且其变动计入当期损益的金融资产，应当以公允价值进行后续计量，公允价值变动计入当期损益(公允价值变动损益)。也就是说，资产负债表日，按照公允价值计量，如果资产负债表日其公允价值上涨或下跌了，那么该金融资产的初始入账金额应相应地调增或调减，并将调增或调减的金额作为金融资产公允价值变动损益，计入当期损益。

资产负债表日，如果交易性金融资产的公允价值高于其账面余额，按其差额，借记“交易性金融资产——公允价值变动”科目，贷记“公允价值变动损益”科目；反之，如果交易性金融资产的公允价值低于其账面余额，按其差额，做相反的会计分录，借记“公允价值变动损益”科目，贷记“交易性金融资产——公允价值变动”科目。

【例 8-1】 甲公司有关交易性金融资产的交易情况如下：

① 2020 年 12 月 5 日购入股票 100 万元，另付相关交易费用 2 500 元，取得增值税专用发票上注明的增值税税额为 150 元，甲公司将其作为交易性金融资产核算。

借：交易性金融资产——成本　　1 000 000
　　投资收益　　2 500
　　应交税费——应交增值税(进项税额)　　150
　　贷：其他货币资金　　1 002 650

② 2020 年末，该股票收盘价为 108 万元。

借：交易性金融资产——公允价值变动　　80 000
　　贷：公允价值变动损益　　80 000

【例 8-2】 2020 年 1 月 1 日，甲公司从二级市场支付价款 1 020 000 元(含已到付息期但尚未领取的利息 20 000 元)购入 A 公司发行的债券，另支付交易费用 20 000 元，取得增值税专用发票上注明的增值税税额为 1 200 元。该债券面值 1 000 000 元，剩余期限为 2 年，票面年利率为 4%，每半年付息一次，东方公司将其划分为交易性金融资产。其他资料如下：

① 2020 年 1 月 5 日，收到该债券 2019 年下半年利息 20 000 元；

② 2020 年 6 月 30 日，该债券的公允价值为 1 150 000 元(不含利息)；

③ 2020 年 7 月 5 日，收到该债券半年利息；

④ 2020 年 12 月 31 日，该债券的公允价值为 1 100 000 元(不含利息)。

东方公司的账务处理如下：

① 2020 年 1 月 1 日，购入债券。

借：交易性金融资产——成本　　1 000 000
　　应收利息　　20 000
　　投资收益　　20 000
　　应交税费——应交增值税(进项税额)　　1200
　　贷：其他货币资金　　1 041 200

② 2020 年 1 月 5 日，收到该债券 2019 年下半年利息。

借：其他货币资金　　20 000
　　贷：应收利息　　20 000

③ 2020 年 6 月 30 日，确认债券公允价值变动和投资收益(2020 上半年利息收入)。
2020 年 6 月 30 日，该债券的公允价值变动为 15 万(115 万 − 100 万)。
2020 年 6 月 30 日，该债券的投资收益为 2 万元(100 万 × 4% ÷ 12×6)。

借：交易性金融资产——公允价值变动　　150 000
　　贷：公允价值变动损益　　150 000
借：应收利息　　20 000
　　贷：投资收益　　20 000

④ 2020 年 7 月 5 日，收到该债券半年利息。

借：其他货币资金　　20 000
　　贷：应收利息　　20 000

⑤ 2020 年 12 月 31 日，确认债券公允价值变动和投资收益(2020 下半年利息收入)。
2020 年 12 月 31 日，该债券的公允价值变动为 −5 万(110 万 − 115 万)。
2020 年 12 月 31 日，该债券应的投资收益为 2 万元(100 万 × 4% ÷ 12 × 6)。

借：公允价值变动损益　　50 000
　　贷：交易性金融资产——公允价值变动　　50 000
借：应收利息　　20 000
　　贷：投资收益　　20 000

四、交易性金融资产的出售

企业处置交易性金融资产时，应将出售时的公允价值与其初始入账金额之间的差额确认为当期投资收益，同时调整公允价值变动损益。

出售时，应按实际收到的金额，借记“其他货币资金”或“银行存款”等科目，按该金融资产的账面余额，贷记“交易性金融资产——成本”，借记或贷记“交易性金融资产——公允价值变动”，按其差额，贷记或借记“投资收益”科目。

【例 8-3】 2020 年 6 月 25 日，甲公司以每股 1.3 元购进某股票 200 万股，作为交易性金融资产，另支付交易费用 2 000 元；6 月 30 日，该股票市价为每股 1.1 元；12 月 20 日，以每股 1.5 元的价格全部出售该股票。假定不考虑相关税费，相关账务处理如下：

① 2020 年 6 月 25 日，购入股票。

借：交易性金融资产——成本　　2 600 000
　　投资收益　　2 000
　　贷：其他货币资金　　2 602 000

② 2020 年 6 月 30 日，每股股票跌价 0.2 元。

借：公允价值变动损益　　400 000
　　贷：交易性金融资产——公允价值变动　　400 000

③ 2020 年 12 月 20 日出售股票。

借：其他货币资金　　3 000 000
　　交易性金融资产——公允价值变动　　400 000
　　贷：交易性金融资产——成本　　2 600 000

投资收益　　800 000

【问题与思考】

交易性金融资产的处置损益如何确定？

五、转让金融商品应交增值税

金融商品转让按照卖出价扣除买入价(不需要扣除已宣告未发放现金股利和已到付息期未领取的利息)后的余额作为销售额计算增值税，即转让金融商品按盈亏相抵后的余额为销售额。若相抵后出现负差，可结转下一纳税期与下期转让金融商品销售额互抵，但年末时仍出现负差的，不得转入下一会计年度。转让金融资产当月月末，如产生转让收益，则按应纳税额，借记“投资收益”等科目，贷记“应交税费——转让金融商品应交增值税”科目；如产生转让损失，则按可结转下月抵扣税额，借记“应交税费——转让金融商品应交增值税”科目，贷记“投资收益”等科目。年末，如果“应交税费——转让金融商品应交增值税”科目有借方余额，说明本年度的金融商品转让损失无法弥补，且本年度的金融资产转让损失不可转入下年度继续抵减转让金融资产的收益，应将“应交税费——转让金融商品应交增值税”科目的借方余额转出，借记“投资收益”等科目，贷记“应交税费——转让金融商品应交增值税”科目。

第三节　以摊余成本计量的金融资产

以摊余成本计量的金融资产具体可以划分为债权投资和应收款项两部分。其中，债权投资应当通过“债权投资”科目进行核算，应收款项应当分别通过“应收账款”“应收票据”“其他应收款”等科目进行核算。应收款项的相关会计处理在第三章应收及预付款项中已有介绍。本部分主要介绍“债权投资”的相关会计处理。

一、债权投资概述

债权投资是指业务管理模式为以特定日期收取合同现金流量为目的的金融资产，具体来说是指企业购入的到期日固定、回收金额固定或可确定，且企业有明确意图和能力持有至到期的国债和企业债券等各种债券投资，其中，既包括发行期在一年以上的债券投资，也包括发行期在一年以内的债券投资。作为债权投资购入的债券，可以按不同的标准分类，例如，按付息情况可以分为分期付息债券与到期一次付息债券。债权投资从企业管理金融资产的业务模式看，由于管理者的意图是持有至到期，不准备随时出售，因而主要是收取合同现金流量。债权投资的合同现金流量特征是在到期日收取的合同现金流量仅为本金和以未偿付本金金额为基础的利息。根据债权投资的业务模式和合同现金流量特征判断，债权投资应划至以摊余成本计量的金融资产。

二、债权投资的会计处理

(一) 账户设置

债权投资的会计处理，主要包括金融资产实际利率的计算、摊余成本的确定、持有期间利息收益的确认和处置时损益的处理。为了核算债权投资，企业应设置“债权投资”账户，下设“成本”“利息调整”“应计利息”三个明细账户。其中“成本”明细账户用来核算企业取得债权投资的面值；“利息调整”明细账户用来核算企业取得债权投资时产生的利息调整的金额及其摊销的金额；“应计利息”明细账户用来核算企业取得的到期一次付息债券的利息。企业取得的分期付息债券的利息不通过该明细账户核算，而应另设“应收利息”账户进行核算。

(二) 账务处理

(1) 企业取得债权投资时，应做如下会计分录：

借：债权投资——成本(取得债券的面值)

　　债权投资——利息调整(差额)(或贷记)

　　应收利息(支付的价款中包含的已到付息期尚未领取的利息)

　　贷：银行存款等(实际支付的金额)

(2) 企业在资产负债表日或计息日，确认利息收入(计提债券利息)时，应分别按以下情况处理：

① 债权投资为分期付息，到期一次还本，应做如下会计分录。

借：应收利息(债券面值 × 票面利率)

　　债权投资——利息调整(差额)(或贷记)

　　贷：投资收益(金融资产的账面余额或摊余成本 × 实际利率)

② 债权投资为到期——次还本付息，应做如下会计分录。

借：债权投资——应计利息(债券面值 × 票面利率)

　　债权投资——利息调整(差额)(或贷记)

　　贷：投资收益(金融资产的账面余额 × 实际利率)

(3) 企业处置债权投资时，应将所取得的价款与债权投资账面价值之间的差额，计入当期损益(投资收益)，并做如下会计分录：

① 债权投资为分期付息，到期一次还本，应做如下会计分录。

借：银行存款(实际收到的价款)

　　债权投资减值准备(已计提的减值准备)

　　贷：债权投资——成本(处置债权投资的面值)

　　　　　　　　——利息调整(处置债权投资尚未摊销的利息调整金额)(或借记)

　　　　应收利息(处置债权投资已计提的利息)

　　　　投资收益(差额)(或借记)

② 债权投资为到期一次还本付息，应做如下会计分录。

借：银行存款(实际收到的价款)

债权投资减值准备(已计提的减值准备)
贷：债权投资——成本(处置债权投资的面值)
——利息调整(处置债权投资尚未摊销的利息调整金额)(或借记)
——应计利息(处置债权投资已计提的利息)
投资收益(差额)(或借记)

(三) 债权投资摊余成本的确定

实际利率法是指按照金融资产或金融负债的实际利率，计算其摊余成本及各期利息收入或利息费用的方法。实际利率是指将金融资产或金融负债在预期存续期间或适用的更短期间内的未来现金流量，折现为该金融资产或金融负债当前账面价值所使用的利率。

实际利率应当在债权投资初始确认时确定，并在该债权投资预期存续期间或适用的更短期间内保持不变。摊余成本是指该金融资产的初始确认金额，经过下列调整后的结果：

(1) 扣除已偿还的本金；

(2) 加上或减去采用实际利率法将该初始确认金额与到期日金额之间的差额进行摊销形成的累计摊销额；

(3) 扣除计提的累计信用减值准备。

如果债权投资的实际利率与票面利率差别较小，为了简化核算，也可按票面利率计算实际的利息收入，将初始计量时计入的“债权投资——利息调整”的金额，在持有期间按照直线法摊销，计入投资收益。

【例 8-4】甲公司 2020 年 1 月 3 日购入乙公司于 2020 年 1 月 1 日发行的三年期债券，作为债权投资。该债券票面金额为 100 万元，票面利率为 10%，甲公司实际支付 106 万元。该债券每年付息一次，最后一年归还本金并支付最后一次利息，假设甲公司按年计算利息。

则该债券的实际利率为 7.688 9%，其计算过程如下：

令债券的实际利率为 r，则

$$\frac{100\times10\%}{1+r}+\frac{100\times10\%}{(1+r)^2}+\frac{100+100\times10\%}{(1+r)^3}=106$$

当 $r=8\%$时，

$$\frac{100\times10\%}{1+8\%}+\frac{100\times10\%}{(1+8\%)^2}+\frac{100+100\times10\%}{(1+8\%)^3}=9.259\ 3+8.573\ 4+87.321\ 5=105.154\ 2\ (\text{万元})$$

当 $r=7\%$时：

$$\frac{100\times10\%}{1+7\%}+\frac{100\times10\%}{(1+7\%)^2}+\frac{100+100\times10\%}{(1+7\%)^3}=9.345\ 8+8.734\ 4+89.792\ 8=107.873\ (\text{万元})$$

则

$$\frac{r-8\%}{7\%-8\%}=\frac{106-105.154\ 2}{107.873-105.154\ 2}$$

$$r=\frac{106-105.154\ 2}{107.873-105.154\ 2}\times(7\%-8\%)+8\%=7.688\ 9\%$$

【例 8-5】 2020 年 1 月 1 日，甲公司支付价款 1 000 元(含交易费用)从活跃市场上购入乙公司 5 年期债券，面值 1 250 元，票面利率 4.72%，按年支付利息(即每年 59 元)，本金最后一次支付。合同约定，该债券的发行方在遇到特定情况时可以将债券赎回，且不需要为提前赎回支付额外款项。甲公司在购买该债券时，预计发行方不会提前赎回。甲公司将购入的乙公司债券划分为债权投资，且不考虑所得税、减值损失等因素。

为此，甲公司在初始确认时先计算确定该债券的实际利率。设该债券的实际利率为 r，则可列出如下等式：

$$59\times(1+r)^{-1}+59\times(1+r)^{-2}+59\times(1+r)^{-3}+59\times(1+r)^{-4}+(59+1250)\times(1+r)^{-5}=1\,000(\text{元})$$

采用插值法，可以计算得出 $r=10\%$，由此可编制表 8-1。

表 8-1　摊余成本计算表　　金额单位：元

年份	期初摊余成本 (A)	实际利息收入 (B = A × 10%)	现金流入(C)	期末摊余成本 (D = A + B − C)
2020	1 000	100	59	1 041
2021	1 041	104	59	1 086
2022	1 086	109	59	1 136
2023	1 136	114	59	1 191
2024	1 191	118*	1 309	0

* 数字考虑了计算过程中出现的尾差。

根据上述数据，甲公司的有关账务处理如下：

① 2020 年 1 月 1 日，购入债券。

借：债权投资——成本　　1 250
　　贷：银行存款　　1 000
　　　　债权投资——利息调整　　250

② 2020 年 12 月 31 日，确认实际利息收入、收到票面利息等。

借：应收利息　　59
　　债权投资——利息调整　　41
　　贷：投资收益　　100
借：银行存款　　59
　　贷：应收利息　　59

③ 2021 年 12 月 31 日，确认实际利息收入、收到票面利息等。

借：应收利息　　59
　　债权投资——利息调整　　45
　　贷：投资收益　　104
借：银行存款　　59
　　贷：应收利息　　59

④ 2022 年 12 月 31 日，确认实际利息收入、收到票面利息等。

借：应收利息　　59
　　债权投资——利息调整　　50
　　贷：投资收益　　109
借：银行存款　　59
　　贷：应收利息　　59

⑤ 2023 年 12 月 31 日，确认实际利息、收到票面利息等。

借：应收利息　59

　债权投资——利息调整　55

　贷：投资收益　114

借：银行存款　59

　贷：应收利息　59

⑥ 2024 年 12 月 31 日，确认实际利息、收到票面利息和本金等。

借：应收利息　59

　债权投资——利息调整　59

　贷：投资收益　118

借：银行存款　59

　贷：应收利息　59

借：银行存款　1 250

　贷：债权投资——成本　1 250

【例 8-6】 2020 年 1 月 1 日，甲公司支付价款 1 000 元(含交易费用)从活跃市场上购入乙公司 5 年期债券，面值 1 250 元，票面利率 4.72%，债券不是分次付息，而是到期一次还本付息，且利息不是以复利计算，本金最后一次支付。合同约定，该债券的发行方在遇到特定情况时可以将债券赎回，且不需要为提前赎回支付额外款项。甲公司在购买该债券时，预计发行方不会提前赎回。甲公司将购入的该公司债券划分为债权投资，且不考虑所得税、减值损失等因素。

为此，甲公司在初始确认时先计算确定该债券的实际利率。设该债券的实际利率为 r，则可列出如下等式：

$(59 + 59 + 59 + 59 + 59 + 1\ 250) \times (1 + r)^{-5} = 1\ 000$

由此得出 $r \approx 9.05\%$

据此，调整上述表中相关数据后如表 8-2 所示：

表 8-2　摊余成本计算表　　金额单位：元

年份	期初摊余成本(A)	实际利息收入 (B = A × 9.05%)	现金流入 (C)	期末摊余成本 (D = A + B − C)
2020	1 000	90.5	0	1 090.5
2021	1 090.5	98.69	0	1 189.19
2022	1 189.19	107.62	0	1 296.81
2023	1 296.81	117.36	0	1 414.17
2024	1 414.17	130.83*	1 545	0

* 考虑了计算过程中出现的尾差 2.85 元。

根据上述数据，甲公司的有关账务处理如下：

① 2020 年 1 月 1 日，购入债券。

借：债权投资——成本　1 250

　贷：银行存款　1 000

债权投资——利息调整　　　　250

② 2020 年 12 月 31 日，确认实际利息收入。

借：债权投资——应计利息　　　　59
　　　　　　——利息调整　　　　31.5
　贷：投资收益　　　　90.5

③ 2021 年 12 月 31 日，确认实际利息收入。

借：债权投资——应计利息　　　　59
　　　　　　——利息调整　　　　39.69
　贷：投资收益　　　　98.69

④ 2022 年 12 月 31 日，确认实际利息收入。

借：债权投资——应计利息　　　　59
　　　　　　——利息调整　　　　48.62
　贷：投资收益　　　　107.62

⑤ 2023 年 12 月 31 日，确认实际利息收入。

借：债权投资——应计利息　　　　59
　　　　　　——利息调整　　　　58.36
　贷：投资收益　　　　117.36

⑥ 2024 年 12 月 31 日，确认实际利息收入。

借：债权投资——应计利息　　　　59
　　　　　　——利息调整　　　　71.83
　贷：投资收益　　　　130.83

借：银行存款　　　　1 545
　贷：债权投资——成本　　　　1 250
　　　　　　　——应计利息　　　　295

三、债权投资的减值

(一) 债权投资减值的确定

债权投资减值是指以预期信用损失为基础确认的价值减损。预期信用损失是指以发生违约的风险为权重的债权投资信用损失的加权平均值。信用损失是指企业按照实际利率折现的、根据合同应收的所有合同现金流量与预期收取的所有现金流量之间的差额，即全部现金短缺的现值。对于债权投资，应按照其经信用调整的实际利率折现。由于预期信用损失考虑付款的金额和时间分布，因此，即使企业预计可以全额收款但收款时间晚于合同规定的到期期限，也会产生信用损失。

企业应当在资产负债表日对债权投资的账面价值进行检查，若有客观证据表明该金融资产信用风险已经显著增加，应当计提减值准备。当对债权投资预期未来现金流量具有不利影响的一项或多项事件发生时，该债权投资成为已发生信用减值的金融资产。金融资产已发生信用减值的证据包括下列可观察信息：

(1) 发行方或债务人发生重大财务困难；

(2) 债务人违反合同，如偿付利息或本金违约、逾期等；

(3) 债权人出于与债务人财务困难有关的经济或合同考虑，给予债务人在任何其他情况下都不会做出的让步；

(4) 债务人很可能破产或进行其他财务重组；

(5) 发行方或债务人财务困难导致该金融资产的活跃市场消失；

(6) 以大幅折扣购买一项金融资产，该折扣反映了发生信用损失的事实。

债权投资发生减值时，应当将该债权投资的账面价值减记至预计未来现金流量的现值，减记的金额确认为信用减值损失，计入当期损益，借记“信用减值损失”科目，贷记“债权投资减值准备”科目。

(二) 债权投资减值的转回

债权投资确认减值损失后，如有客观证据表明该资产的价值得以恢复，且客观上与确认该损失后发生的事项有关，原确认的减值损失应当予以转回，计入当期损益。但是，该转回后的账面价值不应超过假定不计提减值准备情况下该债权投资在转回日的摊余成本。转回的会计处理，借记“债权投资减值准备”科目，贷记“信用减值损失”科目。

总之，债权投资的减值包括两个方面的内容：首先要确定其账面余额；然后还要进行减值测试，如果发生减值，则需计提减值准备。这就意味着，资产负债表上“债权投资”项目在投资没有发生减值的情况下是按其账面余额计量的，在投资发生减值的情况下是按其可收回金额计量的。

【问题与思考】

债权投资的特征是什么？

第四节　以公允价值计量且其变动计入其他综合收益的金融资产

以公允价值计量且其变动计入其他综合收益的金融资产的会计处理，与以公允价值计量且其变动计入当期损益的金融资产的会计处理存在类似之处，例如，二者均要求按公允价值进行后续计量。但是，也有一些不同之处，以公允价值计量且其变动计入其他综合收益的金融资产所产生的利得或损失，除了减值损失或利得和汇兑损益，均应当计入其他综合收益，直至该金融资产终止确认或被重分类。但是，采用实际利率法计算的该金融资产的利息应当计入当期损益。终止确认时，之前计入其他综合收益的累计利得或损失应当从其他综合收益中转出，计入当期损益。企业取得以公允价值计量且其变动计入其他综合收益的金融资产时，应分别以债券投资(其他债权投资)和指定为以公允价值计量且其变动计入其他综合收益的非交易性权益工具投资处理(其他权益工具投资)。

一、其他债权投资的概述

具体来说，其他债权投资是指既可能持有至到期收取合同现金流量，也可能在到期之前出售的债券投资。企业取得其他债权投资，应将其划分为以公允价值计量且其变动计入其他综合收益的金融资产。在初始确认时，除了符合上述条件的金融资产，企业还可以将非交易性权益工具投资(如企业持有的限售股等)指定为以公允价值计量且其变动计入其他综合收益的金融资产，并确认股利收入。该指定一经做出，不得撤销。其他债权投资采用实际利率法计算的利息应当计入当期损益，计入各期损益的金额应当与债权投资按摊余成本计量而计入各期损益的金额相等；该金融资产由于公允价值变动产生的所有利得或损失，应当计入其他综合收益；该金融资产发生的减值损失或利得，应计入当期损益；该金融资产终止确认时，之前计入其他综合收益的累计利得或损失，应当从其他综合收益中转出，计入当期损益。

二、其他债权投资的会计处理

(一) 账户设置

为了反映其他债权投资的取得、处置、公允价值变动等情况，企业应当设置“其他债权投资”科目，并设置“成本”“利息调整”“应计利息”“公允价值变动”明细科目。

(二) 相关账务处理

(1) 企业取得的债券划分为其他债权投资，应按该金融资产投资的面值，借记“其他债权投资——成本”科目，按支付的价款中包含的已宣告但尚未领取的利息，借记“应收利息”科目，按实际支付的金额，贷记“银行存款”等科目，按其差额，借记或贷记“其他债权投资——利息调整”科目。

(2) 资产负债表日，金融资产为分期付息、一次还本债券投资的，应按票面利率计算确定的应收未收利息，借记“应收利息”科目，按债券的摊余成本和实际利率计算确定的利息收入，贷记“投资收益”科目，按其差额，借记或贷记“其他债权投资——利息调整”科目。金融资产为一次还本付息债券投资的，应按票面利率计算确定的应收未收利息，借记“其他债权投资——应计利息”科目，按债券的摊余成本和实际利率计算确定的利息收入，贷记“投资收益”科目，按其差额，借记或贷记“其他债权投资——利息调整”科目。

(3) 资产负债表日，金融资产的公允价值高于其账面余额的差额，借记“其他债权投资——公允价值变动”科目，贷记“其他综合收益——其他债权投资公允价值变动”科目；公允价值低于其账面余额的差额作相反的会计分录。金融资产发生减值的，应按减记的金额，借记“信用减值损失”，按从其他综合收益中转出的累计损失金额，贷记“其他综合收益——信用减值准备”科目。

(4) 出售金融资产，应按实际收到的金额，借记“银行存款”等科目，按其账面余额，贷记“其他债权投资——成本”“应计利息”科目，贷记或借记“其他债权投资——公允价值变动”“利息调整”科目；按应从其他综合收益中转出的公允价值累计变动额，借记或贷记“其他综合收益——其他债权投资公允价值变动”科目，贷记或借记“投资收益”科目。

(5) 如果其他债权投资的公允价值预期发生信用损失，应当确认为减值损失，计提减值准备。对于其他债权投资，企业应当在其他综合收益中确认其减值准备，并将减值损失或利得计入当期损益，而不应减少该金融资产在资产负债表中列示的账面价值。为了反映该金融资产减值准备的计提和核销等情况，应在“其他综合收益”科目下设置“金融资产减值准备”明细科目，该明细科目贷方登记计提的其他债权投资减值准备，借方登记转回以及处置其他债权投资核销的减值准备，期末贷方余额表示尚未核销的其他债权投资减值准备。企业确认的其他债权投资信用减值损失，应根据减值的金额，借记“信用减值损失”科目，贷记“其他综合收益——金融资产减值准备”科目，不调整该金融资产的账面价值。如果该金融资产的减值恢复，应编制相反的会计分录。

【例 8-7】 2020 年 1 月 1 日，甲公司支付价款 1 000 元(含交易费用)从上海证券交易所购入乙公司同日发行的 5 年期公司债券，债券票面价值总额为 1 250 元，票面年利率为 4.72%，于年末支付本年度债券利息(即每年利息为 59 元)，本金在债券到期时一次性偿还。合同约定，该债券的发行方在遇到特定情况时可以将债券赎回，且不需要为提前赎回支付额外款项。甲公司在购买该债券时，预计发行方不会提前赎回。甲公司根据其管理该债券的业务模式和该债券的合同现金流量特征，将该债券分类为以公允价值计量且其变动计入其他综合收益的金融资产。

其他资料如下：

① 2020 年 12 月 31 日，乙公司债券的公允价值为 1 200 元(不含利息)；

② 2021 年 12 月 31 日，乙公司债券的公允价值为 1 300 元(不含利息)；

③ 2022 年 12 月 31 日，乙公司债券的公允价值为 1 250 元(不含利息)；

④ 2023 年 12 月 31 日，乙公司债券的公允价值为 1 200 元(不含利息)；

⑤ 2024 年 1 月 20 日，甲公司通过上海证券交易所出售了乙公司债券，取得价款 1 260 元。

假定不考虑所得税、减值等因素，计算该债券的实际利率 r：

$$59\times(1+r)^{-1}+59\times(1+r)^{-2}+59\times(1+r)^{-3}+59\times(1+r)^{-4}+(59+1250)\times(1+r)^{-5}=1\,000(\text{元})$$

采用插值法，可以计算得出 $r=10\%$，由此可编制表 8-3。

表 8-3 摊余成本计算表 金额单位：元

日 期	现金流入(A)	实际利息收入(B＝期初 D × 10%)	已收回酬金(利息调整摊销)(C＝A－B)	摊余成本余额(D＝期初 D－C)	公允价值(E)	公允价值变动额(F＝E－D－期初 G)	公允价值变动累计金额(G＝期初 G＋F)
2020 年 1 月 1 日				1 000	1 000	0	0
2020 年 12 月 31 日	59	100	−41	1 041	1 200	159	159
2021 年 12 月 31 日	59	104	−45	1 086	1 300	55	214
2022 年 12 月 31 日	59	109	−50	1 136	1 250	−100	114
2023 年 12 月 31 日	59	113	54	1 190	1 200	−104	10

甲公司的有关账务处理如下：

① 2020 年 1 月 1 日，购入乙公司债券。

借：其他债权投资——成本 1 250

　贷：银行存款 1 000

　　其他债权投资——利息调整 250

② 2020 年 12 月 31 日，确认乙公司债券实际利息收入、公允价值变动，收到债券利息。

借：应收利息 59

　其他债权投资——利息调整 41

贷：投资收益 100

借：银行存款 59

贷：应收利息 59

借：其他债权投资——公允价值变动 159

贷：其他综合收益——其他债权投资公允价值变动 159

③ 2021 年 12 月 31 日，确认乙公司债券实际利息收入、公允价值变动，收到债券利息。

借：应收利息 59

其他债权投资——利息调整 45

贷：投资收益 104

借：银行存款 59

贷：应收利息 59

借：其他债权投资——公允价值变动 55

贷：其他综合收益——其他债权投资公允价值变动 55

④ 2022 年 12 月 31 日，确认乙公司债券实际利息收入、公允价值变动，收到债券利息。

借：应收利息 59

其他债权投资——利息调整 50

贷：投资收益 109

借：银行存款 59

贷：应收利息 59

借：其他综合收益——其他债权投资公允价值变动 100

贷：其他债权投资——公允价值变动 100

⑤ 2023 年 12 月 31 日，确认乙公司债券实际利息收入、公允价值变动，收到债券利息。

借：应收利息 59

其他债权投资——利息调整 54

贷：投资收益 113

借：银行存款 59

贷：应收利息 59

借：其他综合收益——其他债权投资公允价值变动 104

贷：其他债权投资——公允价值变动 104

⑥ 2024 年 1 月 20 日，确认出售乙公司债券实现的损益。

借：银行存款 1 260

其他综合收益——其他债权投资公允价值变动 10

其他债权投资——利息调整 60

贷：其他债权投资——成本 1 250

其他债权投资——公允价值变动 10

投资收益 70

三、其他权益工具投资的概述

其他权益工具投资主要是指非交易性股票以及不具有控制、共同控制和重大影响的且没有公允价值的股权等。企业取得其他权益工具投资，一般应指定为以公允价值计量且其变动计入其他综合收益的金融资产。例如，企业持有的上市公司限售股尽管在活跃市场上有报价，但由于出售受到限制，不能随时出售，可指定为以公允价值计量且其变动计入其他综合收益的金融资产。其他权益工具投资的公允价值变动应计入其他综合收益；终止确认时，之前计入其他综合收益的累计利得或损失应当从其他综合收益中转出，计入留存收益。其他权益工具投资不需要计提减值准备。其他权益工具投资一般应当以公允价值计量。但在用以确定公允价值的近期信息不足或者公允价值的可能估计金额分布范围很广的情况下，如果成本能够在该分布范围内反映对公允价值的最佳估计，则该成本可代表其在该分布范围内对公允价值的恰当估计。例如，持有的在活跃市场没有报价且对被投资企业不存在控制、共同控制和重大影响的股权投资，无法随时出售，也应确认为其他权益工具投资。

四、其他权益工具投资的会计处理

(一) 账户设置

为了反映其他权益工具投资的取得、处置、公允价值变动等情况，企业应当设置“其他权益工具投资”科目，并设置“成本”“公允价值变动”等明细科目。

(二) 相关账务处理

(1) 企业取得的股权如果划分为其他权益工具投资，应按该股权的公允价值和相关交易费用之和作为初始投资成本，借记“其他权益工具投资——成本”科目，贷记“银行存款”等科目。如果支付的价款中包含了已宣告但尚未发放的现金股利，应确认为应收项目，借记“应收股利”科目。

(2) 企业将股权投资划分为其他权益工具投资，对于收到的属于取得该股权支付价款中包含的已宣告发放的现金股利，应视为该债权的收回，借记“银行存款”等科目，贷记“应收股利”科目；在该股权持有期间被投资单位宣告发放的现金股利，应将其确认为投资收益，宣告日，应借记“应收股利”科目，贷记“投资收益”科目；收到现金股利时，应借记“银行存款”等科目，贷记“应收股利”科目。

(3) 资产负债表日，其他权益工具投资应当按照公允价值计量。按照我国企业会计准则的规定，其他权益工具投资的公允价值与账面价值的差额，即公允价值的变动，不得计入当期损益，而应作为所有者权益变动，计入其他综合收益，借记或贷记“其他权益工具投资——公允价值变动”科目，贷记或借记“其他综合收益——金融资产公允价值变动”科目。

(4) 企业出售其他权益工具投资，应将实际收到的价款与其账面价值的差额，计入其他综合收益；同时将累计确认的其他综合收益转为留存收益，不计入当期损益。企业应根据实际收到的出售价款，借记“银行存款”等科目；根据其账面价值，贷记“其他权益工具投资”科目；根据其差额，贷记或借记“其他综合收益——金融资产公允价值变动”科目。同时，根据累计公允价值变动原计入其他综合收益的金额，借记或贷记“其他综合收益——金融资产公允价值变动”科目，贷记或借记“盈余公积”“利润分配——未分配利润”等科目。

【例 8-8】 丙股份有限公司(以下简称丙公司)有关投资资料如下：

① 2020 年 2 月 5 日，丙公司以银行存款从二级市场购入 B 公司股票 100 000 股，指定以公允价值计量且其变动计入其他综合收益的非交易性权益工具投资，每股买价 12 元，同时支付相关税费 10 000 元。

② 2020 年 4 月 10 日，B 公司宣告发放现金股利，每股 0.5 元。

③ 2020 年 4 月 20 日，丙公司收到 B 公司发放的现金股利 50 000 元。

④ 2020 年 12 月 31 日，B 公司股票市价为每股 11 元。

⑤ 2021 年 1 月 18 日，丙公司出售 B 公司股票 100 000 股，取得价款 1 060 000 元(已扣除相关税费)。丙公司每年按净利润的 10%计提法定盈余公积。

要求：根据上述经济业务编制有关会计分录。

丙公司应编制的会计分录如下：

① 借：其他权益工具投资——成本	1 210 000	
贷：银行存款		1 210 000
② 借：应收股利	50 000	
贷：投资收益		50 000
③ 借：银行存款	50 000	
贷：应收股利		50 000
④ 借：其他综合收益——其他权益工具投资公允价值变动	110 000	
贷：其他权益工具投资——公允价值变动		110 000
⑤ 借：银行存款	1 060 000	
其他权益工具投资——公允价值变动	110 000	
其他综合收益——其他权益工具投资公允价值变动	40 000	
贷：其他权益工具投资——成本		1 210 000

同时，结转原已确认的公允价值变动金额：

借：盈余公积	15 000	
利润分配——未分配利润	135 000	
贷：其他综合收益——其他权益工具投资公允价值变动		150 000

【问题与思考】

债权投资与其他债权投资的区别？

第五节 金融资产的重分类

企业购入的债券根据业务管理模式可以分别确认为交易性金融资产、债权投资、其他债权投资。金融资产的重分类，是指企业购入债券的重分类。当企业外部或内部经营条件发生变动，改变其管理金融资产的业务模式时，应当对所有受影响的相关金融资产进行重分类。企业对金融资产重分类，应当自重分类日起采用未来适用法进行相关会计处理，不得对以前已经确认的利得、损失(包括减值损失或利得)或利息进行追溯调整。重分类日，是指导致企业对金融资产进行重分类的业务模式发生变更后的首个报告期间的第一天。

一、以摊余成本计量的金融资产的重分类

企业将一项以摊余成本计量的金融资产重分类为以公允价值计量且其变动计入当期损益的金融资产的，应当按照该金融资产在重分类日的公允价值进行计量。原账面价值与公允价值之间的差额计入当期损益。

借：交易性金融资产(重分类日的公允价值)
　　债权投资减值准备
　　公允价值变动损益(差额)(或贷记)
　　贷：债权投资(账面余额)

企业将一项以摊余成本计量的金融资产重分类为以公允价值计量且其变动计入其他综合收益的金融资产的，应当按照该金融资产在重分类日的公允价值进行计量。原账面价值与公允价值之间的差额计入其他综合收益。该金融资产重分类不影响其实际利率和预期信用损失的计量。

借：其他债权投资(重分类日的公允价值)
　　贷：债权投资(账面余额)
　　　　其他综合收益——其他债权投资公允价值变动(或借记)
借：债权投资减值准备
　　贷：其他综合收益——信用减值准备

【例 8-9】 2020 年 10 月 15 日，甲银行以公允价值 500 000 元购入一项债券投资，并按规定将其分类为以摊余成本计量的金融资产，该债券的账面余额为 500 000 元。2021 年 10 月 15 日，甲银行变更了其管理债券投资组合的业务模式，其变更符合重分类的要求，因此，甲银行于 2022 年 1 月 1 日将该债券从以摊余成本计量重分类为以公允价值计量且其变动计入当期损益。2022 年 1 月 1 日，该债券的公允价值为 490 000 元，已确认的信用减值准备为 6 000 元。假设不考虑该债券的利息收入。

甲银行的会计处理如下：

借：交易性金融资产	490 000	
债权投资减值准备	6 000	
公允价值变动损益	4 000	
贷：债权投资		500 000

二、以公允价值计量且其变动计入其他综合收益的金融资产的重分类

企业将一项以公允价值计量且其变动计入其他综合收益的金融资产重分类为以摊余成本计量的金融资产的，应当将之前计入其他综合收益的累计利得或损失转出，调整该金融资产在重分类日的公允价值，并以调整后的金额作为新的账面价值，即视同该金融资产一直以摊余成本计量。该金融资产重分类不影响其实际利率和预期信用损失的计量。

借：债权投资

贷：其他债权投资

借或贷：其他债权投资

贷或借：其他综合收益

借：其他综合收益——信用减值准备

贷：债权投资减值准备

企业将一项以公允价值计量且其变动计入其他综合收益的金融资产重分类为以公允价值计量且其变动计入当期损益的金融资产的，应当继续以公允价值计量该金融资产。同时，企业应当将之前计入其他综合收益的累计利得或损失从其他综合收益转入当期损益。

借：交易性金融资产(公允价值)

贷：其他债权投资

借：其他综合收益——信用减值准备

贷：公允价值变动损益

【例 8-10】 2020 年 9 月 15 日，甲银行以公允价值 500 000 元购入一项债券投资，并按规定将其分类为以公允价值计量且其变动计入其他综合收益的金融资产，该债券的账面余额为 500 000 元。

2021 年 10 月 15 日，甲银行变更了其管理债券投资组合的业务模式，其变更符合重分类的要求，因此，甲银行于 2022 年 1 月 1 日将该债券从以公允价值计量且其变动计入其他综合收益的金融资产重分类为以摊余成本计量的金融资产。

2022 年 1 月 1 日，该债券的公允价值为 490 000 元，已确认的减值准备为 6 000 元。假设不考虑利息收入。

甲银行的会计处理如下：

借：债权投资——成本	500 000	
贷：其他债权投资——成本		500 000
借：其他债权投资——公允价值变动	10 000	
贷：其他综合收益——其他债权投资公允价值变动		10 000
借：其他综合收益——信用减值准备	6 000	
贷：债权投资减值准备		6 000

三、以公允价值计量且其变动计入当期损益的金融资产的重分类

企业将一项以公允价值计量且其变动计入当期损益的金融资产重分类为以摊余成本计量的金融资产的，应当以其在重分类日的公允价值作为新的账面余额。

借：债权投资(重分类日的公允价值)

贷：交易性金融资产

同时，如存在信用损失，补提减值准备：

借：信用减值损失

贷：债权投资减值准备

企业将一项以公允价值计量且其变动计入当期损益的金融资产重分类为以公允价值

计量且其变动计入其他综合收益的金融资产的，应当继续以公允价值计量该金融资产。对以公允价值计量且其变动计入当期损益的金融资产进行重分类的，企业应当根据该金融资产在重分类日的公允价值确定其实际利率。同时，企业应当自重分类日起对该金融资产使用金融工具减值的相关规定，并将重分类日视为初始确认日。

借：其他债权投资(重分类日的公允价值)

　　贷：交易性金融资产

同时，如存在信用损失，补提减值准备：

借：信用减值损失

　　贷：其他综合收益——信用减值准备

【问题与思考】

交易性金融资产需要减值测试吗？

本 章 小 结

金融资产主要包括库存现金、银行存款、应收账款、应收票据、贷款、其他应收款、应收利息、债权投资、股权投资、基金投资、衍生金融资产等。

企业应当根据其管理金融资产的业务模式和金融资产的合同现金流量特征，对金融资产进行合理的分类。金融资产一般划分为以下三类：以摊余成本计量的金融资产、以公允价值计量且其变动计入当期损益的金融资产、以公允价值计量且其变动计入其他综合收益的金融资产。

交易性金融资产主要是指企业为了近期内出售而持有的金融资产，例如企业以赚取差价为目的从二级市场购入的股票、债券、基金等。

债权投资是指业务管理模式为以特定日期收取合同现金流量为目的的金融资产，具体来说是指企业购入的到期日固定、回收金额固定或可确定，且企业有明确意图和能力持有至到期的国债和企业债券等各种债券投资。

其他债权投资是指既可能持有至到期收取合同现金流量，也可能在到期之前出售的债券投资。

其他权益工具投资主要是指非交易性股票以及不具有控制、共同控制和重大影响的且没有公允价值的股权等。

【延伸阅读】

金融资产　financial assets

交易性金融资产　trading securities

摊余成本　amortized cost

实际利率　effective interest rate

债权投资　investment in debt

其他债权投资　other investment in debt

其他权益工具投资　other investment on equity instruments

复 习 题

一、单选题

1. 下列各项中，不属于金融资产的是(　　)。

A. 固定资产　　B. 长期股权投资

C. 银行存款　　D. 其他应收款

2. 2020年2月2日，甲公司支付500万元取得一项股权投资作为交易性金融资产核算，支付价款中包括已宣告尚未发放的现金股利20万元，另支付交易费用5万元。甲公司该项交易性金融资产的入账价值为(　　)万元。

A. 480　　B. 500　　C. 485　　D. 505

3. 2020年1月1日，甲公司从二级市场购入乙公司分期付息、到期还本的债券20万张，以银行存款支付价款2 142.18万元，另支付相关交易费用15万元。该债券系乙公司于2019年1月1日发行，每张债券面值为100元，期限为3年，票面年利率为6%，每年1月5日支付上年度利息。甲公司将其作为以摊余成本计量的金融资产。购入债券的实际年利率为5%。则甲公司购入该项债券的初始入账价值为(　　)万元。

A. 2 000　　B. 2 142.18　　C. 2 022.18　　D. 2 037.18

4. 2020年1月1日，甲公司从二级市场购入乙公司分期付息、到期还本的债券12万张，以银行存款支付价款1 267.69万元，另支付相关交易费用15万元。该债券系乙公司于2019年1月1日发行，每张债券面值为100元，期限为3年，票面年利率为5%，每年1月5日支付上年度利息。甲公司将其作为以公允价值计量且其变动计入其他综合收益的金融资产核算。购入债券的实际年利率为4%。则甲公司购入的该项以公允价值计量且其变动计入其他综合收益的金融资产的入账价值为(　　)万元。

A. 1 222.69　　B. 1 267.69　　C. 1 282.69　　D. 1 207.69

5. A公司于2020年1月1日从证券市场上购入M公司于2019年1月1日发行的债券，A公司根据其管理该金融资产的业务模式将其作为以公允价值计量且其变动计入其他综合收益的金融资产，该债券三年期、票面年利率为5%、每年1月5日支付上年度的利息，到期日一次归还本金和最后一次利息。购入债券时的实际年利率为6%。A公司购入债券的面值为2 000万元，实际支付价款为2 023.34万元，另支付相关交易费用40万元。2020年12月31日该债券的公允价值为2 000万元。A公司购入的该项债券2020年12月31日的摊余成本为(　　)万元。

A. 1 963.24　　B. 1 981.14　　C. 2 000　　D. 2 063.34

6. 企业在非同一控制下的企业合并中确认的或有对价构成金融资产的，该金融资产应当分类为(　　)。

A. 以摊余成本计量的金融资产

B. 以公允价值计量且其变动计入其他综合收益的金融资产

C. 其他应收款

D. 以公允价值计量且其变动计入当期损益的金融资产

7. 下列各项不属于金融资产的是(　　)。

A. 库存现金　　B. 应收账款　　C. 基金投资　　D. 存货

8. 企业持有该金融资产期间取得的现金股利，应当在现金股利宣告发放日确认并计入(　　)科目。

A. 交易性金融资产　　B. 投资收益

C. 公允价值变动损益　　D. 资本公积

9. 下列各项中，不影响当期损益的事项是(　　)。

A. 以公允价值计量且其变动计入当期损益的金融资产在持有期间确认应享有的现金股利

B. 以公允价值计量且其变动计入当期损益的金融资产在资产负债表日的公允价值大于账面价值的差额

C. 以摊余成本计量的金融资产在持有期间按摊余成本和实际利率计算确认的利息收入

D. 以公允价值计量且其变动计入其他综合收益的金融资产在资产负债表日的公允价值大于账面价值的差额

10. 2020 年 10 月 12 日，甲公司以每股 10 元的价格从二级市场购入乙公司股票 10 万股，支付价款 100 万元，另支付相关交易费用 2 万元。甲公司将购入的乙公司股票直接指定为以公允价值计量且其变动计入其他综合收益的金融资产核算。甲公司 2020 年 10 月 12 日购入乙公司股票的入账价值是(　)。

A. 102 万元　　B. 100 万元　　C. 98 万元　　D. 180 万元

二、多选题

1. 下列属于交易性金融资产的有(　　)。

A. 以赚取差价为目的从二级市场购入的股票

B. 以赚取差价为目的从二级市场购入的债券

C. 以赚取差价为目的从二级市场购入的基金

D. 不作为有效套期工具的衍生工具

2. 企业将一项以摊余成本计量的金融资产重分类为其他金融资产时，下列相关处理正确的有(　　)。

A. 将其重分类为以公允价值计量且其变动计入当期损益的金融资产的，应当按照该资产在重分类日的摊余成本进行计量

B. 将其重分类为以公允价值计量且其变动计入当期损益的金融资产的，原账面价值与公允价值之间的差额应计入当期损益

C. 将其重分类为以公允价值计量且其变动计入其他综合收益的金融资产的，应当按照该金融资产在重分类日的公允价值进行计量

D. 将其重分类为以公允价值计量且其变动计入其他综合收益的金融资产的，原账面价值与公允价值之间的差额计入其他综合收益

3. 金融资产的摊余成本是指该金融资产的初始确认金额经下列(　　)调整后的结果。

A. 扣除已收回的本金

B. 减去采用实际利率法将该初始确认金额大于到期日金额之间的差额进行摊销形成的累计摊销额

C. 扣除已发生的减值损失

D. 加上采用实际利率法将该初始确认金额小于到期日金额之间的差额进行摊销形成的累计摊销额

4. 下列各项中，属于金融资产发生减值的客观证据有(　　)。

A. 发行方或债务人发生严重财务困难

B. 债务人违反了合同条款，如偿付利息或本金发生违约或逾期等

C. 因发行方发生重大财务困难，该金融资产无法在活跃市场继续交易

D. 债务人认为无法偿还

5. 下列各项中，属于金融资产的有(　　)。

A. 现金　　B. 持有的其他单位的权益工具

C. 持有的其他单位的债务工具　　D. 从其他单位收取现金的合同权利

6. 企业对以公允价值计量且其变动计入当期损益的金融资产进行的下列会计处理，正确的有(　　)。

A. 企业划分为以公允价值计量且其变动计入当期损益金融资产的股票、债券，应当按照取得时的公允价值和相关的交易费用作为初始确认金额

B. 支付的价款中包含已宣告但尚未发放的现金股利或债券利息，应当单独确认为应收项目

C. 企业在持有期间取得的利息或现金股利，应当确认为投资收益

D. 资产负债表日，公允价值变动计入当期损益

7. 下列各项中，不应计入以公允价值计量且其变动计入当期损益的金融资产初始确认金额的有(　　)。

A. 支付的不含应收股利的价款

B. 支付的印花税

C. 支付的手续费

D. 支付价款中所含的已宣告发放而尚未领取的现金股利

8. 企业取得下列金融资产时，应将交易费用计入初始确认金额的有(　　)。

A. 交易性金融资产　　B. 债权投资

C. 其他债权投资　　D. 其他权益工具投资

9. 下列有关以摊余成本计量的金融资产的说法中，正确的有(　　)。

A. 企业购入的国债、公司债券等且管理该金融资产的业务模式是以收取合同现金流量为目标，该金融资产可以分类为以摊余成本计量的金融资产

B. 企业购入的国债、公司债券且管理该金融资产的业务模式是既以收取合同现金流量为目标又以出售该金融资产为目标，该金融资产也可以分类为以摊余成本计量的金融资产

C. 企业购入的权益工具投资也可以分类为以摊余成本计量的金融资产

D. 以摊余成本计量的金融资产在持有期间应当按实际利率法确认利息收入

10. 下列各项中，会引起债权投资账面价值发生增减变动的有(　　)。

A. 计提债权投资减值准备

B. 确认分期付息债权投资的利息

C. 确认到期一次付息债权投资的利息

D. 采用实际利率法摊销初始确认金额与到期日金额之间的差额

三、判断题

1. 金融资产的分类一旦确定，不得进行重分类。

2. 企业对于权益工具投资的金融资产一般不能进行重分类。

3. 企业取得金融资产时，应当按照公允价值进行初始计量，相关交易费用应当直接计入当期损益。

4. 企业对金融资产在持有期间取得的现金股利或利息，均应当确认为投资收益。

5. 企业取得金融资产时支付的交易费用均应计入当期损益，不计入其初始确认金额。

6. 企业购买的公司债券投资且管理该债券投资的业务模式是既以收取合同现金流量为目标又以出售该债券为目标，则企业对该债券投资应当分类为以摊余成本计量的金融资产。

7. “交易性金融资产”科目的期末借方余额，反映企业持有的交易性金融资产的成本与市价孰低值。

8. 以公允价值计量且其变动计入当期损益的金融资产，只包括交易性金融资产。

9. 资产负债表日，贷款的合同利率与实际利率差异较小的，也可以采用合同利率计算确定利息收入。

10. 资产负债表日，企业应当将以公允价值计量且其变动计入当期损益的金融资产的公允价值变动计入当期投资收益。

四、计算题

1. 甲公司有关金融资产业务如下：

(1) 2020 年 1 月 1 日，甲公司购买了 A 公司债券，期限 5 年，面值为 3 000 万元，实际支付价款为 2 600 万元，另支付交易费用 20.89 万元，票面利率 3%，次年 1 月 10 日支付利息。甲公司管理该金融资产的业务模式既以收取合同现金流量为目标又以出售该金融资产为目标，将其分类为以公允价值计量且其变动计入其他综合收益的金融资产。假定初始确认的实际利率为 6%。

(2) 2020 年 12 月 31 日，该债券公允价值为 2 608.14 万元。

(3) 2021 年 1 月初，因建设资金的需要，甲公司以 2 820 万元出售全部该债券。

要求：根据上述资料编制甲公司相关业务的会计分录。

2. 某公司 2020 年有关交易性金融资产的资料如下：

(1) 2 月 1 日该公司以银行存款购入 A 公司股票 50 000 股，并准备随时变现，每股买价 16 元，同时支付相关税费 4 000 元。

(2) 3 月 20 日 A 公司宣告发放的现金股利每股 0.4 元。

(3) 4 月 21 日该公司又购入 A 公司股票 50 000 股，并准备随时变现，每股买价 18.4 元(其中包含已宣告发放尚未支取的股利每股 0.4 元)，同时支付相关税费 6 000 元。

(4) 4 月 28 日该公司收到 A 公司发放的现金股利 20 000 元。

(5) 6 月 30 日 A 公司股票市价为每股 16.4 元。

(6) 7 月 28 日该公司以每股 17.5 元的价格转让 A 公司股票 60 000 股，扣除相关税费 6 000 元，实得金额为 1 040 000 元。

(7) 12 月 31 日 A 公司股票市价为每股 18 元。

要求：根据上述经济业务编制该公司有关会计分录。

3. 2020 年 2 月 1 日甲公司购入乙公司股票 1 万股，每股买价 6 元(含 0.1 元现金股利)，相关税费 3 000 元，并将其划分为交易性金融资产，4 月 1 日收到现金股利，6 月 30 日每股公允价值 5 元，8 月 20 日出售，收到 8 万元存入银行。

要求：编制甲公司有关分录。

4. 2020 年 1 月 8 日，甲公司购入丙公司发行的公司债券，该笔债券于 2019 年 1 月 2 日发行，面值为 2 500 万元，票面利率为 4%，债券利息按年支付。甲公司将其划分为交易性金融资产，支付价款为 2 650 万元(其中包含已宣告发放的债券利息 100 万元)，另支付交易费用 30 万元。2020 年 2 月 10 日，甲公司收到债券利息 100 万元。2020 年 6 月 30 日，甲公司购买的该笔债券的市价为 2 580 万元；2020 年 12 月 31 日，甲公司购买的该笔债券的市价为 2 560 万元。2021 年 2 月 10 日，甲公司收到债券利息 100 万元。2021 年 2 月 15 日，甲公司出售了所持有的丙公司债券，售价为 2 565 万元。

要求：做出甲公司的会计处理。

5. 甲公司 2020 年 3 月 10 日购买 A 公司发行的股票 100 万股，成交价为 14 元 / 股，另支付交易费用 20 万元，甲公司将该非交易性权益工具投资指定为以公允价值计量且其变动计入其他综合收益的金融资产。2020 年 4 月 20 日 A 公司宣告发放现金股利每股 0.2 元；5 月 20 日收到现金股利；2020 年 12 月 31 日，该股票每股市价为 15.8 元。2021 年 3 月 20 日，甲公司因建造新厂房的资金需求，将持有的 A 公司股票以每股 16.2 元(已扣除相关费用)的价格全部出售。

要求：编制甲公司有关该项金融资产的会计分录。

第九章　长期股权投资

【内容提要】

长期股权投资
- 长期股权投资的初始计量
- 长期股权投资的核算方法
- 长期股权投资的处置

【学习目标】

1. 了解长期股权投资的概念和分类；
2. 熟悉长期股权投资减值的核算；
3. 掌握长期股权投资初始投资成本的确定方法；
4. 掌握长期股权投资权益的适用范围及其会计处理方法；
5. 掌握长期股权投资成本的适用范围及其会计处理方法；
6. 掌握成本与权益转换的会计处理方法；
7. 掌握长期股权投资处置的核算方法。

【导入案例】

甲公司成立于 2000 年，注册资本 3 亿元。甲公司业务包括综合物业开发、金融、现代物流、文化旅游、民生产业等五大板块，下辖多家子公司。乙公司成立于 1984 年，总部位于深圳，经过 30 多年发展至今，据 2014 年报显示，当期企业总资产 5 084 亿元，营业收入 1 463 亿元，净利润 157 亿元，稳居中国市场第一，是中国当前房地产行业的龙头企业。甲公司自 2015 年 7 月到 2015 年 12 月底，经过四次举牌(以每 5%需要公告披露一次)，甲公司合计持有乙公司 24.26%股份，位列第一大股份。据统计，截至 2016 年 7 月 15 日，乙公司一共有 7 次资本市场融资，仅涉及股权融资且不考虑股权质押。2007 年之前，在融资时点买入乙公司股票，股票差价带来的回报都为盈利且超过银行 5 年期定期存款利率的复合增长率，其中最大的盈利达到 155 倍。2007 年开始，不考虑分红，融资时间点买入获得的回报是亏损的。近几年，乙公司现金分红可观。据统计，尽管在 2013 年之前，乙公司的股息率达不到 1 年期银行定期存款，但是近 3 年股息率都超过 3%，且保持上升趋势。另外，近年来，1 年期银行定期存款利率逐年走低，现仅为 1.5%，远远低于乙公司现在的分红股息率，加上乙公司股价变化带来的盈利已不明显，所以分红逐渐成为乙公司回报投资者的主要方式。

思考：长期股权初始成本如何确定？投资收益的确定方法是什么？

第一节　长期股权投资的初始计量

一、长期股权投资的概念及分类

长期股权投资是指投资方对被投资单位实施控制、重大影响的权益性投资，以及对其合营企业的权益性投资。除此之外，其他权益性投资不作为长期股权投资核算而应当按照《企业会计准则第 22 号——金融工具确认和计量》的规定进行会计核算。

长期股权投资的分类主要有以下两种。

(一) 按照长期股权投资对被投资企业产生的影响划分

长期股权投资可分为：控制、共同控制和重大影响三种类型。

1. 控制

控制是指有权决定一个企业的财务和经营政策，并能据此从该企业的经营活动中获取利益。投资企业能够对被投资单位实施控制的，被投资企业为其子公司。

投资企业可以对被投资企业施加控制的途径主要包括：

(1) 投资企业拥有被投资企业 50%以上的表决权资本。这种情形具体可分为：

① 直接控制，即投资企业直接拥有被投资单位 50%以上的表决权资本；

② 间接控制，即投资公司通过其子公司而拥有被投资企业 50%以上的表决权资本；

③ 直接和间接共同控制，即投资企业虽然不直接拥有被投资企业 50%以上的表决权，但是同时通过其子公司拥有被投资企业另外一个比例的表决权，两者合计超过 50%。

(2) 投资企业虽然只直接拥有被投资单位 50%或以下的表决权资本，但具有实质控制权的，可以通过以下一项或若干项情况判定：

① 通过与其他投资者的协议，投资企业拥有被投资单位 50%以上表决权资本的控制权。例如，A 公司拥有 B 公司 30%的表决权资本，C 公司拥有 B 公司 25%的表决权资本。A 公司与 C 公司达成协议，C 公司在 B 公司的权益由 A 公司代表。在这种情况下，A 公司实质上拥有 B 公司 55%表决权资本的控制权，表明 A 公司实质上控制 B 公司。

② 根据章程或协议，投资企业有权控制被投资单位的财务和经营政策。例如，A 公司拥有 B 公司 30%的表决权资本，同时根据协议，B 公司的生产经营决策由 A 公司控制。这种情况下，A 公司虽然只拥有 B 公司 30%的表决权资本，但由于 B 公司的生产经营决策由 A 公司控制，则表明 A 公司实质上控制 B 公司。

③ 投资企业有权任免被投资单位董事会等类似权力机构的多数成员。这种情况是指，虽然投资企业只拥有被投资单位 50%或以下表决权资本，但根据章程、协议等有权任免董事会的多数董事，能够达到实质上控制的目的。

④ 投资企业在董事会或类似权力机构会议上有半数以上的投票权。这种情况是指，虽然投资企业拥有被投资单位50%或以下表决权资本，但能够控制被投资单位董事会等类似权力机构的会议，从而能够控制其财务和经营政策，达到实质上的控制。

2. 共同控制

共同控制是指按照合同约定对某项经济活动共有的控制，仅在与该项经济活动相关的重要财务和经营决策需要分享控制权的投资方一致同意时存在。投资企业与其他方对被投资单位实施共同控制的，被投资单位为其合营企业。

构成共同控制的具体情况包括：

(1) 任何一个合营方均不能单独控制合营企业的生产经营活动；

(2) 涉及合营企业基本经营活动的决策需要各合营方一致同意；

(3) 各合营方可能通过合同或协议的形式任命其中的一个合营方对合营企业的日常活动进行管理，但其必须在各合营方已经一致同意的财务和经营政策范围内行使管理权。

3. 重大影响

重大影响是指对一个企业的财务和经营政策有参与决策的权力，但并不能够控制或者与其他方一起共同控制这些政策的制定。投资企业能够对被投资单位施加重大影响的，被投资单位为其联营企业。

一般而言，投资企业拥有被投资单位20%～50%(不含50%)比例的有表决权的股份时，就认为投资企业对被投资单位具有重大影响，除非有明确的证据表明投资企业不能参与被投资单位的生产经营决策，则认为不形成重大影响。此外，虽然投资企业拥有被投资企业20%以下的表决权资本，但符合下列情况之一的，应认为投资企业对被投资单位具有重大影响：

(1) 投资企业在被投资单位的董事会或类似的权力机构中派有代表。在这种情况下，投资企业享有相应的实质性的参与决策权，投资企业可以通过该代表参与被投资单位政策的制定，从而实现对该被投资单位施加重大影响。

(2) 投资企业参与被投资单位的政策制定过程。这种情况下，在制定政策过程中投资企业可以为其自身的财务而提出建议和意见，由此可以对该被投资单位施加重大影响。

(3) 投资企业向被投资单位派出管理人员。这种情况下，管理人员有权力并负责被投资单位的财务和经营活动，从而能对被投资单位施加重大影响。

(4) 被投资单位依赖投资企业的技术资料。这种情况下，由于被投资单位的生产经营需要依赖投资方的技术或技术资料，从而表明投资企业对被投资单位具有重大影响。

(5) 其他足以证明投资企业对被投资单位具有重大影响的情形。

(二) 按照长期股权投资的取得方式划分

长期股权投资可分为：企业合并形成的长期股权投资和非企业合并形成的长期股权投资。

1. 企业合并形成的长期股权投资

企业合并，是指将两个或者两个以上单独的企业合并形成一个报告主体的交易或事项。按企业合并前后是否均受同一方或相同的多方最终控制、且该控制并非暂时性的，企业合并形成的长期股权投资，又可具体分为同一控制下的企业合并形成的长期股权投资和非同一控制下的企业合并形成的长期股权投资。

2. 非企业合并形成的长期股权投资

除了企业合并形成的长期股权投资，企业还可以通过支付现金、转让非现金资产、发行权益性证券、投资者投入长期股权投资或承担债务等方式取得长期股权投资。

其中投资者投入长期股权投资，是指投资者以其持有的第三方的投资作为出资投入企业形成的长期股权投资。

二、长期股权投资的初始计量

长期股权投资的取得方式不同，其初始投资成本的确定也各不相同。长期股权投资初始投资成本的确定，应当分为企业合并形成的长期股权投资和其他方式取得的长期股权投资两种方式。但是，无论企业以何种方式取得长期股权投资，实际支付的价款或对价中包含的已宣告但尚未领取的现金股利或利润，都应作为应收项目单独入账，不构成取得长期股权投资的成本。

(一) 企业合并形成的长期股权投资

在企业合并形成的长期股权投资中，还应进一步分为同一控制下的企业合并和非同一控制下的企业合并，确定长期股权投资的初始投资成本。

1. 同一控制下企业合并形成的长期股权投资

同一控制下的企业合并，合并方以支付现金、转让非现金资产、承担债务方式作为合并对价的，应当在合并日按照取得被合并方所有者权益账面价值的份额作为长期股权投资的初始投资成本。长期股权投资初始投资成本与支付的现金、转让的非现金资产账面价值之间的差额，应当调整资本公积(资本溢价或股本溢价)，资本公积(资本溢价或股本溢价)的余额不足冲减的，调整留存收益。

合并方为企业合并发行的债券或承担其他债务支付的手续费、佣金等，应当并入发行债券及其他债务的初始计量金额；为进行企业合并发生的各项直接相关费用，如为进行企业合并而支付的审计费用、评估费用、法律服务费用等，应当于发生时计入当期损益，即管理费用。

具体进行会计处理时，合并方在合并日按取得被合并方所有者权益账面价值的份额，借记“长期股权投资”科目，按应享有被投资单位已宣告但尚未发放的现金股利或利润，借记“应收股利”科目，按支付的合并对价的账面价值，贷记有关资产或借记有关负债科目，按其差额，贷记“资本公积——资本溢价或股本溢价”科目，资本公积(资本溢价或股本溢价)不足冲减的，借记“盈余公积”、“利润分配——未分配利润”科目。

【例 9-1】 甲公司和乙公司同为丙公司的子公司。2020 年 1 月 1 日，甲公司与乙公司达成合并协议，约定甲公司以固定资产和银行存款 5 000 000 元向乙公司投资，占乙公司有表决权股份的 70%，甲公司对该项投资计划长期持有。甲公司参与企业合并的固定资产原价为 15 000 000 元，已提折旧 5 000 000 元，未计提固定资产减值准备。

2020 年 1 月 1 日，乙公司所有者权益总额 30 000 000 元，甲公司所有者权益中资本公积余额为 1 500 000 元。

甲公司应作如下账务处理：

借：固定资产清理　　　　　　　　10 000 000
　　累计折旧　　　　　　　　　　5 000 000
　　贷：固定资产　　　　　　　　　15 000 000
借：长期股权投资——乙公司　　　21 000 000(30 000 000 × 70%)
　　贷：固定资产清理　　　　　　　10 000 000
　　　　银行存款　　　　　　　　　5 000 000
　　　　资本公积——资本溢价　　　6 000 000

合并方以发行权益性证券作为合并对价的，应当在合并日按照取得被合并方所有者权益账面价值的份额作为长期股权投资的初始投资成本。按照发行权益性证券的面值总额作为股本，长期股权投资初始投资成本与所发行权益性证券面值总额之间的差额，应当调整资本公积(股本溢价)，资本公积(股本溢价)的余额不足冲减的，调整留存收益。

合并方为进行企业合并发行的权益性证券发生的手续费、佣金等费用，应当抵减权益性证券溢价收入，溢价收入不足冲减的，冲减留存收益。

具体进行会计处理时，在合并日应按取得被合并方所有者权益账面价值的份额，借记“长期股权投资”科目，按享有被投资单位已宣告但尚未发放的现金股利或利润，借记“应收股利”科目，按发行权益性证券的面值，贷记“股本”科目，按其差额，贷记“资本公积——股本溢价”科目；如为借方差额的，借记“资本公积——股本溢价”科目，资本公积(股本溢价)不足冲减的，借记“盈余公积”“利润分配——未分配利润”科目。

【例 9-2】 甲公司和丙公司同为丁公司的子公司。2020 年 6 月 10 日，甲公司与丙公司达成合并协议，约定甲公司以增发的权益性证券作为对价向丙公司投资，占丙公司有表决权股份的 60%，甲公司对该项投资计划长期持有。2020 年 6 月 10 日，甲公司增发的权益性证券成功，共增发普通股 10 000 000 股，每股面值 2 元，实际发行价格为每股 5 元。2020 年 6 月 10 日，丙公司所有者权益总额为 50 000 000 元。

甲公司应作如下账务处理：

借：长期股权投资——丙公司　　　30 000 000(50 000 000 × 60%)
　　贷：股本　　　　　　　　　　　20 000 000
　　　　资本公积——股本溢价　　　10 000 000

2. 非同一控制下企业合并形成的长期股权投资

非同一控制下的企业合并中，购买方应当按照确定的企业合并成本作为长期股权投资的初始投资成本。企业合并成本包括购买方付出的资产、发生或承担的负债、发行的权益性证券的公允价值等。购买方为进行企业合并发生的审计、法律服务、评估咨询等中介费用以及其他相关费用，应该在发生时计入当期损益(管理费用)。

非同一控制下的企业合并，是将合并行为看作是一方购买另一方的交易，原则上，购买方为了取得对被购买方的控制权而放弃的资产、发生或承担的负债、发行的权益性证券等均应按其在购买日的公允价值计量，所有为进行企业合并而支付对价的公允价值之和作为合并中形成长期股权投资的成本。其中，支付非货币性资产为对价的，所支付非货币性资产在购买日的公允价值与其账面价值的差额应作为资产处置损益，计入企业合并当期的利润表。

非同一控制下企业合并形成的长期股权投资，应在购买日按企业合并成本(不含应自被投资单位收取的现金股利或利润)，借记“长期股权投资”科目，按享有被投资单位已宣告但尚未发放的现金股利或利润，借记“应收股利”科目，按支付合并对价的账面价值，贷记有关资产或借记有关负债科目，按发生的直接相关费用，借记“管理费用”科目，贷记“银行存款”等科目，按其差额，贷记或借记“资产处置损益”等科目。非同一控制下企业合并涉及以库存商品等作为合并对价的，应按库存商品的公允价值，贷记“主营业务收入”科目，并同时结转相关的成本。涉及增值税的，还应进行相应的处理。

【例 9-3】 2020 年 2 月 1 日，甲公司与丁公司达成合并协议，约定甲公司以固定资产和银行存款 120 000 元向丁公司投资，占丁公司有表决权股份的 60%，甲公司对该项投资计划长期持有。甲公司参与企业合并的固定资产原价为 1 000 000 元，已提折旧 300 000 元，已计提固定资产减值准备 100 000 元，公允价值为 620 000 元。假定甲公司与丁公司在此之前不存在任何投资关系，不考虑其他相关税费。

甲公司应作如下账务处理：

企业合并成本 = 620 000 + 120 000 = 740 000(元)

借：固定资产清理	600 000	
累计折旧	300 000	
固定资产减值准备	100 000	
贷：固定资产		1 000 000
借：长期股权投资——乙公司	740 000	
贷：固定资产清理		600 000
银行存款		120 000
资产处置损益		20 000

【例 9-4】 甲公司和乙公司为两个互不关联的独立企业，合并之前不存在任何投资关系。2020 年 9 月 5 日，甲公司和乙公司达成合并协议，约定甲公司以库存商品以及发行的权益性证券作为合并对价，取得乙公司 80%的股权。甲公司投出库存商品的账面价值为 240 万元，公允价值为 300 万元，增值税额为 39 万元。在甲公司和乙公司的合并中，甲公司以银行存款支付审计费用、评估费用、法律服务费用等合并直接相关共计 10 万元。

甲公司应作如下账务处理：

企业合并成本 = 300 + 39 = 339(万元)

借：长期股权投资——乙公司(成本)	3 390 000	
管理费用	100 000	
贷：主营业务收入		3 000 000
应交税费——应交增值税(销项税额)		390 000
银行存款		100 000
借：主营业务成本	2400 000	
贷：库存商品		2400 000

(二) 其他方式取得的长期股权投资

其他方式取得的长期股权投资主要是以支付现金、非现金资产等其他方式(非企业合并)

形成的长期股权投资，应当按照下列规定确定其初始投资成本。

1. 以支付现金取得的长期股权投资

以支付现金取得的长期股权投资，应当按照实际支付的购买价款作为初始投资成本。初始投资成本包括与取得长期股权投资直接相关的税金及其他必要支出等。

企业以支付现金取得的长期股权投资，应当按照实际支付的价款及取得长期股权投资直接相关的税费等作为长期股权投资的初始投资成本，借记“长期股权投资”科目，贷记“银行存款”等科目。实际支付的价款中包含有已宣告但尚未领取现金股利的，按实际支付的价款减去已宣告但尚未领取的现金股利的差额，作为初始投资成本，借记“长期股权投资”，已宣告但尚未领取的现金股利计入应收项目，借记“应收股利”科目。

【例 9-5】 2020 年 10 月 1 日，甲公司购买了乙公司发行的股票 100 万股，价值为 200 万元，占乙公司有表决权股份的 20%。另外，在购买过程中支付手续费等相关费用 8 万元。甲公司对该项投资计划长期持有，取得该部分股权后，能够对乙公司的生产经营决策施加重大影响。

甲公司应作如下账务处理：

初始投资成本 = 200 + 8 = 208(万元)

借：长期股权投资——乙公司　　2 080 000

　　贷：银行存款　　2 080 000

2. 以发行权益性证券取得的长期股权投资

以发行权益性证券取得的长期股权投资，应当按照发行权益性证券的公允价值作为初始投资成本。

企业以发行权益性证券取得的长期股权投资，应当按照权益性证券的公允价值，借记“长期股权投资”科目，按权益性证券的面值，贷记“股本”科目，按权益性证券的公允价值与其面值之间的差额，贷记“资本公积——股本溢价”科目。在这一过程中，与发行权益性证券有关的手续费、佣金、税费等发行相关费用，应当冲减“资本公积——股本溢价”科目，溢价收入不足的，应冲减盈余公积和未分配利润。

【例 9-6】 2020 年 7 月，甲公司通过增发 3 000 000 股(每股面值 1 元)本企业普通股为对价取得对乙公司 30%的股权。按照增发前一定时期的平均股价计算，该 3 000 000 股普通股的公允价值为 5 200 000 元。为增发该部分普通股，甲公司支付了 200 000 元的佣金和手续费。取得乙公司该部分股权后，甲公司能够对乙公司施加重大影响。

甲公司应作如下账务处理：

借：长期股权投资——乙公司(成本)　　5 200 000

　　贷：股本　　3 000 000

　　　　资本公积——股本溢价　　2 200 000

借：资本公积——股本溢价　　200 000

　　贷：银行存款　　200 000

3. 投资者投入的长期股权投资

投资者投入的长期股权投资是指投资者将其持有的对第三方的投资作为出资投入企业形成的长期股权投资。投资者投入的长期股权投资，应当按照投资合同或协议约定的价值作为初始投资成本，但合同或协议约定价值不公允的除外。

企业接受投资者投入的长期股权投资，应当按照投资合同或协议约定的价值以及相关的税费等作为初始投资成本，借记“长期股权投资”科目，按照投资者出资构成实收资本(股本)的部分，贷记“实收资本”“股本”等科目，按支付的相关税费，贷记“银行存款”等科目，按照上述借贷方之间的差额，贷记“资本公积”科目。

【例 9-7】 甲公司设立时，A 公司以其持有的对 B 公司的长期股权投资作为出资投入甲公司。投资各方在投资合同中约定，作为出资的长期股权投资作价 300 万元。甲公司注册资本为 1 200 万元。A 公司出资占甲公司注册资本的 20%。

甲公司应作如下账务处理：

借：长期股权投资　　3 000 000
　　贷：实收资本　　2 400 000
　　　　资本公积——资本溢价　　600 000

如果投资各方在投资合同或协议中约定的价值明显高于或低于该项投资公允价值的，应以公允价值作为长期股权投资的初始投资成本，由该项出资构成实收资本(或股本)的部分与确认的长期股权投资初始投资成本之间的差额，相应调整资本公积(资本溢价)。

【例 9-8】 2020 年 10 月 20 日，甲公司接受乙公司以其所持有的丙公司的投资作为出资，从而取得长期股权投资。乙公司对丙公司长期股权投资的账面余额为 250 000 元，未计提长期股权投资减值准备。甲公司与乙公司约定的对丙公司长期股权投资价值为 280 000 元，占甲公司有表决权股份的 25%，甲公司对该项投资计划长期持有。假定 2020 年 10 月 20 日，甲公司所有者权益总额为 1 000 000 元。不考虑相关税费。

甲公司应作如下账务处理：

借：长期股权投资——丙公司　　280 000
　　贷：股本　　250 000(1 000 000 × 25%)
　　　　资本公积——股本溢价　　30 000

4. 通过非货币性资产交换、债务重组取得的长期股权投资

通过非货币性资产交换取得的长期股权投资，其初始投资成本应当按照《企业会计准则第 7 号——非货币性资产交换》确定。通过债务重组取得的长期股权投资，其初始投资成本应当按照《企业会计准则第 12 号——债务重组》确定。

【问题与思考】

同一控制下企业合并与非同一控制下企业合并形成的长期股权投资取得成本的确定有何区别？

第二节　长期股权投资的核算方法

企业取得的长期股权投资在持有期间，要根据所持股份的性质、占被投资单位股份总额比例的大小以及对被投资单位财务和经营政策的影响程度，分别采用成本法或权益法进行会计核算。

一、长期股权投资核算的成本法

(一) 长期股权投资核算的成本法及其适用范围

长期股权投资核算的成本法是指长期股权投资按成本计价的方法。其特点为：长期股权投资以取得时的初始投资成本计价；除了投资企业追加投资、收回投资、投资减值等情形，长期股权投资的账面价值应当保持不变。投资企业应就其对被投资企业宣告分派利润或现金股利中所享有的份额确认为投资收益。

长期股权投资应当采用成本法核算，投资企业能够对被投资单位实施控制的长期股权投资。投资企业应当将子公司纳入合并财务报表的合并范围。投资企业对子公司的长期股权投资，应当采用成本法核算，编制合并财务报表时按照权益法进行调整。

(二) 成本法的会计处理

(1) 设置“长期股权投资——成本”科目，反映长期股权投资的初始投资成本。在收回投资前，无论被投资单位经营情况如何，净资产是否增减，投资企业一般不对股权投资的账面价值进行调整。

(2) 如果发生追加投资、将应分得的现金股利或利润转为投资、收回投资等情况，应按照追加或收回投资的数额调整股权的初始投资成本，并按调整后的成部分作为长期股权投资的账面价值。

(3) 除了取得投资时实际支付的价款或对价中包含的已宣告但尚未发放的现金股利或利润，投资企业应当按照享有被投资单位宣告分派现金股利或利润确认投资收益。

投资企业在确认自被投资单位应分得的现金股利或利润后，应当考虑长期股权投资是否发生减值。在判断该类长期股权投资是否存在减值迹象时，应当关注长期股权投资的账面价值是否大于享有被投资单位净资产(包括相关商誉)账面价值的份额等情况。出现类似情况时，企业应当按照《企业会计准则第 8 号——资产减值》的规定对长期股权投资进行减值测试，可收回金额低于长期股权投资账面价值的，应当计提减值准备。

(4) 被投资单位宣告分派股票股利，投资企业只做备忘记录；被投资单位未分派股利，投资企业不作任何会计处理。

长期股权投资采用成本法核算时，应按被投资单位宣告发放的现金股利或利润中属于本企业享有的部分，借记“应收股利”科目，贷记“投资收益”科目。

【例 9-9】 甲公司于 2019 年 10 月 10 日取得乙公司 60%的股权，成本为 12 000 000 元，属于非同一控制下的企业合并。甲公司将其划分为长期股权投资，并按成本法核算。2020 年 2 月 6 日，乙公司宣告分派利润，甲公司按照持股比例可取得 100 000 元。乙公司于 2020 年 2 月 12 日实际分派利润。

甲公司应做如下账务处理：

借：长期股权投资——乙公司　　12 000 000

　　贷：银行存款　　12 000 000

借：应收股利　　100 000

　　贷：投资收益　　　　　　　　　　　100 000

借：银行存款　　　　　　　　　　　100 000

　　贷：应收股利　　　　　　　　　　　100 000

进行上述处理后，如相关长期股权投资存在减值迹象的，应当进行减值测试。

【问题与思考】

长期股权投资成本法的适用范围是什么？其核算要点有哪些？

二、长期股权投资核算的权益法

(一) 长期股权投资核算的权益法及其适用范围

长期股权投资核算的权益法指投资最初以初始投资成本计价，以后根据投资企业享有被投资单位所有者权益份额的变动调整投资账面价值的方法。

投资企业对被投资单位具有共同控制的合营企业以及具有重大影响的联营企业的长期股权投资，应当采用权益法核算。

(二) 权益法的会计处理

1. 会计科目的设置

采用权益法核算，在“长期股权投资”科目下应当设置“成本”“损益调整”“其他综合收益”“其他权益变动”明细科目，分别反映长期股权投资的初始投资成本以及因被投资单位所有者权益发生增减变动而对长期股权投资账面价值进行调整的金额。

(1) 成本，反映长期股权投资的初始投资成本，以及在长期股权投资的初始投资成本小于投资时应享有被投资单位可辨认净资产公允价值份额的情况下，按其差额调整初始投资成本后形成的新的投资成本。

(2) 损益调整，反映投资企业应享有或应分担的被投资单位实现的净损益的份额，以及被投资单位分派的现金股利或利润中投资企业应获得的份额。

(3) 其他综合收益，反映被投资单位各交易事项引起的其他综合收益变动，投资企业应享有或承担的份额。

(4) 其他权益变动，反映被投资单位除了净损益、其他综合收益以及利润分配的所有者权益的其他变动，投资企业应享有或承担的份额。

2. 初始投资成本的调整

投资企业取得对联营企业或合营企业的投资以后，对于取得投资时点上投资成本与应享有被投资单位可辨认净资产公允价值份额之间的差额，应区别以下情况处理。

(1) 投资成本大于取得投资时应享有被投资单位可辨认净资产公允价值份额的，该部分差额体现为投资企业在购入该项投资过程中通过作价体现出的与所取得股权份额相对应的商誉。该部分差额不要求调整长期股权投资的成本。

(2) 投资成本小于取得投资时应享有被投资单位可辨认净资产公允价值份额的，两者之间的差额体现为交易双方在作价过程中转让方对投资企业给予的让步或是出于其他方面的考虑给予投资企业的无偿经济利益流入，应计入取得投资当期的损益(营业外收入)，同时调整长期股权投资的初始投资成本。

投资企业应享有被投资单位可辨认净资产公允价值的份额，可用下列公式计算：

应享有被投资单位可辨认净资产公允价值份额 = 投资时被投资单位可辨认净资产公允价值总额 × 投资企业持股比例

【例 9-10】 2020 年 1 月 1 日，甲公司以每股 1.50 元的价格购入乙公司股票 2 000 万股作为长期股权投资，并支付交易税费 12 万元。该股份占乙公司普通股股票的 25%，甲公司采用权益法核算。

① 假定投资当时，乙公司可辨认净资产公允价值为 9 000 万元。

初始投资成本 = 2 000 × 1.50 + 12 = 3 012(万元)

应享有 D 公司可辨认净资产公允价值份额 = 9 000 × 25% = 2 250(万元)

由于长期股权投资的初始投资成本大于投资时应享有乙公司可辨认净资产公允价值的份额，因此，不调整长期股权投资的初始投资成本。甲公司应作如下会计处理：

借：长期股权投资——D 公司(成本)　　　30 120 000
　　贷：银行存款　　　　　　　　　　　　　30 120 000

② 假定投资当时，乙公司可辨认净资产公允价值为 15 000 万元。

应享有乙公司可辨认净资产公允价值的份额 = 15 000 × 25% = 3 750(万元)

由于长期股权投资的初始投资成本小于投资时应享有乙公司可辨认净资产公允价值的份额，因此，应按其差额调整长期股权投资的初始投资成本，同时计入当其营业外收入。甲公司应作如下会计处理：

初始投资成本调整额 = 3 750 − 3 012 = 738(万元)

借：长期股权投资——D 公司　　　30 120 000
　　贷：银行存款　　　　　　　　　　30 120 000
借：长期股权投资——D 公司　　　7 380 000
　　贷：营业外收入　　　　　　　　　7 380 000

调整后的投资成本 = 3 012 + 738 = 3 750(万元)

【问题与思考】

在长期股权投资的权益法下，如何对初始投资成本进行调整？

3. 持有长期股权投资期间投资损益的确认

在确认应享有或应分担被投资单位的净利润或净亏损时，如果取得投资时被投资单位各项资产、负债的公允价值与其账面价值不同的，投资企业在计算确定投资收益时，不能完全以被投资单位自身核算的净利润与持股比例计算确定，而是需要在被投资单位实现净利润的基础上经过适当调整后确定。

在确认应享有被投资单位的净利润或净亏损时，主要应考虑以下因素对被投资单位净利润的影响：

(1) 以取得投资时被投资单位固定资产、无形资产的公允价值为基础计提的折旧额或摊销额对被投资单位净利润的影响。如取得投资时被投资单位固定资产公允价值高于账面价值，对于投资企业来讲，相关固定资产的折旧额应以取得投资时该固定资产的公允价值为基础确定，并根据被投资单位已计提的折旧额与对于投资企业来讲应计提的折旧额之间的差额，对被投资单位的净利润进行调整。

(2) 被投资单位有关长期资产以投资企业取得投资时的公允价值为基础计算确定的减值准备金额对被投资单位净利润的影响。

(3) 被投资单位采用的会计政策和会计期间与投资企业不一致时，应按投资企业的会计政策和会计期间对被投资单位的财务报表进行调整，以调整后的净利润为基础计算确认投资损益。

投资企业无法合理确定取得投资时被投资单位各项可辨认资产公允价值的，或者投资时被投资单位可辨认资产的公允价值与账面价值相比，两者之间的差额不具重要性的，或是无法取得对被投资单位净利润进行调整所需资料的，可以按照被投资单位的账面净利润与持股比例计算的结果直接确认为投资损益。

(4) 在评估投资方对被投资单位是否具有重大影响时，应当考虑潜在表决权的影响，但在确定应享有的被投资单位实现的净损益、其他综合收益和其他权益变动的份额时，潜在表决权所对应的权益份额不应予以考虑。

【例 9-11】 假定甲公司长期股权投资的成本大于取得投资时乙公司可辨认净资产公允价值份额的情况下，2020 年乙公司实现净利润 960 万元。甲公司、乙公司均以公历年度作为会计年度，采用相同的会计政策。由于投资时乙公司各项资产、负债的账面价值与其公允价值相同，不需要对乙公司的净利润进行调整，甲公司应确认的投资收益为 240 万元(960 万 × 25%)，一方面增加长期股权投资的账面价值，另一方面作为利润表中的投资收益确认。

A 公司的会计处理如下：

借：长期股权投资——乙公司(损益调整)　　　　2 400 000
　　贷：投资收益——乙公司　　　　　　　　　　　2 400 000

【例 9-12】 甲公司于 2020 年 1 月 2 日购入丙公司 30%的股份，购买价款为 2 000 万元，并自取得股份之日起派人参与丙公司的生产经营决策。取得投资日，丙公司可辨认净资产公允价值为 6 000 万元，除了表 9-1 所列项目，其他资产、负债的公允价值与账面价值相同(单位：元)。

表 9-1　项目情况

	账面原价	已提折旧	公允价值	原预计使用年限	剩余使用年限
固定资产	1 000 万	200 万	1 200 万	20 年	16 年
无形资产	600 万	120 万	800 万	10 年	8 年
小　计	1 600 万	320 万	2 000 万		

假定丙公司 2020 年实现净利润 600 万元。甲公司与丙公司的会计年度和采用的会计政策相同。

甲公司在确定其应享有丙公司 2020 年的投资收益时，应在丙公司实现净利润的基础上，根据取得投资时有关资产的账面价值与其公允价值差额的影响进行调整(假定不考虑所得税影响)：

调整后的净利润 = 600 − (1 200 ÷ 16 − 1 000 ÷ 20) − (800 ÷ 8 − 600 ÷ 10) = 535(万元)

甲公司应享有份额 = 535 × 30% = 160.5(万元)

甲公司应做以下会计分录：

借：长期股权投资——丙公司(损益调整)　　1 605 000

　　贷：投资收益　　1 605 000

【问题与思考】

在长期股权投资的权益法中，投资单位可否直接按被投资单位实现的净损益确认当期投资收益？为什么？

在确认投资收益时，除了考虑有关资产、负债的公允价值与账面价值差异的调整，对于投资企业与其联营企业和合营企业之间发生的未实现内部交易损益也应予以抵销。即投资企业与联营企业及合营企业之间发生的未实现内部交易损益按照持股比例计算归属于投资企业的部分应当予以抵销，在此基础上确认投资损益。投资企业与被投资单位发生的内部交易损失，按照《企业会计准则第 8 号——资产减值》等规定属于资产减值损失的，应当全额确认。投资企业对于纳入其合并范围的子公司与其联营企业及合营企业之间发生的内部交易损益，也应当按照上述原则进行抵销，在此基础上确认投资损益。

应当注意的是，该未实现内部交易损益的抵销既包括顺流交易也包括逆流交易，其中，顺流交易是指投资企业向其联营企业或合营企业出售资产的交易，逆流交易是指联营企业或合营企业向投资企业出售资产的交易。当该未实现内部交易损益体现在投资企业或其联营企业、合营企业持有的资产账面价值中时，相关的损益在计算确认投资损益时应予抵销。

对于联营企业或合营企业向投资企业出售资产的逆流交易，在该交易存在未实现内部交易损益的情况下(即有关资产未对外部独立第三方出售)，投资企业在采用权益法计算确认应享有联营企业或合营企业的投资损益时，应抵销该未实现内部交易损益的影响。当投资企业自其联营企业或合营企业购买资产时，在将该资产出售给外部独立的第三方之前，不应确认联营企业或合营企业因该交易产生的损益中本企业应享有的部分。

因逆流交易产生的未实现内部交易损益，在未对外部独立第三方出售之前，体现在投资企业持有资产的账面价值中。投资企业对外编制合并财务报表的，应在合并财务报表中对长期股权投资及包含未实现内部交易损益的资产账面价值进行调整，抵销有关资产账面价值中包含的未实现内部交易损益，并相应调整对联营企业或合营企业的长期股权投资。

【例 9-13】 甲公司于 2020 年 1 月 1 日取得乙公司 25%有表决权股份，能够对乙公司施加重大影响。甲公司取得该项投资时，乙公司各项可辨认资产、负债的公允价值与其账面价值相同。2020 年 10 月，乙公司将其成本为 900 万元的某商品以 1 500 万元的价格出售给甲公司，甲公司将取得的商品作为存货。至 2020 年 12 月 31 日，甲公司仍未对外出售该存货。乙公司 2020 年实现净利润 4 800 万元。假定不考虑所得税因素。

甲公司在按照权益法确认应享有乙公司 2020 年净损益时，应进行以下账务处理：

应确认的投资收益 = (4 800 − 600) × 25% = 1 050(万元)

借：长期股权投资——乙公司(损益调整)　　10 500 000
　　贷：投资收益　　10 500 000

对于投资企业向联营企业或合营企业出售资产的顺流交易，在该交易存在未实现内部交易损益的情况下(即有关资产未对外部独立第三方出售)，投资企业在采用权益法计算确认应享有联营企业或合营企业的投资损益时，应抵销该未实现内部交易损益的影响，同时调整对联营企业或合营企业长期股权投资的账面价值。

【例 9-14】 甲公司持有乙公司 25%有表决权股份，能够对乙公司施加重大影响。2020 年，甲公司将其账面价值为 900 万元的商品以 1 500 万元的价格出售给乙公司。至 2020 年 12 月 31 日，乙公司未将该批商品对外部独立第三方出售。甲公司取得该项投资时，乙公司各项可辨认资产、负债的公允价值与其账面价值相同，两者在以前期间未发生过内部交易。乙公司 2020 年实现净利润 3 000 万元。假定不考虑所得税因素。

甲公司在该项交易中实现净利润 600 万元，其中的 120 万元是针对本公司持有的对联营企业的权益份额，在采用权益法计算确认投资损益时应予抵销，即甲公司应当进行如下账务处理：

借：长期股权投资——乙公司(损益调整)　　6 000 000((3 000 万 − 600 万) × 25%)
　　贷：投资收益　　6 000 000

【问题与思考】

在权益法下如何处理顺流交易与逆流交易产生的未实现内部交易损益？

4. 取得现金股利或利润的处理

采用权益法核算的长期股权投资，投资企业自被投资单位取得的现金股利或利润，应冲减长期股权投资的账面价值。在被投资单位宣告分派现金股利或利润时，借记“应收股利”科目，贷记“长期股权投资——损益调整”科目；自被投资单位取得的现金股利或利润超过已确认损益调整的部分应视同投资成本的收回，冲减长期股权投资的账面价值，贷记“长期股权投资——成本”科目。

被投资单位分派股票股利时，投资企业不进行账务处理，但应在备查簿中登记增加的股份。

【例 9-15】 2020 年 1 月 1 日，甲公司购入 D 公司股票 1 600 万股作为长期股权投资，占 D 公司普通股股份的 25%，甲公司采用权益法核算。假定投资当时，D 公司可辨认净资产公允价值与其账面价值之间的差额较小，甲公司按照 D 公司的账面净损益与持股比例计算确认投资损益。

① 2019 年度，D 公司报告净收益 1 500 万元；2020 年 3 月 5 日，D 公司宣告 2019 年度利润分配方案，每股分派现金股利 0.10 元。

A. 确认投资收益。

应确认投资收益 = 1 500 × 25% = 375(万元)

借：长期股权投资——D 公司(损益调整)　　3 750 000
　　贷：投资收益　　3 750 000

B. 确认应收股利。

应收现金股利 = 1 600 × 0.10 = 160(万元)

借：应收股利　　　　　　　　　　　　　　1 600 000

　　贷：长期股权投资——D 公司(损益调整)　　　　1 600 000

② 2020 年度，D 公司报告净收益 1 820 万元；2021 年 3 月 5 日，D 公司宣告 2020 年度利润分配方案，每股分派现金股利 0.15 元。

A. 确认投资收益。

应确认投资收益 = 1 820 × 25% = 455(万元)

借：长期股权投资——D 公司(损益调整)　　　4 550 000

　　贷：投资收益　　　　　　　　　　　　　　　4 550 000

B. 确认应收股利。

应收现金股利 = 1 600 × 0.15 = 240(万元)

借：应收股利　　　　　　　　　　　　　　2 400 000

　　贷：长期股权投资——D 公司(损益调整)　　　　2 400 000

③ 2021 年度，D 公司报告净收益 1 250 万元；2022 年 4 月 15 日，D 公司宣告 2021 年度利润分配方案，每股派送股票股利 0.30 股。

A. 确认投资收益。

应确认投资收益 = 1 250 × 25% = 312.50(万元)

借：长期股权投资——D 公司(损益调整)　　　3 125 000

　　贷：投资收益　　　　　　　　　　　　　　　3 125 000

B. 在备查簿中登记增加的股份。

股票股利 = 1 600 × 0.30 = 480(万股)

持有股票总数 = 1 600 + 480 = 2 080(万股)

④ 2022 年度，D 公司报告净收益 980 万元。2023 年 4 月 10 日，D 公司宣告 2022 年度利润分配方案，每股分派现金股利 0.10 元。

A. 确认投资收益。

应确认投资收益 = 980 × 25% = 245(万元)

借：长期股权投资——D 公司(损益调整)　　　2 450 000

　　贷：投资收益　　　　　　　　　　　　　　　2 450 000

B. 确认应收股利。

应收现金股利 = 2 080 × 0.10 = 208(万元)

借：应收股利　　　　　　　　　　　　　　2 080 000

　　贷：长期股权投资——D 公司(损益调整)　　　　2 080 000

⑤ 2023 年度，D 公司报告净收益 1 000 万元，未进行利润分配。

应确认收益 = 1 000 × 25% = 250(万元)

借：长期股权投资——D 公司(损益调整)　　　2 500 000

　　贷：投资收益　　　　　　　　　　　　　　　2 500 000

⑥ 2024 年度，D 公司报告净亏损 600 万元，用以前年度留存收益弥补亏损后，于 2024 年 4 月 5 日，宣告 2023 年度利润分配方案，每股分派现金股利 0.10 元。

A. 应确认投资损失。

应确认投资损失 = 600 × 25% = 150(万元)

借：投资收益　　1 500 000

　　贷：长期股权投资——D 公司(损益调整)　　1 500 000

B. 确认应收股利。

应收现金股利 = 2 080 × 0.10 = 208(万元)

借：应收股利　　2 080 000

　　贷：长期股权投资——D 公司(损益调整)　　2 080 000

5. 超额亏损的确认

权益法下，投资企业确认应分担被投资单位发生的损失，原则上应以长期股权投资及其他实质上构成长期权益的项目减记至零为限，投资企业负有承担额外损失义务的除外。这里所讲“其他实质上构成长期权益的项目”主要是指长期性的应收项目等，应收被投资单位的长期债权，从目前来看没有明确的清偿计划并且在可预见的未来期间也不可能进行清偿的，从实质上来看，即构成长期权益。

采用权益法核算的情况下，投资企业在确认应分担被投资单位发生的亏损时，应按照以下顺序处理：

首先，减记长期股权投资的账面价值；

其次，在长期股权投资的账面价值减记至零的情况下，考虑是否有其他构成长期权益的项目，如果有，则以其他实质上构成对被投资单位长期权益的账面价值为限，继续减记；

最后，在有关其他实质上构成对被投资单位长期权益的价值也减记至零的情况下，如果按照投资合同或协议约定，投资企业需要承担额外义务的，则需按预计将承担责任的金额确认相关的损失。

按上述顺序已确认的损失以外仍有额外损失的，应在账外做备查登记，不再予以确认。

在确认了有关投资损失以后，被投资单位于以后期间实现盈利的，应按以上相反顺序恢复其他实质上构成对被投资单位净投资的长期权益及长期股权投资的账面价值。

【例 9-16】 甲公司持有 S 公司 40%的股份，采用权益法核算。由于 S 公司持续亏损，甲公司在确认了 2014 年度的投资损失以后，该项股权投资的账面价值已减至 500 万元，其中“长期股权投资——成本”科目借方余额 2 400 万元，“长期股权投资——损益调整”科目贷方余额 1 900 万元，甲公司未对该项股权投资计提减值准备。除了对 S 公司的长期股权投资，甲公司还有一笔金额为 300 万元的应收 S 公司长期债权，该项债权没有明确的清收计划，且在可预见的未来期间不准备收回。2015 年度 S 公司继续亏损，当年亏损额为 1 500 万元；2016 年度 S 公司仍然亏损，当年亏损额为 800 万元；2017 年度 S 公司经过资产重组，经营情况好转，当年取得净收益 200 万元；2018 年度 S 公司经营情况进一步好转，当年取得净收益 600 万元；2019 年度 S 公司取得净收益 1 200 万元；2020 年度 S 公司取得净收益 1 600 万元。

① 确认应分担的 2015 年度亏损份额。

应分担的亏损份额 = 1 500 × 40% = 600(万元)

由于应分担的亏损份额大于该项长期股权投资的账面价值，因此，甲公司应以该项长期股权投资的账面价值减记至零为限确认投资损失，剩余应分担的亏损份额 100 万元，应继续冲减实质上构成对被投资单位净投资的长期应收款，并确认投资损失。甲公司确认当年投资损失的会计处理如下：

借：投资收益　　5 000 000

　贷：长期股权投资——S 公司(损益调整)　　5 000 000

借：投资收益　　1 000 000

　贷：长期应收款——S 公司　　1 000 000

② 确认应分担的 2016 年度亏损份额。

应分担的亏损份额 = 800 × 40% = 320(万元)

由于应分担的亏损份额大于尚未冲减的长期应收款账面余额，因此，甲公司不能再按应分担的亏损份额确认当年的投资损失、而只能以长期应收款账面余额 200 万元为限确认当年的投资损失，其余 120 万元未确认的亏损分担额应在备查登记簿中作备忘记录，留待以后年度 S 公司取得收益后抵销。甲公司确认当年投资损失的会计处理如下：

借：投资收益　　2 000 000

　贷：长期应收款——S 公司　　2 000 000

③ 确认应享有的 2017 年度收益份额。

应享有的收益份额 = 200 × 40% = 80(万元)

由于甲公司以前年度未确认的亏损分担额为 120 万元，而当年应享有的收益份额不足以抵销该未确认的亏损分担额，因此，不能按当年应享有的收益分享额恢复长期应收款及长期股权投资的账面价值。甲公司当年不做正式的会计处理，但应在备查登记簿中记录已抵销的未确认亏损分担额 80 万元以及尚未抵销的未确认亏损分担额 40 万元。

④ 确认应享有的 2018 年度收益份额。

应享有的收益份额 = 600 × 40% = 240(万元)

由于当年应享有的收益份额超过了以前年度尚未抵销的未确认亏损分担额，因此，应在备查登记簿中记录对以前年度尚未抵销的未确认亏损分担额 40 万元的抵销，并按超过部分首先恢复长期应收款的账面价值。

应恢复长期应收款账面价值 = 240 − 40 = 200(万元)

借：长期应收款——S 公司　　2 000 000

　贷：投资收益　　2 000 000

⑤ 确认应享有的 2019 年度收益份额。

应享有的收益份额 = 1 200 × 40% = 480(万元)

由于当年应享有的收益份额超过了尚未恢复的长期应收款账面价值，因此，在完全恢复了长期应收款的账面价值后，应按超过部分继续恢复长期股权投资的账面价值。

应恢复长期股权投资账面价值 = 480 − 100 = 380(万元)

借：长期应收款——S 公司　　1 000 000

　贷：投资收益　　1 000 000

借：长期股权投资——S 公司(损益调整)　　3 800 000

　贷：投资收益　　3 800 000

⑥ 确认应享有的 2020 年度收益份额。

应享有的收益份额 = 1 600 × 40% = 640(万元)

借：长期股权投资——S 公司(损益调整)　　6 400 000

贷：投资收益　6 400 000

【问题与思考】

采用权益法核算的情况下，投资企业在确认应分担被投资单位发生的超额亏损时，如何进行会计处理？

6. 被投资单位其他综合收益的变动

在权益法核算下，被投资单位确认的其他综合收益及其变动，也会影响被投资单位所有者权益总额，进而影响投资企业应享有被投资单位所有者权益的份额。因此，当被投资单位其他综合收益发生变动时，投资企业应当按照归属于本企业的部分，相应调整长期股权投资的账面价值，同时增加或减少其他综合收益。

借：长期股权投资——其他综合收益

贷：其他综合收益

(或相反分录)

【例 9-17】 甲公司持有乙公司 25%的股份，并能对乙公司施加的重大影响。当期，乙公司将其作为存货的房地产转换为以公允价值模式计量的投资性房地产，转换日公允价值大于账面 1 500 万元，计入了其他综合收益。不考虑其他因素，甲公司当期按照权益法核算应确认的其他综合收益的会计处理如下：

按权益法核算甲公司应确认的其他综合收益 = 1 500 × 25% = 375(万元)

借：长期股权投资——其他综合收益　3 750 000

贷：其他综合收益　3 750 000

7. 被投资单位除了净损益、其他综合收益和利润分配的所有者权益的其他变动

采用权益法核算时，投资企业对于被投资单位除了净损益、其他综合收益和利润分配的所有者权益的其他变动，应按照持股比例与被投资单位所有者权益的其他变动计算的归属于本企业的部分，相应调整长期股权投资的账面价值，同时增加或减少资本公积(其他资本公积)。

借：长期股权投资——其他权益变动

贷：资本公积——其他资本公积

(或相反分录)

【例 9-18】 A 企业持有 B 企业 30%的股份，能够对 B 企业施加重大影响。B 企业为上市公司，当期 B 企业的母公司给予 B 公司捐赠 1 000 万元，该捐赠实质上属于资本性投入，B 公司将其计入资本公积(股本溢价)。不考虑其他因素，A 企业按权益法作如下会计处理：

A 企业在确认应享有被投资单位所有者权益的其他变动 = 1 000 × 30% = 300(万元)

借：长期股权投资——其他权益变动　3 000 000

贷：资本公积——其他资本公积　3 000 000

【问题与思考】

(1) 长期股权投资权益法的适用范围是什么？其核算要点有哪些？

(2) 成本法与权益法会计处理的主要区别是什么？

三、金融资产与长期股权投资之间的转换

(一) 金融资产转为长期股权投资

1. 金融资产转为长期股权投资并且按权益法核算

投资方持有的金融资产因追加投资等原因能够对被投资单位施加重大影响或实施共同控制但不构成控制的，企业应将原确认的金融资产转为长期股权投资时，按照权益法进行后续计量。原持有的金融资产的公允价值加上新增投资成本之和，作为改按权益法核算的初始投资成本。原持有的金融资产指定为以公允价值计量且其变动计入其他综合收益的金融资产的，其公允价值与账面价值之间的差额，以及原计入其他综合收益的累计公允价值变动应当转入改按权益法核算当期的留存收益。在此基础上，再比较初始投资成本与应享有被投资单位可辨认净资产公允价值的份额，前者大于后者的，不调整长期股权投资的账面价值；前者小于后者的，差额调整长期股权投资的账面价值，并计入当期营业外收入。

【例 9-19】 甲公司 2018—2019 年有关投资业务如下：

① 2018 年 1 月 1 日，甲公司以 610 万元(含已宣告但尚未领取的现金股利 10 万元和支付的相关费用 2 万元)购入 A 公司 10%的股权，甲公司对 A 公司没有重大影响。甲公司将购买的 A 公司股权指定为以公允价值计量且其变动计入其他综合收益的金融资产。

② 2018 年 2 月 10 日，甲公司收到 A 公司支付的现金股利 10 万元。

③ 2018 年 12 月 31 日，甲公司持有的 A 公司股权的公允价值为 660 万元。

④ 2019 年 6 月 30 日，甲公司又从 A 公司的另一投资者处取得 A 公司 20%的股份，实际支付价款 1 450 万元。此次购买完成后，持股比例达到 30%，对 A 公司有重大影响。2019 年 6 月 30 日，甲公司原持有的 A 公司 10%股权的公允价值为 700 万元。A 公司可辨认净资产公允价值为 7 000 万元。

⑤ A 公司 2019 年 7 月 1 日至 12 月 31 日实现净利润为 500 万元(假设不需要调整)。

甲公司对上述投资的有关会计处理如下：

① 2018 年 1 月 1 日，取得投资时。

借：其他权益工具投资——成本　　6 000 000
　　应收股利　　100 000
　　贷：银行存款　　6 100 000

② 2018 年 2 月 10 日，甲公司收到现金股利 10 万元。

借：银行存款　　100 000
　　贷：应收股利　　100 000

③ 2018 年 12 月 31 日，甲公司确认公允价值变动。

借：其他权益工具投资——公允价值变动　　600 000
　　贷：其他综合收益——其他权益工具投资公允价值变动　　600 000

④ 2019 年 6 月 30 日，甲公司又购入 A 公司 20%的股权，取得重大影响时。

借：长期股权投资——投资成本　　21 500 000(1450 万元 + 700 万元)
　　贷：银行存款　　14 500 000
　　　　其他权益工具投资——成本　　6 000 000

——公允价值变动　600 000

盈余公积　40 000

利润分配——未分配利润　360 000

同时：

借：其他综合收益——其他权益工具投资公允价值变动　600 000

贷：盈余公积　60 000

利润分配——未分配利润　540 000

说明：A 公司可辨认净资产公允价值为 7 000 万元，甲公司应享有可辨认净资产公允价值的份额为 2 100 万元(7000*30%)，小于其投资成本 2 150 万元，因此不需要调整甲公司的长期股权投资成本。

⑤ 2019 年 7 月 1 日至 12 月 31 日，A 公司实现净利润。

借：长期股权投资——损益调整　1 500 000

贷：投资收益　1 500 000(5 000 000*30%)

2. 金融资产转为长期股权投资并且按成本法核算

投资方持有的金融资产因追加投资等原因能够对非同一控制下的被投资单位实施控制，企业应将原确认的金融资产转为长期股权投资，同时按照成本法进行后续计量。原持有的金融资产按公允价值计量的账面价值加上新增投资所支付对价的公允价值之和，作为改按成本法核算的初始投资成本。原持有的金融资产分类为以公允价值计量且其变动计入其他综合收益的金融资产的，其原计入其他综合收益的累计公允价值变动应当转入改按成本法核算当期的留存收益。

(二) 长期股权投资转为金融资产

企业持有的长期股权投资，因处置部分股权投资等原因丧失了对被投资单位的控制、共同控制以及重大影响的，处置后的剩余股权应当改按《企业会计准则第 22 号——金融工具确认和计量》核算，其在丧失控制、共同控制以及重大影响之日的公允价值与账面价值之间的差额计入当期损益。原长期股权投资因采用权益法核算而确认的其他综合收益，应当在终止采用权益法核算时采用与被投资单位直接处置相关资产或负债相同的基础进行会计处理。

股权投资在重大影响之上时，按照企业会计准则规定，企业应将其确认为长期股权投资。如果企业处置部分股权投资，导致不能对被投资企业实施重大影响、共同控制或者控制，则企业应将该长期股权投资转为金融资产，并按照金融资产的相关规定进行会计处理。

投资方因处置等原因导致难以对被投资单位施加重大影响、共同控制或控制的，企业应将原确认的长期股权投资转为金融资产，同时按照公允价值对金融资产进行后续计量。按照丧失共同控制或重大影响之日的公允价值作为金融资产的初始投资成本，公允价值与账面价值的差额计入投资收益。与原股权投资有关的、可以重分类进损益的其他综合收益以及其他权益变动(资本公积——其他资本公积)应当转入当期损益。

【例 9-20】 甲公司有 A 公司 30%的有表决权股份，因能够对 A 公司的生产经营决策施加重大影响，采用权益法核算。2018 年 3 月，甲公司将该项投资中的 50%对外出售，出售以后，无法再对 A 公司施加重大影响，甲公司将剩余股权投资划归为交易性金融资产，剩余股权投资在当日的公允价值为 1 800 万元。出售时，该项长期股权投资的账面价值为 3 200 万元，其中成本为 2 600 万元，损益调整为 400 万元，其他综合收益为 100 万元，除了净损益、其他综合收益和利润分配的其他所有者权益变动为 100 万元。出售取得价款 1 800 万元已收入银行存款户。假定不考虑增值税等相关因素。

甲公司对上述投资业务的会计处理如下：

① 处置 50%的股权投资。

借：银行存款	18 000 000	
贷：长期股权投资——投资成本		13 000 000
——损益调整		2 000 000
——其他综合收益		500 000
——其他权益变动		500 000
投资收益		2 000 000

② 将剩余的长期股权投资转为金融资产。

借：交易性金融资产	18 000 000	
贷：长期股权投资——投资成本		13 000 000
——损益调整		2 000 000
——其他综合收益		500 000
——其他权益变动		500 000
投资收益		2 000 000

③ 将其他综合收益转入当期损益。

借：其他综合收益	1 000 000	
贷：投资收益		1 000 000

④ 将其他权益变动转入当期损益。

借：资本公积——其他资本公积	1 000 000	
贷：投资收益		1 000 000

四、长期股权投资核算方法的转换

(一) 成本法转为权益法

对于个别财务报表，剩余持股比例部分应从取得投资时点采用权益法核算，即对剩余持股比例投资追溯调整，将其调整至权益法核算的结果。

1. 处置部分

借：银行存款

　　贷：长期股权投资

　　　　投资收益(差额)

2. 剩余部分追溯调整

(1) 投资时点商誉的追溯。

剩余的长期股权初始投资成本与按照剩余持股比例计算原投资时应享有被投资单位

可辨认净资产公允价值的份额，属于投资作价中体现的商誉部分，不调整长期股权投资的账面价值；属于初始投资成本小于原投资时应享有被投资单位可辨认净资产公允价值份额的，在调整长期股权投资成本的同时，应调整留存收益。

(2) 投资后的追溯调整。

借：长期股权投资

贷：留存收益(盈余公积、利润分配——未分配利润)(原投资时至处置投资当期期初被投资单位留存收益变动 × 剩余持股比例)

投资收益(处置投资当期期初至处置日被投资单位的净损益变动 × 剩余持股比例)其他综合收益(被投资单位其他综合收益变动 × 剩余持股比例)

资本公积——其他资本公积(其他原因导致被投资单位其他所有者权益变动 × 剩余持股比例)

注意：调整留存收益和投资收益时，应自被投资方实现的净损益中扣除已发放或已宣告发放的现金股利或利润。

【例 9-21】 2020 年 1 月 1 日，甲公司支付 600 万元取得乙公司 100%的股权，投资当时乙公司可辨认净资产的公允价值为 500 万元，商誉 100 万元。2020 年 1 月 1 日至 2021 年 12 月 31 日，乙公司的净资产增加了 75 万元，其中按购买日公允价值计算实现的净利润 50 万元，持有股权的公允价值升值 25 万元。

2022 年 1 月 8 日，甲公司转让乙公司 60%的股权，收取现金 480 万元存入银行，转让后甲公司对乙公司的持股比例为 40%，能够对其施加重大影响。2022 年 1 月 8 日，即甲公司丧失对乙公司的控制权日，乙公司剩余 40%股权的公允价值为 320 万元。假定甲、乙公司提取盈余公积的比例均为 10%。假定乙公司未分配现金股利，且不考虑其他因素。

甲公司在其个别财务报表中的处理分别如下：

① 确认部分股权处置收益。

借：银行存款 4 800 000

贷：长期股权投资 3 600 000(6 000 000 × 60%)

投资收益 1 200 000

② 对剩余股权改按权益法核算。

借：长期股权投资 300 000

贷：盈余公积 20 000(500 000 × 40% × 10%)

利润分配 180 000(500 000 × 40% × 90%)

其他综合收益 100 000(250 000 × 40%)

经上述调整后，在个别财务报表中，剩余股权的账面价值为 270(600 × 40% + 30)万元。

(二) 权益法转为成本法

因追加投资等导致原持有的对联营企业或合营企业的投资转变为对子公司的投资，应将权益法改为成本法。其会计处理如下：

(1) 企业在追加投资日，原采用权益法下核算的长期股权投资的账面价值不需要调整，追加投资日新增投资的成本按照支付对价的公允价值确认，即以购买日之前所持被购买方的股权投资的账面价值与购买日新增投资成本之和，作为该项投资的初始投资成本。

(2) 如果购买日之前持有的被购买方的股权涉及其他综合收益或其他权益变动的，应当在未来处置该项投资时将与其相关的其他综合收益(例如，被投资单位持有的其他债权投资公允价值变动部分)以及其他权益变动转入当期投资收益。

【例 9-22】 2020 年 1 月 1 日，甲公司以 2 000 万元取得 C 公司 30%的股权，款项以银行存款支付，C 公司 2020 年 1 月 1 日可辨认净资产公允价值总额为 6 000 万元(假定其公允价值等于账面价值)，因对 C 公司具有重大影响，甲公司对该项投资采用权益法核算。

2020 年 C 公司实现净利润 1 000 万元，未分派现金股利。

2021 年 1 月 1 日，甲公司又以 2 400 万元取得 C 公司 30%的股权，款项以银行存款支付，当日 C 公司可辨认净资产公允价值总额为 7 000 万元，取得该部分股权后，甲公司能够对 C 公司实施控制，因此，甲公司将对 C 公司的股权投资转为成本法核算。

根据上述资料，甲公司有关对 C 公司的股权投资的有关账务处理如下：

① 2020 年 1 月 1 日：

借：长期股权投资——C 公司(投资成本)　20 000 000

　　贷：银行存款　20 000 000

② 2020 年年末：

借：长期股权投资 C 公司(损益调整)　3 000 000

　　贷：投资收益　3 000 000

③ 2021 年 1 月 1 日又购入 30%股权时：

借：长期股权投资——C 公司　47 000 000

　　贷：银行存款　24 000 000

　　　　长期股权投资——C 公司(投资成本)　20 000 000

　　　　　　　　　　——C 公司(损益调整)　3 000 000

原 30%账面价值 = 2 000 + 300 = 2300(万元)

长期股权投资改按成本法核算的初始投资成本 = 2 300 + 2 400 = 4 700(万元)

第三节　长期股权投资的处置

一、长期股权投资的减值

(一) 长期股权投资减值准备

企业应对长期股权投资的账面价值定期地逐项进行检查，至少于每年年末检查一次。如果由于市价持续下跌或被投资单位经营状况变化等原因导致其可收回金额低于投资的账面价值，应按可收回金额低于长期投资的账面价值的差额，计提长期投资减值准备，确认为当期投资损失。

可收回金额是指企业资产的出售净价与预计从该资产的持有和投资到期处置中形成的预计未来现金流量的现值两者之中的较高者。其中，出售净价是指资产的出售价格减去所发生的资产处置费用后的余额。

(二) 长期股权投资减值的判断标准

企业持有的长期股权投资是否应计提减值准备，需分情况确定：

(1) 对有市价的长期股权投资是否计提减值准备，可以根据下列迹象判断：市价持续 2 年低于账面价值；该项投资暂停交易 1 年或 1 年以上；被投资单位当年发生严重亏损；被投资单位持续 2 年发生亏损；被投资单位进行清理整顿、清算或出现其他不能持续经营的迹象。

(2) 对无市价的长期股权投资是否计提减值准备，可以根据下列迹象判断：影响被投资单位经营的政治或法律等环境的变化，如税收、贸易等法规的颁布或修订，可能导致被投资单位出现巨额亏损；被投资单位所供应的商品或提供的劳务因产品过时或消费者偏好改变而使市场的需求发生变化，从而导致被投资单位财务状况发生严重恶化；被投资单位所从事行业的生产技术等发生重大变化，被投资单位已失去竞争能力，从而导致财务状况发生严重恶化，如进行清理整顿、清算等；有证据表明该项投资实质上已经不能再给企业带来经济利益的其他情形。

(三) 长期股权投资减值的核算

长期股权投资的减值准备应按照个别投资项目计算确定。如果按照上述判断标准，其预计未来可收回金额低于投资账面价值的，应将可收回金额低于长期投资账面价值的差额，计提长期股权投资减值准备，确认为当期投资损失。

企业设置“长期股权投资减值准备”科目，核算企业长期股权投资的减值准备。本科目可按被投资单位进行明细核算。本科目期末贷方余额，反映企业已计提但尚未转销的长期股权投资减值准备。资产负债表日，长期股权投资发生减值的，按应减记的金额，借记“资产减值损失”科目，贷记“长期股权投资减值准备”科目。处置长期股权投资时，应同时结转已计提的长期股权投资减值准备。

需要说明的是，长期股权投资一旦计提减值准备，即使未来长期股权投资的价值又得以恢复的，原已计提的长期股权投资减值准备也不得转回。

【例 9-23】 甲企业对 B 公司(上市公司)的长期股权投资按成本法核算，2020 年末，该长期股权投资账面价值为 450 000 元，由于 B 公司的股价持续下跌，其可收回金额估计为 200 000 元。2021 年末，B 公司的股票市价回升至 400 000 元；2022 年末，由于 B 公司经营状况很好，其股票市价回升至 500 000 元。

甲企业应作如下账务处理：

① 2020 年末计提长期股权投资减值准备

借：资产减值损失(450 000 − 200 000)　　250 000

　　贷：长期股权投资减值准备——B 公司　　250 000

② 2021 年、2022 年末股票价值回升时，不得转回已计提的长期股权投资减值准备。

【问题与思考】

长期股权投资减值如何进行会计核算？减值后若在未来期间价值回升，可否转回已提减值准备？

二、长期股权投资的处置方法

长期股权投资的处置，主要指通过证券市场售出股权，也包括抵偿债务转出、非货币性资产交换转出以及因被投资企业破产清算而被迫清算股权等情形。

企业处置长期股权投资时，应相应结转与所售股权相对应的长期股权投资的账面价值，出售所得价款与处置长期股权投资账面价值之间的差额，应确认为处置损益。

投资方全部处置权益法核算的长期股权投资时，原权益法核算的相关其他综合收益应当在终止采用权益法核算时采用与被投资单位直接处置相关资产或负债相同的基础进行会计处理，因被投资方除了净损益、其他综合收益和利润分配的其他所有者权益变动而确认的所有者权益，应当在终止采用权益法核算时全部转入当期投资收益。

处置长期股权投资时，应按实际收到的金额，借记“银行存款”等科目，按其账面余额，贷记“长期股权投资”科目，按尚未领取的现金股利或利润，贷记“应收股利”科目，按其差额，贷记或借记“投资收益”科目。已计提减值准备的，还应同时结转减值准备。采用权益法核算长期股权投资的处置，除了上述规定，还应结转原计入资本公积或其他综合收益的相关金额，借记或贷记“资本公积——其他资本公积”科目或“其他综合收益”，贷记或借记“投资收益”科目。

在部分处置某项长期股权投资时，按该项投资的总平均成本确定处置部分的成本，并按相同的比例结转已计提的长期股权投资减值准备、相关的资本公积和其他综合收益金额。

【例 9-24】 A 企业原持有 B 企业 40%的股权，2020 年 12 月 20 日，A 企业决定出售 10%的 B 企业股权，出售时 A 企业账面上对 B 企业长期股权投资的构成为：投资成本 1 800 万元，损益调整 480 万元，可转入损益的其他综合收益 100 万元其他权益变动 200 万元。出售取得价款 705 万元。

① A 企业确认处置损益的账务处理。

借：银行存款　　7 050 000

　　贷：长期股权投资　　6 450 000[(1 800 + 480 + 100 + 200) ÷ 40% × 10%]

　　　　投资收益　　600 000

② 除应将实际取得价款与出售长期股权投资的账面价值进行结转，确认出售损益，还应将原计入其他综合收益或资本公积的部分按比例转入当期损益。

借：资本公积——其他资本公积　500 000

　　其他综合收益　　250 000

　　贷：投资收益　　750 000

【问题与思考】

在权益法下处置长期股权投资时，如何进行会计处理？

本 章 小 结

长期股权投资应按成本进行初始计量，该成本应当分企业合并和非企业合并两种情况确定。其中，企业合并形成的长期股权投资的初始计量，还应当进一步区分为同一控制下的企业合并和非同一控制下的企业合并形成的长期股权投资两种情形处理。

长期股权投资的后续计量有两种方法，即成本法和权益法。成本法是指长期股权投资按成本计价的方法。只有在初始投资或追加投资时需要调整长期股权投资的账面价值。权益法是指长期股权投资以初始投资成本计量后，在投资持有期间根据投资企业享有被投资单位所有者权益份额的变动对长期股权投资的账面价值进行调整的方法。在被投资企业实现净损益、宣告分派现金股利或利润、发生超额亏损、除了净损益的所有者权益的其他变动时均需要调整长期股权投资的账面价值。

期末应对长期股权投资的账面价值定期地逐项进行检查，如果由于市价持续下跌或被投资单位经营状况变化等原因，导致其可收回金额低于投资的账面价值，应按可收回金额低于长期投资的账面价值的差额，计提长期投资减值准备，确认为当期投资损失。

企业处置长期股权投资时，应相应结转与所售股权相对应的长期股权投资的账面价值，出售所得价款与处置长期股权投资账面价值之间的差额，应确认为处置损益。

【延伸阅读】

长期股权投资　long-term investment in equity security

企业合并　business combination

控制　control

共同控制　common control

成本法　cost method

权益法　equity method

复　习　题

一、单选题

1. 成本法下，被投资单位宣告分派现金股利时，投资企业应按享有的部分计入(　　)科目。

A. 长期股权投资　　B. 投资收益

C. 资本公积　　D. 营业外收入

2. 甲、乙公司为同一集团下的两个公司，2020 年 1 月 2 日，甲公司通过定向增发 2 000 万股(每股面值 1 元)自身股份取得乙公司 80%的股权，并能够对乙公司实施控制，合并日乙公司所有者权益账面价值为 5 000 万元，可辨认净资产公允价值为 6 000 万元，2020 年 3 月 10 日乙公司宣告分配现金股利 750 万元，2020 年度乙公司实现净利润 950 万元，不考虑其他因素，则 2020 年 12 月 31 日该长期股权投资的账面价值为(　　)万元。

A. 2 000　　B. 4 000　　C. 4 800　　D. 6 000

3. 长期股权投资采用权益法核算时，下列各项中，影响“长期股权投资——其他综合收益”科目余额的是(　　)。

A. 被投资单位实现净利润

B. 被投资单位因投资性房地产转换导致其他综合收益增加

C. 被投资单位宣告分配现金股利

D. 投资企业与被投资单位之间的未实现内部交易损益

4. 下列各项中，影响长期股权投资账面价值增减变动的是(　　)。

A. 采用权益法核算的长期股权投资，持有期间被投资单位宣告分派股票股利

B. 采用权益法核算的长期股权投资，持有期间被投资单位宣告分派现金股利

C. 采用成本法核算的长期股权投资，持有期间被投资单位宣告分派股票股利

D. 采用成本法核算的长期股权投资，持有期间被投资单位宣告分派现金股利

5. 投资者投入的长期股权投资，如果合同或协议约定价值是公允的，应当按照(　　)作为初始投资成本。

A. 投资合同或协议约定的价值　　B. 账面价值

C. 计税基础　　D. 市场价值

6. M公司2020年初以银行存款680万元作为对价取得N公司30%的股权。当年N公司亏损800万元；2021年N公司亏损2 000万元；2022年N公司实现净利润600万元。不考虑顺逆流交易等因素，则2022年M公司计入投资收益的金额为(　　)万元。

A. 48　　B. 32　　C. 20　　D. 0

7. 甲公司持有F公司40%的股权，2020年12月31日，长期股权投资的账面价值为1 200万元。F公司2021年发生净亏损4 000万元。甲公司账上有应收F公司长期应收款300万元(符合长期权益的条件)，同时，根据投资合同的约定，甲公司需要承担F公司额外损失弥补义务50万元且符合预计负债的确认条件，假定取得投资时被投资单位各资产、负债的公允价值等于其账面价值，双方采用的会计政策、会计期间相同。甲公司2021年度应确认的投资损益为(　　)万元。

A. −1600　　B. 1200　　C. −1500　　D. −1550

8. 2020年1月1日，A公司以银行存款取得B公司30%的股权，初始投资成本为2 000万元，投资时B公司各项可辨认资产、负债的公允价值与其账面价值相同，可辨认净资产公允价值及账面价值的总额均为7 000万元，A公司取得投资后即派人参与B公司生产经营决策，但无法对B公司实施控制。B公司2020年实现净利润800万元，A公司在2020年6月销售给B公司一批存货，售价为500万元，成本为300万元，该批存货尚未对外销售，假定不考虑所得税因素，A公司2020年度因该项投资增加当期损益的金额为(　　)万元。

A. 180　　B. 280　　C. 100　　D. 200

9. 黄河公司以定向增发股票的方式购买同一集团内另一企业持有的B公司90%的股权。为取得该股权，黄河公司定向增发6 000万股普通股。每股面值为1元，每股公允价值为10元，支付承销商佣金、手续费等50万元。另支付评估审计费用20万元。取得该股权时，B公司所有者权益账面价值为10 000万元，公允价值为15 000万元，假定黄河公司和B公司采用的会计政策相同，黄河公司取得该项股权时应确认的资本公积为(　　)万元。

A. 3 020　　B. 2 930　　C. 2 950　　D. 3 000

10. 下列有关长期股权投资初始计量的表述中，正确的是(　　)。

A. 以非现金资产为对价取得长期股权投资的，应确认非现金资产的转让损益

B. 以发行权益性证券的方式取得长期股权投资的，权益性证券发行费用应从发行溢价中扣除，溢价不足扣减的，应当冲减盈余公积和未分配利润

C. 以发行公司债券方式完成企业合并的，公司债券的发行费用应追加债券发行折价、或冲减债券发行溢价，溢价不够冲抵时再调整留存收益
D. 长期股权投资初始投资成本等于入账价值

二、多选题

1. 下列情形中，长期股权投资应采用成本法核算的有(　　)。
A. 投资企业拥有被投资单位半数以上的表决权资本
B. 投资企业对被投资单位具有共同控制
C. 投资企业对被投资单位具有重大影响
D. 投资企业在被投资单位的董事会或类似机构占多数表决权

2. 长期股权投资采用成本法核算时，投资方应确认为投资收益的有(　　)。
A. 被投资单位实际发放股票股利
B. 被投资单位宣告分派现金股利
C. 期末计提长期股权投资减值准备
D. 出售长期股权投资时，实际收到的金额与其账面价值及尚未领取的现金股利或利润的差额

3. A 公司所持有的下列股权投资中，通常应采用权益法核算的有(　　)。
A. A 公司与 C 公司各持有 B 公司 50%的股权，由 A 公司与 C 公司共同决定 B 公司的财务和经营政策
B. A 公司持有 D 公司 15%的股权，并在 D 公司董事会派有代表
C. A 公司持有 E 公司 10%的股权，E 公司的生产经营需依赖 A 公司的技术资料
D. A 公司持有 F 公司 5%的股权，同时持有 F 公司部分当期可转换公司债券，如果将 F 公司所发行的该项可转债全部转股，A 公司对 F 公司的持股比例将达到 30%

4. 下列各项中，可能构成长期股权投资初始投资成本的有(　　)。
A. 非企业合并方式下取得长期股权投资发生的直接相关费用
B. 非同一控制下企业合并为取得长期股权投资而发生的审计费
C. 以发行自身权益性证券作为对价取得长期股权投资的情况下，因发行权益性证券而发生的手续费
D. 以发行自身权益性证券作为对价取得长期股权投资的情况下，所发行权益性证券的公允价值

5. 权益法下被投资单位发生超额亏损，下列说法中正确的有(　　)。
A. 首先应冲减长期股权投资的账面价值，冲至零为限
B. 首先应冲减构成被投资单位的长期应收款等长期权益
C. 如果协议约定，投资公司需承担额外损失弥补义务的，需要确认预计负债
D. 确认有关投资损失后，被投资单位以后期间实现盈利的，可按照随意顺序冲减当初确认的损失

6. 投资方在对被投资单位的净利润进行调整时，下列表述正确的有(　　)。
A. 应考虑重要性原则，不重要的项目可不予调整
B. 出于严谨性考虑，联营企业、合营企业内部发生事项不管是否具有重要性，都要进行调整

C. 投资企业无法合理确定取得投资时被投资单位各项可辨认资产、负债等公允价值的，或投资时被投资单位可辨认资产、负债的公允价值与账面价值之间的差额不具有重要性的，不需要调整净利润，直接按被投资单位的账面净利润计算相应份额

D. 其他原因导致无法取得对被投资单位净利润进行调整所需资料的，也不需调整，按账面净利润计算相应份额

7. 对于企业取得长期股权投资时发生的各项费用，下列表述正确的有(　　)。

A. 同一控制下的企业合并，合并方为进行企业合并发生的各项相关费用，包括为进行企业合并支付的审计费用、评估费用、法律服务费用等(不包括发行债券或权益性证券发生的手续费、佣金等)，应当于发生时计入当期损益

B. 企业合并中发行权益性证券发生的手续费、佣金等费用，应当抵减权益性证券溢价收入，溢价收入不足冲减的，冲减留存收益

C. 非同一控制下的企业合并，购买方为进行企业合并发生的审计费用、评估费用等中介费用(不包括发行债券或权益性证券发生的手续费、佣金等)应计入企业合并成本

D. 非企业合并方式下，通过发行权益性证券方式取得长期股权投资时，发行该证券过程中发生的手续费、佣金等要从溢价收入中扣除，溢价不足冲减的，则冲减盈余公积和未分配利润

8. 甲公司下列各项权益性投资中，应作为长期股权投资核算的有(　　)。

A. 从市场购入 5000 万股 B 公司发行在外的普通股，不准备随时出售，甲公司对 B 公司具有重大影响

B. 购入 D 公司发行的认股权证 200 万份，每份认股权证可于两年后按每股 5 元的价格认购 D 公司增发的普通股

C. 取得 E 公司 10%股权，准备随时出售，对 E 公司不具有控制、共同控制或重大影响

D. 甲公司拥有 F 公司 60%的表决权资本，对 F 公司具有控制权

9. 下列有关非同一控制下控股合并的处理方法中，正确的有(　　)。

A. 应在购买日按企业合并成本确认长期股权投资的初始投资成本

B. 以非现金资产作为合并对价的，资产的账面价值与公允价值的差额计入当期损益

C. 企业合并成本中不包含被投资单位已宣告但尚未发放的现金股利

D. 发生的评估、审计和律师费用，计入管理费用

10. 企业对长期股权投资采用权益法核算时，下列有关会计处理不正确的有(　　)。

A. 长期股权投资的初始投资成本大于投资时应享有被投资单位可辨认净资产公允价值份额的，不需调整初始投资成本

B. 长期股权投资的初始投资成本小于投资时应享有被投资单位可辨认净资产公允价值份额的，需按差额调整初始投资成本，并计入投资收益

C. 长期股权投资的初始投资成本大于投资时应享有被投资单位可辨认净资产公允价值份额的，需按差额调整初始投资成本，并确认为商誉

D. 长期股权投资的初始投资成本与投资时应享有被投资单位可辨认净资产公允价值份额的差额，不需要做会计处理

三、判断题

1. 长期股权投资成本法与权益法之间在条件成立的情况下可以相互转化。

2. A 公司购入 B 公司 25%的股份，买价 322 000 元，其中含有已宣告发放、但尚未领取的现金股利 8 000 元。那么 A 公司取得长期股权投资的成本为 322 000 元。

3. 长期股权投资采用成本法核算的，应按被投资单位宣告发放的现金股利或利润中属于本企业的部分，借记“应收股利”科目，贷记“投资收益”科目。

4. 采用权益法核算的长期股权投资的初始投资成本大于投资时应享有被投资单位可辨认净资产公允价值份额的，其差额计入长期股权投资(损益调整)中。

5. 投资企业与被投资企业的关系可以分为控制、共同控制、重大影响和无重大影响四种类型。

6. 同一控制下的企业合并，合并方可以按照被合并方资产的公允价值进行初始计量。

7. 投资企业能够对被投资企业实施控制和共同控制的长期股权投资应采用成本法核算。

8. 长期股权投资的可回收金额，如果在以后的会计期间回升至账面价值以上，其已经确认的减值损失可以转回。

9. 企业以产成品换入长期股权投资，换出的产成品应作为销售处理，按账面价值确认销售收入，同时结转销售成本。

10. 投资者投入的长期股权投资，一律应当按照投资合同或协议约定的价值作为初始投资成本。

四、计算题

1. 2020 年 3 月 5 日，A 公司通过增发 9 000 万股本公司普通股(每股面值 1 元)取得 B 公司 20%的股权，该 9 000 万股股份的公允价值为 15 600 万元。为增发该部分股份，A 公司向证券承销机构等支付了 600 万元的佣金和手续费。假定 A 公司取得该部分股权后，能够对 B 公司的财务和生产经营决策施加重大影响。

要求：做出 A 公司的会计分录。

2. 宏图公司和临海公司为两个互不关联的独立企业，合并之前不存在任何投资关系。宏图公司和临海公司达成合并协议，约定宏图公司以无形资产和库存商品作为合并对价，取得临海公司 80%的股权。宏图公司付出无形资产的账面原价为 1300 万元，已提摊销 300 万元，已计提减值准备为 300 万元，公允价值为 600 万元；库存商品成本为 1500 万元，公允价值为 3000 万元。在该项合并中，宏图公司以银行存款支付审计费用、评估费用、法律服务费用等直接合并费用共计 50 万元。

要求：编制宏图公司取得长期股权投资的会计分录。

3. 甲公司于 2021 年 1 月 1 日以 1 500 万元(含支付的相关费用 1 万元)作为对价，取得乙公司 30%的股权，能够对乙公司施加重大影响。2021 年 1 月 1 日乙公司可辨认净资产公允价值为 4 000 万元。取得投资时乙公司的存货(A 商品)公允价值为 300 万元，账面价值为 200 万元。除此之外，乙公司其他可辨认资产、负债的公允价值与账面价值相等。截至 2021 年末，该批存货已对外部第三方出售 70%。剩余部分在 2022 年已全部出售给外部第三方。2021 年甲公司销售给乙公司一批 B 商品，该商品成本为 300 万元，售价为 500 万元，截至 2021 年末，乙公司将该批商品的 40%出售给外部第三方，2022 年将剩余的部分全部出售给第三方。2021 年乙公司实现净利润 790 万元，提取盈余公积 20 万元。2022 年乙公司发生亏损 6 090 万元，2022 年乙公司因相关业务增加其他综合收益 100 万元。假定甲公司账上有应收乙公司长期应收款 50 万元且乙公司无任何清偿计划。

2023 年乙公司在调整了经营方向后，扭亏为盈，当年实现净利润 500 万元。假定不考虑所得税等其他因素的影响。

要求：编制甲公司长期股权投资的有关会计分录(金额单位以万元表示)

4. 宏图公司 2020 至 2021 年的有关业务如下：

(1) 2020 年 1 月 1 日，宏图公司以一项固定资产(生产设备)和银行存款 600 万作为对价取得 B 公司(非上市公司)30%的股权，对 B 公司具有重大影响。该项固定资产系宏图公司 2013 年购入，原值为 500 万元，累计折旧 100 万元，未计提固定资产减值准备，公允价值为 500 万元。2020 年 1 月 1 日，B 公司可辨认净资产公允价值为 3 500 万元。取得投资时 B 公司的固定资产公允价值为 300 万元，账面价值为 200 万元，固定资产的预计尚可使用年限为 10 年，预计净残值为零，按照直线法计提折旧；无形资产公允价值为 100 万元，账面价值为 50 万元，无形资产的预计尚可使用年限为 10 年，预计净残值为零，按照直线法摊销。B 公司其他资产、负债的公允价值与账面价值相同。

(2) 2020 年末，B 公司实现净利润 280 万元。

(3) 2021 年 3 月 20 日，B 公司宣告发放现金股利 120 万元。2021 年 4 月 5 日，B 公司实际发放上述现金股利。

要求：编制 B 公司相关会计分录。

5. 甲公司 2020 年到 2022 年发生如下相关业务(金额单位以万元表示)。

(1) 甲公司于 2020 年 1 月 1 日，以 900 万元取得 D 公司 20%的普通股份，对 D 公司有重大影响，甲公司采用权益法核算此项投资。2020 年 1 月 1 日 D 公司可辨认净资产的公允价值为 4 000 万元。

(2) 2020 年 D 公司实现净利润 300 万元，股东大会批准利润分配方案，提取盈余公积 90 万元，分派现金股利 100 万元。

(3) 2021 年 D 公司实现净利润 800 万元，股东大会批准利润分配方案，提取盈余公积 120 万元，分派现金股利 300 万元。投资双方当期及以前期间均未发生任何内部交易。

(4) 2021 年 12 月 31 日，D 公司因持有的其他权益工具投资的公允价值变动调整增加其他权益变动 150 万元(假定不考虑所得税的影响)。

(5) 2022 年 1 月 5 日，甲公司转让对 D 公司的全部投资，实得价款 1 200 万元。

要求：编制甲公司有关业务的会计分录。

第十章　流 动 负 债

【内容提要】

- 流动负债
  - 流动负债概述
  - 应付职工薪酬
  - 应交税费
  - 其他流动负债

【学习目标】

1. 了解负债的确认条件及分类；
2. 熟悉应付账款的会计处理；
3. 掌握应付票据的会计处理；
4. 掌握应交税费的会计处理；
5. 掌握应付职工薪酬的会计处理。

【导入案例】

甲公司于2015年10月在上海证券交易所上市，公司目前依托港口开展大宗散杂货物的装卸、堆存及中转服务。2017年末、2018年末和2019年末，甲公司资产负债率分别为78.02%、77.57%和75.47%，始终位于高位，流动负债分别为282.92亿元、307.59亿元和336.35亿元，分别占负债总额比重的65.23%、66.23%和74.91%。毫无疑问，流动负债占负债总额比重较高，短期偿债压力较大，这为甲公司带来了一定的流动性风险。截至2019年底，其短期借款余额为66.18亿元，长期借款余额为91.21亿元，一年内到期的非流动负债达57.88亿元。为提高直接融资比例，改善融资结构，甲公司在2020年第一季度发行第一期中票后，又快速启动了第二期中票发行。截至2020年6月，公司已在银行间市场发行金额为50亿元中票，所募集的资金将用于补充公司本部及子公司的营运资金需求以及偿还公司本部到期的银行存款。

思考：甲公司的资产负债率在同行业中处于怎样的水平？高负债率可能给企业带来哪些风险？

第一节　流动负债概述

一、负债概述

(一) 负债的概念及特征

负债是债权人对企业资产享有的要求权，同时也是企业对债权人所承担的经济责任。我国《企业会计准则——基本准则》对负债的定义是：“负债是指企业过去的交易或者事项形成的、预期会导致经济利益流出企业的现时义务。”

负债一般具有以下基本特征：

(1) 负债是由过去的交易或事项所形成的。从产生的原因来看，负债是由过去经济业务事项引起的企业现存的经济义务。导致负债的经济业务必须已经发生，只有已经发生的交易或事项才可能形成负债，此经济义务通常指企业取得所需资产或劳务等交易事项的结果。例如，购买材料款项未付才会产生应付账款。

(2) 负债是企业承担的现时义务。从表现形式来看，负债是企业承担的现时义务。现时义务是指企业在现行条件下已承担的义务。未来发生的交易或者事项形成的义务，不属于现时义务，不应当确认为负债。

(3) 负债预期会导致经济利益流出企业。负债的发生往往伴随着资产或劳务的取得，或者费用或损失的发生。要解除一项负债，企业必须在未来某个时刻通过交付资产或提供劳务来偿还，有时企业可以通过承诺新的负债或转化为所有者权益来了结一项现有负债，因此，负债从实质上会导致企业未来经济利益的流出。例如，用现金、银行存款或实物资产偿还，以提供劳务偿还，以部分转移资产、部分提供劳务形式偿还，将负债转为资本等形式偿还。

(二) 负债的确认条件

按照我国《企业会计准则——基本准则》的规定，符合负债定义的义务，在同时满足以下两个条件时才可确认为负债：

(1) 与该义务有关的经济利益很可能流出企业；

(2) 未来流出的经济利益的金额能够可靠地计量。

符合负债定义和负债确认条件的项目，应当列入资产负债表；符合负债定义，但不符合负债确认条件的项目，不应当列入资产负债表。

(三) 负债的分类

负债是企业必须履行的责任，根据不同的标准可以划分成不同的类型。

1. 按负债的流动性分类

负债按照流动性进行分类，可分为流动负债和非流动负债。流动负债是指将在 1 年(包含 1 年)或超过 1 年的一个经营周期内偿还的债务。它包括短期借款、应付票据、应付账款、应付职工薪酬、应交税费、预收账款等。非流动负债是指偿还期在 1 年以上的债务，包括长期借款、应付债券、长期应付款项等。

2. 按负债的偿还方式分类

负债按偿还方式可分为货币性负债和非货币性负债。货币性负债是指企业将来直接用货币偿付，偿付的货币量已经确定不变的债务，例如应付票据、应付账款等。非货币性负债是指企业在将来必须以实务及其他非货币性资产偿还的债务，如预收账款、售出产品质量担保负债等。

3. 按负债发生的确定因素分类

负债按发生的确定因素分为可确定负债和或有负债。可确定负债是指可能准确计量的负债，如应付账款、短期借款、应交税费等。或有负债是指由于可能招致损失的偶发事项形成的负债，如信用担保、未决诉讼等。

二、流动负债的概念及特点

(一) 流动负债的概念

流动负债指在 1 年(含 1 年)或者超过 1 年的一个营业周期内偿还的债务，包括短期借款、应付账款、应交税费和 1 年内到期的长期借款等。

(二) 流动负债的特点

除具有负债的基本特征，流动负债还具有以下特点：

(1) 偿还期短，以债权人所提出的期限要求为准，在 1 年内或超过 1 年的一个营业周期内必须偿还；

(2) 举借目的是满足经营周转资金的需要；

(3) 负债的数额相对较小；

(4) 要用企业的资产或负债清偿，即必须运用资产、提供劳务或举借新的负债来清偿，一般以企业的流动资金来偿付。

【问题与思考】

1 年偿还的债务属于流动负债吗？

第二节　应付职工薪酬

一、应付职工薪酬的概念

职工薪酬是指企业为获得职工提供的服务或解除劳动关系而给予的各种形式的报酬或补偿。职工薪酬包括短期薪酬、离职后福利、辞退福利和其他长期职工福利。企业提供给职工配偶、子女、受赡养人、已故员工遗属及其他受益人等的福利，也属于职工薪酬。

职工是指与企业订立劳动合同的所有人员，含全职、兼职和临时职工，也包括虽未与企业订立劳动合同但由企业正式任命的人员。未与企业订立劳动合同或未由其正式任命，但向企业所提供服务与职工所提供服务类似的人员，也属于职工的范畴，包括通过企业与劳务中介公司签订用工合同而向企业提供服务的人员。

短期薪酬是指企业在职工提供相关服务的年度报告期间结束后 12 个月内需要全部予以支付的职工薪酬，因解除与职工的劳动关系给予的补偿除外。短期薪酬具体包括：职工工资、奖金、津贴和补贴，职工福利费，医疗保险费、工伤保险费和生育保险费等社会保险费，住房公积金，工会经费和职工教育经费，短期带薪缺勤，短期利润分享计划，非货币性福利以及其他短期薪酬。

带薪缺勤是指企业支付工资或提供补偿的职工缺勤，包括年休假、病假、短期伤残、婚假、产假、丧假、探亲假等。

利润分享计划，是指因职工提供服务而与职工达成的基于利润或其他经营成果提供薪酬的协议。

离职后福利是指企业为获得职工提供的服务而在职工退休或与企业解除劳动关系后，提供的各种形式的报酬和福利，短期薪酬和辞退福利除外。

辞退福利是指企业在职工劳动合同到期之前解除与职工的劳动关系，或者为鼓励职工自愿接受裁减而给予职工的补偿。

其他长期职工福利是指短期薪酬、离职后福利、辞退福利之外所有的职工薪酬，包括长期带薪缺勤、其他长期服务福利、长期残疾福利、长期利润分享计划和长期奖金计划等。

二、短期薪酬的核算

（一）短期薪酬的具体内容

(1) 职工工资、奖金、津贴和补贴，是指企业按照构成工资总额的计时工资、计件工资、支付给职工的超额劳动报酬等的劳动报酬，为了补偿职工特殊或额外的劳动消耗和因其他特殊原因支付给职工的津贴，以及为了保证职工工资水平不受物价影响支付给职工的物价补贴等。

(2) 职工福利费，是指企业向职工提供的生活困难补助、丧葬补助费、抚恤费、职工异地安家费、防暑降温费等职工福利支出。

(3) 医疗保险费、工伤保险费和生育保险费等社会保险费，是指企业按照国家规定的基准和比例计算，向社会保险经办机构缴存的医疗保险费、工伤保险费和生育保险费。

(4) 住房公积金，是指企业按照国家规定的基准和比例计算，向住房公积金管理机构缴存的住房公积金。

(5) 工会经费和职工教育经费，是指企业为了改善职工文化生活、为职工学习先进技术及提高文化水平和业务素质，用于开展工会活动和职工教育及职业技能培训等的相关支出。

(6) 短期带薪缺勤，是指职工虽然缺勤但企业仍向其支付报酬的安排，包括年休假、病假、婚假、产假、丧假、探亲假等。长期带薪缺勤属于其他长期职工福利。

(7) 短期利润分享计划，是指因职工提供服务而与职工达成的基于利润或其他经营成未提供薪酬的协议。长期利润分享计划属于其他长期职工福利。

(8) 其他短期薪酬，是指上述薪酬以外的其他为获得职工提供的服务而给予的短期薪酬。

(二) 短期薪酬的会计处理

1. 货币性短期薪酬

借：生产成本(直接生产工人)
　　制造费用(车间管理人员)
　　管理费用(行政管理人员)
　　销售费用(销售人员)
　　在建工程(基建人员)
　　研发支出(研发人员)
　　贷：应付职工薪酬
借：应付职工薪酬
　　贷：银行存款、库存现金(实际支付的金额)
　　　　其他应收款(代垫的房租、家属医药费等款项)
　　　　其他应付款(如代扣的水电费等)
　　　　应交税费——应交个人所得税(代扣的个人所得税)

【例 10-1】 甲企业 2020 年 7 月份应付工资总额 693 000 元，“工资费用分配汇总表”中列示的产品生产人员工资为 480 000 元，车间管理人员工资为 105 000 元，企业行政管理人员工资为 90 600 元，专设销售机构人员工资为 17 400 元。甲企业应编制如下会计分录：

借：生产成本——基本生产成本	480 000	
制造费用	105 000	
管理费用	90 600	
销售费用	17 400	
贷：应付职工薪酬——职工工资、奖金、津贴和补贴		693 000
借：应付职工薪酬	693 000	
贷：银行存款		693 000

2. 非货币性福利

(1) 以自产产品发放给职工作为福利。

决定发放非货币性福利：

借：生产成本
　　管理费用
　　在建工程
　　研发支出等
　　贷：应付职工薪酬——非货币性福利

将自产产品实际发放时：

借：应付职工薪酬——非货币性福利
　　贷：主营业务收入
　　　　应交税费——应交增值税(销项税额)

借：主营业务成本

　　贷：库存商品

(2) 以外购商品发放给职工作为福利。

购入时：

借：库存商品等

　　应交税费——应交增值税(进项税额)

　　贷：银行存款

决定发放非货币性福利时：

借：生产成本

　　管理费用

　　在建工程

　　研发支出等

　　贷：应付职工薪酬——非货币性福利

发放时：

借：应付职工薪酬——非货币性福利

　　贷：库存商品

　　　　应交税费——应交增值税(进项税额转出)

【例 10-2】 甲公司为增值税一般纳税人，适用的增值税税率为 13%。2020 年 1 月甲公司董事会决定将本公司生产的 500 件产品作为福利发放给公司管理人员。该批产品的单件成本为 1.2 万元，市场销售价格为每件 2 万元(不含增值税)。不考虑其他相关税费，甲公司的相关会计处理如下：

借：管理费用	1 130	
贷：应付职工薪酬——非货币性职工福利		1 130
借：应付职工薪酬——非货币性职工福利	1 130	
贷：主营业务收入		1 000
应交税费——应交增值税(销项税额)		130
借：主营业务成本	600	
贷：库存商品		600

3. 短期带薪缺勤的确认和计量

带薪缺勤应当分为累积带薪缺勤和非累积带薪缺勤两类。

(1) 累积带薪缺勤。累积带薪缺勤是指带薪权利可以结转下期的带薪缺勤，本期尚未用完的带薪缺勤权可以在未来期间使用。企业应当在职工提供服务从而增加了其未来享有的带薪缺勤权利时，确认与累积带薪缺勤相关的职工薪酬，并以累积未行使权力而增加的预期支付金额计量。

(2) 非累积带薪缺勤。非累积带薪缺勤是指带薪权利不能结转下期的带薪缺勤，本期尚未用完的带薪缺勤权利将予以取消，并且职工离开企业时也无权获得现金支付。企业应当在职工实际发生缺勤的会计期间确认与非累积带薪缺勤相关的职工薪酬。

【例 10-3】 甲公司共有 200 名职工，其中 50 名为总部管理人员，150 名为直接生产工人。从 2020 年 1 月 1 日起，该公司实行累积带薪缺勤制度。该制度规定，每名职工每年可享受 5 个工作日带薪年休假，未使用的年休假只能向后结转一个日历年度，超过 1 年未行使的权力作废；职工休年休假时，首先使用当年享受的权利，不足部分再从上年结转的带薪年休假中扣除；职工离开公司时，对未使用的累积带薪年休假无权获得现金支付。2020 年 12 月 31 日，每个职工当年平均未使用带薪年休假为 2 天。甲公司预计 2021 年有 150 名职工将享受不超过 5 天的带薪年休假，剩余 50 名总部管理人员每人将平均享受 6 天年休假。该公司平均每名职工每个工作日工资为 400 元。甲公司 2020 年末因带薪缺勤计入管理费用的金额为(　　)元。

A. 20 000　　B. 120 000　　C. 60 000　　D. 0

【答案】 A

【解析】 甲公司 2020 年末应当预计由于累积未使用的带薪年休假而导致预期将支付的工资负债，根据甲公司预计 2021 年职工的年休假情况，只有 50 名总部管理人员会使用 2020 年的未使用带薪年休假 1 天(6 − 5)，而其他 2020 年累计未使用的都将失效，所以应计入管理费用的金额 = 50 × (6 − 5) × 400 = 20 000(元)。

4. 短期利润分享计划的确认和计量

短期利润分享计划是指因职工提供服务而与职工达成的基于利润或其他经营成果提供薪酬的协议。长期利润分享计划属于其他长期职工福利。

三、离职后福利的核算

离职后福利计划，是指企业与职工就离职后福利达成的协议，或者企业为向职工提供离职后福利制定的规章或办法等。企业应当按照企业承担的风险和义务情况，将离职后福利计划分类为设定提存计划和设定受益计划两种类型。

1. 设定提存计划的确认和计量

设定提存计划，是指企业向单独主体(如基金等)缴存固定费用后，不再承担进一步支付义务的离职后福利计划。对于设定提存计划，企业应当根据在资产负债表日为换取职工在会计期间提供的服务而应向单独主体缴存的提存金，确认为负债，并计入当期损益或相关资产成本。

2. 设定受益计划的确认和计量

设定受益计划，是指设定除提存计划的离职后福利计划。当企业负有下列义务时，该计划就是一项设定受益计划：① 计划复利公式不仅仅与提存金金额相关，且要求企业在资产不足以满足该公式的福利时提供进一步的提存金；② 通过计划间接地或直接地对提存金的特定回报做出担保。

注意区分设定受益计划应当计入当期损益的金额和应当计入其他综合收益的金额：

(1) 计入当期损益金额包括：① 当期服务成本；② 过去服务成本；③ 结算利得和损失；④ 设定受益计划净负债或净资产的利息净额。

(2) 计入其他综合收益的金额包括：① 精算利得和损失；② 计划资产回报，扣除包括在设定受益净负债或净资产的利息净额中的金额；③ 资产上限影响的变动，扣除包括在设定受益计划净负债或净资产的利息净额中的金额。

【例 10-4】 甲棉纺企业为增值税一般纳税人，使用的增值税税率为 13%。2020 年 3 月 1 日，该企业“应付职工薪酬”科目贷方余额为 516 000 元(全部为工资)。2020 年 3 月 1 日，该企业租入房屋 4 套供管理人员免费使用，月租金共计 12 000 元，每月末支付租金，企业于当月 31 日以银行存款支付本月租金 12 000 元。

确认为管理人员提供租赁住房的非货币性福利时的分录为：

借：管理费用　　12 000

　　贷：应付职工薪酬——非货币性福利　　12 000

支付租赁住房租金时的分录为：

借：应付职工薪酬——非货币性福利　　12 000

　　贷：银行存款　　12 000

四、辞退福利的核算

企业向职工提供辞退福利的，应当在下列两者孰早日，确认辞退福利产生的职工薪酬负债，并计入当期损益。

(1) 企业不能单方面撤回因解除劳动关系计划或裁减建议所提供的辞退福利时；

(2) 企业确认涉及支付辞退福利的重组相关的成本或费用时。

借：管理费用

　　贷：应付职工薪酬

对于辞退福利预期在年度报告期间期末后十二个月内不能完全支付的辞退福利，企业应当适用其他长期职工福利的相关规定，考虑恰当的折现率，确认未确认融资费用。

借：管理费用

　　未确认融资费用

　　贷：应付职工薪酬——辞退福利

借：应付职工薪酬——辞退福利

　　贷：银行存款

借：财务费用

　　贷：未确认融资费用

对于职工虽然没有与企业解除劳动合同，但未来不再为企业提供服务，不能为企业带来经济利益，企业承诺提供实质上具有辞退福利性质的经济补偿的，如发生“内退”的情况，在其正式退休日期之前应当比照辞退福利处理，在其正式退休日期之后，应当按照离职后福利处理。

五、其他长期职工福利的确认与计量

企业向职工提供的其他长期职工福利，符合设定提存计划条件的，应当按照设定提存计划的有关规定进行会计处理。企业向职工提供的其他长期职工福利，符合设定受益计划条件的，企业应当按照设定受益计划的有关规定，确认和计量其他长期职工福利净负债或净资产。

在报告期末，企业应当将其他长期职工福利产生的职工薪酬成本确认为下列组成部分：

(1) 服务成本；

(2) 其他长期职工福利净负债或净资产的利息净额；

(3) 重新计量其他长期职工福利净负债或净资产所产生的变动。

为简化相关会计处理，上述项目的总净额应计入当期损益或相关资产成本。

【问题与思考】

应付职工薪酬中的职工包括哪些人员？

第三节 应 交 税 费

一、应交税费概述

企业根据税法规定应缴纳的税费包括增值税、消费税、城市维护建设税、资源税、所得税、土地增值税、房产税、车船使用税、城镇土地使用税、教育费附加、矿产资源补偿费、印花税、耕地占用税等。

企业应通过“应交税费”科目，总括反映各种税费的交纳情况，并按照应交税费项目进行明细核算。该科目贷方登记应交纳的各种税费等，借方登记实际交纳的税费；期末余额一般在贷方，反映企业尚未交纳的税费，期末余额若在借方，反映企业多交或尚未抵扣的税费。企业交纳的印花税、耕地占用税等不通过“应交税费”科目核算。

二、应交增值税

(一) 增值税概述

增值税是对在我国境内销售货物或提供加工、修理修配劳务以及进口货物的单位和个人，就其取得的货物或应税劳务销售额，以及进口货物金额计算税款，并实行税款抵扣制的一种流转税。从计税原理上看，增值税是对商品生产和流通中各环节的新增价值或商品附加值进行征税，故称为“增值税”。但由于新增价值或商品附加值在商品流通过程中是一个很难准确计算的数据，所以对增值税的计算征收，一般实行了税款抵扣制度这种间接计算方法。可用公式表示为：

应纳增值税 = 当期销项税额 − 当期进项税额

按税法规定，企业购入货物或接受劳务必须具备以下凭证，其进项税额才能予以抵扣。

(1) 增值税专用发票(含税控机动车销售统一发票)。

(2) 海关完税凭证。

(3) 购进免税农产品准予按照买价的 9%的扣除率，作为进项税额抵扣。如果用于生产销售或委托加工 13%的货物的农产品，按照农产品收购发票或销售发票上注明的农产品买价 10%的扣除率计算进项税额。

(4) 购进货物和销售货物所付运输费等可以按照增值税专用发票中注明的增值税(按9%的税率计算)作为进项税。

现行增值税暂行条例将纳税人按其经营规模及会计核算健全与否分为一般纳税人和小规模纳税人。小规模纳税人是指年销售额在规定数额以下，并且会计核算制度不健全，不能按规定报送有关税务资料的增值税纳税人。一般纳税人是指年应征增值税销售额超过增值税暂行条例实施细则规定的小规模纳税人标准的企业和企业性单位。

(二) 一般纳税人企业增值税的会计处理

为了核算企业应交增值税的发生、抵扣、缴纳、退税及转出等情况，企业应在“应交税费”账户下设置“应交增值税”“未交增值税”“预交增值”“待抵扣进项税额”“待认证进项税额”“待转销项税额”“增值税留抵税额”“简易计税”“转让金融商品应交增值税”“代扣代交增值税”等明细账户。在“应交增值税”明细账内，设置“进项税额”“销项税额抵减”“已交税金”“转出未交增值税”“减免税款”“销项税额”“出口退税”“进项税额转出”“出口抵减内销产品应纳税额”“转出多交增值税额”等专栏，并按规定进行核算。

(1) 一般纳税人购进货物、加工修理修配劳务、服务、无形资产或者不动产，按应计入相关成本费用或资产的金额，借记“材料采购”“在途物资”“原材料”“生产成本”“无形资产”“固定资产”“管理费用”等科目，按当月已认证的可抵扣增值税税额，借记“应交税费——应交增值税(进项税额)”科目，按当月未认证的可抵扣增值税额，借记“应交税费——待认证进项税额”科目，按应付或实际支付的金额，贷记“应付账款”“应付票据”“银行存款”等科目。购进货物等发生的退货，应根据税务机关开具的红字增值税专用发票编制相反的会计分录，如原增值税专用发票未做认证，应将发票退回并作相反的会计分录。

企业购进农产品，除取得增值税专用发票或者海关进口增值税专用缴款书，还应按照农产品收购发票或者销售发票上注明的农产品买价和 9%的扣除率计算进项税额；购进用于生产销售或委托加工 13%税率货物的农产品，按照农产品收购发票或者销售发票上注明的农产品买价和 10%的扣除率计算进项税额，借记“应交税费——应交增值税(进项税额)”科目，按农产品买价扣除进项税额后的差额，借记“材料采购”“在途物资”“原材料”“库存商品”等科目，按照应付或实际支付的价款，贷记“应付账款”“应付票据”“银行存款”等科目。

【例 10-5】 甲公司为增值税一般纳税人，销售商品适用的增值税税率为 13%，原材料按实际成本核算，销售商品价格为不含增值税的公允价格。2020 年 6 月份发生交易或事项以及相关的会计分录如下：

① 6 月 5 日，购入原材料一批，增值税专用发票上注明的价款为 120 000 元，增值税税额为 15 600 元，材料尚未到达，全部款项已用银行存款支付。

借：在途物资	120 000	
应交税费——应交增值税(进项税额)	15 600	
贷：银行存款		135 600

② 6 月 10 日，收到 6 月 5 日购入的原材料并验收入库，实际成本总额为 120 000 元，

同日与运输公司结清运输费用，增值税专用发票上注明的运输费用为5000元，增值税税额为450元，运输费用和增值税税额已用转账支票付讫。

借：原材料 125 000
　　应交税费——应交增值税(进项税额) 450
　　贷：银行存款 5 450
　　　　在途物资 120 000

③ 6月15日，购入不需要安装的生产设备一台，增值税专用发票上注明的价款为30 000元，增值税税额为3 900元，款项尚未支付。

借：固定资产 30 000
　　应交税费——应交增值税(进项税额) 3 900
　　贷：应付账款 33 900

④ 6月20日，购入农产品一批，农产品收购发票上注明的买价为200 000元，规定的扣除率为9%，货物尚未到达，价款已用银行存款支付。

借：在途物资 182 000
　　应交税费——应交增值税(进项税额) 18 000
　　贷：银行存款 200 000

进项税额＝购买价款×扣除率＝200 000×9%＝18 000(元)

⑤ 6月25日，企业管理部门委托外单位修理机器设备，取得对方开具的增值税专用发票上注明的修理费用为20 000元，增值税税额为2 600元，款项已用银行存款支付。

借：管理费用 20 000
　　应交税费——应交增值税(进项税额) 2 600
　　贷：银行存款 22 600

⑥ 6月25日，该公司购进一幢简易办公楼作为固定资产核算，并投入使用。已取得增值税专用发票并经税务机关认证，增值税专用发票上注明的价款为1 500 000元，增值税税额为135 000元，全部款项以银行存款支付。不考虑其他相关因素。

借：固定资产 1 500 000
　　应交税费——应交增值税(进项税额) 135 000
　　贷：银行存款 1 635 000

(2) 货物等已验收入库但同未取得增值税扣税凭证。企业购进的货物等已到达并验收入库，但尚未收到增值税扣税凭证并未付款的，应在月末按货物清单或相关合同协议上的价格暂估入账，不需要将增值税的进项税额暂估入账。下月初用红字冲销原暂估入账金额，待取得相关增值税扣税凭证并经认证后，按应计入相关成本费用或资产的金额，借记“原材料”“库存商品”“固定资产”“无形资产”等科目，按可抵扣的增值税额，借记“应交税费——应交增值税(进项税额)”科目，按应付或实际支付的金额，贷记“应付账款”“应付票据”“银行存款”等科目。

【例10-6】 2020年6月30日，甲公司购进一批原材料已验收入库，但尚未收到增值税扣税凭证，款项也未支付。随货同行的材料清单列明的原材料销售价格为260 000元。甲公司应编制如下会计分录：

借：原材料 60 000

　　贷：应付账款　260 000

下月初，用红字冲销原暂估入账金额：

借：原材料　−260 000

　　贷：应付账款　−260 000

7 月 10 日，取得相关增值税专用发票上注明的价款为 260 000 元，增值税税额为 33 800 元，增值税专用发票已经认证。全部款项以银行存款支付。甲公司应编制如下会计分录：

借：原材料　260 000

　　应交税费——应交增值税(进项税额)　33 800

　　贷：银行存款　293 800

(3) 进项税额转出。企业已单独确认进项税额的购进货物、加工修理修配劳务或者服务、无形资产或者不动产但其事后改变用途(如用于简易计税方法计税项目、免征增值税项目、非增值税应税项目等)，或发生非正常损失，原已计入进项税额、待抵扣进项税额或待认证进项税额，按照现行增值税制度规定不得从销项税额中抵扣。这里所说的“非正常损失”，根据现行增值税制度规定，是指因管理不善造成货物被盗、丢失、霉烂变质，以及因违反法律法规造成货物或者不动产被依法没收、销毁、拆除的情形。进项税额转出的账务处理为，借记“待处理财产损溢”“应付职工薪酬”“固定资产”“无形资产”等科目，贷记“应交税费——应交增值税(进项税额转出)”“应交税费——待抵扣进项税额”或“应交税费——待认证进项税额”科目。属于转作待处理财产损失的进项税额，应与非正常损失的购进货物、在产品或库存商品、固定资产或无形资产的成本一并处理。

【例 10-7】 2020 年 6 月份，甲公司发生进项税额转出事项如下：

① 10 日库存材料因管理不善发生火灾损失，材料实际成本为 20 000 元，相关增值税专用发票上注明的增值税税额为 2 600 元。甲公司将毁损库存材料作为待处理财产损溢入账。

借：待处理财产损溢——待处理流动资产损溢　22 600

　　贷：原材料　20 000

　　　　应交税费——应交增值税(进项税额转出)　2 600

② 18 日，领用一批外购原材料用于集体福利，该批原材料的实际成本为 60 000 元。相关增值税专用发票上注明的增值税税额为 7800 元。

借：应付职工薪酬——职工福利费　67 800

　　贷：原材料　60 000

　　　　应交税费——应交增值税(进项税额转出)　7 800

一般纳税人购进货物，加工修理修配劳务、服务、无形资产或不动产、用于简易计税方法计税项目，免征增值税项目、集体福利或个人消费等，即使取得的增值税专用发票上已注明增值税进项税额，该税额按照现行增值税制度规定也不得从销项税额中抵扣的，取得增值税专用发票时，应将待认证的目前不可抵扣的增值税进项税额，借记“应交税费——待认证进项税额”科目，贷记“银行存款”“应付账款”等科目。经税务机关认证为不可抵扣的增值税进项税额时，借记“应交税费——应交增值税(进项税额)”科目，贷记“应交税费——待认证进项税额”科目；同时，将增值税进项税额转出，借记相关成本费用或资产科目，贷记“应交税费——应交增值税(进项税额转出)”科目。

【例 10-8】 2020 年 6 月 28 日，甲公司外购空调 300 台作为福利发放给直接从事生产的职工，取得的增值税专用发票上注明的价款为150 000元、增值税税额为19 500元，以银行存款支付了购买空调的价款和增值税进项税额，增值税专用发票尚未经税务机关认证。甲公司应编制如下会计分录：

① 购入时：

借：库存商品——空调　　150 000

　　应交税费——待认证进项税额　　19 500

　　贷：银行存款　　169 500

② 经税务机关认证不可抵扣时：

借：应交税费——应交增值税(进项税额)　　19 500

　　贷：应交税费——待认证进项税额　　19 500

同时，

借：库存商品——空调　　19 500

　　贷：应交税费——应交增值税(进项税额转出)　　19 500

③ 实际发放时：

借：应付职工薪酬——非货币性福利　　169 500

　　贷：库存商品——空调　　169 500

(4) 企业销售货物、加工修理修配劳务、服务、无形资产或不动产，应当按应收或已收的金额，借记“应收账款”“应收票据”“银行存款”等科目，按取得的收益金额，贷记“主营业务收入”“其他业务收入”“固定资产清理”等科目，按现行增值税制度规定计算的销项税额(或采用简易计税方法计算的应纳增值税额)，贷记“应交税费——应交增值税(销项税额)”或“应交税费——简易计税”科目。企业销售货物等发生销售退回的，应根据税务机关开具的红字增值税专用发票作相反的会计分录。根据会计准则相关规定的收入或利得确认时点早于按照现行增值税制度确认增值税纳税义务发生时点的，应将相关销项税额记入“应交税费——待转销项税额”科目，待实际发生纳税义务时再转入“应交税费——应交增值税(销项税额)”或“应交税费——简易计税”科目。按照增值税制度确认增值税纳税义务发生时点早于根据会计准则相关规定收入或利得确认时点的，应将应纳增值税额，借记“应收账款”科目，贷记“应交税费——应交增值税(销项税额)”或“应交税费——简易计税”科目，根据会计准则相关规定确认收入或利得时，应按扣除增值税销项税额后的金额确认收入或利得。

【例10-9】 2020年6月份，甲公司发生与销售相关的交易或事项如下：

① 6月15日，销售产品一批，开具增值税专用发票上注明的价款为3 000 000元，增值税税额为390 000元，提货单和增值税专用发票已交给买方，款项尚未收到。

借：应收账款　　3 390 000

　　贷：主营业务收入　　3 000 000

　　　　应交税费——应交增值税(销项税额)　　390 000

② 6月28日，为外单位代加工电脑桌500个，每个收取加工费80元，已加工完成。开具增值税专用发票上注明的价款为40 000元，增值税税额为5 200元，款项已收到并存入银行。

借：银行存款　　45 200

　　贷：主营业务收入　　40 000

应交税费——应交增值税(销项税额)　　5 200

(5) 视同销售。企业有些交易和事项按照现行增值税制度规定，应视同对外销售处理，计算应交增值税。视同销售需要交纳增值税的事项主要有：企业将自产或委托加工的货物用于集体福利或个人消费、作为投资提供给其他单位或个体工商户、分配给股东或投资者、对外捐赠等。在这些情况下，企业应当根据视同销售的具体内容，按照现行增值税制度规定计算的销项税额(或采用简易计税方法计算的应纳增值税额)，借记“长期股权投资”“应付职工薪酬”“利润分配”“营业外支出”等科目，贷记“应交税费——应交增值税(销项税额)”或“应交税费——简易计税”科目。

【例 10-10】 2020 年 6 月份，甲公司发生的视同销售交易或事项如下：

① 6 月 10 日，以公司生产的产品对外捐赠，该批产品的实际成本为 200 000 元，市场不含税售价为 250 000 元，开具的增值税专用发票上注明的增值税税额为 32 500 元。

借：营业外支出　　232 500

　贷：库存商品　　200 000

　　应交税费——应交增值税(销项税额)　　32 500

甲公司以自产产品对外捐赠应交的增值税销项税额 = 250000 × 13% = 32 500(元)

② 6 月 25 日，甲公司用一批原材料对外进行长期股权投资。该批原材料实际成本为 600 000 元，双方协商不含税价值为 750 000 元，开具的增值税专用发票上注明的增值税税额为 97 500 元。

借：长期股权投资　　847 500

　贷：其他业务收入　　750 000

　　应交税费——应交增值税(销项税额)　　97 500

同时，

借：其他业务成本　　600 000

　贷：原材料　　600 000

甲公司对外投资原材料应交的增值税销项税额 = 750 000 × 13% = 97 500(元)

(三) 小规模纳税人的账务处理

小规模纳税人核算增值税采用简化的方法，即购进货物，应税服务或应税行为，取得增值税专用发票上注明的增值税，一律不予抵扣，直接计入相关成本费用或资产。小规模纳税人销售货物、应税服务或应税行为时，按照不含税的销售额和规定的增值税征收率计算应交纳的增值税(即应纳税额)，但不得开具增值税专用发票。一般来说，小规模纳税人采用销售额和应纳税额合并定价的方法并向客户结算款项，销售货物、应税劳务或应税行为后，应进行价税分离，确定不含税的销售额。不含税的销售计算公式：

不含税销售额 = 含税销售额 ÷ (1 + 征收率)

应纳税额 = 不含税销售额 × 征收率

小规模纳税人进行账务处理时，只需在“应交税费”科目下设置“应交增值税”明细科目，该明细科目不再设置增值税专栏。“应交税费——应交增值税”科目贷方登记应交纳的增值税，借方登记已交纳的增值税；期末贷方余额，反映小规模纳税人尚未交纳的增值税，期末借方余额，反映小规模纳税人多交纳的增值税。

小规模纳税人购进货物、应税服务或应税行为，按照应付或实际支付的全部款项(包括支付的增值税额)，借记“材料采购”“在途物资”“原材料”“库存商品”等科目，贷记“应付账款”“应付票据”“银行存款”等科目；销售货物、应税服务或应税行为，应按全部价款(包括应交的增值税额)，借记“银行存款”等科目，按不含税的销售额，贷记“主营业务收入”等科目，按应交增值税额，贷记“应交税费——应交增值税”科目。

【例 10-11】 某企业为增值税小规模纳税人，适用增值税征收率为 3%，原材料按实际成本核算。该企业发生经济交易如下：购入原材料一批，取得增值税专用发票上注明的价款为 30 000 元，增值税税额为 3 900 元，全部款项以银行存款支付，材料已验收入库。销售产品一批，开具的普通发票上注明的货款(含税)为 51 500 元，款项已存入银行。用银行存款交纳增值税 1 500 元。该企业应编制如下会计分录：

① 购入原材料。

借：原材料　33 900

　贷：银行存款　33 900

② 销售产品。

借：银行存款　51 500

　贷：主营业务收入　50 000

　　应交税费——应交增值税　1 500

不含税销售 = 含税销售额 ÷ (1 + 征收率)= 51 500 ÷ (1 + 3%) = 50 000(元)

应纳增值税 = 不含税销售额 × 征收率= 50 000 × 3% = 1 500(元)

③ 交纳增值税。

借：应交税费——应交增值税　1 500

　贷：银行存款　1 500

三、应交消费税

(一) 消费税概述

消费税是指在我国境内生产、委托加工和进口应税消费品的单位和个人，按其流转额交纳的一种税。消费税有从价定率、从量定额、从价定率和从量定额复合计税(简称“复合计税”)三种征收方法。采取从价定率方法征收的消费税，以不含增值税的销售额为税基，按照税法规定的税率计算。企业的销售收入包含增值税的，应将其换算为不含增值税的销售额。采取从量定额计征的消费税，按税法确定的企业应税消费品的数量和单位应税消费品应缴纳的消费税计算确定。采取复合计税计征的消费税，由以不含增值税的销售额为税基，按照税法规定的税率计算的消费税和根据按税法确定的企业应税消费品的数量和单位应税消费品应缴纳的消费税计算的消费税合计确定。

(二) 应交消费税的账务处理

企业应在“应交税费”科目下设置“应交消费税”明细科目，核算应交消费税的发生、缴纳情况。该科目贷方登记应交纳的消费税，借方登记已交纳的消费税，期末贷方余额反映企业尚未交纳的消费税，期末借方余额反映企业多交纳的消费税。

1. 销售应税消费品

企业销售应税消费品应交的消费税，应借记“税金及附加”科目，贷记“应交税费——应交消费税”科目。

【例 10-12】 甲企业销售所生产的化妆品，价款 1 000 000 元(不含增值税)，开具的增值税专用发票上注明的增值税税额为 130 000 元，适用的消费税税率为 30%，款项已存入银行。甲公司应编制如下会计分录：

① 取得价款和税款时。

借：银行存款	1 130 000	
贷：主营业务收入		1 000 000
应交税费——应交增值税(销项税额)		130 000

② 计算应交纳的消费税：

应纳消费税税额 = 1 000 000 × 30% = 300 000(元)

借：税金及附加	300 000	
贷：应交税费——应交消费税		300 000

2. 自产自用应税消费品。

企业将生产的应税消费品用于在建工程等非生产机构时，按规定应交纳的消费税，借记“在建工程”等科目，贷记“应交税费——应交消费税”科目。

【例 10-13】 乙企业在建工程领用自产柴油，成本为 50 000 元，应纳消费税 6 000 元。不考虑其他相关税费。乙企业应编制如下会计分录：

借：在建工程	56 000	
贷：库存商品		50 000
应交税费——应交消费税		6 000

【例 10-14】 丙企业下设的职工食堂享受企业提供的补贴，本月领用自产产品一批，该产品的成本为 20 000 元，市场不含税售价为 30 000 元，适用的增值税税率为 13%、消费税税率为 10%。丙企业应编制如下会计分录：

借：应付职工薪酬——职工福利费	33 900	
税金及附加	3 000	
贷：主营业务收入		30 000
应交税费——应交增值税(销项税额)		3 900
——应交消费税		3 000

同时，

借：主营业务成本	20 000	
贷：库存商品		20 000

3. 委托加工应税消费品

企业如有应交消费税的委托加工物资，一般应由受托方代收代缴消费税。委托加工物资收回后，直接用于销售的，应将受托方代收代缴的消费税计入委托加工物资的成本，借记“委托加工物资”等科目，贷记“应付账款”“银行存款”等科目；委托加工物资收回后用于连续生产应税消费品的，按规定准予抵扣的，应按已由受托方代收代缴的消费税，借记“应交税费——应交消费税”科目，贷记“应付账款”“银行存款”等科目，待用委托加工的应税消费品生产出应纳消费税的产品销售时，再交纳消费税。

【例 10-15】 甲企业委托乙企业代为加工一批应交消费税的材料(非金银首饰)。甲企业发出材料的成本为 2 000 000 元，应付加工费为 400 000 元，增值税税率为 13%，由乙企业代收代缴的消费税为 160 000 元。材料已经加工完成，并由甲企业收回验收入库，加工费及相关税金尚未支付。甲企业采用实际成本法进行原材料的核算。甲企业应编制如下会计分录：

① 委托加工物资收回继续用于生产应税消费品。

借：委托加工物资	2 000 000	
贷：原材料		2 000 000
借：委托加工物资	400 000	
应交税费——应交增值税(进项税额)	52 000	
应交消费税	160 000	
贷：应付账款		612 000
借：原材料	2 400 000	
贷：委托加工物资		2 400 000

② 如果委托加工物资收回直接对外销售。

借：委托加工物资	2 000 000	
贷：原材料		2 000 000
借：委托加工物资	560 000	
应交税费——应交增值税(进项税额)	52 000	
贷：应付账款		612 000
借：原材料	2 560 000	
贷：委托加工物资		2 560 000

四、土地增值税

土地增值税是指转让国有土地使用权、地上的建筑物及其附着物并取得收入的单位和个人，以转让所取得的收入包括货币收入、实物收入和其他收入为计税依据向国家缴纳的一种税赋，不包括以继承、赠与方式无偿转让房地产的行为。

企业应在“应交税费”科目下设置“应交土地增值税”二级科目。企业转让土地使用权应交的土地增值税，土地使用权和地上建筑物及其附着一并在“固定资产”等科目核算的，借记“固定资产清理”等科目，贷记“应交税费——应交土地增值税”科目。土地使用权在“无形资产”科目核算的，按转让实际收到的金额，借记“银行存款”科目，按应交的土地增值税，贷记“应交税费——应交土地增值税”科目，同时冲销土地使用权的账面价值，贷记“无形资产”科目，按其差额，借记或贷记“资产处置损益”科目。实际交纳土地增值税时，借记“应交税费——应交土地增值税”科目，贷记“银行存款”等科目。

五、应交其他税种

（一）应交资源税

对外销售应税产品应交的资源税应记入“税金及附加”科目，自产自用的应记入“生产成本”“制造费用”等科目。

借：税金及附加
　　生产成本
　　制造费用
　　贷：应交税费——应交资源税

（二）房产税、印花税、车船使用税、城镇土地使用税和矿产资源补偿费

企业按规定交纳的房产税、印花税、车船税、城镇土地使用费和矿产资源补偿费等计入“税金及附加”。发生时，借记“税金及附加”科目，贷记“应交税费——应交房产税”“应交税费——应交车船税”“应交税费——应交土地使用税”“应交税费——应交矿产资源补偿费”等科目。但印花税在发生时，直接借记“税金及附加”科目，贷记“银行存款”等科目。

（三）城市维护建设税

城市维护建设税是我国为了加强城市的维护建设，扩大和稳定城市维护建设资金的来源开征的一个税种。它是一种附加税，以实际交纳的增值税和消费税为纳税依据，分别乘以适用的税率计算。城市维护建设税一般月末提取，次月初交纳。企业应在“应交税费”科目下设“应交城市维护建设税”二级科目。计算出应交税金时，借记“税金及附加”科目，贷记“应交税费——应交城市维护建设税”；实际缴纳时，借记“应交税费——应交城市维护建设税”，贷记“银行存款”科目。

（四）教育费附加

教育费附加是国家为扶持教育事业发展，计征用于教育的政府性基金。教育费附加按照企业实际缴纳的增值税和消费税的一定比例缴纳。教育费附加作为专项收入，由教育部门统筹安排使用。此外，一些地方政府为发展地方教育事业，还根据教育法的规定，开征了“地方教育费附加”。

企业应在“应交税费”科目下设“应交教育费附加”二级科目。计算出应交教育费附加时，借记“税金及附加”科目，贷记“应交税费——应交教育费附加”；实际交纳时，借记“应交税费——应交教育费附加”，贷记“银行存款”科目。

（五）企业所得税

企业所得税是指以企业会计生产经营所得和其他所得为征税对象，按照国家税法规定的税率计征的一种税。企业应设置“应交税费——应交所得税”科目，发生应付未付所得税时，借记“所得税费用”科目，贷记“应交税费——应交所得税”；实际交纳时，借记

"应交税费——应交所得税"，贷记"银行存款"科目。

(六) 个人所得税

企业按规定计算的代扣代缴的职工个人所得税，记入"应付职工薪酬"科目。

借：应付职工薪酬

　　贷：应交税费——应交个人所得税

企业交纳个人所得税时：

借：应交税费——应交个人所得税

　　贷：银行存款

【例 10-16】 某企业为增值税一般纳税人，2020 年应交各种税金为：增值税 420 万元，消费税 180 万元，城市维护建设税 55 万元，房产税 10 万元，车船税 5 万元，个人所得税 150 万元。上述各项税金应计入"税金及附加"的金额为(　　)万元。

A. 820　　B. 250　　C. 670　　D. 655

【答案】 B

【解析】 增值税、个人所得税不在"税金及附加"中核算。因此应计入"税金及附加"中的金额 = 180 + 55 + 10 + 5 = 250(万元)。

【问题与思考】

哪些税种不需要通过"应交税费"科目来反映？

第四节　其他流动负债

一、应付账款

(一) 应付账款的核算内容

应付账款是指因购买材料、商品或接受劳务供应等经营活动而应支付的款项。它是购销双方在购销活动中由于取得物资与支付货款时间上的不一致而产生的负债，应以购买物资的所有权转移或接受劳务已发生为标志。具体入账价值包括：

(1) 因购买商品或者接受劳务应向销货方或提供劳务方支付的合同或协议价款；

(2) 按照货款计算的增值税进项税额；

(3) 供货方应负担的运杂费和包装费等。

(二) 科目设置

企业应设置"应付账款"来核算企业因购买材料、商品和接受劳务等经营活动应支付的款项。本科目可按债权人进行明细核算。期末余额一般在贷方，反映企业尚未支付的应付账款余额。

(三) 应付账款核算

1. 应付账款入账时间的确定

应付账款的入账时间应以与所购买物资所有权有关的风险和报酬已经转移或劳务已经接受为标志。但在实际工作中应区别情况处理:

(1) 在货物和发票账单同时到达的情况下，如果货物验收入库的同时支付货款，则不通过“应付账款”账户进行核算；如果货物验收入库后仍未支付款项，则按发票账单登记入账，确认“应付账款”，借记“材料采购”“在途物资”等科目，贷记“应付账款”科目。支付货款时，借记“应付账款”科目，贷记“银行存款”等科目。

(2) 在货物和发票账单不同时到达的情况下，如果发票账单已到，货物未到，应直接根据发票账单注明的物资价款和运杂费，记入有关货物的成本和“应付账款”账户；如果货物已经验收入库，但是发票账单尚未同时到达，企业应付货物供应单位的债务已经形成，在无法确定货物实际成本的情况下，为了反映企业的负债情况，月度终了，应按估计价或者计划成本将相关的应付账款暂估入账，待下月初再用红字冲回或做相反的分录予以冲回，待以后收到发票账单时再按照具体情况处理。

2. 应付账款入账金额的确定

应付账款的入账金额通常是按到期应偿付金额(即发票金额)入账。应付账款附有现金折扣条款的，企业应按照扣除现金折扣前的应付款总额入账。因在折扣期限内付款而获得的现金折扣，应在偿付应付账款时冲减财务费用。

【例 10-17】 甲公司销售材料 1 000 吨给乙公司，每吨不含税单价为 100 元，增值税税率为 13%，材料尚在运输途中，货款尚未支付。甲公司材料核算采用计划成本法，供货方实行送货制。会计处理如下：

销售额 = 1 000 × 100 = 100 000 元

进项税额 = 100 000 × 13% = 13 000 元

借：材料采购	100 000	
应交税费——应交增值税(进项税额)	13 000	
贷：应付账款		113 000

付清款项时，

借：应付账款	113 000	
贷：银行存款		113 000

【例 10-18】 甲公司向乙公司销售材料 5 000 千克，每千克不含税单价为 200 元，发票总金额为 1 000 000 元，增值税税率 13%，华美公司尚未支付货款。付款条件为 2/10，n/30。假定计算现金折扣时不考虑增值税。

会计分录如下：

① 材料验收入库。

借：原材料	1 000 000	
应交税费——应交增值税(进项税额)	130 000	
贷：应付账款——华美公司		1 130 000

② 若华美公司在10天内付款。

借：应付账款——华美公司　1 130 000

　贷：银行存款　1 110 000

　　财务费用　20 000

③ 若华美公司10天后付款。

借：应付账款——华美公司　1 130 000

　贷：银行存款　1 130 000

3. 转销应付账款。

有些应付账款由于债权单位撤销或其他原因，使企业无法偿付或无须支付这笔应付款项，则借记“应付账款”科目，贷记“营业外收入”科目。

二、应付票据

(一) 应付票据的概念和种类

应付票据是指企业因购买原材料、商品和接受劳务供应等而开出、承兑的商业汇票。商业汇票是指由付款人或存款人(或承兑申请人)签发，由承兑人承兑，并于到期日向收款人或被背书人支付款项的一种票据。商业汇票按照承兑人的不同分为商业承兑汇票和银行承兑汇票；按照是否带息分为带息应付票据和不带息应付票据两种。

企业应当设置“应付票据备查簿”，详细登记商业汇票的种类、号数和出票日期、到期日、票面余额、合同交易号和收款人姓名或单位名称以及付款日期和金额等资料。应付票据到期结清时应当在备查簿内予以注销。

(二) 科目设置

企业应设置“应付票据”科目来核算商业汇票的签发、承兑和支付的情况，该科目属于负债类，贷方登记开出、承兑票据的面值及带息票据已产生的利息，借方登记到期支付或结转的票据的金额。期末余额在贷方，表示企业尚未到期的应付票据的本息。

(三) 应付票据的核算

在实务中，应付票据应按照面值入账。

企业赊购材料等物资时，借记“原材料、材料采购、库存商品”“应交税费——应交增值税(进项税额)”等账户，贷记“应付票据”。支付银行承兑汇票的手续费时，借记“财务费用”，贷记“银行存款”。对于带息的商业汇票利息的处理有两种方法：按期计提利息或者一次入账。如果期限较短，利息金额不大，可以一次性计入财务费用。但是，如果票据的期限跨年度，在资产负债表日，则需要计算按面值和票面利率计算自票据签发日至资产负债表日已产生的利息，并增加应付票据的账面价值，借记“财务费用”，贷记“应付票据”。对于不带息票据，其到期价值为票据面值，票据到期时，按面值借记“应付票据”，贷记“银行存款”。对于带息票据，其到期价值为票据面值加利息。如果企业按期支付了相应款项，在票据到期时，按照已计提的利息和面值，借记“应付票据”，按剩余的利息借记“财务费用”，贷记“银行存款”。

如果企业开出并承兑的商业承兑汇票到期后企业无力支付票款，应将应付票据的到期价值转入“应付账款”。如果银行承兑汇票到期而企业无力支付款项，承兑银行将会支付应付票据到期价值相应的金额支付给收款人，同时将该笔款项转作银行对企业的逾期贷款，计入“短期借款”。

【例 10-19】 某公司 2020 年 2 月 1 日签发一张面值为 20 万元，期限为 3 个月的银行承兑汇票归还前欠货款 20 万元。会计处理如下：

① 如果票据到期如数支付票据本息。

借：应付票据　200 000

　贷：银行存款　200 000

② 如果票据到期企业无力支付票款，贴现银行代付。

借：应付票据　200 000

　贷：短期借款　200 000

三、预收账款

(一) 预收账款的概述

预收账款是企业按照合同规定，由购货方预先支付一部分货款给供货方而发生的一项负债，该负债要在日后以商品、劳务等偿还。企业预收款项后，就有义务根据合同、承诺在收款后一定日期内发送商品或提供劳务。当企业如约履行合同后，预收账款的负债才能得以解除，转为营业收入；若企业无法履行合同交货或提供劳务时，就必须如数退还预收客户的货款。

(二) 预收账款的核算

预收账款的核算应视企业的具体情况而定。如果企业预收账款比较多，可以设置“预收账款”科目进行核算；如果企业预收账款不多，也可以不设置“预收账款”科目，直接计入“应收账款”科目的贷方进行核算。

单独设置“预收账款”核算的，其贷方反映预收的货款和补付的货款，借方反映应收的货款和退回多收的货款。期末余额可能在借方也可能在贷方，如果余额在贷方，反映尚未结清的预收账款；如果余额在借方，反映应收的货款。本账户按购货方设置明细账。

当企业向购货单位预收货款或受到购货单位补付的货款时，应借记“银行存款”等科目，贷记“预收账款”科目。当企业发出商品或提供劳务时，应借记“预收账款”科目，贷记“主营业务收入”“其他业务收入”等科目。将多余款项退回时，借记“预收账款”等科目，贷记“银行存款”科目。

【例 10-20】 东方公司根据合同约定于 2020 年 3 月 9 日预收了夏新公司货款 4 000 元，3 月 19 日，向夏新公司发送所购商品，价款 10 000 元，增值税 1 300 元，以现金代垫运杂费 500 元；5 月 9 日收到东方公司补付的货款及代垫的运杂费。

① 3 月 9 日预收货款时。

借：银行存款　4 000

贷：预收账款——夏新公司 4 000

② 3 月 19 日发送商品时。

借：预收账款——夏新公司 11 800

贷：主营业务收入 10 000

应交税费——应交增值税(销项税额) 1 300

库存现金 500

③ 5 月 9 日收到补付款时。

借：银行存款 7 800

贷：预收账款——夏新公司 7 800

对于因预收账款业务不多，未单独设置“预收账款”账户的企业，把预收款项直接记入“应收账款”科目的贷方。等以后实现销售时，“应收账款”科目借方记录的发生额，应可与贷方记录的预收款项相抵消。在期末编制资产负债表时，“预收账款”项目应当根据“预收账款”明细账户的贷方余额和“应收账款”明细账户的贷方余额计算填列。

四、短期借款

短期借款是指企业向银行或类似的金融机构借入的期限在 1 年以下(含 1 年)的各种借款，它通常是为了满足企业生产经营过程中的流动资金需要。我国现阶段企业的短期借款主要有(生产)经营周转借款、票据贴现借款、结算借款、买方信贷等几类。

在会计核算中，企业需要及时如实反映短期借款的借入、利息的计提和本金及利息的偿还情况。当企业取得借款时，借记“银行存款”科目，贷记“短期借款”科目；当企业用短期借款直接归还应付购货款或应付票据时，借记“应付账款”或“应付票据”等科目，贷记“短期借款”科目。在会计期末时，按计算确定的短期借款利息费用，借记“财务费用”科目，贷记“应付利息”科目；实际支付利息时，借记“应付利息”科目，贷记“银行存款”科目。当归还借款时，借记“短期借款”科目，贷记“银行存款”科目。

【例 10-21】某公司于 7 月 1 日从银行取得三个月的借款 200 000 元，年利率为 12%，按月计提利息，到期一次归还本息。则此笔经济业务会计处理如下：

① 取得借款时。

借：银行存款 200 000

贷：短期借款 200 000

② 各月末计提利息费用时。

借：财务费用 2 000

贷：应付利息 2 000

③ 10 月 1 日归还借款本金并支付利息时。

借：短期借款 200 000

财务费用 2 000

应付利息 4 000

贷：银行存款 206 000

“短期借款”科目可按借款的种类、币种和贷款人来设置明细科目。

五、应付股利

1. 应付股利的概念

应付股利是指企业经股东大会或类似机构决议确定分配的现金股利或利润。企业作为独立核算的经济实体，对其实现的经营成果除按税法及有关法规规定交税、交费，还必须对资金投资者给予一定的回报。为核算这部分应付给投资者的现金股利或利润，在未支付前形成一项负债，设置此账户来进行核算。

2. 应付股利的核算

在会计核算中，应设置“应付股利”科目。“应付股利”主要会计处理如下：

(1) 本科目核算企业分配的现金股利或利润，企业分配的股票股利不通过本科目核算。

(2) 本科目应当按照投资者进行明细核算。

(3) 企业应根据股东大会或类似机构通过的利润分配方案，按应支付的现金股利或利润，借记“利润分配——应付股利”科目，贷记“应付股利”科目。

(4) 实际支付现金股利或利润时，借记“应付股利”科目，贷记“银行存款”等科目。

(5) 企业董事会或类似机构通过的利润分配方案中拟分配的现金股利或利润，不应确认负债，但应在财务报表附注中披露。

(6) 本科目期末贷方余额，反映企业尚未支付的现金股利或利润。

【例 10-22】 某公司按股东大会决议，计算应付投资者现金股利 500 000 元。已开出转账支票支付，该公司账务处理如下：

① 计算应付股利时：

借：利润分配——应付股利	500 000	
贷：应付股利		500 000

② 支付股利时：

借：应付股利	500 000	
贷：银行存款		500 000

六、应付利息

1. 应付利息的概念

应付利息核算企业按照合同约定应支付的利息，包括企业短期借款当期计提应付的利息、企业分期付息到期还本的长期借款计提的利息、企业发行的分期付息债券计提的利息。“应付利息”账户应当按照存款人或债权人进行明细核算。

2. 应付利息的主要会计处理

(1) 企业采用合同约定的名义利率计算确定利息费用时，应按合同约定的名义利率计算确定的应付利息的金额，借记“在建工程”“财务费用”“研发支出”等科目，贷记“应付利息”科目。

(2) 实际支付利息时，借记“应付利息”科目，贷记“银行存款”等科目。

(3) “应付利息”科目期末贷方余额，反映企业按照合同约定应支付但尚未支付的利息。

【例 10-23】 某公司借入 3 年期，到期还本每年付息的长期借款 4 000 000 元，合同约定年利率为 5%，假设不符合资本化条件。相关账务处理如下：

① 每年计算确定利息费用时：

借：财务费用　　200 000
　　贷：应付利息　　200 000

企业每年应支付的利息 = 4 000 000 × 5% = 200 000(元)

② 每年实际支付利息时：

借：应付利息　　200 000
　　贷：银行存款　　200 000

七、其他应付款

其他应付款是指企业应付票据、应付账款、预收账款、应付职工薪酬、应交税费、应付股利等以外的其他各项应付、暂收的款项，如应付租入包装物租金、存入保证金等。企业应通过“其他应付款”科目，核算“其他应付款”的增减变动及其结存情况，并按照“其他应付款”的项目和对方单位(或个人)设置明细科目进行明细核算。

企业发生其他各种应付、暂收款项时，借记“管理费用”等科目，贷记“其他应付款”科目；支付或退回其他各种应付、暂收款项时，借记“其他应付款”科目，贷记“银行存款”等科目。

【例 10-24】 某公司从 2020 年 7 月 1 日起，以经营租赁方式租入管理用设备一台，每月租金 6 000 元，按季支付。9 月 30 日，该公司以银行存款支付应付租金 18 000 元，增值税进项税额为 2 340 元。会计分录如下：

① 7 月 31 日计提应付租赁方式租入固定资产租金。

借：管理费用　　6 000
　　贷：其他应付款　　6 000

② 8 月 31 日计提应付租赁方式租入固定资产租金。

借：管理费用　　6 000
　　贷：其他应付款　　6 000

③ 9 月 30 日支付租金。

借：其他应付款　　12 000
　　管理费用　　6 000
　　应交税费——应交增值税(进项税额)　　2 340
　　贷：银行存款　　20 340

【问题与思考】

预收账款如何填列会计报表？

本 章 小 结

流动负债是偿还期限在一年或超过一年的一个营业周期内的负债，是企业负债的主要组成部分。

职工薪酬是指企业为获得职工提供的服务或解除劳动关系而给予的各种形式的报酬或补偿。职工薪酬包括短期薪酬、离职后福利、辞退福利和其他长期职工福利。企业提供给职工配偶、子女、受赡养人、已故员工遗属及其他受益人等的福利，也属于职工薪酬。

企业根据税法规定应缴纳的税费包括增值税、消费税、城市维护建设税、资源税、所得税、城镇土地增值税、房产税、车船税、土地使用税、教育费附加、矿产资源补偿费、印花税、耕地占用税等。

【延伸阅读】

流动负债　current liabilities

应付职工薪酬　employee benefits payable

应交税费　taxes payable

应付账款　accounts payable

应付票据　notes payable

复　习　题

一、单选题

1. 企业的应付账款确实无法支付，经确认后转作(　　)。

A. 营业外收入　　B. 补贴收入

C. 其他业务收入　　D. 资本公积

2. 预收账款情况不多的企业，可以不设“预收账款”科目，而将预收的款项直接记入的账户是(　　)。

A. 应收账款　　B. 预付账款

C. 其他应收款　　D. 应付账款

3. 下列各项中，关于企业以自产产品作为福利发放给专设销售机构人员的会计处理表述正确的是(　　)。

A. 按产品的生产成本确定主营业务收入

B. 按产品的公允价值加上增值税销项税额确认应付职工薪酬

C. 按产品的账面价值加上增值税销项税额确认销售费用

D. 按产品的公允价值结转主营业务成本

4. 下列各项税金中，不影响企业损益的是(　　)。

A. 消费税　　B. 城建税

C. 一般纳税企业的增值税销项税额　　D. 所得税

5. 企业发生赊购商品业务，下列各项中不影响应付账款入账金额的是(　　)。

A. 商品价款　　B. 增值税进项税额

C. 现金折扣　　D. 销货方代垫运杂费

6. 带息应付票据的利息支出应计入(　　)。

A. 财务费用　　B. 管理费用　　C. 销售费用　　D. 制造费用

7. 某公司2020年5月1日开具一张面值为150万元，期限为3个月，票面年利率为6%的商业承兑汇票。则2020年5月31日该公司“应付票据”科目的账面余额为(　　)万元。

A. 150　　B. 150.75　　C. 159　　D. 152.25

8. 下列各项中，属于“其他应付款”科目核算范围的是(　　)。

A. 应付租入固定资产的租金　　B. 应付供应商的货款

C. 应付给职工的薪酬　　D. 应付供应商代垫的运杂费

9. 下列有关应付票据处理的表述中，不正确的是(　　)。

A. 企业开出商业汇票时，应按其票面金额贷记“应付票据”

B. 不带息应付票据到期支付时，按票面金额结转

C. 企业支付的银行承兑汇票手续费，计入当期财务费用

D. 企业到期无力支付的银行承兑汇票，应按账面金额转入“应付账款”

10. 企业从应付职工薪酬中扣缴的个人所得税，贷记的会计科目是(　　)。

A. 其他应收款　　B. 应交税费——应交个人所得税

C. 银行存款　　D. 其他应付款

二、多选题

1. 下列各项中，应通过“应付职工薪酬”科目核算的有(　　)。

A. 计提的职工住房公积金　　B. 计提的职工医疗保险费

C. 提取的工会经费　　D. 确认的职工短期带薪缺勤

2. 下列属于“应付职工薪酬”中职工的是(　　)。

A. 全职、兼职职工　　B. 董事会成员

C. 内部审计委员会成员　　D. 劳务用工合同人员

3. 下列各项中，应计入相关资产成本的有(　　)。

A. 企业进口原材料交纳的进口关税

B. 企业商务用车交纳的车船税

C. 小规模纳税人购买商品支付的增值税

D. 企业签订加工承揽合同交纳的印花税

4. 下列税金中，不考虑特殊情况时，会涉及抵扣情形的有(　　)。

A. 一般纳税人购入货物用于生产所负担的增值税

B. 委托加工收回后用于连续生产应税消费品

C. 取得运费发票的相关运费所负担的增值税

D. 从小规模纳税人购入货物取得普通发票的增值税

5. 按照规定，可以计入“税金及附加”科目的税金有(　　)。

A. 土地增值税　　B. 消费税

C. 城市维护建设税　　D. 城镇土地使用税

6. 下列税金中，应该计入在建工程或固定资产成本的有(　　)。

A. 耕地占用税　B. 车辆购置税

C. 契税　D. 土地增值税

7. 下列各项中，引起“应付票据”科目余额发生增减变动的有(　　)。

A. 开出商业承兑汇票购买原材料

B. 转销已到期无力支付票款的商业承兑汇票

C. 转销已到期无力支付票款的银行承兑汇票

D. 支付银行承兑汇票手续费

8. 下列业务中，企业通常视同销售处理的有(　　)。

A. 销售代销货物

B. 在建工程领用企业外购的库存商品

C. 企业将自产的产品用于集体福利

D. 在建工程领用企业外购的原材料

9. 下列各项中，应作为职工薪酬计入相关资产成本的有(　　)。

A. 设备采购人员的差旅费　B. 公司总部管理人员的工资

C. 生产职工的伙食补贴　D. 材料入库前挑选整理人员的工资

10. 下列各项中，应通过“其他应付款”科目核算的有(　　)。

A. 应付的租入包装物租金　B. 应付的社会保险费

C. 应付的客户存入保证金　D. 应付的经营租入固定资产租金

三、判断题

1. 负债必须通过资产来清偿。

2. 企业只有在对外销售消费税应税产品时才应交纳消费税。

3. 某企业为小规模纳税人，销售产品一批，含税价 5 1500 元，增值税率 3%，该批产品应交增值税为 1 500 元。

4. 企业为福利人员提取的福利费，应计入“销售费用”。

5. 将于一年内到期的长期负债，按照规定，应在资产负债表中作为流动负债反映。

6. 应付账款一般应按到期应付金额的现值入账。

7. 如果带有现金折扣的应付账款，其入账金额应按发票记载应付金额的总金额扣除现金折扣后的净额记账。

8. 企业在采购材料物资，对于先收到材料物资而月末尚未收到发票账单的情况，按会计制度规定在月度终了将所购物资的应付债务估价记入“应付账款”科目，下月初红字冲回。

9. 企业股东大会通过的利润分配方案中拟分配的现金股利或利润，不应确认为负债，但应在附注中披露。

10. 增值税小规模纳税人购进货物支付的增值税直接计入有关货物的成本。

四、计算题

1. 甲公司为一般纳税人，本月发生下列有关经济业务：

(1) 从乙公司购入一批原材料，价款 80 000 元，增值税专用发票上注明的增值税税额为 10 400 元，材料已验收入库，款项尚未支付。

(2) 企业按合同向丙公司预收货款 60 000 元，款项收存银行。

(3) 以银行存款支付上月欠乙公司的货款 68 000 元。

(4) 企业向丙公司发出产品，价款 60 000 元，增值税为 7 800 元。

(5) 将多余货款退回。

(6) 企业向乙公司支付应付购货款 90 400 元。

要求：根据上述资料编制有关会计分录。

2. 某公司 2020 年 7 月 1 日向建设银行借入 400 000 元，期限 6 个月，年利率 3%，利息分月预提，到期时本息一次性支付给银行。

要求：编制该公司的相关会计分录。

3. A 公司发生以下经济业务：

(1) 向银行借入短期借款 10 000 元，用于商品周转。

(2) 计提本月短期借款利息 860 元。

(3) 以银行存款支付季度银行借款利息 3 450 元，已预提 1 500 元。

(4) 2019 年 10 月 1 日从 B 公司购入商品 200 000 元，增值税额 26 000 元，出具一张期限为 6 个月，年利率为 8%，面值为 226 000 元的带息票据。

(5) 2019 年 12 月 31 日将 B 公司应付票据 3 个月的应付利息入账。

(6) 2020 年 4 月 1 日 B 公司应付票据到期支付款项共计 235 040 元。

(7) 收到 C 单位预订商品的预付款 80 000 元(设“预收账款”科目)。

(8) 将 C 单位预订的商品发出，货款 110 000 元，增值税 14 300 元，共计 124 300 元。

(9) 收到 C 单位补付的货款 44 300 元。

要求：根据经济业务编制会计分录。

4. 甲公司通过银行转账方式发放职工工资 447 100 元，结转代扣款 75 000 元，结转代扣个人所得税 7 900 元。月份终了，分配工资费用，其中生产工人工资 350 000 元，车间管理人员工资 90 000 元，厂部管理人员工资 50 000 元，在建工程人员工资 40 000 元。

要求：根据上述经济业务，编制会计分录。

5. 甲公司为增值税一般纳税人，销售商品适用的增值税税率为 13%，消费税税率为 10%。甲公司委托外单位加工一批应税消费品(非金银首饰)，发生如下经济业务：

(1) 发出原材料 300 000 元。

(2) 材料加工完成支付加工费 60 000 元，增值税 7 800 元(经税务机关认证可以抵扣)，由受托方代收代缴消费税 40 000 元；收回的材料继续加工 A 产品。

(3) 收回的材料验收入库。

(4) 生产 A 产品领用全部收回的材料，分配职工薪酬 50 000 元，分配制造费用 30 000 元。

(5) A 产品加工完成并验收入库。

(6) A 产品全部对外销售，收取价款 700 000 元，增值税额 91 000 元。

(7) 结转 A 产品销售成本。

(8) 结转销售 A 产品应交消费税。

(9) 实际缴纳消费税。

要求：根据上述经济业务，编制会计分录。

第十一章　非流动负债

【内容提要】

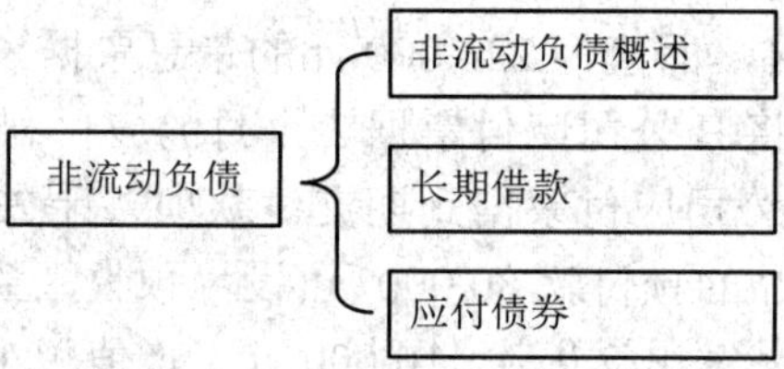

【学习目标】

1. 了解非流动负债的概念和分类；
2. 熟悉长期借款的会计核算；
3. 掌握可转换公司债券的会计核算；
4. 掌握应付债券的会计核算。

【导入案例】

甲公司向合格投资者公开发行面值总额不超过12亿元的公司债券，甲公司2020年公司债券基础发行规模为7亿元，可超额配售不超过5亿元。发行人和主承销商将根据网下申购情况，决定是否行使超额配售选择权，即在基础发行规模7亿元的基础上，由主承销商在本期债券基础发行规模上追加不超过5亿元的发行额度。本期债券为3年期，票面年利率为4.50%。本期债券面值100元，按面值平价发行。还本付息的方式是：本期债券采用单利按年计息，不计复利，每年付息一次，到期一次还本，最后一期利息随本金一起支付。起息日2020年3月4日。募集资金用途：拟用于补充公司营运资金和调整公司债务结构(包括但不限于偿还银行贷款)。

思考：

(1) 甲公司发行企业债券应具备的条件有哪些？

(2) 企业债券的发行价格是如何计算的？溢价与折价的实质是什么？

第一节 非流动负债概述

一、非流动负债的概念

非流动负债是流动负债以外的负债，通常是指偿还期限在 1 年以上的债务。常见的非流动负债主要包括长期借款、应付债券、长期应付款、专项应付款等项目。

企业举借非流动负债的目的主要是为了满足企业扩展经营规模、购置固定资产、进行基本建设，对现有固定资产进行改、扩建等资金需求。与流动负债相比，非流动负债具有偿还期限较长、金额较大的特点，这就决定了其会计处理也不同于流动负债。

二、非流动负债的计价

由于非流动负债的偿还期限较长且金额较大,未来的现金流出量(未来支付的利息与本金)与其现值之间的差额较大，因此，从理论上讲，非流动负债宜按其现值入账，而不宜按其未来应偿付金额入账。但在我国会计实务中，由于计算现值时折现率的不确定性以及简化核算的考虑，一般按照非流动负债到期应付金额代替现值入账。

非流动负债的利息金额也往往较大，因此利息的确认与计量对于如实反映企业的财务状况与经营成果便显得十分重要。此外，非流动负债的利息既可以是分期支付，也可以于到期还本时一次性支付。因而，非流动负债的应付未付利息本身既可能是流动负债，也可能是非流动负债。

三、非流动负债的分类

(一) 按筹措方式分类

根据企业筹集长期债务的方式，非流动负债分为长期借款、应付债券和长期应付款。

(二) 按偿还方式分类

根据长期债务的偿还方式，非流动负债分为定期偿还长期负债和分期偿还长期负债。

(三) 按照举债的基础分类

根据长期债务举借的基础，非流动负债分为担保长期负债和信用长期负债。前者以企业提供的担保为基础，后者以企业的信誉为基础。

【问题与思考】

如何区分流动负债和非流动负债？

第二节 长期借款

一、长期借款的概念

长期借款是指企业从银行或者其他金融机构借入的期限在 1 年以上(不含 1 年)的各项借款，一般用于固定资产的购建、改扩建工程、大修理工程、对外投资以及为了保持长期经营能力等方面。它是长期负债的重要组成部分，必须加强管理和核算。按照借款币种，长期借款可划分人民币借款和外汇借款。

长期借款是目前我国企业获得长期负债资金的主要筹资方式，它的债权人为银行或其他金融机构，具有筹资速度快、筹资弹性大等优点。长期借款按提供贷款的机构不同，分为政策性银行贷款、商业银行贷款和其他金融机构贷款；按有无抵押品，分为抵押贷款和信用贷款；按贷款用途不同，分为基本建设贷款、更新改造贷款和科技开发贷款。

二、长期借款的会计核算

为了总括地核算和监督企业长期借款的借入、应计利息以及还本付息情况，应设置“长期借款”科目，下设“本金”“利息调整”“应计利息”等明细科目。

(一) 合同利率与实际利率相差较小

1. 取得长期借款

企业借入各种长期借款时，按借款本金，借记“银行存款”科目，贷记“长期借款——本金”科目。

2. 长期借款的利息

长期借款计算确定的利息费用，应当按以下原则计入有关成本费用账户：属于筹建期间的，计入管理费用；属于生产经营期间的，计入财务费用；如果长期借款用于购建固定资产的，在固定资产尚未达到预定可使用状态前，所发生的应当作为资本化的利息支出数，计入在建工程成本；固定资产达到预定可使用状态后发生的利息支出，以及按规定不予资本化的利息支出，计入财务费用；所发生的应当作为资本化的利息支出数，计入在建工程成本。

如果实际利率和合同利率差异不大，可以采用合同利率计算确定的利息费用。此时不需要设置“长期借款(利息调整)”科目。

在资产负债表日，按应付未付利息，借记“在建工程”“财务费用”“制造费用”“研发支出”等科目，按借款本金和合同利率计算确定的应付未付利息，贷记“应付利息”科目(分期付息、到期还本债券)或者“长期借款——应计利息”科目(到期一次还本付息债券)。

【例 11-1】 某公司于 2020 年 1 月 1 日从银行借入资金 4 000 000 元，期限为 3 年，年利率为 8.4%(到期一次还本付息，不计复利)，所借款项已存入银行。东方公司用该借款于当日购买不需安装的设备一台，价款 3 900 000 元，另支付运杂费及保险费等 100 000 元，设备已于当日投入使用。该公司应编制会计分录如下：

① 取得借款时：

借：银行存款 4 000 000

贷：长期借款——本金 4 000 000

支付设备款、运杂费及保险费等

借：固定资产 4 000 000

贷：银行存款 4 000 000

② 2020 年 12 月 31 日，确认利息：

借：财务费用 336 000

贷：长期借款——应计利息 336 000

3. 长期借款到期

长期借款到期归还时，按归还的借款本金，借记“长期借款——本金”科目，按应付未付利息，借记“应付利息”或者“长期借款——应计利息”科目，按实际归还的款项，贷记“银行存款”科目，按借贷方之间的差额，借记或贷记“在建工程”“财务费用”“制造费用”等科目。

【例 11-2】 某公司于 2020 年 1 月 1 日从银行借入 1 000 000 元，借款期限为 2 年，年利率为 6%，分期付息，到期还本。该公司应编制会计分录如下：

① 2020 年 1 月 1 日借入时：

借：银行存款 1 000 000

贷：长期借款——本金 1 000 000

② 2020 年 12 月末计算利息时：

借：财务费用 60 000

贷：应付利息 60 000

③ 分期支付利息时：

借：应付利息 60 000

贷：银行存款 60 000

④ 2021 年 12 月末，还本付息时：

借：财务费用 60 000

贷：应付利息 60 000

借：长期借款——本金 1 000 000

应付利息 60 000

贷：银行存款 1 060 000

(二) 合同利率与实际利率相差较大

取得借款时，如果合同利率与实际利率不同，实际取得的借款数额不一定等于本金的数额，那么“长期借款”科目不仅核算借款的本金，还包括利息等费用。“长期借款”科目应当按照贷款单位和贷款种类，分别按“本金”“利息调整”等进行明细核算。本账户期末贷方余额反映企业尚未偿还的长期借款的摊余成本。

1. 取得长期借款

企业借入各种长期借款时，按实际收到的款项，借记“银行存款”账户，按借款本金，贷记“长期借款——本金”账户，按借贷双方之间的差额，借记或贷记“长期借款——利息调整”账户。

2. 长期借款的利息

长期借款利息费用应当在资产负债表日，按照实际利率法计算确定。在资产负债表日，企业应按长期借款的摊余成本和实际利率计算确定的利息费用，借记“在建工程”“财务费用”“制造费用”“研发支出”等科目，按借款本金和合同利率计算确定的应付未付利息，贷记“应付利息”科目(分期付息、到期还本)或者“长期借款——应计利息”科目(到期一次还本付息)，按其差额，贷记或借记“长期借款——利息调整”科目。

3. 长期借款到期

长期借款到期归还时，按归还的借款本金，借记“长期借款——本金”科目，按应付未付利息，借记“应付利息”或者“长期借款——应计利息”科目，按转销的利息调整金额，贷记“长期借款——利息调整”科目，按实际归还的款项，贷记“银行存款”科目，按借贷方之间的差额，借记或贷记“在建工程”“财务费用”“制造费用”等科目。

【例 11-3】某公司 2020 年 3 月 1 日企业为修建厂房向银行借款 300 万元，期限 2 年，利率 10%。该项工程建设时间 2 年。2022 年 3 月 1 日厂房建造完成，借款到期时，企业以银行存款一次还本付息。

① 2020 年 3 月 1 日，借入时：

借：银行存款　　3 000 000

　　贷：长期借款——本金　　3 000 000

② 2020 年 12 月末，计算利息时：

借：在建工程　　250 000

　　贷：长期借款——应计利息　　250 000

③ 2021 年 12 月末，计算利息时：

借：在建工程　　300 000

　　贷：长期借款——应计利息　　300 000

④ 2022 年 3 月 1 日，还本付息时：

借：在建工程　　50 000

　　贷：长期借款——应计利息　　50 000

借：长期借款——本金　　3 000 000

　　长期借款——应计利息　　600 000

　　贷：银行存款　　3 600 000

【问题与思考】

长期借款与短期借款的账务处理有何差别？

第三节 应付债券

一、债券的概述

(一) 债券的含义

企业可以依照法定程序，以对外发行债券的形式筹集资金。债券是一种依照法定程序批准发行的，载明一定利率、期限，并允诺在未来一定时期还本付息的有价证券。债券与股票都是企业发行的证书，但却有很大区别。

(1) 性质不同。债券是一种债权证书。购买债券就等于为发行企业提供了债务，成为债权人，而企业承担了债务，成为债务人。股票是一种所有权证书，购买股票等于购买了企业的一部分产权，是企业资产的所有者，股票反映股票持有者与出售者之间的经济关系。

(2) 权力不同。债券持有者是债权人，不是股东，无权参与企业经营管理活动。股票持有者是股东，享有股东权，有权参与企业事务。

(3) 期限不同。债券有一定的偿还期限，到期就还本付息。而股票在企业经营过程中是不退股的。

(4) 风险不同。投资债券风险小，预期收益相对稳定，但债权人只能获得定额本息，无权取得超额利润。投资股票风险大，预期收益不稳定。股东的收益随着企业的经济状况好坏波动，可以取得超额利润。

(二) 债券的要素

债券作为一种书面凭证，其发行有着严格的规定，包括债券票面上应载明的内容，称为债券要素，主要包括：

(1) 企业名称。

(2) 债券面值，又称为债券的票面价值，是指企业在发行债券时，在票面上注明的价值，即到期日所支付的本金。面值大小不等，包括 50 元、100 元、1000 元等，企业可以根据需要设定，它包括票面的币种和票面金额两个方面。

(3) 债券利率，也称为票面利率或名义利率，是指债券利息的年利率，是相对于债券发行时的市场利率而言的，它可以高于、等于或者低于市场利率。其高低主要受银行利率、发行者的资信、偿还期限、利息计算方式以及市场上资金供求关系的影响。

(4) 利息支付方式。债券的利息大多是分期支付的，如果每年支付一次，则每年支付的利息额为债券面值乘以债券利率，如果每半年支付一次，支付的利息额等于债券面值乘以票面利率的一半。债券的利息也可以到期一次性偿还本息。

(5) 付息日。债券的发行者应在票息面上注明债券的付息日期。如在两个付息日之间编制财务报表的，应计提上一付息日至编表日的利息费用和相应的应计利息。

(6) 到期日，是指偿还债券金额的日期。定期还本债券的本金在债券持有期的最后时间一次性支付；分期还本债券的本金在债券持有期内分次偿还债券，所以在债券凭证上要注明每次偿还本金的日期和金额。

(三) 债券的分类

公司债券可以根据不同的标准进行分类，不同类别的公司债券所承担的风险和报酬不尽相同。

1. 根据发行价格分为面值债券、溢价债券和折价债券

(1) 面值债券，指债券的发行价格等于面值。

(2) 溢价债券，指债券的发行价格高于面值。溢价是企业以后各期多付利息而事先得到的补偿。

(3) 折价债券，指债券的发行价格低于面值。折价是企业以后各期少付利息而预先给投资者的补偿。溢价或折价是发行债券企业在债券存续期内对利息费用的一种调整。

2. 根据债券有无担保分为有担保债券和无担保债券

(1) 有担保债券又称抵押债券，是指以特定财产作为还本付息的担保的债券。其中特定资产是指动产或不动产或其他企业股票。如果发行企业无力偿还到期本息，持有人或作为其他代表的信托人有权处置抵押品作为补偿。根据被抵押财产的不同，有担保债券还可以分为不动产(如土地和房屋)抵押债券、动产(如机器、设备)抵押债券和证券(可转换的其他有价证券)抵押债券。

(2) 无担保债券也称信用公司债券，是指没有相应的财产作为抵押，以凭借企业信用而发行的债券。与有担保债券相比，由于这种债券无抵押作保证，信用债券的风险大，应而往往要求有较高的报酬率，同时这种债券的利率往往高于有保证的债券利率。

3. 根据是否记名分为记名债券和无记名债券

(1) 记名债券是指公司债券的持有人必须在发行债券的公司或信托的管理机构办理登记，并凭债券和持有人的有效身份证件领取本息。债券买卖时，必须办理过户手续。发行记名公司债券手续较为烦琐但风险小。

(2) 无记名公司债券也称息票债券，是指持有人不需要办理记名登记手续，但公司债券有息票，任何人都可以凭息票领取债券利息，凭到期债券收回本金。无记名公司债券便于流通，但风险较大。

4. 根据偿还方式分为定期偿还公司债券和分期偿还公司债券

(1) 定期偿还公司债券是指债券的本金在到期日一次性偿还。

(2) 分期偿还公司债券是债券的本金在一定期限内分次偿还。

5. 债券按能否转换分为可转换债券和不可转换债券

(1) 可转换债券是指债券持有人按规定的条件将债券转换为股票。

(2) 不可转换债券是指债券持有人不能把持有的债券转换为股票。

(四) 债券的发行

1. 发行方式

公司债券的发行方式有三种，即面值发行、溢价发行、折价发行。一般情况下，债券的票面利率高于、等于和低于市场利率时，债券的价格高于、等于和低于债券的面值。

(1) 票面利率等于市场利率时，平价发行或面值发行；

(2) 票面利率大于市场利率时，溢价发行；

(3) 票面利率小于市场利率时，折价发行。

2. 发行价格

发行债券首先要确定发行价格。债券的发行价格是企业在发行债券时向购买人收取的价款。债券发行价格的形式主要由债券的票面利率和市场利率之间的关系决定。债券发行价格与市场利率的关系可表示如下：

债券的发行价格 = 到期偿还面值按市场利率折算的现值 +
票面利息按市场利率折算的现值

企业发行债券时，如果发行费用大于发行期间冻结资金所产生的利息收入，按发行费用减去发行期间冻结资金所产生的利息收入的差额，根据发行债券所筹集资金的用途，分别计入财务费用或相关资产成本。如果发行费用小于发行期间冻结资金所产生的利息收入，按发行期间冻结资金所产生的利息收入减去发行费用后的差额，视同发行债券的溢价收入，在债券存续期间于计提利息时摊销，分别计入财务费用或相关资产成本。

【例 11-4】 某公司发行面值为 100 元的债券 2 000 张，债券利率为 10%，期限为 3 年，每年付息一次，当发行日的市场利率分别为 8%、10%和 12%时，计算在不同市场利率下的债券现值。(P/F, 10%,3) = 0.7513，(P/A, 10%,3) = 2.486，(P/F, 8%, 3) = 0.7938，(P/A, 8%, 3) = 2.577，(P/F, 12%, 3) = 0.7118，(P/A, 12%, 3) = 2.4018。

① 当市场利率为 10%，债券票面利率为 10%时，平价发行：

债券现值 = 2 000 × 100 × (P/F,10%,3) + 2 000 × 10 × (P/A,10%,3)
= 2 000 × 100 × 0.7513 + 2 000 × 10 × 2.486
= 200 000 元

② 当市场利率为 8%，债券票面利率为 10%时，溢价发行：

债券现值 = 2 000 × 100 × (P/F,8%,3) + 2 000 × 10 × (P/A,8%,3)
= 2 000 × 100 × 0.7938 + 2 000 × 10 × 2.577
= 210 300 元

③ 当市场利率为 12%，债券票面利率为 10%时，折价发行：

债券现值 = 2 000 × 100 × (P/F,12%,3) + 2 000 × 10 × (P/A,12%,3)
= 2 000 × 100 × 0.7118 + 2 000 × 10 × 2.4018
= 190 396

二、债券发行的会计处理

1. 公司债券的发行

无论是按面值发行，还是溢价发行或折价发行，均按债券面值记入“应付债券”账户的“面值”明细账户，按实际收到的款项与面值的差额，记入“利息调整”明细账户。企业发行债券时，按实际收到的款项，借记“银行存款”“库存现金”等账户，按债券面值价值，贷记“应付债券——面值”账户，按实际收到的款项与票面价值之间的差额，贷记

或借记“应付债券——利息调整”账户

2. 利息调整的摊销

利息调整应在债券存续期间内采用实际利率进行摊销。实际利率法是指按照应付债券的实际利率计算出摊余成本及各期利息费用的方法。实际利率是指将应付债券在债券存续期间的未来现金流量，折现为该债券当前账面价值所使用的利率。

资产负债表日，对于分期付息、一次还本的债券，企业应按应付债券的摊余成本和实际利率计算确定的债券利息费用，借记“在建工程”“制造费用”“财务费用”等账户，按票面利率计算确定的应付未付利息，贷记“应付利息”账户，按其差额，借记或贷记“应付债券——利息调整”账户。

对于一次还本付息的债券，应于资产负债表日按摊余成本和实际利率计算确定的债券利息费用，借记“在建工程”“制造费用”“财务费用”等账户，按票面利率计算确定的应付未付利息，贷记“应付债券——应计利息”账户，按其差额，借记或贷记“应付债券——利息调整”账户。

3. 到期偿还

企业发行的债券通常分为到期一次还本付息或一次还本、分期付息两种。采用一次还本付息方式的，企业应于债券到期支付债券本息时，借记“应付债券——面值”“应付债券——应计利息”账户，贷记“银行存款”账户。采用一次还本、分期付息方式的，在每期支付利息时，借记“应付利息”账户，贷记“银行存款”账户；债券到期偿还本金并支付最后一期利息时，借记“应付债券——债券面值”“在建工程”“财务费用”“制造费用”等账户，贷记“银行存款”账户，按借贷双方之间的差额，借记或贷记“应付债券——利息调整”账户。

【例 11-5】 甲企业经批准从 2020 年 1 月 1 日起按面值发行 2 年期面值为 100 元的债券 10 000 张，债券年利率为 6%(实际利率与合同利率一致)。该债券每年年末付息一次，次年 1 月 1 日为付息日。该债券所筹资金全部用于新生产线的建设，该生产线将于 2021 年 12 月底完工并交付使用，债券到期后一次性支付本金。

要求：编制甲企业从债券发行至债券到期的会计分录。(答案中的金额单位用万元表示。)

账务处理如下：

① 2020 年 1 月 1 日发行债券。

借：银行存款　　100

　贷：应付债券——面值　　100

② 2020 年年末计提利息。

借：在建工程　　6

　贷：应付利息　　6

③ 2021 年 1 月 1 日支付利息。

借：应付利息　　6

　贷：银行存款　　6

④ 2021 年年末计提利息。

借：在建工程　　6

贷：应付利息 6

⑤ 2022 年 1 月 1 日支付利息。

借：应付利息 6

贷：银行存款 6

⑥ 2022 年 1 月 1 日支付本金。

借：应付债券——面值 100

贷：银行存款 100

【例 11-6】甲企业经批准于 2020 年 1 月 1 日起发行五年期面值为 100 元的债券 5 000 张，债券票面年利率为 6%，每年年末计息，次年年初付息，到期时归还本金。该债券发行价款为 521 635 元，债券实际利率为年利率 5%。该债券所筹资金全部用于生产经营。债券利息调整采用实际利率法摊销，每年年末计提利息。

要求：编制甲企业从债券发行至债券到期的全部会计分录。

账务处理如下：

① 2020 年 1 月 1 日发行债券。

借：银行存款 521 635

贷：应付债券——面值 500 000

应付债券——利息调整 21 635

② 2020 年年末计提利息。

借：财务费用 26 082

应付债券——利息调整 3 918

贷：应付利息 30 000

③ 2021 年年初支付利息。

借：应付利息 30 000

贷：银行存款 30 000

④ 2021 年年末计提利息。

借：财务费用 25 886

应付债券——利息调整 4 114

贷：应付利息 30 000

⑤ 2022 年年初支付利息。

借：应付利息 30 000

贷：银行存款 30 000

⑥ 2022 年年末计提利息。

借：财务费用 25 680

应付债券——利息调整 4 320

贷：应付利息 30 000

⑦ 2023 年年初支付利息。

借：应付利息 30 000

贷：银行存款 30 000

⑧ 2023 年年末计提利息。

借：财务费用　　25 464
　　应付债券——利息调整　　4 536
　　贷：应付利息　　30 000

⑨ 2024 年年初支付利息。

借：应付利息　　30 000
　　贷：银行存款　　30 000

⑩ 2024 年年末计提利息。

借：财务费用　　25 253
　　应付债券——利息调整　　4 747
　　贷：应付利息　　30 000

⑪ 2025 年年初支付利息。

借：应付利息　　30 000
　　贷：银行存款　　30 000

⑫ 2025 年年初支付本金。

借：应付债券——债券面值　　500 000
　　贷：银行存款　　500 000

三、可转换公司债券的会计处理

可转换公司债券是指企业依照法定程序发行，在一定期间内依据约定的条件可以转换成股份的公司债券。可转换公司债券既有债券的性质，又有股票的性质，是一种混合型有价证券。企业发行的可转换公司债券可在“应付债券”账户下设置“可转换公司债券”明细账户核算。

企业发行的可转换公司债券，应当在初始确认时将其包含的负债成分和权益成分进行分拆，将负债成分确认为“应付债券”，将权益成分确认为“其他权益工具—可转换公司债券”。在进行分拆时，应当先对负债成分的未来现金流量进行折现，确定负债成分的初始确认金额，再按发行价格总额扣除负债成分初始确认金额后的金额，确定权益成分的初始确认金额。发行可转换公司债券发生的交易费用，应当在负债成分和权益成分之间按照各自的相对公允价值进行分摊。

企业应按实际收到的款项，借记“银行存款”等账户，按可转换公司债券包含的负债成分面值，贷记“应付债券——可转换公司债券(面值)”账户，按权益成分的公允价值，贷记“其他权益工具——可转换公司债券”账户，按借贷双方之间的差额，借记或贷记“应付债券——可转换公司债券(利息调整)”账户。对于可转换公司债券的负债成分，在可转换为股份前，其会计处理与一般公司债券相同，即按照实际利率和摊余成本确认利息费用，按照面值和票面利率确认应付利息或应付债券——可转换公司债券(应计利息)，差额作为利息调整。可转换公司债券转换为股份时，对于债券面额不足转换 1 股股份的部分，企业应当以现金偿还。

可转换公司债券持有人行使转换权利，将其持有的债券转换为股票时，按可转换公司债券的余额，借记“应付债券——可转换公司债券(面值、利息调整)”账户，按其权益成本的金额，借记“其他权益工具——可转换公司债券”账户，按股票面值和转换的股数计算的股票面值总额，贷记“股本”账户，按其差额，贷记“资本公积——股本溢价”账户。如用现金支付不可转换股票的部分，还应贷记“库存现金”“银行存款”等账户。

会计处理如下：

(1) 发行时：

借：银行存款

应付债券——可转换公司债券(利息调整)(或贷记)

贷：应付债券——可转换公司债券(面值)

其他权益工具(按权益成分的公允价值)

转股前的会计处理同普通债券。

(2) 转股时：

借：应付债券——可转换公司债券(面值)

应付债券——可转换公司债券(利息调整)(或贷记)

其他权益工具(转换部分权益成分公允价值)

贷：股本

资本公积——股本溢价

库存现金(不足 1 股支付的现金部分)

【例 11-7】 甲公司经批准于 2020 年 1 月 1 日以 50 400 万元的价格(不考虑相关税费)发行面值总额为 50 000 万元的可转换公司债券。可转换公司债券期限为 5 年，票面年利率为 3%，实际利率为 4%。自 2021 年起，每年 1 月 1 日付息。自 2021 年 1 月 1 日起，可转换公司债券持有人可以申请按债券面值转为甲公司的普通股(每股面值 1 元)，初始转换价格为每股 10 元，不足转为 1 股的部分以现金结清。其他相关资料如下：

① 2020 年 1 月 1 日，甲公司收到发行价款 50 400 万元，所筹资金用于生产经营。

② 2021 年 1 月 1 日，可转换公司债券的 50%转为甲公司的普通股，相关手续已于当日办妥；未转为甲公司普通股的可转换公司债券持有至到期，其本金及最后一期利息一次结清。

假定：① 甲公司采用实际利率法确认利息费用；② 每年年末计提债券利息和确认利息费用；③ (P/F,4%,5) = 0.8219，(P/A,4%,5) = 4.4518。

要求：

① 编制甲公司发行可转换公司债券的会计分录。

② 编制甲公司 2020 年 12 月 31 日计提可转换公司债券利息和应确认的利息费用的会计分录。

③ 编制甲公司 2021 年 1 月 1 日支付可转换公司债券利息的会计分录。

④ 编制甲公司 2021 年 1 月 1 日与可转换公司债券转为普通股有关的会计分录。

账务处理如下：

① 可转换公司债券中负债成分的公允价值 = 50 000 × 0.8219 + 50 000 × 3% × 4.4518 = 47 772.7 万元。

借：银行存款　　50 400

应付债券——可转换公司债券(利息调整)　　2 227.3

　　贷：应付债券——可转换公司债券(面值)　　50 000

　　　　其他权益工具——可转换公司债券　　2 627.3

② 2020 年 12 月 31 日计提可转换公司债券利息 = 50 000 × 3% = 1 500 万元，应确认的利息费用 = 47 772.7 × 4% = 1 910.91 万元。

借：财务费用　　1 910.91

　　贷：应付利息　　1 500

　　　　应付债券——可转换公司债券(利息调整)　　410.91

③ 借：应付利息　　1 500

　　贷：银行存款　　1 500

④ 转换的股数 = 25 000 ÷ 10 = 2 500(万股)

借：应付债券——可转换公司债券(面值)　　25 000(50 000 ÷ 2)

　　其他权益工具——可转换公司债券　　1 313.65(2 627.3 ÷ 2)

　　贷：股本　　2 500

　　　　应付债券——可转换公司债券(利息调整)　　908.20[(2 227.3 − 410.91) ÷ 2]

　　　　资本公积——股本溢价　　22 905.45

【问题与思考】

何为可转换公司债券？

本 章 小 结

长期借款指企业从银行或者类似的金融机构借入的期限在 1 年以上的各种借款。

债券是发行企业为筹集长期资金而发行的，约定于一定日期支付一定本金及定期支付一定的利息给持有者的一种书面凭证。债券包含债券面值、债券利率、利息支付方式和到期日等要素。债券发行价格根据债券的票面利率和发行时的市场利率确定。当票面利率等于市场利率时，债券平价发行；当票面利率大于市场利率时，债券溢价发行；反之，债券折价发行。企业应设置“应付债券”账户核算发行的债券，该账户下设“面值”“利息调整”“应计利息”等明细账户。债券的利息应在债券存续期间内采用实际利率法进行摊销。

可转换公司债券是一种特殊的债券形式，对投资者和发行企业都具有很大的吸引力。企业发行的可转换债券，在“应付债券”科目下设“可转换公司债券”明细科目进行核算，在初始确认时，将其包含的负债成分和权益成分分拆，其中负债成分确认为应付债券，权益成分确认为其他权益工具。

【延伸阅读】

非流动负债　non-current liabilities

长期借款　long-term loans

应付债券　debentures payable

可转换债券　convertible bond

债券折价 bond discount
债券溢价 bond premium

复 习 题

一、单选题

1. 与流动负债相比，非流动负债具有偿还期限较长、金额(　　)的特点。

A. 较大　　B. 相同　　C. 较小　　D. 相等

2. 甲公司于2020年1月1日发行四年期一次还本付息的公司债券，债券面值1 000 000元，票面年利率5%，发行价格950 520元。甲公司对利息调整采用实际利率法进行摊销，经计算该债券的实际利率为6%。该债券2020年度应确认的利息费用为(　　)元。

A. 50 000　　B. 60 000　　C. 47 526　　D. 57 031.2

3. 长期借款是指企业从(　　)或者其他金融机构借入的期限在1年以上(不含1年)的各项借款。

A. 企业　　B. 政府　　C. 银行　　D. 税务局

4. 企业可以依照法定程序，以对外发行债券的形式筹集资金。债券是依照法定程序批准发行的，一种载明利率、期限，并允诺在未来一定时期还本付息的(　　)。

A. 无价票据　　B. 有息证明　　C. 低息借据　　D. 有价证券

5. 乙公司于2020年1月1日对外发行3年期，面值为1 000 000元的公司债券，债券票面利率为6%，到期一次还本付息，发行价格1 049 020元。甲公司对利息调整采用实际利率法进行摊销，经计算该债券的实际利率为4%。2020年12月31日该应付债券的账面余额为(　　)元。

A. 1 060 000　　B. 1 041 960.8　　C. 1 090 980.8　　D. 1 109 020

6. 企业每期期末计提一次还本付息的长期借款利息，对其中应当予以资本化的部分，下列会计处理正确的是(　　)。

A. 借记“财务费用”科目，贷记“长期借款”科目
B. 借记“财务费用”科目，贷记“应付利息”科目
C. 借记“在建工程”科目，贷记“长期借款”科目
D. 借记“在建工程”科目，贷记“应付利息”科目

7. 债券折价发行是由于(　　)。

A. 债券票面利率高于市场利率　　B. 债券票面利率低于市场利率
C. 债券票面利率等于市场利率　　D. 债券发行量小

8. 2020年7月1日，某公司按面值发行5年期、到期一次还本付息的公司债券，该债券面值为10万元，票面年利率为4%(不计复利)。假定不考虑相关税费，2021年12月31日该应付债券的账面价值为(　　)万元。

A. 10.4　　B. 10.2　　C. 10.6　　D. 10

9. 甲公司2020年1月1日发行面值为20 000万元的可转换公司债券，该债券发行期限为3年，票面利率为2%，利息按年支付，债券发行1年后可转换为该公司股票。甲公

司实际发行价格为19 200万元(假定不考虑发行费用)，甲公司发行可转换公司债券时二级市场上与之类似的没有转换权的债券市场利率为5%。则甲公司初始确认时负债成分和权益成分的金额分别为(　　)万元。(P/F,2%,3) = 0.9423，(P/F,5%,3) = 0.8638，(P/A,2%,3) = 2.8839，(P/A,5%,3) = 2.7232。

A. 19 200和0　　B. 18 365.28 和 834.72

C. 18 365.28和1 634.72　　D. 19 165.28和 834.72

10. 下列关于长期借款利息费用会计处理的表述中，不正确的是(　　)。

A. 符合资本化条件的借款利息计入相关资产成本

B. 日常生产经营活动不符合资本化条件的借款利息计入财务费用

C. 筹建期间不符合资本化条件的借款利息计入长期待摊费用

D. 筹建期间不符合资本化条件的借款利息计入管理费用

二、多选题

1. “应付债券”进行明细核算，应当设置的明细会计科目包括(　　)。

A. 本金　　B. 应计利息　　C. 面值　　D. 利息调整

2. 资产负债表日，应按长期借款或应付债券的摊余成本和实际利率，计算确定的长期债券的利息费用，应借记的会计科目是(　　)。

A. 在建工程　　B. 制造费用　　C. 财务费用　　D. 研发支出

3. 对债券发行者来讲，采用实际利率法摊销债券溢价/折价时(不考虑相关交易费用)，以下正确的说法是(　　)。

A. 随着各期债券溢价的摊销，债券的摊余成本及利息费用应逐期地减少

B. 随着各期债券溢价的摊销，债券的摊余成本减少，利息费用应逐期地增加

C. 随着各期债券折价的摊销，债券的摊余成本及利息费用应逐期地增加

D. 随着各期债券折价的摊销，债券的折价摊销额应逐期地增加

4. 下列关于可转换公司债券的说法或做法中，正确的有(　　)。

A. 企业发行的可转换公司债券，应当在初始确认时将其包含的负债成分和权益成分进行分拆，将负债成分确认为应付债券，将权益成分确认为其他权益工具

B. 可转换公司债券在进行分拆时，应当对负债成分的未来现金流量进行折现，确定负债成分的初始确认金额

C. 发行可转换公司债券发生的交易费用，应当直接计入当期损益

D. 可转换公司债券转换股份前计提的利息费用均应计入当期损益

5. 发行债券的方式有(　　)。

A. 按溢价发行　　B. 按折价发行

C. 按成本发行　　D. 按面值发行

6. 下列因素会影响债券发行价格的有(　　)。

A. 债券的票面利率　　B. 债券的实际利率

C. 债券的期限　　D. 债券偿还本金和支付利息的方式

7. 下列表述正确的是(　　)。

A. 可转换公司债券到期必须转换为股份

B. 可转换公司债券在未转换成股份前，要按期计提利息，并进行利息调整

C. 可转换公司债券在转换成股份后，仍要按期计提利息，并进行利息调整

D. 可转换公司债券转换为股份时，不确认转换损益

8. 长期借款所发生的利息支出、汇兑损失等借款费用，可能计入以下科目的有(　　)。

A. 开办费　　B. 长期待摊费用

C. 财务费用　　D. 管理费用

9. 下列对长期借款利息费用的会计处理，正确的有(　　)。

A. 生产经营期间发生的借款费用可能计入制造费用

B. 筹建期间的借款利息计入长期待摊费用

C. 日常生产经营活动的借款利息计入财务费用

D. 符合资本化条件的借款利息计入相关资产成本

10. 企业发生的下列各项利息支出，可以记入“财务费用”的有(　　)。

A. 筹建期间的长期借款利息　　B. 短期借款的利息

C. 带息应付票据的利息　　D. 应付债券的利息

三、判断题

1. 从理论上讲，非流动负债宜按其现值入账，而不宜按其未来应偿付金额入账。

2. 在资产负债表日，企业应按长期借款的摊余成本和实际利率计算确定的利息费用。

3. 债券的发行价格是到期偿还面值按市场利率折算的金额减去票面利息按市场利率折算的现值。

4. 企业借入的分期付息到期还本的长期借款，对于核算的应支付利息，增加长期借款的账面价值。

5. 企业发行可转换公司债券时发生的交易费用应当全部计入所有者权益。

6. 溢价和折价的摊销是发行债券企业在债券存续期间对利息费用的一种调整。

7. 企业发行的可转换公司债券，应当在初始确认时将其包含的负债成分和权益成分进行分拆，将所包含的负债成分面值，贷记“资本公积——其他资本公积”，按权益成分的公允价值，贷记“应付债券——可转换公司债券(面值)”。

8. 企业发行的一般公司债券，应区别是面值发行，还是溢价或折价发行，分别记入“应付债券——一般公司债券(面值)、(溢价)或(折价)”科目。

9. 企业按面值发行债券时，借记“银行存款”科目，贷记“应付债券——面值”科目，存在差额的，应记入“投资收益”科目。

10. 企业发行分次付息的债券，实际收到的款项大于债券票面价值的差额采用实际利率法进行摊销时，各期确认的实际利息费用会逐期减少。

四、计算题

1. 2020 年 4 月 1 日东方公司为建造厂房从银行借入为期 2 年的长期专门借款 800 000 元，款项已存入银行。借款利率为 8%。每年 4 月 1 日支付利息，期满后一次还清本金。该厂房于 2021 年 7 月 1 日，达到预定可使用状态。假若不考虑闲置专门借款本金存款的利息收入或投资收益。

要求：编制该企业全部会计分录。

2. 2020 年 12 月 31 日，东方公司经批准发行 5 年期一次还本、分期付息的公司债券 10 000 000 元，债券利息每年 12 月 31 日支付，票面利率为年利率 6%。假若债券发行时的

市场利率为 5%。该批债券实际发行价格为 10 432 700 元。东方公司根据上述资料，采用实际利率法和摊余成本计算确定的利息费用如表 11-1 所示。

表 11-1　利息费用表

付息日期	支付利息	利息费用	摊销的利息调整	应付债券摊余成本
2020 年 12 月 31 日				10 432 700.00
2021 年 12 月 31 日	600 000	521 635.00	78 365.00	10 354 335.00
2022 年 12 月 31 日	600 000	517 716.75	82 283.25	10 272 051.75
2023 年 12 月 31 日	600 000	513 602.59	86 397.41	10 185 645.34
2024 年 12 月 31 日	600 000	509 282.72	90 717.28	10 094 937.06
2025 年 12 月 31 日	600 000	505 062.94	94 937.06	10 000 000.00

要求：根据上述资料，编制会计分录。

3. 甲公司为建造专用生产线筹集资金发行公司债券，有关资料如下：

(1) 2020 年 12 月 31 日，委托证券公司以 7 755 万元的价格发行 3 年期分期付息公司债券，该债券面值为 8 000 万元，票面年利率为 4.5%，实际年利率为 5.64%，每年付息一次，到期后按面值偿还，支付的发行费用与发行期间冻结资金产生的利息收入相等。

(2) 生产线建造工程采用出包方式，于 2021 年 1 月 1 日开始动工，发行债券所得款项当日全部支付给建造承包商，2021 年 12 月 31 日所建造生产线达到预定可使用状态。

(3) 假定各年度利息的实际支付日期均为下年度的 1 月 10 日，2024 年 1 月 10 日支付 2023 年度利息，一并偿付面值。

(4) 所有款项均以银行存款收付。

要求：

(1) 计算甲公司该债券在各年应付利息金额、当年应予资本化或费用化的利息金额、利息调整的本年摊销额，并列出计算过程。

(2) 分别编制甲公司与债券发行、2021 年 12 月 31 日和 2023 年 12 月 31 日确认债券利息、2024 年 1 月 10 日支付利息和面值业务相关的会计分录。(答案中的金额单位用万元表示，小数点后保留两位；“应付债券”科目应列出明细科目。)

4. 甲公司经批准于 2019 年 1 月 1 日以 50 000 万元的价格(不考虑相关税费)发行面值总额为 50 000 万元的可转换公司债券。可转换公司债券期限为 5 年，票面年利率为 4%，实际利率为 6%。自 2020 年起，每年 1 月 1 日付息。自 2020 年 1 月 1 日起，可转换公司债券持有人可以申请转为甲公司的普通股(每股面值 1 元)，初始转换价格为每股 10 元。其他相关资料如下：

(1) 2019 年 1 月 1 日，甲公司收到发行价款 50 000 万元，所筹资金用于某机器设备的技术改造项目，该技术改造项目于 2019 年 12 月 31 日达到预定可使用状态并交付使用。

(2) 2020 年 1 月 2 日，该可转换公司债券的 40%转为甲公司的普通股，相关手续已于当日办妥；未转为甲公司普通股的可转换公司债券持有至到期，其本金及最后一期利息一次结清。

假定：① 甲公司采用实际利率法确认利息费用；② 每年年末计提债券利息和确认利息费用；③ 2019 年该可转换公司债券借款费用的 100%计入该技术改造项目成本；④ 不

考虑其他相关因素；⑤ (P/A, 6%, 5) = 4.2124，(P/F, 6%, 5) = 0.7473。

要求：

(1) 编制甲公司发行该可转换公司债券的会计分录。

(2) 计算甲公司 2019 年 12 月 31 日应计提的可转换公司债券利息和应确认的利息费用。

(3) 编制甲公司 2019 年 12 月 31 日计提可转换公司债券利息和应确认的利息费用的会计分录。

(4) 编制甲公司 2020 年 1 月 1 日支付可转换公司债券利息的会计分录。

(5) 编制甲公司 2020 年 1 月 2 日与可转换公司债券转为普通股有关的会计分录。

(6) 计算甲公司 2020 年 12 月 31 日应计提的可转换公司债券利息、应确认的利息费用。(“应付债券”账户要求写出明细账户；答案中的金额单位用万元表示。)

5. 甲企业从银行取得长期借款 300 000 元，用于企业的经营周转，期限为 3 年，年利率为 10%，按复利计息，每年计息一次，到期一次归还本息。借入款项已存入开户银行。

要求：编制甲公司的相关会计分录。

第十二章　所有者权益

【内容提要】

- 所有者权益
  - 所有者权益概述
  - 实收资本与其他权益工具
  - 资本公积与其他综合收益
  - 留存收益

【学习目标】

1. 了解所有者权益的概念；
2. 了解独资和合伙企业的特点；
3. 熟悉所有者权益的构成及留存收益的内容；
4. 掌握实收资本、资本公积、盈余公积等的会计处理。

【导入案例】

乙公司 2019 年度年利润分配及资本公积金转增股本方案已获 2020 年 5 月 18 日召开的 2019 年度股东大会审议通过。公司 2019 年度拟以 2019 年末总股本 1.45 亿股为基数，向全体股东每 10 股派发现金红利人民币 2.5 元(含税)，同时以资本公积转增股本，每 10 股转增 15 股。本次权益分派股权登记日为：2020 年 7 月 7 日；除权除息日为：2020 年 7 月 10 日。本次分派对象为：截至 2020 年 7 月 7 日下午深圳证券交易所收市后，在中国证券登记结算有限责任公司深圳分公司登记在册的本公司全体股东。本次所送(转)的无限售流通股的起始交易日为：2020 年 7 月 10 日。

思考：

(1) 为乙公司本次利润分配及资本公积转增股本做出会计处理。

(2) 乙公司实施资本公积转增股本的意义何在？实施后，对其有何影响？

第一节 所有者权益概述

一、所有者权益的含义

对于任何企业而言，其资金来源不外乎两个：债权人和所有者。前者对资产的要求权形成负债，后者对资产的要求权形成所有者权益。所有者权益又称为股东权益，是体现在净资产中的权益。我国《企业会计准则——基本准则》规定，“所有者权益是指企业资产扣除负债后由所有者享有的剩余权益。”

二、所有者权益的特征

(1) 所有者权益实质上是所有者在某个企业所享有的一种财产权利，包括所有者对投入资产的所有权、使用权、处置权和收益分配权，但所有者权益是一种剩余权益，只有负债的要求权得到清偿后，所有者权益才能够被清偿。

(2) 所有者权益是一种权利，但这种权利来自投资者投入的可供企业长期使用的资源。

(3) 所有者权益具有长期特性。所有者权益是企业的“永久性”权益，在企业存续期内不存在确切的、约定的偿付期限，一般不能收回。

(4) 在计量上，所有者权益是一种净资产剩余权益。所有者权益在数额上等于资产减去负债后的余额，所以没有专门的计量问题。

三、所有者权益的构成

企业所有者权益的来源包括所有者投入的资本、资产增值和经营中获得的利润。具体而言，所有者权益包括实收资本(或股本)、其他权益工具、资本公积、其他综合收益、盈余公积和未分配利润等项目。

实收资本(或股本)是指投资者按照公司章程或者合同、协议的约定，实际投入企业的资本。对于股份公司，投入资本表现为实际发行的股票的面值总额，称为股本；对于有限责任公司，投入资本表现为投资者实际出资额，称为实收资本。

其他权益工具主要是指企业发行的普通股以外的归类为权益工具的各种金融工具(如企业发行的优先股)。

资本公积是指归所有者共有的、非利润转化而形成的资本，主要包括资本溢价(或股本溢价)以及其他资本公积(非股本溢价或者资本溢价形成的资本公积)。

其他综合收益是指企业根据会计准则规定未在当期损益中确认的各项利得和损失。

盈余公积是指企业从净利润中提取的、具有特定用途的资金，包括法定盈余公积和任意盈余公积。

未分配利润是指企业各期净利润在分配完后剩余部分的累计数，即净利润中尚未指定用途、归所有者占有的部分。

四、所有者权益的确认条件

所有者权益体现所有者在企业中的剩余权益，因此，所有者权益的确认主要取决于资产和负债的确认。例如，企业接受投资者投入的资产，当该资产符合企业资产确认条件时，就相应地符合了所有者权益的确认条件；当该资产的价值能够可靠计量时，所有者权益的金额也就可以确定。

所有者权益反映的是企业所有者对企业资产的索取权，负债反映的是企业债权人对企业资产的索取权，两者在性质上有本质区别。因此，企业在会计确认、计量和报告中应当严格区分负债和所有者权益，以如实反映企业的财务状况，尤其是企业的偿还能力和产权比率等。在实务中，企业某些交易或者事项可能同时具有负债和所有者权益的特征，在这种情况下，企业应当将属于负债和所有者权益的部分分开核算和列报。例如，企业发行的可转换公司债券，企业应当将其中的负债部分和权益性工具部分进行分拆，分别确认负债和所有者权益。

五、不同企业组织形式的所有者权益

所有者权益是一个涵盖了任何企业组织形式的净资产的广义概念。企业组织形式按其资产经营的法律责任可以分为两种：非公司企业和公司。其中，非公司企业又分为独资企业和合伙企业。不同组织形式的企业，对资产和负债的会计业务无较大区别，但其所有者权益却大不相同，尤其是公司，由于其资本结构与独资、合伙企业不同，如何对所有者权益进行核算将涉及每个股东、债权人和其他利益相关者的利益，因此，企业组织形式对所有者权益的会计处理有重要影响。

（一）个人独资企业

个人独资企业是由一个自然人投资，财产为投资人个人所有，投资人以其个人财产对企业债务承担无限责任的经营实体。

个人独资企业不是独立法律主体，因而不能单独拥有行为能力。业主对企业的全部财产和赚取的利润享有完全的支配权。个人独资企业不是纳税主体，企业的收益视为业主个人收益，应按照个人所得税税法计算缴纳个人所得税，而不是缴纳企业所得税。

独资企业所有者权益的最大特点在于，不需要区分业主投资和利润积累，其所有者权益不必划分为实收资本、资本公积和留存收益，而是统称为业主权益。个体户业主投入生产经营的资金，应设置“业主投资”科目核算。业主对企业进行投资，以及从企业中提取款项，完全是其自主行为，可以直接增加或减少业主权益。企业赚取的利润，视为业主个人所得，可以转为业主权益，无须单独以“未分配利润”项目反映。业主权益的增减变动可以设置“业主权益表”加以反映。

（二）合伙企业

合伙企业是依法在中国境内设立的，由各合伙人订立合伙协议，共同出资、合伙经营、共享收益、共担风险，并对合伙企业债务承担无限连带责任的营利性组织。合伙企业一般适合规模较小、只需几个合伙人出资就能经营的企业。

按照合伙人所承担的责任不同，合伙企业可分为普通合伙与有限合伙两种类型。普通合伙是指每个合伙人对合伙企业的债务均负有个人连带责任的合伙企业。一旦企业倒闭，任何一个合伙人都必须对企业的全部债务负责。有限合伙是一种特殊形式的合伙企业，这种合伙可以回避普通合伙的无限责任。普通合伙企业具有相互代理、无限责任、出资方式灵活、共有财产等特征。

合伙企业的所有者权益也不必划分为实收资本、资本公积和留存收益，但应按合伙人分别予以反映。各合伙人的投资应分别计入业主权益中各合伙人的名下；各合伙人从企业中提款，意味着将减少其在合伙企业业主权益中的份额。合伙企业的损益应按合伙契约中规定的方法进行分配，计入业主权益中各合伙人的名下。与独资企业不同的是，就某个合伙人来说，不论是向企业投资还是从企业提款，或是将其出资转给他人，都要受其他合伙人意图的制约。

合伙企业的所有者权益一般设置“合伙人资本”科目核算，一般不设置“资本公积”和“盈余公积”科目。

(三) 公司制企业

公司是当今社会许多企业选择的组织形式，它是适应社会生产力的发展，在独资企业、合伙企业的基础上发展而来的。与独资企业和合伙企业相比，公司可不依赖其股东而独立享受权利和承担义务；各股东按协议提供财产，并由股东推选专业经理人管理和运营企业资产。这种所有权与经营权的分离，正是现代公司制企业具有生命力的重要原因。公司分为有限责任公司和股份有限公司两种。

【问题与思考】

所有者权益由哪些项目组成？

第二节　实收资本与其他权益工具

一、实收资本概述

实收资本是投资者按照企业章程或合同、协议的约定，实际投入企业的资本。投资者可以用现金投资，也可以用现金以外的其他有形资产投资，符合规定比例的，还可以用无形资产投资。

实收资本(或股本)是企业所有者权益的主体，也是企业正常运行所必需的启动资金，它可以供企业长期周转使用，一般情况下无须返还给投资者，是企业持续经营的最稳定的物质基础。如果企业实收资本(或股本)比原注册资本数额增减 20%，应持资金使用证明或验资证明，向原注册登记工商行政管理部门申请变更登记。如擅自改变注册资金数额或抽逃资金等，要受到工商行政管理部门的处罚。

二、实收资本的核算

除了股份有限公司，其他企业应设置“实收资本”科目，核算投资者投入资本的增减变动情况。该科目的贷方登记实收资本的增加数额，借方登记实收资本的减少数额，期末贷方余额反映企业期末实收资本实有数额。股份有限公司则应设置“股本”科目核算公司实际发行股票的面值总额。

(一) 接受投资

1. 接受货币性资金投资

(1) 股份有限公司以外的企业接受现金资产投资。

企业接受货币性资金投资时，应以实际收到的金额或存入企业开户银行的金额，借记“银行存款”等科目；按投资合同或协议约定的投资者在企业注册资本中所占份额的部分，贷记“实收资本”科目；企业实际收到或存入开户银行的金额超过投资者在企业注册资本中所占份额的部分，贷记“资本公积——资本溢价”科目。企业可根据投资者的不同设置明细账户进行核算。

【例 12-1】 2020 年 6 月 1 日，某公司收到股东投入的货币资金 1 500 000 元，款项已收入账。会计处理如下：

借：银行存款　　1 500 000

　　贷：实收资本　　1 500 000

【例 12-2】 甲、乙、丙共同投资设立 A 有限责任公司，注册资本为 2 000 000 元，甲、乙、丙持股比例分别为 60%、25%和 15%。按照章程规定，甲、乙、丙投入资本分别为 1 200 000 元、500 000 元和 300 000 元。A 公司已如期收到各投资者一次缴足的款项。A 有限责任公司在进行会计处理时，应编制会计分录如下：

借：银行存款　　2 000 000

　　贷：实收资本——甲　　1 200 000

　　　　　　　　——乙　　500 000

　　　　　　　　——丙　　300 000

(2) 股份有限公司发行股票。

股份有限公司发行股票时，既可以按面值发行，也可以溢价发行。我国不允许折价发行股票。股份有限公司发行股票收到现金时，借记“银行存款”等科目；按每股股票面值和发行股份总额的乘积计算的金额，贷记“股本”科目；实际收到的金额与该股本之间的溢价差额，贷记“资本公积——股本溢价”科目。

股份有限公司发行股票支付的手续费、佣金等发行费用，如是股票溢价发行的，应从溢价中抵扣冲减“资本公积——股本溢价”；股票发行没有溢价或溢价金额不足以支付发行费用的部分，应将不足支付的发行费用冲减盈余公积和未分配利润。

【例 12-3】 东方股份有限公司发行普通股 1 000 000 股，每股面值 1 元，每股发行价格 5 元。假定股票发行成功，股款 5 000 000 元已全部收到，不考虑以上过程中的税费等因素。根据上述资料，东方股份有限公司应作如下账务处理：

编制会计分录如下：

借：银行存款	5 000 000	
贷：股本		1 000 000
资本公积——股本溢价		4 000 000

2. 接受非现金资产投资

企业接受的实物资产或无形资产投资，按评估或双方确认的价值(或实物的发票价值)及相关的税金作为实收资本或者股本入账，同时借记“原材料”“固定资产”“无形资产”等账户。对于投资合同或协议约定的价值(不公允的除外)超过其在注册资本中所占份额的部分，应当计入资本公积。

(1) 股份有限公司以外的公司接受非现金资产投资。

【例 12-4】 2020 年 1 月 1 日，A、B 两家公司共同投资设立 C 有限责任公司，公司注册资本为 200 万元，双方各占 50%的股权。两家公司投资入股情况如下：A 公司以厂房作价投入，其账面原值为 160 万元，净值为 100 万元；B 公司投入一批原材料，评估价值为 30 万元，该批材料的增值税率为 13%，余额以银行存款投入。

C 有限责任公司的会计处理如下：

① 实际收到 A 公司投资。

借：固定资产	1 600 000	
贷：实收资本——A 公司		1 000 000
累计折旧		600 000

② 实际收到 B 公司投资。

借：原材料	300 000	
应交税费——应交增值税(进项税额)	39 000	
银行存款	661 000	
贷：实收资本——B 公司		1 000 000

【例 12-5】 甲有限责任公司于设立时收到乙公司作为资本投入的不需要安装的机器设备一台，合同约定该机器设备的价值为 2 000 000 元，增值税进项税额为 260 000 元(假设不允许抵扣)。合同约定的固定资产价值与公允价值相符，不考虑其他因素，甲有限责任公司应编制会计分录如下：

借：固定资产	2 260 000	
贷：实收资本——乙公司		2 260 000

【例 12-6】 丙有限责任公司于设立时收到 A 公司作为资本投入的非专利技术一项，该非专利技术投资合同的约定价值为 60 000 元，同时收到 B 公司作为资本投入的土地使用权一项，投资合同的约定价值为 80 000 元。假设合同约定的价值与公允价值相符，不考虑其他因素。丙有限责任公司应编制会计分录如下：

借：无形资产——非专利技术	60 000	
——土地使用权	80 000	
贷：实收资本——A 公司		60 000
——B 公司		80 000

(2) 股份有限公司接受非现金资产投资。

股份有限公司以发行股票方式筹集的股本，通过“股本”账户进行会计处理，对既发行普通股又发行优先股的企业，“股本”账户下分设明细账户，对普通股和不同类型的优先股分别登记。公司发行股票时，在收到现金等资产时，按照实际收到的金额，借记“银行存款”等账户；按股票面值和核定的股份总额的乘积计算的金额，贷记“股本”账户。

【例 12-7】 2020 年 4 月 1 日，某公司按面值发行普通股 6 800 万股、优先股 800 万股，普通股和优先股的每股面值均为 1 元，全部股款已收讫入账。

该公司的会计处理如下：

借：银行存款	76 000 000	
贷：股本——普通股		68 000 000
——优先股		8 000 000

(二) 实收资本(或股本)变动的核算

一般情况下，企业的实收资本是固定不变的，但是在某些特定的情况下，实收资本也可能发生增减变动。

1. 实收资本(或股本)的增加

(1) 接受投资者追加投资。企业接受投资者追加投资时，其处理原则与初始投资一致，在收到投资者追加的投资时，借记“银行存款”等账户，贷记“实收资本”或者“股本”科目，按其差额，贷记“资本公积——资本溢价或者股本溢价”科目。

(2) 以资本公积转增资本。企业以资本公积转增资本的，应按原投资者各自出资比例计算确定各投资者相应增加的资本额，借记“资本公积——资本溢价(或股本溢价)”科目，贷记“实收资本(或股本)”科目。

(3) 以盈余公积转增资本。企业以盈余公积转增资本的，应按原投资者各自出资比例计算确定各投资者相应增加的资本额，借记“盈余公积”科目，贷记“实收资本(或股本)”科目。

(4) 发放股票股利。以发放股票股利的方法实现增资的，应按转增的股票股利金额确认股本，借记“利润分配”科目，贷记“股本”科目。

(5) 可转换公司债券持有人行使转换权利增加企业资本。按可转换公司债券的余额，借记“应付债券——可转换公司债券(面值、利息调整)”科目；按股票面值和转换的股数计算的股票面值总额，贷记“股本”科目；按其差额，贷记“资本公积——资本(或股本)溢价”科目。如用现金支付不可转换股票的部分，贷记“银行存款”等科目。

2. 实收资本(或股本)的减少

企业由于经营方针或者业务发生变化，如撤资、经营规模缩小、资本过剩、发生重大亏损、股票回购、股利分派等原因，可以经政府授权部门批准后或者由股东会议决议通过后宣告减少股本。下面分别介绍股票回购和股利分派的会计处理。

(1) 股票回购。企业按法定程序报经批准减少注册资本的，在实际发还投资或注销股本时登记入账。有限责任公司减资时，按发还投资的实际数额注销实收资本。按照减资金额，借记“实收资本”或者“股本”科目，贷记“库存现金”“银行存款”科目。股份有限公司由于采用的是发行股票的方式筹集股本，发还股款时要回购发行的股票。发行股票的价格与股票面值可能不同，回购股票的价格也可能与发行价格不同。由公司购回而没有注销，并由该公司持有的已发行股份，被称为库存股，或者库藏股。它的特性和未发行股份类似，没有投票权或分配股利的权利，在公司解散时也不能变现。企业收购、转让或注销的本公司股份金额，通过"库存股"账户进行会计处理。该账户期末借方余额，反映企业持有尚未转让或注销的本公司股份金额。

企业为减少注册资本而收购本公司股份的，按实际支付的金额，借记"库存股"，贷记"银行存款"等。注销库存股时，按股票面值和注销股数计算的股票面值总额，借记"股本"科目；按注销库存股的账面余额，贷记"库存股"科目；按其差额冲减股票发行时原计入资本公积的溢价部分，借记"资本公积——股本溢价"科目。如果回购价格超过上述冲减"股本"及"资本公积——股本溢价"科目的部分，则依次借记"盈余公积""利润分配——未分配利润"等科目。如果回购价格低于回购股份所对应的股本，则所注销库存股的账面余额与所冲减股本的差额，作为增加股本溢价处理，按回购股份对应的股本面值，借记"股本"科目；按注销库存股的账面余额，贷记"库存股"科目；按其差额，贷记"资本公积——股本溢价"科目。

【例 12-8】 2020 年 10 月，某公司经过批准收回本公司面值为 1 元的普通股 2 000 万股，以减少股本。该股票的发行价格为 3 元。收回股票的实际支付金额为 8 000 万元。该公司的会计处理为：

① 收回股票。

借：库存股	80 000 000	
贷：银行存款		80 000 000

② 注销股票。

借：股本	20 000 000	
资本公积——股本溢价	40 000 000	
盈余公积	20 000 000	
贷：库存股		80 000 000

【例 12-9】 2020 年 6 月 10 日，某公司按法定程序以股票回购方式，减少注册资本 4 000 万元。股票面值为每股 1 元，共收回普通股 4 000 万股并注销，收购价为每股 8 元，账面资本公积的金额足以抵补收购价与面值差额，全部价款已用银行存款支付。该公司的会计处理为：

借：库存股	320 000 000	
贷：银行存款		320 000 000
借：股本	40 000 000	
资本公积——股本溢价	280 000 000	
贷：库存股		320 000 000

(2) 股利分派。股东有权分享公司净收益，股利分派是公司向股东分配收益的常用形式。公司向股东分派股利通常有两种形式：现金股利和股票股利。第一，现金股利的会计处理通常涉及宣告和支付两个环节。在现金股利宣告日，公司董事会向公众宣告分派股利，公司产生应付股利的责任。会计人员在股利宣告日，按宣告发放的现金股利的金额，记录

应付股利的发生，同时减少留存收益。在现金股利支付日，只需要记录应付股利的清偿情况即可。第二，股票股利。企业可能会由于缺乏足够的现金或出于资本重整以及其他的一些原因而发放股票股利。企业分派股票股利时，资产不需要流出企业，只需要将留存收益(未分配利润)转作实收资本即可。股东大会批准的利润分配方案中分配股票股利，在办理增资手续后，借记“利润分配”科目，贷记“实收资本”或“股本”科目。

【例 12-10】某公司于 2020 年 12 月 20 日，宣告发放现金股利 5 000 000 元，于 2021 年 2 月 1 日向股东支付。

① 2020 年 12 月 20 日，股利宣告日的会计处理为：

借：利润分配——应付普通股股利　　5 000 000

　　贷：应付股利　　5 000 000

② 2021 年 2 月 1 日，股利支付日的会计处理为：

借：应付股利　　5 000 000

　　贷：库存现金　　5 000 000

【例 12-11】某公司于 2020 年 12 月 17 日宣告以 10 送 1 的比例发放股票股利，该公司原有股份为 1 000 000 股，每股面值为 1 元，每股股价为 40 元。则：

借：利润分配——转作股本的股利　　4 000 000

　　贷：股本——普通股　　100 000

　　　　资本公积——股本溢价　　3 900 000

分派股票股利，既不会影响股东权益总额，也不会改变原有股东的持股比例。但在外流通的股票数量会因股票股利的发放而增加，从而导致每股账面价值和每股利润的下降，最终股票价格会因此而下降。在多数情况下，股票价格与每股账面价值和每股利润不会同比例下降，因此总市值仍会上升。同时分派股票股利毕竟是利好消息，每股市价在短暂下浮之后会重新攀升，最终使股东受益。在某些情况下，分派股票股利，不但不会使股票价格下降反而会使其上升。

【问题与思考】

实收资本和股本有什么区别？

三、其他权益工具

(一) 其他权益工具的会计处理原则

企业发行的其他权益工具(如优先股、永续债等)应当按照金融工具准则和相关规定进行初始确认和计量；其后，于每个资产负债表日计提利息或分派股利，按照相关具体企业会计准则的规定进行处理。即对于企业发行的其他权益工具，无论其名称中是否包含“债”，其利息支出或股利分配都应当作为发行企业的利润分配处理；其权益工具回购、注销等作为权益的变动处理。企业发行其他权益工具发生的手续费、佣金等交易费用，应当从权益中扣除。

(二) 其他权益工具的具体会计处理

企业发行其他权益工具，应设置“其他权益工具”账户，核算企业发行的普通股以外的归类为权益工具的各种金融工具，并按发行权益工具的种类等进行明细核算。

1. 发行其他权益工具的会计处理

企业发行其他权益工具时，应按实际收到的金额(扣除发生的手续费、佣金等交易费用)做如下会计处理：

借：银行存款等(实际收到的金额)

  贷：其他权益工具——优先股、永续债等

如果企业发行的金融工具为复合金融工具，应做如下会计处理：

借：银行存款等(实际收到的金额)

借(或贷)：应付债券——优先股、永续债等(利息调整)(负债成分公允价值与其面值之间的差额)

  贷：应付债券——优先股、永续债等(面值)(金融工具的面值)

    其他权益工具——优先股、永续债等(实际收到的金额扣除负债成分公允价值后的金额)

企业发行复合金融工具发生的交易费用，应当在负债成分和权益成分之间按照各自占总发行价款的比例进行分摊。

2. 分派现金股利或利息的会计处理

其他权益工具在存续期间分派的股利或利息，应作为利润分配处理。企业应根据经批准的股利分配方案，按应分配给权益工具持有者的股利或利息金额做如下会计处理：

借：利润分配——应付优先股股利、应付永续债利息等

  贷：应付股利——优先股股利、永续债利息等

3. 金融工具重分类的会计处理

(1) 由于发行的金融工具原合同条款约定的条件或事项随着时间的推移或经济环境的改变而发化，导致原归类为权益工具的金融工具重分类为金融负债的，应当于重分类日做如下会计处理：

借：其他权益工具——优先股、永续债等(金融工具的账面价值)

借(或贷)：应付债券——优先股、永续债等(利息调整)(该工具的公允价值与其面值之间的差额)

  贷：应付债券——优先股、永续债等(面值)(该金融工具的面值)

  贷(或借)：资本公积——股本溢价(该工具的公允价值与其账面价值的差额)

权益工具的公允价值与其账面价值的差额在冲减资本公积(资本溢价或股本溢价)时，如果资本公积(资本溢价或股本溢价)不够冲减，应依次冲减盈余公积和未分配利润。企业应以重分类日计算确定的实际利率作为应付债券后续计量利息调整等的基础。

(2) 由于发行的金融工具原合同条款约定的条件或事项随着时间的推移或经济环境的改变而发生变化，导致原归类为金融负债的金融工具重分类为权益工具的，应当于重分类日做如下会计处理：

借：应付债券——优先股、永续债等(面值)(金融负债的面值)
借(或贷)：应付债券——优先股、永续债等(利息调整)(利息调整余额)
　　贷：其他权益工具——优先股、永续债等(金融负债的账面价值)

4. 其他权益工具赎回及注销的会计处理

(1) 发行方按合同条款约定赎回所发行的普通股以外的其他权益工具时，应做如下会计处理：

借：库存股——其他权益工具(赎回价格)
　　贷：银行存款等

(2) 注销所购回的其他权益工具时，应做如下会计处理：

借：其他权益工具——优先股、永续债等(其他权益工具的账面价值)
　　贷：库存股——其他权益工具(该工具的赎回价格)
　　贷(或借)：资本公积——资本溢价或股本溢价(差额)

如资本公积(资本溢价或股本溢价)不够冲减，则依次冲减盈余公积和未分配利润。

5. 其他权益工具转换为普通股的会计处理

发行方按合同条款约定将发行的普通股以外的其他权益工具转换为普通股的，应做如下会计处理：

借：其他权益工具——优先股、永续债等(其他权益工具的账面价值)
　　贷：股本(普通股的面值)
　　　　资本公积——股本溢价(差额)
　　　　银行存款等(不足以转换为1股普通股而以现金或其他金融资产支付的金额)

第三节　资本公积与其他综合收益

一、资本公积的含义

资本公积是企业收到投资者的超过其在企业注册资本或股本中所占份额的投资，以及直接计入所有者权益的利得和损失等。

资本公积是归企业投资者共享的、非收益转化形成的资本准备金，从本质上讲应属于投入资本的范畴，与留存收益有根本区别。实收资本是投资者对企业的投入，并通过资本的投入谋求一定的经济利益；而资本公积有特定来源，由所有投资者共同享有。

二、资本公积的种类

资本公积是投入企业资本的另一部分来源，包括资本(或股本)溢价和其他资本公积等项目。企业应设置“资本公积”科目，并设置“资本(或股本)溢价”“其他资本公积”明细科目。

1. 资本(或股本)溢价

资本(或股本)溢价是指企业收到投资者超过其在企业注册资本或股本中所占份额的那

部分投资。形成资本(或股本)溢价的原因有溢价发行股票、投资者超额缴入资本等。

2. 其他资本公积

其他资本公积主要是资本(或股本)溢价项目以外的交易或事项所产生的资本公积，其他资本公积不得用于转增资本或股本。

三、资本公积的核算

(一) 资本公积的增加

1. 资本(或股本)溢价的会计处理

(1) 企业接受投资者投入资本、可转换公司债券持有人行使转换权利、将债务转为资本等形成的资本公积，借记有关账户，贷记“实收资本”或“股本”账户、“资本公积——资本溢价或股本溢价”账户等。

【例 12-12】 假设A公司经股东协商，同意B公司投资现金5 500 000元，其中5 427 500元为实收资本，另外72 500元为资本公积。A公司的会计处理为：

借：银行存款　　5 500 000

　　贷：实收资本　　5 427 500

　　　　资本公积——资本溢价　　72 500

股份有限公司溢价发行股票，企业发行股票取得的收入，相当于股票面值部分计入“股本”科目，超出股票面值的溢价收入计入“资本公积——股本溢价”。委托证券商代理发行股票而支付的手续费、佣金等，应从溢价发行收入中扣除，企业应按扣除手续费、佣金后的数额计入“资本公积——股本溢价”，无溢价或溢价不足以抵扣的部分，应将不足抵扣部分冲减盈余公积和未分配利润。

【例 12-13】某公司为一家上市公司，按法定程序办完增资手续后，增发普通股3 000 000股，每股面值为1元，售价为18元。该公司的会计处理为：

借：银行存款　　54 000 000

　　贷：股本　　3 000 000

　　　　资本公积——股本溢价　　51 000 000

(2) 股份有限公司采用收购本公司股票方式减资，购回股票支付的价款低于面值总额的，按股票面值总额，借记“股本”科目；按所注销的库存股的账面价值，贷记“库存股”科目；按其差额，贷记“资本公积——股本溢价”科目。

2. 其他资本公积的会计处理

(1) 以权益结算的股份支付。对于权益结算的股份支付，应在等待期内的每个资产负债表日，按计算确定的金额一方面增加成本费用，同时增加资本公积(其他资本公积)；在行权日，根据行权情况，确认股本和股本溢价，同时结转等待期内确认的资本公积(其他资本公积)。具体会计处理如下：

在等待期内的每个资产负债表日确认时：

借：管理费用(或生产成本、销售费用等)

　　贷：资本公积——其他资本公积(预计可行权的权益工具数量 × 授予日的公允价值)

行权时：

借：银行存款(实际行权的权益工具数量 × 行权价)

　　资本公积——其他资本公积(实际行权的权益工具数量 × 授予日的公允价值)

　　贷：股本(股票的面值)

　　　　资本公积——股本溢价(差额)

(2) 采用权益法核算的长期股权投资。在长期股权投资采用权益法核算时，被投资单位除了净损益、其他综合收益和利润分配的其他所有者权益变动，投资企业应该按持股比例计算应享有的份额，一方面调整增加或减少长期股权投资账面价值，同时增加或减少资本公积(其他资本公积)。当处置采用权益法核算的该项长期股权投资时，应将原记入资本公积(其他资本公积)的相关金额转入投资收益。

(二) 资本公积的减少

资本公积的主要用途是转增资本金，即通常所说的转增股份。企业按法定程序将资本公积中的有关内容转增资本金，只会引起所有者权益内部结构的变化，并不会改变所有者权益总额，也不会改变每位投资者在所有者权益总额中所占的份额。

经股东大会或类似机构决议，用资本公积转增资本，借记“资本公积——资本溢价或股本溢价”账户，贷记“实收资本”或“股本”账户。

【例 12-14】 某公司将资本公积 400 000 元转增资本。在原来的注册资本中，A、B、C、D 四位投资者的投资比例分别为 36%、16%、28%和 20%，资本公积转增资本后，每位投资者增加的实收资本数额分别为 144 000 元、64 000 元、112 000 元和 80 000 元。该公司按法定程序办完增资手续后，做如下会计处理：

借：资本公积　　　　　　　　　　400 000

　　贷：实收资本——A 公司　　　　　144 000

　　　　　　　　——B 公司　　　　　 64 000

　　　　　　　　——C 公司　　　　　112 000

　　　　　　　　——D 公司　　　　　 80 000

【问题与思考】

资本公积有哪几个明细科目，分别怎么核算？

四、其他综合收益

其他综合收益是指企业根据企业会计准则规定未在当期损益中确认的各项利得和损失，包括以后会计期间不能重分类进损益的其他综合收益和以后会计期间满足规定条件时将重分类进损益的其他综合收益两类。

(一) 不能重分类进损益的其他综合收益项目

(1) 重新计量设定受益计划净负债或净资产导致的变动，根据《企业会计准则第 9 号——职工薪酬》的规定，有设定受益计划形式离职后福利的企业应当将重新计量设定受益计划净负债或净资产导致的变动计入其他综合收益，并且在后续会计期间不允许转回至损益。在原设定受益计划终止时，应当在权益范围内将原计入其他综合收益的部分全部结转至未分配利润。

(2) 按照权益法核算因被投资单位重新计量设定受益计划净负债或净资产变动导致的权益变动，投资企业按持股比例计算确认该部分的其他综合收益。形成时，企业应做如下会计处理：

借(或贷)：长期股权投资——其他综合收益

贷(或借)：其他综合收益

投资单位在确定应享有或应分担的被投资单位其他综合收益的份额时，该份额的性质取决于被投资单位其他综合收益的性质，即如果被投资单位的其他综合收益属于“以后会计期间不重分类进损益”类别，则投资方确认的份额也属于“以后会计期间不能重分类进损益”类别。

(3) 其他权益工具投资公允价值变动。企业指定为以公允价值计量且变动计入其他综合收益的非交易性权益工具投资发生的公允价值变动计入其他综合收益。但在企业出售指定为以公允价值计量且其变动计入其他综合收益的非交易性权益工具投资时，原计入其他综合收益的累计利得或损失应当从其他综合收益中转出，计入留存收益。

(二) 可以重分类进损益的其他综合收益项目

以后会计期间满足规定条件时将重分类进损益的其他综合收益项目主要包括：

1. 其他债权投资公允价值变动形成的利得

资产负债表日，其他债权投资公允价值发生变动时，调整其他债权投资的账面价值，同时按其公允价值变动的金额计入其他综合收益。在该其他债权投资终止确认时，应将该项其他综合收益转入当期损益(投资收益)。即其他债权投资公允价值变动形成利得时，应做如下会计处理：

借：其他债权投资——公允价值变动

贷：其他综合收益

损失做相反的会计分录。

2. 金融资产重分类可转入损益的累计利得或损失

企业将债权投资转换为其他债权投资时，以公允价值进行后续计量，重分类日该债权投资公允价值与其账面价值的差额，计入其他综合收益。转换日应做如下会计处理：

借：其他债权投资——成本(金融资产转换当日的公允价值)

贷：债权投资(金融资产转换当日账面价值)

贷(或借)：其他综合收益(差额)

在该其他债权投资终止确认时转出，计入当期损益(投资收益)。

3. 采用权益法核算的长期股权投资

采用权益法核算的长期股权投资，按照被投资单位实现的其他综合收益以及持股比例应享有或分担的金额，在调整增加或减少长期股权投资账面价值的同时，增加或减少其他综合收益。投资企业应按享有或分担的金额做如下会计处理：

借(或贷)：长期股权投资——其他综合收益

贷(或借)：其他综合收益

当处置采用权益法核算的该项长期股权投资时，应将原计入其他综合收益的金额转入当期损益(投资收益)。

4. 存货或自用房地产转为公允价值模式下的投资性房地产

企业将自用房地产或者存货转换为采用公允价值模式进行后续计量的投资性房地产时，转换当日房地产的公允价值大于其账面价值的差额，应计入“其他综合收益”科目。

企业将作为存货的房地产转换为采用公允价值模式计量的投资性房地产时，应做如下会计处理：

借：投资性房地产——成本(转换日的公允价值)

存货跌价准备(原已计提的跌价准备)

贷：开发产品(账面余额)

其他综合收益(公允价值大于其账面价值的差额)

企业将自用的建筑物等转换为采用公允价值模式计量的投资性房地产时，应做如下会计处理：

借：投资性房地产——成本(转换日的公允价值)

累计折旧(原已计提的固定资产折旧)

固定资产减值准备(原已计提的固定资产减值准备)

贷：固定资产(固定资产原价)

其他综合收益(公允价值大于其账面价值的差额)

当该项投资性房地产处置时，应将该项其他综合收益转入当期损益。

第四节 留存收益

一、留存收益的性质及构成

(一) 留存收益的性质

留存收益是所有者权益的组成部分，是企业从历年实现利润中提取或形成的留存于企业内部的积累，它来源于企业的生产经营活动所实现的利润。企业经营活动的好坏直接影响留存收益的大小。

(二) 留存收益的构成

留存收益包括盈余公积和未分配利润两个部分。未分配利润是指企业留待以后年度进行分配的累计留存利润(或累计亏损)。盈余公积是指企业按照规定从净利润中提取的各种积累资金，包括法定盈余公积和任意盈余公积。盈余公积为特定用途的留存收益，企业提取的法定盈余公积和任意盈余公积主要用于弥补亏损、转增资本(或股本)和发放现金股利或利润。未分配利润属于未确定用途的留存收益，企业在使用上有较大的自主权，受国家法律、法规的限制比较少。

企业取得净利润后，依据《公司法》等有关规定，在各利益人之间进行分配。企业当年实现的净利润加上年初未分配利润(或减年初未弥补亏损)和其他转入后的余额，为可供分配的利润。可供分配的利润按下列顺序分配：

(1) 弥补以前年度税前未弥补亏损；

(2) 提取法定盈余公积金；

(3) 提取任意盈余公积金；

(4) 向投资者分配利润或股利。

如此分配后若仍有余额，即为未分配利润。

企业以前年度亏损未弥补完的，不得提取法定盈余公积金，在提取法定盈余公积金之前，不得向投资者分配利润。

二、盈余公积

企业要扩大生产规模，提供适销对路的产品或者劳务，履行社会责任，承担社会义务，就必须有资金作为支持。盈余公积是企业按一定比例从净利润(税后利润)中提取的、具有特定用途的企业留存利润，目的是对投资者的利润分配进行限制，增强企业自我发展和承受风险的能力。盈余公积包括法定盈余公积、任意盈余公积等。法定盈余公积以国家的法律或行政规章为依据提取，任意盈余公积由企业自行决定提取。

(一) 盈余公积的用途

1. 弥补亏损

企业发生亏损时，应由企业自行弥补。弥补亏损的渠道主要有三条。一是用以后年度税前利润弥补。按照现行制度规定，企业发生亏损时，可以用以后五年内实现的税前利润弥补，即税前利润弥补亏损的期间为五年。二是用以后年度税后利润弥补。企业发生的亏损经过五年期间未弥补足额的，尚未弥补的亏损应用所得税后的利润弥补。三是以盈余公积弥补亏损。企业以提取的盈余公积弥补亏损时，应当由公司董事会提议，并经股东大会批准。

2. 转增资本

企业将盈余公积转增资本时，必须经股东大会决议批准。在实际将盈余公积转增资本时，要按股东原有持股比例结转。盈余公积转增资本时，转增后留存的盈余公积的数额不得少于注册资本的25%。

3. 发放现金股利或者利润

盈余公积的提取实际上是企业当期实现的净利润向投资者分配利润的一种限制。提取形成盈余公积后，在一般情况下不得用于向投资者分配利润或股利。盈余公积的用途，并不是指其实际占用形态，提取盈余公积也并不是单独将这部分资金从企业资金周转过程中抽出。企业提取的盈余公积，无论是用于弥补亏损，还是用于转增资本，只不过是在企业所有者权益内部结构的转换，如企业以盈余公积弥补亏损时，实际是减少盈余公积留存的数额，以此抵补未弥补亏损的数额，并不引起企业所有者权益总额的变动；企业以盈余公积转增资本时，也只是减少盈余公积结存的数额，但同时增加企业实收资本或股本的数额，也并不引起所有者权益总额的变动。至于企业盈余公积的结存数，实际只表现企业所有者权益的组成部分，表明企业生产经营资金的一个来源而已，其形成的资金可能表现为一定的货币资金，也可能表现为一定的实物资产，如存货和固定资产等，随同企业的其他来源所形成的资金进行循环周转。

(二) 盈余公积的核算

盈余公积的提取和使用，通过“盈余公积”账户进行会计处理，该账户为所有者权益类账户。企业提取盈余公积时，记入该账户的贷方；使用盈余公积时，记入该账户的借方，贷方余额为企业盈余公积的实有数额。

1. 提取盈余公积的会计处理

企业提取法定盈余公积金和任意盈余公积时，通过“盈余公积”账户及相关明细账户进行会计处理。企业提取盈余公积的过程属于利润分配的过程，同时，通过“利润分配”账户及其相关明细账户进行会计处理。企业按规定提取的盈余公积，借记“利润分配——提取法定盈余公积、提取任意盈余公积”账户，贷记“盈余公积——法定盈余公积、任意盈余公积”账户。

【例 12-15】 某公司 2020 年的税后净收益为 1 000 000 元，分别按 10%和 8%的比例提取法定盈余公积和任意盈余公积。

法定盈余公积提取额 1 000 000 × 10% = 100 000(元)

任意盈余公积提取额 1 000 000 × 8% = 80 000(元)

借：利润分配——提取法定盈余公积　　100 000
　　　　　　——提取任意盈余公积　　80 000
　贷：盈余公积——法定盈余公积　　100 000
　　　　　　——任意盈余公积　　80 000

2. 使用盈余公积的会计处理

盈余公积主要用于弥补亏损、转增资本和分配股利。

(1) 盈余公积弥补亏损。经股东大会或类似机构决议，用盈余公积弥补亏损，借记“盈余公积”账户，贷记“利润分配——盈余公积补亏”账户。

【例 12-16】 某公司 2020 年用任意盈余公积 800 000 元弥补以前年度亏损。会计处理如下：

借：盈余公积——任意盈余公积　　800 000
　贷：利润分配——盈余公积补亏　　800 000

(2) 盈余公积转增资本。盈余公积转增资本对企业的资产、负债及所有者权益总额均不产生影响，只改变所有者权益内部的结构。经股东大会或类似机构决议，用盈余公积转增资本时，借记“盈余公积”账户，贷记“实收资本”或“股本”账户。

【例 12-17】 某公司经股东大会同意并按规定办完增资手续后，将法定盈余公积中的 6 000 000 元用于增加资本。做以下会计处理：

借：盈余公积——法定盈余公积 6 000 000

贷：股本 6 000 000

股份有限公司经股东大会决议，用盈余公积派送新股时，按派送新股计算的金额减少盈余公积；按股票面值和派送新股总数计算的金额增加股本；两者差额，列作资本公积。

【例 12-18】 某公司按 10 送 1 的方案用盈余公积派送新股，参照股票市价确定的派送价格为每股 13 元，股票面值为 1 元，派送前的普通股总数为 100 000 000 股，本次派送新股总数为 10 000 000 股。在派送新股所需要的资金中，80 000 000 元来源于法定盈余公积，而另外 50 000 000 元来源于任意盈余公积。会计处理为：

借：盈余公积——法定盈余公积 80 000 000

——任意盈余公积 50 000 000

贷：股本——普通股 10 000 000

资本公积——股本溢价 120 000 000

(3) 盈余公积分配股利。股份有限公司经股东大会决议，可用盈余公积分派现金股利或股票股利。分配现金股利时，借记“盈余公积”账户，贷记“应付股利”账户；分配股票股利时，借记“盈余公积”账户，贷记“股本”账户。

【例 12-19】 2020 年 4 月 15 日，某公司经股东大会决议，决定用任意盈余公积分派现金股利，金额为 3 000 000 元。做以下会计处理：

借：盈余公积——任意盈余公积 3 000 000

贷：应付股利 3 000 000

三、未分配利润

未分配利润是指截至本年度的累计未分配利润，包括企业以前累计的尚未分配的利润，以及本年度的未分配利润。企业各期的经营成果，经过分配后留存在企业中的部分，逐渐在该账户中进行累计。

期末未分配利润是期初未分配利润加本期净利润减本期利润分配的结果。计算公式如下：

期末未分配利润 = 期初未分配利润 + 本期净利润 − 本期利润分配

= 期初未分配利润 + (本期净利润 − 本期利润分配)

= 期初未分配利润 + 本期未分配利润

1. “利润分配——未分配利润”账户余额

会计年度终了，企业应将“本年利润”账户余额和“利润分配”其他各明细账户余额都转入“利润分配——未分配利润”明细账户中来。

【例 12-20】 某公司用实现的净利润弥补亏损已经有四年，第五年尚未弥补的亏损有 30 万元，第五年实现的利润为 15 万元，第六年的利润总额为 40 万元。假设公司没有纳税调整，所得税税率为 25%。该公司的会计处理如下：

① 第五年年末。

借：本年利润 150 000

贷：利润分配——未分配利润 150 000

② 第六年年末。

应交所得税 = 400 000 × 25% = 100 000

借：所得税费用　　　　　　　　　　　100 000
　　贷：应交税费——应交所得税　　　　　　100 000

借：本年利润　　　　　　　　　　　　100 000
　　贷：所得税费用　　　　　　　　　　　　100 000

借：本年利润　　　　　　　　　　　　300 000
　　贷：利润分配——未分配利润　　　　　　300 000

第六年年末，用税后利润弥补亏损 15 万元，“利润分配——未分配利润”账户贷方余额为 15 万元。

2. 弥补亏损的会计处理

企业发生的亏损，可以用以后年度实现的税前净利润弥补。企业当年实现的利润，从“本年利润”账户转入“利润分配——未分配利润”账户，将本年实现的利润结转到“利润分配——未分配利润”账户的贷方，贷方发生额与“利润分配——未分配利润”账户的借方余额自动抵补。

以前年度未弥补完的亏损，可以用当年实现的税前利润弥补，有的则用税后利润弥补。用税前利润弥补时，弥补的数额可以抵扣当期应纳税所得额；用税后利润弥补时，则不能抵扣当期应纳税所得额。

【问题与思考】

年底如何进行转损益的账务处理？

本章小结

企业所有者权益的来源包括所有者投入的资本、资产增值和经营中获得的利润。具体而言，所有者权益包括实收资本(或股本)、其他权益工具、资本公积、其他综合收益、盈余公积和未分配利润等项目。

实收资本(或股本)是指投资者按照公司章程或者合同、协议的约定，实际投入企业的资本。对于股份公司，投入资本表现为实际发行的股票的面值总额，称为股本；对于有限责任公司，投入资本表现为投资者实际出资额，称为实收资本。

其他权益工具主要是指企业发行的普通股以外的归类为权益工具的各种金融工具(如企业发行的优先股)。

资本公积是指归所有者共有的、非利润转化而形成的资本，主要包括资本溢价(或股本溢价)以及其他资本公积(非股本溢价或者资本溢价形成的资本公积)。

其他综合收益是指企业根据会计准则规定未在当期损益中确认的利得和损失。

盈余公积是指企业从净利润中提取的、具有特定用途的资金，包括法定盈余公积和任意盈余公积。

未分配利润是指企业各期净利润在分配完后剩余部分的累计数，即净利润中尚未指定用途、归所有者占有的部分。

企业实现的净利润经过弥补亏损、提取盈余公积和向投资者分配利润后留存在企业的就是未分配利润，历年结存的未分配利润是留存收益的一个重要组成部分。

【延伸阅读】

所有者权益　owners' equity

实收资本　paid-in capital

资本公积　additional paid-in capital

其他权益工具　other equity instruments

盈余公积　revenue reserve

未分配利润　undistributed profit

复　习　题

一、单选题

1. A公司注册资本为450万元，现有D出资者出资现金200万元，使得注册资本增加到600万元，其中D出资者占注册资本的比例为25%。A公司接受D出资者出资时，应计入资本公积的金额为(　　)万元。

A. 0　　B. 50　　C. 150　　D. 200

2. 某上市公司发行普通股1 000万股，每股面值1元，每股发行价格5元，支付手续费20万元，支付咨询费60万元。该公司发行普通股计入股本的金额为(　　)万元。

A. 1 000　　B. 4 920　　C. 4 980　　D. 5 000

3. 甲企业收到乙企业以设备出资，该设备的原价为50万元，已提折旧6万元，投资合同约定该设备价值为40万元(假定是公允的)，占注册资本30万元，则企业的会计处理为(　　)。

A. 借：固定资产　40
　　贷：实收资本　40

B. 借：固定资产　44
　　贷：实收资本　44

C. 借：固定资产　40
　　贷：实收资本　30
　　　　资本公积　10

D. 借：固定资产　50
　　贷：累计折旧　10
　　　　实收资本　40

4. 甲股份有限公司以银行存款收购本企业股票方式减资，在进行会计处理时，不可能涉及的会计科目有(　　)。

A. 股本　　B. 资本公积　　C. 财务费用　　D. 盈余公积

5. 某企业年初未分配利润为100万元，本年实现的净利润为200万元，分别按20%提取法定盈余公积和任意盈余公积，向投资者分配利润150万元，该企业未分配利润为(　　)万元。

A. 10　　B. 90　　C. 100　　D. 110

6. 2020年1月1日某企业所有者权益情况如下：实收资本200万元，资本公积17万元，盈余公积38万元，未分配利润32万元。则该企业2020年1月1日留存收益为(　　)

万元。

A. 32　　B. 38　　C. 70　　D. 87

7. 某企业年初未分配利润为100万元，本年净利润为1 000万元，按10%计提法定盈余公积，按5%计提任意盈余公积，宣告发放现金股利为80万元，该企业年末未分配利润为(　　)万元。

A. 855　　B. 867　　C. 870　　D. 874

8. 某企业盈余公积年初余额为50万元，本年利润总额为600万元，所得税费用为150万元，按净利润的10%提取法定盈余公积，并将盈余公积10万元转增资本。该企业盈余公积年末余额为(　　)万元。

A. 40　　B. 85　　C. 95　　D. 110

9. 下列各项中，会导致留存收益总额发生增减变动的是(　　)。

A. 资本公积转增资本　　B. 盈余公积补亏

C. 盈余公积转增资本　　D. 以当年净利润弥补以前年度亏损

10. 甲公司委托乙证券公司代理发行普通股2 000万股，每股面值1元，每股发行价值4元，按协议约定，乙证券公司从发行收入中提取2%的手续费，甲公司发行普通股应计入资本公积的金额为(　　)万元。

A. 6 000　　B. 5 840　　C. 5 880　　D. 6 160

二、多选题

1. 下列各项构成留存收益的有(　　)。

A. 资本溢价　　B. 未分配利润

C. 任意盈余公积　　D. 法定盈余公积

2. 下列各项中，不会引起留存收益变动的有(　　)。

A. 盈余公积补亏　　B. 计提法定盈余公积

C. 盈余公积转增资本　　D. 计提任意盈余公积

3. 下列各项，不会引起所有者权益总额发生增减变动的有(　　)。

A. 宣告发放股票股利　　B. 资本公积转增资本

C. 盈余公积转增资本　　D. 接受投资者追加投资

4. 下列各项，能够引起所有者权益总额变化的有(　　)。

A. 以盈余公积转增资本

B. 增发新股

C. 向股东支付已宣告分派的现金股利

D. 回购库存股

5. 下列各项中，会使企业所有者权益增加的有(　　)。

A. 当年发生盈利　　B. 用当年税后利润弥补以前年度亏损

C. 接受投资者投资　　D. 以盈余公积补亏

6. 下列各项，不通过“资本公积”科目核算的有(　　)。

A. 接受现金捐赠　　B. 向灾区捐赠现金

C. 资本溢价　　D. 股本溢价

7. 企业弥补亏损的渠道主要有(　　)。

A. 用以后年度税前利润弥补　　B. 用以后年度税后利润弥补

C. 用盈余公积弥补　　D. 用政府补助弥补

8. 盈余公积的主要用途是(　　)。

A. 分派现金股利　　B. 派送新股

C. 转增资本　　D. 弥补亏损

9. “库存股”科目核算的内容有(　　)。

A. 企业为奖励本公司职工而收购本公司股份

B. 将收购的股份奖励给本公司职工

C. 股东因对股东大会作出的公司合并、分立决议持有异议而要求公司收购其股份的，企业实际支付的金额

D. 企业转让库存股或注销库存股

10. A 有限公司收到 B 企业的机器设备出资，该设备的原价为 100 万元，已提折旧 60 万元，投资合同约定该设备价值为 50 万元(假定是公允的且不考虑增值税)，占注册资本 40 万元，则下列关于 A 公司会计处理的表述正确的有(　　)。

A. A 公司固定资产的入账价值为 40 万元

B. A 公司固定资产的入账价值为 50 万元

C. A 公司应当确认的资本公积为 10 万元

D. A 公司应当确认的资本公积为 20 万元

三、判断题

1. 股份公司发行股票相关的交易费用，应计入当期损益。

2. 股东大会宣告派发现金股利会影响所有者权益总额发生增减变动。

3. 2020 年 1 月 1 日某企业所有者权益情况如下：实收资本 200 万元，资本公积 17 万元，盈余公积 38 万元，未分配利润 32 万元。则该企业 2020 年 1 月 1 日留存收益为 70 万元。

4. 未分配利润的数额等于企业当年实现的税后利润加未分配利润年初数。

5. 分派现金股利，既不会影响股东权益总额，也不会改变原有股东的持股比例。

6. 年度终了，除了“未分配利润”明细科目，“利润分配”科目下的其他明细科目应当无余额。

7. 企业年末资产负债表中的未分配利润的金额一定等于“利润分配”科目的年末余额。

8. 企业在一定期间发生亏损，则企业在这一会计期间的所有者权益一定减少。

9. 在按面值发行股票的情况下，公司发行股票支付的手续费、佣金等发行费用，直接计入当期财务费用。

10. 企业接受投资者以非现金资产投资时，应按投资合同或协议约定的价值确认资产的价值和在注册资本中应享有的份额，并将其差额确认为资本公积，但投资合同或协议约定的价值不公允的除外。

四、计算题

1. 甲、乙、丙三人共同投资设立 A 有限责任公司，原注册资本为 4 000 000 元，甲、乙、丙分别出资 500 000 元、2 000 000 元和 1 500 000 元。为扩大经营规模，经批准，A 公司注册资本扩大为 5 000 000 元，甲、乙、丙按照原出资比例分别追加投资 125 000 元、500 000 元和 375 000 元。A 公司如期收到甲、乙、丙追加的现金投资。

要求：

(1) 做出 A 公司接受初始投资时的会计处理；

(2) 因扩大经营规模需要，经批准，A 公司按原出资比例将资本公积 1 000 000 元转增资本，做出相应会计处理；

(3) 因扩大经营规模需要，经批准，A 公司按原出资比例将盈余公积 1 000 000 元转增资本，做出相应会计处理。

2. 甲公司 2020 年 12 月 31 日的股本为 20 000 万股，每股面值为 1 元，资本公积(股本溢价)5 000 万元，盈余公积 3 000 万元。经股东大会批准，甲公司以现金回购本公司股票 3 000 万股并注销。

要求：

(1) 假定每股回购价为 0.8 元，编制回购股票和注销股票的会计分录；

(2) 假定每股回购价为 2 元，编制回购股票和注销股票的会计分录；

(3) 假定每股回购价为 3 元，编制回购股票和注销股票的会计分录。

3. 某股份有限公司 2018 年“未分配利润”年初贷方余额 100 万元，按 10%提取法定盈余公积金，所得税率为 25%，2018 年至 2020 年的有关资料如下：

(1) 2018 年实现净利 200 万元，提取法定盈余公积后，宣告派发现金股利 150 万元；

(2) 2019 年发生亏损 500 万元(假设无以前年度未弥补亏损)；

(3) 2020 年实现利润总额 600 万元。

要求：(单位用万元表示)

(1) 编制 2018 年有关利润分配的会计分录(盈余公积及利润分配的核算写明明细科目)；

(2) 编制 2019 年结转亏损的会计分录；

(3) 计算 2020 年应交的所得税；

(4) 计算 2020 年的可供分配利润。

4. B 股份有限公司首次公开发行了普通股 50 000 000 股，每股面值 1 元，每股发行价格为 1.1 元。B 公司以银行存款支付发行手续费、咨询费等费用共计 6 000 000 元。B 公司的盈余公积为 500 万元。假定发行收入已全部收到，发行费用已全部支付，不考虑其他因素。

要求：作出 B 公司的会计处理。

5. 甲公司为有限责任公司，发生下列有关接受投资的经济业务：

(1) 收到 A 股东的货币资金投资 2 000 000 元，存入银行；

(2) 收到 B 股东的固定资产投资，不含税的协议价值为 1 000 000 元，增值税额为 130 000 元；

(3) 4 年后，该公司以资本公积 500 000 元、盈余公积 1500 000 元转增资本。

要求：根据上述经济业务，编制会计分录。

第十三章　收入、费用和利润

【内容提要】

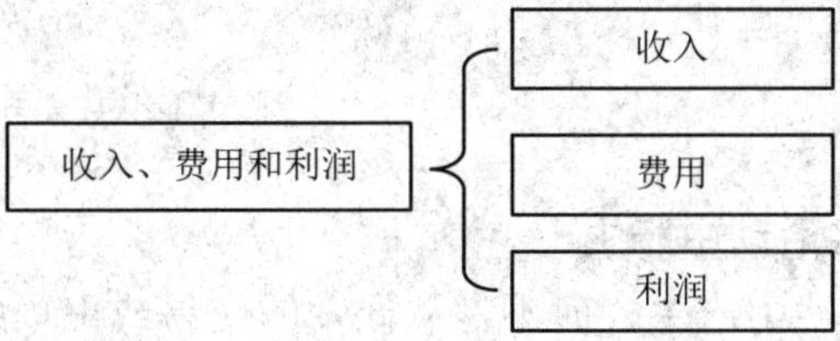

【学习目标】

1. 了解收入、费用和利润的概念；
2. 熟悉收入的分类和利润的构成；
3. 掌握收入的确认方法；
4. 掌握收入的会计处理方法。

【导入案例】

甲公司 2019 年年报显示，公司主营业务包括电子产品销售和技术服务业务，其中电子产品销售占比 95%，销售收入前五名的客户销售额占总销售额的 100%。与主营业务收入相对应，应收账款期末余额中前五名单位占应收账款期末余额 100%。其中，第一大欠款单位为乙公司，占应收账款期末余额的 90%。甲公司年报显示，该笔欠款账龄为一年以内，属于 2019 年度实现收入，乙公司一位负责人表示，乙公司与甲公司确实在 2019 年度签订长期购销协议，合同规定乙公司将于 2020 年分批购入产品并支付货款，但甲公司在 2019 年结束前将未实现的购销协议余额开具了发票，并计入营业收入和应收账款，金额总计达 640 万元，占应收账款余额 80%，占主营业务收入 30%，此外，甲公司未来实际收到的货款也可能远低于目前确认的 640 万元。另外，2019 年 10 月 13 日至 10 月 17 日，证监局在对公司进行现场检查时发现，甲公司的控股子公司 M 公司，在未向 T 公司交付商品的情况下，已将 1 225 万元软件收入计入 2019 年上半年营业收入。为此，甲公司更正了 2019 年半年报，营业收入从 5 200 万元减少到 3 800 万元，归属母公司净利润从 1 300 万元下降到 200 万元。

思考：分析甲公司的主营业务类型和收入确认条件，如果主营业务类型改变，则应如何披露?

第一节 收 入

一、收入概述

(一) 收入的概念

收入是指企业在日常活动中形成的、会导致所有者权益增加的、与所有者投入资本无关的经济利益的总流入。其中，日常活动是指企业为完成其经营目标所从事的经常性活动以及与之相关的其他活动。

(二) 收入的特征

1. 收入从企业的日常活动中产生

收入从企业的日常活动中产生，而不是从偶发的交易或事项中产生。“日常活动”是指企业为完成其经营目标所从事的经常性活动以及与之相关的其他活动，如工商企业销售商品、提供劳务的收入；工业企业转让无形资产使用权、出售原材料、对外投资(收取的利息收入、股利收入)等也构成收入。

需要注意的是，有些交易或事项也能为企业带来利益，但不属于企业的日常活动，其流入的经济利益不确认为收入，而属于利得。如企业处置固定资产、无形资产等活动，不是企业为完成其经营项目所从事的经常性活动，也不属于与经常性活动相关的其他活动，由此产生的经济利益的总流入不构成收入，应当确认为营业外收入。

2. 收入可能表现为企业资产的增加或负债的减少

收入可能表现为企业资产的增加，如增加银行存款、应收账款等；也可能表现为企业负债的减少，如以商品或劳务抵偿债务，或者二者兼而有之。例如，商品销售的货款中部分抵偿债务，部分收取现金。

3. 收入能导致企业所有者权益的增加

收入能增加资产或减少负债或二者兼而有之。因此，根据“资产 − 负债 = 所有者权益”的公式，企业取得收入一定能增加所有者权益。但收入扣除相关成本费用后的净额，则可能增加所有者权益，也可能减少所有者权益。这里仅指收入本身导致的所有者权益的增加，而不是指收入扣除相关成本费用后的毛利对所有者权益的影响。因此，会计准则中将收入定义为“经济利益的总流入”。

4. 收入只包括企业经济利益的流入，与所有者投入资本无关

收入只包括本企业经济利益的流入，不包括为第三方或客户代收的款项，如增值税、代收利息、旅行社代客户购买门票而收取票款等。代收的款项，一方面增加企业的资产，另一方面增加企业的负债，为此，不增加企业的所有者权益，也不属于本企业的经济利益，不能作为本企业的收入。

所有者投入资本主要是为了谋求享有企业资产的剩余权益，由此形成的经济利益的总流入不构成收入，而应确认为企业所有者权益的组成部分。

(三) 收入的分类

收入按划分标准不同，可以分为以下类别：

(1) 按照企业从事日常活动的性质，可将收入分为销售商品收入、提供劳务收入和让渡资产使用权收入等。

① 销售商品收入是指企业通过销售商品实现的收入，如工业企业制造并销售产品、商业企业销售商品等实现的收入。

② 提供劳务收入是指企业通过提供劳务实现的收入，如咨询公司提供咨询服务、软件开发企业为客户开发软件、安装公司提供安装服务等实现的收入等。

③ 让渡资产使用权收入是指企业通过让渡资产使用权实现的收入，包括让渡现金使用权而形成的利息收入、租赁公司出租资产等实现的收入。

(2) 按照企业从事的日常活动在企业中的重要性，可将收入分为主营业务收入和其他业务收入。

① 主营业务收入是指企业为完成其经营目标从事的经常性活动实现的收入，如工业企业制造并销售产品、商业企业销售商品、保险公司签发保单、咨询公司提供咨询服务、软件开发企业为客户开发软件、安装公司提供安装服务、商业银行对外贷款、租赁公司出租资产等实现的收入。这些活动形成的经济利益的总流入构成收入，属于企业的主营业务收入，根据其性质的不同，分别通过“主营业务收入”“利息收入”“保费收入”等科目进行核算。

② 其他业务收入是指企业为完成其经营目标所从事的与经常性活动相关的活动实现的收入。例如，工业企业对外出售不需用的原材料、对外转让无形资产使用权等。这些活动形成的经济利益的总流入也构成收入，属于企业的其他业务收入，根据其性质的不同，分别通过“其他业务收入”科目核算。

二、收入确认的原则

企业确认收入的方式应当反映其向客户转让商品的模式，收入的金额应当反映企业因转让这些商品而预期有权收取的对价金额。企业应当在履行了合同中的履约义务，即在客户取得相关商品控制权时确认收入。取得相关商品控制权，是指能够主导该商品的使用并从中获得几乎全部的经济利益，也包括有能力阻止其他方主导该商品的使用并从中获得经济利益。取得商品控制权同时包括下列三要素：一是能力，即客户必须拥有现时权利，能够主导该商品的使用并从中获得几乎全部经济利益。二是主导该商品的使用。客户有能力主导该商品的使用，是指客户有权使用该商品，或者能够允许或阻止其他方使用该商品。三是能够获得几乎全部的经济利益。商品的经济利益，是指该商品的潜在现金流量，既包括现金流入的增加，也包括现金流出的减少。客户是指与企业订立合同以向该企业购买其日常活动产出的商品并支付对价的一方。如果合同对方与企业订立合同的目的是共同参与一项活动(如合作开发一项资产)，合同对方和企业一起分担或分享该活动产生的风险或收益，而不是获取企业日常活动产出的商品，则该合同对方不是企业的客户。企业收入的会计处理是以企业与客户之间的单个合同为基础，但是，为便于实务操作，当企业能够合理预计，将收入的会计处理应用于具有类似特征的合同(或履约义务)组合或应用于该组合中的每一个合同(或履约义务)，将不会对企业的财务报表产生显著不同的影响时，企业可以在合同组合层面对收入进行会计处理。

三、收入确认和计量的步骤

收入的确认和计量大致分为五步：第一步，识别与客户订立的合同；第二步，识别合同中的单项履约义务；第三步，确定交易价格；第四步，将交易价格分摊至各单项履约义务；第五步，履行各单项履约义务时确认收入。其中，第一步、第二步和第五步主要与收入的确认有关，第三步和第四步主要与收入的计量有关。

(一) 识别与客户订立的合同

合同是指双方或多方之间订立有法律约束力的权利义务的协议。合同有书面形式、口头形式以及其他形式。合同的存在是企业确认客户合同收入的前提，企业与客户之间的合同一经签订，企业即享有从客户取得与转移商品和服务对价的权利，同时负有向客户转移商品和服务的履约义务。

(二) 识别合同中的单项履约义务

履约义务是指合同中企业向客户转让可明确区分商品或服务的承诺。企业应当将向客户转让可明确区分商品(或者商品的组合)的承诺以及向客户转让一系列实质相同且转让模式相同的、可明确区分商品的承诺作为单项履约义务。例如，企业与客户签订合同，向其销售商品并提供安装服务，若该安装服务简单，除了该企业，其他供应商也可以提供此类安装服务，则该合同中销售商品和提供安装服务为两项单项履约义务；若该安装服务复杂且商品需要按客户定制要求修改，则合同中销售商品和提供安装服务合并为单项履约义务。

(三) 确定交易价格

交易价格是指企业因向客户转让商品而预期有权收取的对价金额，不包括企业代第三方收取的款项(如增值税)以及企业预期将退还给客户的款项。合同条款所承诺的对价，可能是固定金额、可变金额或两者兼有。例如，甲公司与客户签订合同为其建造一栋厂房，约定的价款为 80 万元，4 个月完工，交易价格就是固定金额 80 万元；假如合同中约定若提前 1 个月完工，客户将额外奖励甲公司 20 万元，甲公司对合同估计工程提前 1 个月完工的概率为 95%，则甲公司预计有权收取的对价为 100 万元，因此交易价格包括固定金额 80 万元和可变金额 20 万元，总计为 100 万元。

(四) 将交易价格分摊至各单项履约义务

当合同中包含两项或多项履约义务时，需要将交易价格分摊至各单项履约义务，分摊的方法是在合同开始日，按照各单项履约义务所承诺商品的单独售价(企业向客户单独销售商品的价格)的相对比例，将交易价格分摊至各单项履约义务。通过分摊交易价格，使企业分摊至各单项履约义务的交易价格能够反映其因向客户转让已承诺的相关商品而有权收取的对价金额。例如，企业与客户签订合同，向其销售A、B、C三件产品，不含增值税的合同总价款为10 000元。A、B、C产品不含增值税的单独售价分别为5 000元、3 500元和7 500元，合计16 000元。按照交易价格分摊原则，A产品应当分摊的交易价格为3 125元(5 000 ÷ 16 000 × 10 000)，B产品应当分摊的交易价格为2 187.5元(3 500 ÷ 16 000 × 10 000)，C产品应当分摊的交易价格为4 687.5元(7 500 ÷ 16 000 × 10 000)。

(五) 履行各单项履约义务时确认收入

当企业将商品转移给客户，客户取得了相关商品的控制权，意味着企业履行了合同履约义务，此时，企业应确认收入。企业将商品控制权转移给客户，可能在某一时段内(即履行履约义务的过程中)发生，也可能在某一时点(即履约义务完成时)发生。企业应当根据实际情况，首先判断履约义务是否满足在某一时段内履行的条件，如不满足，则该履约义务属于在某一时点履行的展约义务。

需要说明的是，一般而言，确认和计量任何一项合同收入应考虑全部的五个步骤。但履行某些合同义务确认收入不一定都经过五个步骤，如企业按照第二步确定某项合同仅为单项履约义务时，可以从第三步直接进入第五步确认收入，不需要第四步(分摊交易价格)。

四、合同成本

企业在与客户之间建立合同关系过程中发生的成本主要有合同取得成本和合同履约成本。

(一) 合同取得成本

企业为取得合同发生的增量成本预期能够收回的，应作为合同取得成本确认为一项资产。增量成本是指企业不取得合同就不会发生的成本，也就是企业发生的与合同直接相关，但又不是所签订合同的对象或内容(如建造商品或提供服务)本身所直接发生的费用，例如销售佣金等，如果销售佣金等预期可通过未来的相关服务收入予以补偿，则该销售佣金(即增量成本)应在发生时确认为一项资产，即合同取得成本。企业取得合同发生的增量成本已经确认为资产的，应当采用与该资产相关的商品收入确认相同的基础进行摊销，计入当期损益。为简化实务操作，该资产摊销期限不超过一年的，可以在发生时计入当期损益。企业为取得合同发生的预期能够收回的增量成本之外的其他支出，例如，无论是否取得合同均会发生的差旅费、投标费、为准备投标资料发生的相关费用等，应当在发生时计入当期损益，除非这些支出明确由客户承担。

【例13-1】 甲公司是一家咨询公司，通过竞标赢得一个服务期为3年的客户，该客户每年年末支付含税咨询费127 200元。为取得与该客户的合同，甲公司聘请外部律师进行尽职调查支付相关费用10 000元，为投标而发生的差旅费5 000元，支付销售人员佣金36 000元。甲公司预期这些支出未来均能够收回。此外，甲公司根据其年度销售目标、整体盈利情况及个人业绩等，向销售部门经理支付年度奖金5 000元。在本例中，甲公司因签订该客户合同而向销售人员支付的佣金属于取得合同发生的增量成本，应当将其作为合同取得成本确认为一项资产；甲公司聘请外部律师进行尽职调查而发生的支出，为投标发生的差旅费以及向销售部门经理支付的年度奖金(不能直接归属于可识别的合同)不属于增量成本，应当于发生时直接计入当期损益。甲公司应编制如下会计分录：

① 支付相关费用：

借：合同取得成本　36 000
　　管理费用　15 000
　　销售费用　5 000
　　贷：银行存款　56 000

② 每月确认服务收入，摊销销售佣金：

服务收入 = 127 200 ÷ (1 + 6%) ÷ 12 = 10 000(元)

销售佣金摊销额 = 36 000 ÷ 3 ÷ 12 = 1 000(元)

借：应收账款　10 600
　　销售费用　1 000
　　贷：合同取得成本　1 000
　　　　主营业务收入　10 000
　　　　应交税费——应交增值税(销项税额)　600

(二) 合同履约成本

合同履约成本是指企业为履行当前或预期取得的合同所发生的、属于《企业会计准则第 14 号——收入》(2018)规范范围并且按照该准则应当确认为一项资产的成本。企业为履行合同可能会发生各种成本，企业在确认收入的同时应当对这些成本进行分析，属于《企业会计准则第 14 号——收入》(2018)准则规范范围且同时满足下列条件的，应当作为合同履约成本确认为一项资产。

(1) 该成本与一份当前或预期取得的合同直接相关。① 与合同直接相关的成本。包括：直接人工成本(如支付给直接为客户提供所承诺服务的人员的工资、奖金等)；直接材料成本(如为履行合同耗用的原材料、辅助材料、构配件、零件、半成品的成本和周转材料的摊销及租赁费用等)；制造费用或类似费用(如组织和管理相关生产、施工、服务等活动发生的费用，包括管理人员的职工薪酬、劳动保护费、固定资产折旧费及修理费、物料消耗、取暖费、水电费、办公费、差旅费、财产保险费、工程保修费、临时设施摊销费等)。② 明确由客户承担的成本以及仅因该合同而发生的其他成本(如支付给分包商的成本、机械使用费、设计和技术援助费用、施工现场二次搬运费、生产工具和用具使用费、检验试验费、工程定位复测费、工程点交费用、场地清理费等)。

(2) 该成本增加了企业未来用于履行(包括持续履行)履约义务的资源。

(3) 该成本预期能够收回。

企业应当在下列支出发生时，将其计入当期损益：一是管理费用，除非这些费用明确由客户承担；二是非正常消耗的直接材料、直接人工和制造费用(或类似费用)，这些支出为履行合同发生，但未反映在合同价格中；三是与履约义务中已履行(包括已全部履行或部分履行)部分相关的支出，即该支出与企业过去的履约活动相关；四是无法在尚未履行的与已履行(或已部分履行)的履约义务之间区分的相关支出。企业发生合同履约成本时，借记“合同履约成本”科目，贷记“银行存款”“应付职工薪酬”“原材料”等科目。对合同履约成本进行摊销时，借记“主营业务成本”“其他业务成本”等科目，贷记“合同履约成本”科目。涉及增值税的，还应进行相应的处理。

【例 13-2】 甲公司经营一家酒店，该酒店是甲公司的自有资产。2020 年 12 月甲公司计提与酒店经营直接相关的酒店、客房以及客房内的设备家具等折旧 3 000 元、酒店土地使用权摊销费用 1 500 元。经计算，当月确认房费、餐饮等服务含税收入 10 600 元全部存入银行。

本例中，甲公司经营酒店主要是通过提供客房服务赚取收入，而客房服务的提供直接依赖于酒店物业(包含土地)以及家具等相关资产，这些资产折旧和摊销属于甲公司为履行与客户的合同而发生的合同履约成本。已确认的合同履约成本在收入确认时予以摊销，计入营业成本。甲公司应编制如下会计分录：

① 确认资产的折旧费、摊销费：

借：合同履约成本	4 500	
贷：累计折旧		3 000
累计摊销		1 500

② 12 月确认酒店服务收入并摊销合同履约成本：

借：银行存款	10 600	
贷：主营业务收入		10 000
应交税费——应交增值税(销项税额)		600
借：主营业务成本	4 500	
贷：合同履约成本		4 500

五、合同负债与合同资产

合同负债是指企业已收或应收客户对价而应向客户转让商品的义务。企业在向客户转让商品之前，如果客户已经支付了合同对价或企业已经取得了无条件收取合同对价的权利，则企业应当在客户实际支付款项与到期应支付款项孰早时点，将该已收或应收的款项确认并列示为合同负债。

合同资产是指企业已向客户转让商品而有权收取对价的权利，且该权利取决于时间流逝之外的其他因素。应收款项是企业无条件收取合同对价的权利。只有在合同对价到期支付之前仅仅随着时间的流逝即可收款的权利，才是无条件的收款权。合同资产和应收款项都是企业拥有的有权收取对价的合同权利，二者的区别在于，应收款项代表的是无条件收取合同对价的权利，即企业仅仅随着时间的流逝即可收款，而合同资产并不是一项无条件收款权，该权利除了时间流逝，还取决于其他条件(例如履行合同中的其他履约义务)才能收取相应的合同对价。

合同资产和合同负债应当在资产负债表中单独列示，并按流动性，分别列示为“合同资产”或“其他非流动资产”以及“合同负债”或“其他非流动负债”。同一合同下的合同资产和合同负债应当以净额列示，不同合同下的合同资产和合同负债不能互相抵销。

六、履行履约义务确认收入的账务处理

（一）在某一时点履行履约义务确认收入

对于在某一时点履行的履约义务，企业应当在客户取得相关商品控制权时点确认收入。在判断控制权是否转移时，企业应当综合考虑下列迹象：

(1) 企业就该商品享有现时收款权利，即客户就该商品负有现时付款义务。例如，甲企业与客户签订销售商品合同，约定客户有权定价且在收到商品无误后 10 日内付款。在客户收到甲企业开具的发票、商品验收入库后，客户能够自主确定商品的销售价格或商品的使用情况，此时甲企业享有收款权利，客户负有现时付款义务。

(2) 企业已将该商品的法定所有权转移给客户，即客户已拥有该商品的法定所有权。例如，房地产企业向客户销售商品房，在客户付款后取得房屋产权证时，表明企业已将该商品房的法定所有权转移给客户。

(3) 企业已将该商品实物转移给客户，即客户已占有该商品实物。例如，企业与客户签订交款提货合同，在企业销售商品并送货到客户指定地点，客户验收合格并付款，表明企业已将该商品实物转移给客户，即客户已占有该商品实物。

(4) 企业已将该商品所有权上的主要风险和报酬转移给客户，即客户已取得该商品所有权上的主要风险和报酬。例如，甲房地产公司向客户销售商品房办理产权转移手续后，该商品房价格上涨或下跌带来的利益或损失全部属于客户，表明客户已取得该商品房所有权上的主要风险和报酬。

(5) 客户已接受该商品。例如，企业向客户销售为其定制生产的节能设备，客户收到并验收合格后办理入库手续，表明客户已接受该商品。

(6) 其他表明客户已取得商品控制权的迹象。

（二）在某一时段内履行履约义务确认收入

对于在某一时段内履行的履约义务，企业应当在该段时间内按照履约进度确认收入，履约进度不能合理确定的除外。满足下列条件之一的，属于在某一时段内履行的履约义务：① 客户在企业履约的同时即取得并消耗企业履约所带来的经济利益；② 客户能够控制企业履约过程中在建的商品；③ 企业履约过程中所产出的商品具有不可替代用途，且该企业在整个合同期间内有权就累计至今已完成的履约部分收取款项。企业应当考虑商品的性质，采用实际测量的完工进度，评估已实现的结果、时间进度、已完工或交付的产品等产出指标，或采用投入的材料数量、花费的人工工时和机器工时、发生的成本和时间进度等投入指标确定恰当的履约进度，并且在确定履约进度时，应当扣除那些控制权尚未转移给客户的商品和服务。资产负债表日，企业按照合同的交易价格总额乘以履约进度扣除以前会计期间累计已确认的收入后的金额，确认当期收入。

【例 13-3】 甲公司为增值税一般纳税人，装修服务适用增值税税率为 9%。2020 年 12 月 1 日，甲公司与乙公司签订一项为期 3 个月的装修合同，合同约定装修价款为 100 000 元，增值税税额为 9 000 元，装修费用每月末按完工进度支付。2020 年 12 月 31 日，经专业测量师测量后，确定该项劳务的完工程度为 30%；乙公司按完工进度支付价款及相应的

增值税款。截至2020年12月31日，甲公司为完成该合同累计发生劳务成本20 000元(假定均为装修人员薪酬)，估计还将发生劳务成本60 000元。假定该业务属于甲公司的主营业务，全部由其自行完成；该装修服务构成单项履约义务，并属于在某一时段内履行的履约义务；甲公司按照实际测量的完工进度确定履约进度。

甲公司应编制如下会计分录：

① 实际发生劳务成本20 000元。

借：合同履约成本　　20 000

　贷：应付职工薪酬　　20 000

② 2020年12月31日确认劳务收入并结转劳务成本。

2020年12月31日确认的劳务收入 = 100 000 × 30% − 0 = 30 000(元)

借：银行存款　　32 700

　贷：主营业务收入　　30 000

　　应交税费——应交增值税(销项税额)　2 700

借：主营业务成本　　20 000

　贷：合同履约成本　　20 000

2021年1月31日，经专业测量师测量后，确定该项劳务的完工程度为70%；乙公司按完工进度支付价款同时支付对应的增值税款。2021年1月，为完成该合同发生劳务成本30 000元(假定均为装修人员薪酬)，为完成该合同，估计还将发生劳务成本20 000元。甲公司应编制如下会计分录。

① 实际发生劳务成本30 000元：

借：合同履约成本　　30 000

　贷：应付职工薪酬　　30 000

② 2021年1月31日确认劳务收入并结转劳务成本：

2021年1月31日确认的劳务收入 = 100 000 × 70% − 30 000 = 40 000(元)

借：银行存款　　43 600

　贷：主营业务收入　　40 000

　　应交税费——应交增值税(销项税额)　3 600

借：主营业务成本　　30 000

　贷：合同履约成本　　30 000

2021年2月28日，装修完工。乙公司验收合格，按完工进度支付价款，同时支付对应的增值税款。2021年2月，为完成该合同发生劳务成本20 000元(假定均为装修人员薪酬)。甲公司应编制如下会计分录：

① 实际发生劳务成本20 000元。

借：合同履约成本　　20 000

　贷：应付职工薪酬　　20 000

② 2021年2月28日确认劳务收入并结转劳务成本。

2021年2月28日确认的劳务收入 = 100 000 − 30 000 − 40 000 = 30 000(元)

借：银行存款　　32 700

　贷：主营业务收入　　30 000

应交税费——应交增值税(销项税额)　2 700

借：主营业务成本　20 000

　贷：合同履约成本　20 000

【例 13-4】 甲公司经营一家健身俱乐部。2020 年 7 月 1 日，某客户与甲公司签订合同，成为甲公司的会员，并向甲公司支付会员费 1 800 元(不含税价)，可在未来的 12 个月内在该俱乐部健身，且没有次数的限制。该业务适用的增值税税率为 6%。本例中，客户在会籍期间可随时来俱乐部健身，且没有次数限制，客户已使用俱乐部健身的次数不会影响其未来继续使用的次数，甲公司在该合同下的履约义务是承诺随时准备在客户需要时为其提供健身服务，因此，该履约义务属于在某一时段内履行的履约义务，并且该履约义务在会员的会籍期间内随时间的流逝而履行。因此，甲公司按照直线法确认收入，每月应当确认的收入为 150 元(1800 ÷ 12)。甲公司应编制如下会计分录：

① 2020 年 7 月 1 日收到会员费时：

借：银行存款　1 800

　贷：合同负债　1 800

本例中，客户签订合同时支付了合同对价，可在未来的 12 个月内在该俱乐部进行消费，且没有次数的限制。企业在向客户转让商品之前已经产生一项负债，即合同负债。

② 2020 年 7 月 31 日确认收入，开具增值税专用发票并收到税款时：

借：合同负债　150

　银行存款　9

　贷：主营业务收入　150

　　应交税费——应交增值税(销项税额)　9

2020 年 8 月至 2021 年 6 月，每月确认收入同上。

当履约进度不能合理确定时，企业已经发生的成本预计能够得到补偿的，应当按照已经发生的成本金额确认收入，直到履约进度能够合理确定为止。

七、特殊交易的会计处理

(一) 附有销售退回条款的销售

对于附有销售退回条款的销售，应按下列原则进行会计处理：

企业应在客户取得相关商品控制权时，按因向客户转让商品而预期有权收取的对价金额(不包含预期因销售退回将退还的金额)确认收入；按照预期因销售退回将退还的金额确认负债(预计负债)。

同时，按照预期将退回商品转让时的账面价值，扣除收回该商品预计发生的成本(包括退回商品的价值减损)后的余额，确认为一项资产(应收退货成本)。按照所转让商品转让时的账面价值，扣除上述资产成本的净额结转成本(主营业务成本)。每一资产负债表日，企业应当重新估计未来销售退回情况，如有变化，应当作为会计估计变更进行会计处理。

【例 13-5】 2020 年 12 月 2 日，甲公司以每件 500 元的价格销售 500 件 A 产品，收到 250 000 元的货款及增值税税款。按照销售合同，如有质量问题，客户可以在 30 天内退回任何没有损坏的产品，并得到全额现金退款。A 产品的成本为每件 400 元。甲公司预计会有 50 件(即 10%)A 产品被退回，而且即使估算发生后续变化，也不会导致大量收入的转回。甲公司预计收回产品的成本不会太大，并认为再次出售产品时还能获得利润。2021 年 4 月 2 日发生销货退回，实际退货量为 40 件，退货款项已经支付。

要求：编制甲公司有关会计处理的分录。

甲公司会计处理如下：

① 2020 年 12 月 2 日确认收入：

借：银行存款　282 500
　贷：主营业务收入　225 000
　　预计负债——应付退货款　25 000
　　应交税费——应交增值税(销项税额)　32 500

② 结转销货成本：

借：主营业务成本　180 000
　应收退货成本　20 000
　贷：库存商品　200 000

③ 2021 年 4 月 2 日发生退货时：

借：库存商品　16 000
　应交税费——应交增值税(销项税额)　2 600
　预计负债——应付退货款　25 000
　贷：应收退货成本　16 000
　　主营业务收入　5 000
　　银行存款　22 600

借：主营业务成本　4 000
　贷：应收退货成本　4 000

(二) 售后回购

售后回购是指企业销售商品的同时承诺或有权选择日后再将该商品购回的销售方式。企业应当区分下列两种情形分别对售后回购交易进行会计处理。

(1) 企业因存在与客户的远期安排而负有回购义务或企业享有回购权利的。

企业因存在与客户的远期安排而负有回购义务或企业享有回购权利的，尽管客户可能已经持有了该商品的实物，但是，由于企业将会回购或者有权回购该商品，导致客户主导该商品的使用并从中获取几乎全部经济利益的能力受到限制，因此，在销售时点，客户并没有取得该商品的控制权，企业应根据下列情况分别进行相应的会计处理：一是回购价格低于原售价的，应当视为租赁交易进行会计处理；二是回购价格不低于原售价的，应当视为融资交易，应当在收到客户款项时确认金融负债，而不是终止确认该商品并将该款项和团购价格的差额在回购期间内确认为利息费用等。

(2) 企业应客户要求回购商品的。

企业负有应客户要求回购商品义务的，应当在合同开始日评估客户是否具有行使该要求权的重大经济动因。客户具有行使该要求权的重大经济动因的，企业应当将回购价格与原售价进行比较，并按照相关原则将该售后回购作为租赁交易或融资交易进行相应的会计处理。客户不具有行使该要求权的重大经济动因的，企业应当将该售后回购作为附有销售退回条款的销售交易进行相应的会计处理。在判断客户是否具有行使该要求权的重大经济动因时，企业应当综合考虑各种相关因素，包括回购价格与预计回购时市场价格之间的比较，以及权利的到期日等。当回购价格明显高于该商品回购时的市场价值时，通常表明客户有行使该要求权的重大经济动因。

【例 13-6】 甲公司在 2020 年 3 月 1 日与乙公司签订合同，向乙公司销售商品一批。该批商品的销售价格为 100 万元(不含增值税)，增值税税率为 13%，实际成本为 80 万元。商品已发出，款项已收到。该合同同时规定，甲公司应在 2020 年 10 月 31 日以 140 万元(不含增值税额)将该批商品回购。

甲公司的有关会计处理如下：

借：银行存款　　1 130 000
　贷：其他应付款　　1 000 000
　　应交税费——应交增值税(销项税额)　　130 000

借：发出商品　　800 000
　贷：库存商品　　800 000

借：财务费用　　50 000 [(140 − 100) ÷ 8]
　贷：其他应付款　　50 000

借：其他应付款　　1 400 000
　应交税费——应交增值税(进项税额)　　182 000
　贷：银行存款　　1 582 000

借：库存商品　　800 000
　贷：发出商品　　800 000

【例 13-7】 甲公司向乙公司销售其生产的一台设备，销售价格为 2 000 万元，双方约定，乙公司在 5 年后有权要求甲公司以 1 500 万元的价格回购该设备。甲公司预计该设备在回购时的市场价值将远低于 1 500 万元。

本例中，假定不考虑时间价值的影响，甲公司的回购价格 1 500 万元低于原售价 2 000 万元，远高于该设备在回购时的市场价值，甲公司判断乙公司有重大的经济动因行使其权利要求甲公司回购该设备。因此，甲公司应当将该交易作为租赁交易进行会计处理。

(三) 客户未行使的权利(预收销售商品款项)

企业向客户预收销售商品款项的，应当首先将该款项确认为负债，等待履行了相关履约义务时再转为收入。

当企业预收款项无须退回，且客户可能会放弃其全部或部分合同权利时，如美容美发店的客户放弃美容美发储值卡的使用等，企业预期将有权获得与客户所放弃的合同权利相关的金额的，应当按照客户行使合同权利的模式按比例将上述金额确认为收入；否则，企业只有在客户要求其履行剩余履约义务的可能性极低时，才能将上述负债的相关余额转为收入。企业在确定其是否预期将有权获得与客户所放弃的合同权利相关的金额时，应当考虑将估计的可变对价计入交易价格的限制要求。

【例 13-8】 甲公司为一家游泳馆，甲公司于 2020 年年末向客户出售 50 张游泳卡，面值每张500元，客户可以凭此卡享受2年内20次游泳服务，即25元/次，假定该游泳卡售出不可退回，且逾期不可再使用。至2021年年末，50张游泳卡平均每张实际使用了8次游泳服务；2022年年末，50张游泳卡又平均实际使用了8次游泳服务；剩余未使用的次数不可再使用。根据上述资料，假定不考虑增值税及其他因素，且甲公司按年确认游泳收入，甲公司有关会计处理如下：

① 售游泳卡并收到款项时，应做如下会计分录：

借：银行存款　　25 000

　贷：合同负债　　25 000

② 2021年年末，按照已履行履约义务确认相关的收入，应做如下会计分录：

借：合同负债　　10 000

　贷：主营业务收入　　10 000

③ 2022年年末，按照已履行履约义务和预期将有权获得与客户所放弃的合同权利相关的金额确认相关的收入，应做如下会计分录：

借：合同负债　　15 000

　贷：主营业务收入　　15 000(25 000 − 10 000)

(四) 无须退回的初始费的处理

企业在合同开始(或接近合同开始)日向客户收取的无须退回的初始费(如高尔夫球俱乐部、健身馆收取的入会费等)应当计入交易价格。企业应当评估该初始费是否与向客户转让已承诺的商品相关，分情况确认相关收入：

(1) 该初始费与向客户转让已承诺的商品相关，并且该商品构成单项履约义务的，企业应当在转让该商品时，按照分摊至该商品的交易价格确认收入。

(2) 该初始费与向客户转让已承诺的商品相关，但该商品不构成单项履约义务的，企业应当在包含该商品的单项履约义务履行时，按照分摊至该单项履约义务的交易价格确认收入。

(3) 该初始费与向客户转让已承诺的商品不相关的，如企业收取了无须退回的初始费且为履行合同应开展初始活动，但这些活动本身并没有向客户转让已承诺的商品的，该初始费与未来将转让的已承诺商品相关，该初始费应当作为未来将转让商品的预收款，在未来转让该商品时确认为收入。企业在确定履约进度时不应考虑这些初始活动。企业为该初始活动发生的支出应当按照相关规定确认为一项资产或计入当期损益。

【例13-9】 甲公司经营一家会员制健身俱乐部。公司与客户签订为期2年的健身服务合同，客户入会后可随时在该健身俱乐部健身。除了俱乐部的年费1 800元，甲公司还向客户收取了30元的入会费，用于补偿俱乐部为客户进行注册登记、准备会籍资料以及制作会员卡等初始活动所花费的成本，公司收取的入会费和年费均无须返还。2020年1月，甲公司共与50名客户签订了合同，收取了年会费90 000元和入会费1 500元。根据上述资料，假定不考虑增值税及其他因素，甲公司有关会计处理如下：

甲公司承诺的服务是向客户提供健身服务，而甲公司为会员入会所进行的初始活动并未向客户提供其所承诺的服务，而只走一些内部行政管理性质的工作和为客户提供健身服务所做的一些准备工作。甲公司为补偿这些初始活动的成本而向客户收取的30元入会费，实质上也是客户为健身服务所支付的对价的一部力，因此，向客户收取的30元入会费应与收取的 1 800 元年会费一起作为合同的交易价格在 2 年内分期确认收入。由于客户在企业履约的同时即取得并消耗企业履约所带来的经济利益，因此，甲公司可以在 2 年内按照履约进度确认收入，因甲公司所从事的健身服务工作是在整个履约期间平均发生的，所以可以按 24 个月平均分摊。甲公司有关账务处理如下：

① 收到年会费和入会费 91 500 元(1 830 × 50)时，应做如下会计分录：

借：银行存款　　91 500

　　贷：合同负债　　91 500

② 2020 年 1 月，按照已履行履约义务确认相关的收入，即确认收入 = (90 000 + 1 500) ÷ 24 = 3 812.5(元)，应做如下会计分录：

借：合同负债　　3 812.5

　　贷：主营业务收入　　3 812.5

【问题与思考】

附有销售退回条件的商品销售收入何时确定？

第二节　费　　用

一、费用的概念及特征

费用是指企业在日常活动中发生的、会导致所有者权益减少的、与向所有者分配利润无关的经济利益的总流出。

(1) 费用是企业在日常活动中形成的。因日常活动所产生的费用通常包括销售成本(营业成本)、管理费用等。将费用界定为日常活动所形成的，目的是将其与损失相区分，企业非日常活动所形成的经济利益的流出不能确认为费用，而应当计入损失。

(2) 费用会导致企业所有者权益的减少。与费用相关的经济利益的流出应当导致所有者权益的减少，不会导致所有者权益减少的经济利益的流出不符合费用的定义，不应确认为费用。

(3) 费用导致的经济利益总流出与向所有者分配利润无关。费用的发生应当会导致经济利益的流出，从而导致资产的减少或者负债的增加(最终也会导致资产的减少)。

【例 13-10】 下列各项中，符合费用定义的有(　　)。

A. 销售费用　　B. 税金及附加　　C. 管理费用　　D. 营业外支出

【答案】 A、B、C

【解析】 费用是企业日常活动中发生的经济利益的总流出，营业外支出不是日常活动中发生的，所以不属于费用。

【问题与思考】

如何区分生产费用与期间费用？

二、期间费用

期间费用是企业当期发生的费用中的重要组成部分，是指本期发生的、不能直接或间接归入某种产品成本的、直接计入损益的各项费用，包括管理费用、销售费用和财务费用。

(一) 管理费用

管理费用是指企业为组织和管理企业生产经营所发生的管理费用，包括企业在筹建期间内发生的开办费、董事会和行政管理部门在企业的经营管理中发生的或者应由企业统一负担的公司经费(包括行政管理部门职工工资及福利费、物料消耗、低值易耗品摊销、办公费和差旅费等)、工会经费、董事会费(包括董事会成员津贴、会议费和差旅费等)、聘请中介机构费、咨询费(含顾问费)、诉讼费、业务招待费、技术转让费、矿产资源补偿费、排污费以及企业生产车间(部门)和行政管理部门等发生的固定资产修理费等。

企业发生的管理费用，在“管理费用”科目核算，并在“管理费用”科目中按费用项目设置明细账，进行明细核算。期末，“管理费用”科目的余额结转“本年利润”科目后无余额。

【例 13-11】 下列各项中，关于管理费用会计处理表述正确的有(　　)。

A. 无法查明原因的现金短缺应计入管理费用

B. 转销确实无法支付的应付账款应冲减管理费用

C. 行政管理部门负担的工会经费应计入管理费用

D. 企业在筹建期间发生的开办费应计入管理费用

【答案】 A、C、D

【解析】 转销确实无法支付的应付账款，按其账面余额转入营业外收入。

(二) 销售费用

销售费用是指企业在销售商品和材料、提供劳务的过程中发生的各种费用，包括企业在销售商品过程中发生的保险费、包装费、展览费和广告费、商品维修费、预计产品质量保证损失、运输费、装卸费等以及为销售本企业商品而专设的销售机构(含销售网点、售后服务网点等)的职工薪酬、业务费、折旧费、固定资产修理费等费用。

企业发生的销售费用，在“销售费用”科目核算，并在“销售费用”科目中按费用项目设置明细账，进行明细核算。期末，“销售费用”科目的余额结转“本年利润”科目后无余额。

【例 13-12】 下列各项中需要记入“销售费用”科目中的有(　　)。

A. 购入存货过程中发生的运输费用　　B. 预计产品质量保证损失

C. 销售部门的计算机的维修费用　　D. 产品促销费用

【答案】 B、C、D

【解析】 选项 A 购入存货过程中发生的运输费用计入存货的采购成本。

(三) 财务费用

财务费用是指企业为筹集生产经营所需资金等而发生的筹资费用，包括利息支出(减利息收入)、汇兑损益以及相关的手续费等。

企业发生的财务费用，在“财务费用”科目核算，并在“财务费用”科目中按费用项目设置明细账，进行明细核算。期末，“财务费用”科目的余额结转“本年利润”科目后无余额。

【例 13-13】甲公司于 2020 年 12 月 1 日向银行借入生产经营用短期借款 360 000 元，期限 6 个月，年利率 5%，该借款本金到期后一次归还，利息分月预提，按季支付。该公司应编制如下会计分录：

每月末，预提当月应计利息：360 000 × 5% ÷ 12 = 1 500(元)

借：财务费用——利息支出　　　　1 500

　　贷：应付利息　　　　　　　　　　1 500

【问题与思考】

期间费用的核算内容包括哪些？

三、税金及附加

税金及附加是指企业经营活动应负担的相关税费，包括消费税、城市维护建设税、教育费附加、资源税、房产税、车船税、城镇土地使用税等。

(1) 计算应交消费税、城市维护建设税、教育费附加和资源税等。

借：税金及附加

　　贷：应交税费

(2) 期末结转到本年利润。

借：本年利润

　　贷：税金及附加

【例 13-14】 某公司 2020 年 2 月 1 日取得应纳消费税的销售商品收入 3 000 000 元，该产品适用的消费税税率为 25%。与消费税有关的会计分录如下：

(1) 应交消费税额为 750 000(3 000 000 × 25%)元：

借：税金及附加　　　　　　　　750 000

　　贷：应交税费——应交消费税　　　750 000

(2) 交纳消费税时：

借：应交税费——应交消费税　　750 000

　　贷：银行存款　　　　　　　　　　750 000

第三节　利　　润

一、利润的概念及构成

利润是指企业在一定会计期间的经营成果。利润包括收入减去费用后的净额、直接计入当期利润的利得和损失等。直接计入当期利润的利得和损失，是指应当计入当期损益、会导致所有者权益发生增减变动的、与所有者投入资本或者向所有者分配利润无关的利得或者损失。

利润的具体构成如下：

(一) 营业利润

营业利润 = 营业收入 − 营业成本 − 税金及附加 − 销售费用 − 管理费用 − 财务费用 − 研发费用 − 资产减值损失 − 信用减值损失 + 公允价值变动收益(−公允价值变动损失) + 投资收益(− 投资损失) + 资产处置收益(−资产处置损失) + 其他收益 + 净敞口套期收益(− 净敞口套期损失)

其中，营业收入是指企业经营业务所确定的收入总额，包括主营业务收入和其他业务收入；营业成本是指企业经营业务所发生的实际成本总额，包括主营业务成本和其他业务成本；资产减值损失是指企业计提各项资产减值准备所形成的损失；公允价值变动收益(或损失)是指企业交易性金融资产等公允价值变动形成的应计入当期损益的利得(或损失)；投资收益(或损失)是指企业以各种方式对外投资所取得的收益(或发生的损失)。

(二) 利润总额

利润总额 = 营业利润 + 营业外收入 − 营业外支出

其中，营业外收入(或支出)是指企业发生的与日常活动无直接关系的各项利得(或损失)。

(三) 净利润

净利润 = 利润总额 − 所得税费用

其中，所得税费用是指企业确认的应从当期利润总额中扣除的所得税费用。

【问题与思考】

什么是利润？利润由哪些内容构成？

二、营业外收支的会计处理

营业外收支是指企业发生的与日常活动无直接关系的各项收支。营业外收支虽然与企业生产经营活动没有多大的关系，但从企业主体来考虑，同样带来收入或形成企业的支出，也是增加或减少利润的因素，对企业的利润总额及净利润产生较大的影响。

(一) 营业外收入

营业外收入是指企业发生的与其日常活动无直接关系的各项利得。营业外收入并不是由企业经营资金耗费所产生的，不需要企业付出代价，实际上是一种纯收入，不可能也不需要与有关费用进行配比。因此，在会计核算上，应当严格区分营业外收入与营业收入的界限。营业外收入主要包括：非流动资产毁损报废收益、债务重组利得、与企业日常活动无关的政府补助、盘盈利得、捐赠利得等。

企业应当通过“营业外收入”科目，核算营业外收入的取得和结转情况。该科目可按营业外收入项目进行明细核算。企业确认营业外收入，借记“固定资产清理”“银行存款”“库存现金”“应付账款”等科目，贷记“营业外收入”科目。期末，应将该科目余额转入“本年利润”科目，结转后该科目无余额。

(二) 营业外支出

营业外支出是指企业发生的与日常活动无直接关系的各项损失。营业外支出主要包括：非流动资产毁损报废损失、债务重组损失、公益性捐赠支出、非常损失、盘亏损失、捐赠支出等。

企业应通过“营业外支出”科目核算营业外支出的发生及结转情况。该科目可按营业外支出项目进行明细核算。企业发生营业外支出时，借记“营业外支出”科目，贷记“固定资产清理”“待处理财产损溢”“库存现金”“银行存款”等科目。期末，应将该科目余额转入“本年利润”科目，结转后该科目无余额。

需要注意的是，营业外收入和营业外支出应当分别核算。在具体核算时，不得以营业外支出直接冲减营业外收入，也不得以营业外收入冲减营业外支出，即企业在会计核算时，应当区别营业外收入和营业外支出进行核算。

【例 13-15】 甲公司发生原材料自然灾害损失 270 000 元，经批准全部转作营业外支出。该企业对原材料采用实际成本进行日常核算，应编制如下会计分录：

① 发生原材料自然灾害损失时：

借：待处理财产损溢　　270 000
　　贷：原材料　　270 000

② 批准处理时：

借：营业外支出　　270 000
　　贷：待处理财产损溢　　270 000

③ 年末结转时：

借：本年利润　　270 000
　　贷：营业外支出　　270 000

【问题与思考】

营业外收入和营业外支出包括哪些主要内容？

三、所得税费用的核算

(一) 当期所得税

企业实现的利润应当按照国家税法的规定计算并交纳所得税。企业当期应交纳的所得税，其计算公式如下：

$$应交所得税 = 应纳税所得额 \times 所得税税率$$

$$应纳税所得额 = 税前会计利润 + 纳税调整增加额 - 纳税调整减少额$$

从上式可以看出，计算应交所得税的关键是计算应纳税所得额，应纳税所得额以会计利润为基础，按税法规定进行调整确定。

纳税调整增加额主要包括税法规定允许扣除项目中，企业已计入当期费用但超过税法规定扣除标准的金额，如超过税法规定标准的工资支出、业务招待费支出等；企业已计入当期损失但税法规定不允许扣除项目的金额，如税收滞纳金、罚款、罚金等。纳税调整减少主要包括税法规定允许弥补的亏损和准予免税的项目，如5年内尚未弥补亏损和国债利息收入等。

当期所得税是企业按照税法规定计算确定的，针对当期发生的交易和事项，应交纳给相关部门的所得税金额，即应交所得税。

(二) 所得税费用

所得税费用指企业根据我国会计准则规定，对当期所得税加以调整后，据以确认应从当期利润总额中扣除的所得税费用。

所得税费用＝当期所得税＋递延所得税

其中：

递延所得税＝递延所得税负债增加额＋递延所得税资产减少额－递延所得税负债减少额－递延所得税资产增加额

为了正确核算企业所得税费用，计算净利润，企业应设置“所得税费用”账户，它属于损益类账户，发生所得税费用计入该账户借方，期末结转至“本年利润”账户，结转后“所得税费用”账户应无余额。

四、本年利润的核算

企业应设置“本年利润”科目，核算企业当期实现的净利润(或发生的净亏损)。

企业期(月)末结转利润时，应将各损益类科目的金额转入“本年利润”科目，转平各损益类科目。结转后“本年利润”科目的贷方余额为当期实现的净利润，借方余额为当期发生的净亏损。

年度终了，应将本年收入和支出相抵后结出的本年实现的净利润转入“利润分配”科目，借记“本年利润”科目，贷记“利润分配——未分配利润”科目；如为净亏损则作相反的会计分录。结转后“本年利润”科目应无余额。

【例13-16】 甲公司2020年12月31日有关科目余额如下。

(1) 贷方余额的会计科目：主营业务收入950 000元，其他业务收入17 000元，投资收益35 000元，营业外收入8 000元。

(2) 借方余额的会计科目：主营业务成本419 000元，其他业务成本20 000元，税金及附加47 500元，销售费用36 500元，管理费用46 000元，财务费用9 000元，资产减值损失10 000元，营业外支出2 000元。

假设该企业不存在纳税调整事项，所得税税率为25%。

要求：

① 计算2020年度甲公司应交所得税；

② 结转各损益类账户年末余额；

③ 计算并结转全年净利润。

甲公司的账务处理如下：

① 计算当期应交所得税。

2020 年公司的税前会计利润 = (950 000 + 17 000 + 35 000 + 8 000) − (419 000 + 20 000 + 47 500 + 36 500 + 46 000 + 9 000 + 10 000 + 2 000) = 1 010 000 − 590 000 = 420 000(元)

该企业不存在纳税调整事项，故应纳税所得额为 420 000 元

应交所得税 = 420 000 × 25% = 105 000(元)

假设公司以前年度也不存在递延所得税，即所得税费用=当期应交所得税，则：

借：所得税费用　　105 000

　　贷：应交税费——应交所得税　　105 000

② 将各损益类账户年末余额结转至“本年利润”账户。

借：主营业务收入　　950 000

　　其他业务收入　　17 000

　　投资收益　　35 000

　　营业外收入　　8 000

　　贷：本年利润　　1 010 000

借：本年利润　　695 000

　　贷：主营业务成本　　419 000

　　　　其他业务成本　　20 000

　　　　税金及附加　　47 500

　　　　销售费用　　36 500

　　　　管理费用　　46 000

　　　　财务费用　　9 000

　　　　资产减值损失　　10 000

　　　　营业外支出　　2 000

　　　　所得税费用　　105 000

③ 计算并结转全年净利润。

全年净利润 = 1 010 000 − 695 000 = 315 000 元

借：本年利润　　315 000

　　贷：利润分配——未分配利润　　315 000

五、利润分配的核算

(一) 利润分配概述

利润分配是指企业根据国家有关规定和企业章程、投资者协议等，对企业当年可供分配的利润进行的分配。

可供分配的利润 = 当年实现的净利润 + 年初未分配利润(−年初未弥补亏损)

股份公司的利润分配顺序如下：

(1) 提取法定盈余公积；

(2) 支付优先股股利；

(3) 提取任意盈余公积；

(4) 支付普通股股利。

按照规定，企业当年取得的利润，可以用税前利润弥补以前年度(5 年内)的亏损，超过 5 年的亏损用税后利润继续弥补，形成的利润按上述顺序进行分配。

盈余公积是企业按照规定从税后利润中提取的企业积累资金。盈余公积分为法定盈余公积和任意盈余公积。

(1) 法定盈余公积。按本年实现净利润的一定比例提取。公司法规定，公司制企业应按净利润(减弥补以前年度亏损，下同)的 10%提取，其他企业可以根据需要确定提取比例，但至少应按 10%提取。企业提取的法定盈余公积累计额超过注册资本 50%的，可不再提取。

(2) 任意盈余公积。任意盈余公积提取比例，由企业自行决定。

(二) 利润分配的会计处理

为了反映企业的利润分配情况，在会计实务中，通常是在“利润分配”科目下分别设置“提取法定盈余公积”“提取任意盈余公积”“应付普通股股利或利润”“转作股本的普通股”“盈余公积补亏”“未分配利润”等明细科目，进行分项明细核算。最后，将“利润分配”账户下的明细账户余额转入“利润分配——未分配利润”账户，除了“未分配利润”明细账户，“利润分配”账户下的其他明细账户均无余额。

1. 提取盈余公积

企业提取盈余公积时，借记“利润分配——提取法定盈余公积”“提取任意盈余公积”等科目，贷记“盈余公积——法定盈余公积”“任意盈余公积”等科目。

2. 向投资者分配现金股利或利润

向投资者分配现金股利或利润时，按应当分配给股东的现金股利或利润，借记“利润分配——应付普通股股利或利润”账户，贷记“应付股利”账户。

3. 结转利润分配的明细账

年度终了，企业应将全年实现的净利润，自“本年利润”账户转入“利润分配”账户，如借记“本年利润”账户，贷记“利润分配”账户，如为净亏损，则编制相反的会计分录；同时，将“利润分配”账户下的明细账户余额转入“利润分配——未分配利润”账户，结转后，除了“未分配利润”明细账户，“利润分配”账户下的其他明细账户均无余额。

【例 13-17】 甲公司 2020 年实现的净利润为 600 000 元，根据公司法规定，按 10%提取法定盈余公积，并分配给普通股东现金股利 200 000 元。

要求：对上述业务，编制该公司的有关会计分录。

① 结转本年利润。

借：本年利润　　　　　　　　　　　　600 000

贷：利润分配——未分配利润 600 000

② 提取法定盈余公积。

借：利润分配——提取法定盈余公积 60 000

贷：盈余公积——法定盈余公积 60 000

③ 分配现金股利。

借：利润分配——应付现金股利 200 000

贷：应付股利 200 000

④ 结转利润分配账户中的明细账户。

借：利润分配——未分配利润 260 000

贷：利润分配——提取法定盈余公积 60 000

——应付普通股股利 200 000

【问题与思考】

企业的利润分配是遵循怎样的顺序进行的？在“利润分配”科目下需设置哪些明细科目？如何进行会计处理？

(三) 弥补亏损的核算

企业在生产经营过程中，既有可能实现盈利，也有可能发生亏损。企业发生亏损时，有以下几种弥补亏损的方法：

(1) 用税前利润弥补亏损。按照现行制度规定，企业发生亏损时，可以用以后 5 年内的税前利润弥补。

(2) 用税后利润弥补亏损。企业发生的亏损经过 5 年税前利润尚未弥补足额的，尚未弥补的亏损用税后的利润弥补。

(3) 用盈余公积弥补亏损。企业以提取盈余公积弥补亏损时，应当由公司董事会提议，并经股东大会批准。

如果企业发生了亏损，如同实现净利润一样，年末均从“本年利润”账户转入“利润分配”账户。结转后“利润分配”账户借方余额，即为未弥补的亏损，第二年实现了净利润，用同样的方法自“本年利润”账户转入“利润分配”账户，结转后自然抵减了上年转来的借方余额，即弥补了亏损，故不需要专门做补亏的会计分录。但用盈余公积弥补亏损必须单独进行会计核算。企业用盈余公积弥补亏损时，按弥补亏损额，借记“盈余公积”账户，贷记“利润分配——盈余公积补亏”账户。

【例 13-18】 甲公司 2020 年末“利润分配——未分配利润”账户期末余额为借方余额 200 000 元，为 2013 年尚未弥补的亏损。2021 年公司实现税前利润 400 000 元。假设公司没有纳税调整事项，甲公司使用的所得税税率为 25%。

要求：编制甲公司的有关会计分录，并计算期末未分配利润余额。

2021 年末甲公司相关会计分录如下：

① 计算应交所得税。

应交所得税 = 400 000 × 25% = 100 000 (元)

借：所得税费用　100 000
　　贷：应交税费——应交所得税　100 000
借：本年利润　100 000
　　贷：所得税费用　100 000

② 结转本年净利润。

当年净利润 = 400 000 − 100 000 = 300 000 (元)

借：本年利润　300 000
　　贷：利润分配——未分配利润　300 000

根据上述核算的结果，公司 2021 年年末“利润分配——未分配利润”账户的期末余额为贷方余额 100 000 元(−200 000 + 300 000)，以前年度的亏损自动弥补。

【问题与思考】

如何进行亏损弥补的会计处理？

本章小结

收入指企业在日常活动中形成的，会导致所有者权益增加的，与所有者投入资本无关的经济利益的总流入，包括商品销售收入、提供劳务收入和让渡资产收入，但不包括为第三方或客户代收的款项。

费用指企业在日常活动中发生的、会导致所有者权益减少的、与向所有者分配利润无关的经济利润总流出。利润指企业在一定会计期间的经营成果。利润包括收入减去费用后的净额，直接计入当期利润的利得和损失等。直接计入当期利润的利得和损失，指应当计入当期损益、会导致所有者权益发生增减变动的、与所有者投入资本或者向所有者分配利润无关的利得或损失。利润包括营业利润、利润总额和净利润。

利润分配指企业根据国家有关规定和企业章程、投资者协议等，对企业当年可供分配的利润所进行的分配。一般企业应按下列顺序进行分配：① 提取法定盈余公积；② 提取任意盈余公积；③ 向投资者分配利润。当股份公司的经营取得利润时，一定要派发股利。企业分派股利的顺序是先支付优先股股利，后支付普通股股利。

【延伸阅读】

收入　revenue
财务费用　financing expense
管理费用　administrative expense
销售费用　selling and distribution expense
利润　profit
所得税费用　taxes expense
合同成本　contract costs

复　习　题

一、单选题

1. 关于增量成本，下列表述不正确的是(　　)。

A. 增量成本是指企业不取得合同就不会发生的成本

B. 增量成本是增加了企业未来用于履行(或持续履行)履约义务的资源的成本

C. 企业为取得合同发生的增量成本预期能够收回的，应当作为合同取得成本确认为一项资产

D. 企业为取得合同发生的预期能够收回的增量成本之外的其他支出，一般应于发生时计入当期损益

2. 当合同中包含两项或多项履约义务时，企业应当在合同开始日，将交易价格分摊各单项履约义务。具体分摊时采用的方法是(　　)。

A. 直线法平均摊销

B. 各单项履约义务所承诺商品的成本的相对比例

C. 各单项履约义务所承诺商品的净收益的相对比例

D. 各单项履约义务所承诺商品的单独售价的相对比例

3. 2020 年 1 月 1 日，甲公司与乙公司签订合同，为乙公司拥有所有权的一栋办公楼更换 10 部旧电梯，合计总价格为 1 000 万元。截至 2020 年 12 月 31 日，甲公司共更换了 8 部电梯，剩余两部电梯预计在 2021 年 3 月 1 日之前完成。该合同仅包含一项履约义务，且该履约义务满足在某一时段内履行的条件。甲公司按照已完成的工作量确定履约进度。假定不考虑增值税等其他因素，甲公司 2020 年末应确认的收入金额为(　　)万元。

A. 0　　B. 1 000　　C. 800　　D. 200

4. 甲公司为增值税一般纳税人，适用的增值税税率为 13%。2020 年 11 月 1 日，甲公司销售 A 产品一台，并负责安装调试，如果电梯不能正常运行，则甲公司需要返修，然后再进行安装和检验，预计将发生成本 4 000 万元，合同约定总价款为 5 000 万元(销售价格与安装费用无法区分)。货物已发出，并开具增值税专用发票，但是安装调试工作需要在 2021 年 1 月 31 日完成。对于该项业务，甲公司在 2020 年应确认的收入金额为(　　)万元。

A. 5 000　　B. 5 850　　C. 4 000　　D. 0

5. 对于某一时点履行的履约义务，收入确认时点为(　　)。

A. 收到销售货款时　　B. 发出商品时

C. 客户取得相关商品控制权时　　D. 发生纳税义务时

6. 甲公司于 2020 年 8 月接受一项产品安装任务，安装期 6 个月，合同总收入 30 万元，年度预收款项 4 万元，余款在安装完成时收回，当年实际发生成本 8 万元，预计还将发生成本 16 万元。假定该安装劳务属于在某一时段内履行的履约义务，且根据累计发生的合同成本占合同预计总成本的比例确认履约进度。则甲公司 2020 年度确认收入为(　　)万元。

A. 8　　B. 10　　C. 24　　D. 0

7. 2020 年 12 月 31 日，甲公司与乙公司签订协议销售一批商品，增值税专用发票上注

明价格为675万元，增值税额为87.75万元。商品已发出，款项已收到。协议规定，该批商品销售价款的25%属于商品售出后5年内提供修理服务的服务费，则甲公司2020年12月应确认的收入为(　　)万元。

A. 675　　B. 168.75　　C. 135　　D. 506.25

8. 甲公司与客户签订一份合同，向其出售A、B、C三种产品，交易总价为150万元。A、B、C各产品的单独售价分别为50万元、70万元、90万元，合计210万元。甲公司经常将A产品按50万元出售，经常将B产品和C产品合并按100万价格出售。甲公司应确认的B产品的交易价格为(　　)。

A. 437 500 元　　B. 500 000 元

C. 700 000 元　　D. 562 500 元

9. 甲公司与乙客户签订一份建筑安装业务合同，合同价格为1000万元，合同期限为2年。有关支付条款如下：合同签订之初，支付20%的合同价款；70%的合同对价在提供服务期间按完工进度逐步收取；剩余10%合同对价在完成合同并通过验收检测后支付。除非甲公司违约，否则已支付的合同价款不可退回，如果客户终止合同，甲公司只能获得客户按照相应进度已支付的价款。甲公司没有向客户要求获取合同规定以外的进一步补偿的权利。甲公司应(　　)确认合同收入。

A. 在预收合同价款时　　B. 按劳务的履约进度分期

C. 完成全部服务时　　D. 企业可以自行选择确定

10. 企业分配股票股利的会计分录是(　　)。

A. 借记“利润分配”科目，贷记“股本”科目

B. 借记“股本”科目，贷记“利润分配”科目

C. 借记“利润分配”科目，贷记“应付股利”科目

D. 借记“应付股利”科目，贷记“利润分配”科目

二、多选题

1. 下列属于建造合同履约成本中的直接费用的有(　　)。

A. 耗用的材料费用　　B. 耗用的人工费用

C. 耗用的机械使用费　　D. 低值易耗品摊销费用

2. 关于合同资产和合同负债的表述中，不正确的有(　　)。

A. 合同资产和合同负债应当在利润表中单独列示

B. 同一合同下的合同资产和合同负债不得相互抵销

C. 不同合同下的合同资产和合同负债应当以净额列示

D. 合同资产和合同负债属于流动资产和流动负债

3. 下列各项，属于企业期间费用的有(　　)。

A. 销售费用　　B. 制造费用　　C. 管理费用　　D. 财务费用

4. 下列各项，属于与收入确认有关的步骤的有(　　)。

A. 识别与客户订立的合同

B. 识别合同中的单项履约义务

C. 将交易价格分摊至各单项履约义务

D. 履行各单项履约义务时确认收入

5. 企业为取得合同发生的下列支出中，不应确认为资产的有(　　)。

A. 销售佣金　　B. 差旅费

C. 投标费　　D. 为准备投标资料发生的相关费用

6. 下列各项，属于与合同直接相关的成本的有(　　)。

A. 为客户提供所承诺服务的人员的工资

B. 为履行合同耗用的原材料

C. 为履行合同耗用的辅助材料

D. 支付给分包商的成本

7. 下列项目中，应计入管理费用的有(　　)。

A. 辞退福利　　B. 捐赠支出　　C. 房产税　　D. 研究费用

8. 下列项目中，可以计入财务费用的有(　　)。

A. 购买债券的手续费　　B. 筹建期间发生的借款利息支出

C. 带息票据的利息收入　　D. 外币交易的汇兑损益

9. 关于企业无须退回的初始费，下列表述正确的有(　　)。

A. 企业在合同开始(或接近合同开始)日向客户收取的无须退回的初始费应当计入交易价格

B. 该初始费与向客户转让已承诺的商品相关，并且该商品构成单项履约义务的，企业应当在转让该商品时，按照分摊至该商品的交易价格确认收入

C. 该初始费与向客户转让已承诺的商品相关，但该商品不构成单项履约义务的，企业应当在包含该商品的单项履约义务履行时，按照分摊至该单项履约义务的交易价格确认收入

D. 该初始费与向客户转让已承诺的商品不相关的，该初始费应当作为未来将转让商品的预收款，在未来转让该商品时确认为收入

10. 下列各科目的余额，期末应结转到“本年利润”科目的有(　　)。

A. 营业外收入　　B. 制造费用　　C. 投资收益　　D. 管理费用

三、判断题

1. 企业因现有合同续约或发生合同变更需要支付的额外佣金，不属于为取得合同发生的增量成本。

2. 某企业2020年末结账前“利润分配——未分配利润”科目的借方余额20万元，系2016年发生的未弥补亏损，当年实现的利润总额为180万元，如不考虑其他因素，则该企业2016年应纳税所得额为160万元。

3. 采用预收款方式销售商品时，企业通常应在发出商品时确认收入，在此之前预收的货款应确认为合同负债。

4. 工业企业为拓展销售市场所发生的业务招待费，应计入销售费用。

5. 企业将生产的电梯销售给某一客户，并负责电梯的安装工作，但至会计期末安装工作尚未完成，则该企业在会计期末不应确认该电梯的销售收入。

6. 企业销售商品满足收入确认条件时，应当按照已收或应收的合同或协议价款确认销售商品收入金额。

7. 对于确认为资产的合同履约成本和合同取得成本，企业应当采用平均摊销法，在合

同年限内进行摊销，摊销额计入当期损益。

8. 在提取法定盈余公积以前，可以向投资者分配利润。

9. 企业和客户签订的合同既有商品销售又有提供劳务服务时，如果商品销售和提供劳务服务具有高度关联，则二者应分别作为单项履约义务处理。

10. 制造费用与管理费用不同，本期发生的管理费用直接影响本期损益，而本期发生的制造费用不一定影响本期损益。

四、业务题

1. 甲公司为增值税一般纳税人，增值税税率为13%。2020年3月1日，向乙公司销售保健品100件，每件不含税价格10万元，每件成本8万元，增值税发票已开出。协议约定，购货方应于当日付款；本年6月30日前有权退货。甲公司根据经验，估计退货率为10%，2020年3月末发生销售退回。2020年3月1日，收到全部货款存入银行。2020年3月31日未发生退货。假定销售退回实际发生退货时支付货款，且可冲减增值税税额。甲公司根据过去的经验，无法估计该批保健品的退货率。

要求：

(1) 编制2020年3月1日销售商品的会计分录。

(2) 假定2020年4月30日退回5件，货款已经支付，编制其会计分录。

(3) 假定2020年6月30日退回1件，编制其会计分录。

(4) 假定2020年6月30日退回6件，编制其会计分录。

2. 甲股份有限公司(以下简称甲公司)为增值税一般纳税企业，适用的增值税税率为13%，销售价款均不含应向客户收取的增值税税额。该公司2020年度和2021年度发生的有关交易或事项如下：

(1) 甲公司委托W商店代销商品一批，代销价款为150万元。本年度收到W商店交来的代销清单，列明已销售代销商品的60%，W商店按代销价款(不含税)的10%收取手续费，款项尚未收到。甲公司对消费者承担商品的主要责任，该批商品的实际成本为90万元。

(2) 甲公司对其生产的S产品实行售后保修的销售政策，协议约定，甲公司销售S产品后，提供一年的免费保修服务，在此期间内，无论客户因为什么原因造成产品故障或损坏，甲公司均提供免费维修。同时甲公司还向客户承诺，除了法定保修期1年，还延长保修期3年。甲公司本年度共销售S产品1 000件，销售价款共计550万元，款项均已收存银行。假定该批产品和延保服务的单独标价分别为500万元和50万元，甲公司根据以往经验估计在法定保修期(1年)内将发生的保修费用为20万元。该批产品成本为300万元。合同签订当日，甲公司将该批S产品交付给客户，同时收到了全部价款550万元。假定不考虑增值税及货币时间价值因素。

要求：编制甲公司上述业务的会计分录。

3. 2020年3月1日，甲公司与客户签订合同，向其销售A、B两种商品，A商品的单独售价为6 000元，B商品的单独售价为24 000元，合同价款为25 000元。合同约定A商品于合同开始日交付，B商品在一个月后交付，但只有在两项商品全部交付后，甲公司才有权收取25 000元的合同对价，假定A商品和B商品分别构成单项履约义务，其控制权在商品交付时转移给客户，上述价格均不含增值税，假定不考虑相关税费。

根据上述资料，甲公司应如何进行会计处理？

4. 甲建筑工程公司(以下简称“甲公司”)签订了一项总金额为1 200万元的建造合同，承建乙公司的一幢办公楼。工程已于2020年4月开工，预计2022年底完工。最初，预计工程总成本为1 000万元，到2021年底，预计工程总成本已为1 100万元。甲公司采用投入法确定履约进度，假定不考虑相关税费。该建造工程的其他有关资料如表13-1所示。

表13-1　工程相关资料

万元

	2020年	2021年	2022年
至目前为止已发生的成本	250	770	1100
完成合同尚需发生成本	750	330	—
实际收到合同价款	240	560	400

根据上述资料，甲公司应如何进行会计处理？

5. 甲公司向家具店销售10张餐桌，每张餐桌的价格为1 000元，成本为750元。根据合同约定，家具店有权在收到餐桌的30天内退货，但是需要向甲公司支付10%的退货费(即每张餐桌的退货费为100元)。根据历史经验，甲公司预计的退货率为10%，且退货过程中，甲公司预计为每张退货的餐桌发生的成本为50元。上述价格均不包含增值税，假定不考虑相关税费影响。

要求：甲公司在将餐桌的控制权转移给家具店时的账务处理。

第十四章　财 务 报 告

【内容提要】

财务报告
- 财务报告概述
- 资产负债表
- 利润表
- 现金流量表
- 所有者权益变动表
- 财务报表附注

【学习目标】

1. 了解财务报告的种类及编制的基本要求；
2. 熟悉所有者权益变动表的编制方法；
3. 熟悉财务报表附注内容；
4. 掌握资产负债表、利润表、现金流量表的编制方法。

【导入案例】

从银广夏到绿大地，再到万福生科，上市公司财务数据造假屡屡曝光。你知道曾经的KD公司多么优秀吗？一直是中国A股市场新材料领域的“白马股”，包括奔驰、宝马、苹果等顶级大牌都是它的客户；凭借自主研发技术，仅用3年时间就从盘踞20年的美国公司手中夺下了中国汽车车膜市场，2017年在中国的市场份额已近1/4；营业收入从2010年的5.24亿元增长至2017年的117.89亿元，复合增长率高达221.28%；归属于母公司股东的净利润从2010年的7009.25万元增长至2017年的24.74亿元，复合增长率高达404.31%。自2010年上市以来，KD公司一度飙涨至千亿元市值，是行业当之无愧的领军者。这么优秀但无力按期兑付15亿元短期融资券本息，业绩真实性引起市场的广泛质疑，证监会随即对其进行立案调查。KD公司涉嫌在2015—2018年通过虚构销售业务等方式虚增营业收入，并通过虚构采购、生产、研发费用、产品运输费用等方式虚增营业成本、研发费用和销售费用。通过上述方式，在2015—2018年的年报中分别虚增利润23.81亿元、30.89亿元、39.74亿元、24.77亿元，累计虚增利润达119亿元。KD公司涉嫌未在相关年度报告中披露控股股东非经营性占用资金的关联交易和为控股股东提供担保、未如实披露募集资金使用情况等违法行为。

思考：如何快速发现上市公司年报中的财务数据造假？

第一节　财务报告概述

财务报告是指企业对外提供的反映企业某一特定日期的财务状况和某一会计期间的经营成果、现金流量等会计信息的文件。财务报告包括财务报表和其他应当在财务报告中披露的相关信息和资料。

一、财务报表的定义和构成

财务报表是对企业财务状况、经营成果和现金流量的结构性表述。财务报表至少应当包括下列组成部分：

(1) 资产负债表；

(2) 利润表；

(3) 现金流量表；

(4) 所有者权益(或股东权益)变动表；

(5) 附注。

二、财务报表的分类

(一) 按照财务报表所反映的经济内容分类

(1) 反映一定日期企业资产、负债及所有者权益等财务状况的报表，如资产负债表；

(2) 反映一定时期企业经营成果的财务报表，如利润表；

(3) 反映一定时期企业构成所有者权益的各组成部分的增减变动情况的报表，如所有者权益变动表；

(4) 反映一定时期内企业财务状况变动情况的财务报表，如现金流量表。

以上四类报表可以划分为静态报表和动态报表，前者为资产负债表，后者为利润表、所有者权益变动表和现金流量表。

(二) 按照财务报表报送对象分类

财务报表按其服务的对象可分为两大类：一类是对外报送的财务报表，包括资产负债表、利润表、所有者权益变动表和现金流量表等，这类报表可满足投资者、贷款人、供应商、其他债权人、顾客、政府机构、社会公众等外部使用者的信息要求，这类报表一般有统一的格式和编制要求；另一类是对内报送的财务报表，这类报表是根据企业内部管理需要编制的，主要用于企业内部成本控制、定价决策、投资或筹资方案的选择等，这类报表无规定的格式和种类。

(三) 按照财务报表编报主体的不同分类

按财务报表编报主体的不同，可将财务报表分为个别财务报表和合并财务报表两类。

个别财务报表是由企业在自身会计核算基础上对账簿记录进行加工而编制的财务报表，它主要反映企业自身的财务状况、经营成果和现金流量情况。合并财务报表是指综合反映母公司和子公司形成的企业集团整体财务状况、经营成果和现金流量的财务报表，它是根据母公司和所属子公司的财务报表，由母公司编制的。

(四) 按照财务报表编报期间的不同分类

按照财务报表编报期间的不同，可分为中期财务报表和年度财务报表。中期财务报表是以短于一个完整会计年度的报告期间为基础编制的财务报表，包括月报、季报和半年报等。中期财务报表应当包括资产负债表、利润表、现金流量表和附注，其中资产负债表、利润表和现金流量表应当是完整报表，其格式和内容应当与年度财务报表相一致。与年度财务报表相比，中期财务报表中的附注披露可适应简略。年度财务报表是年终编制的报表，它是全面反映企业财务状况、经营成果、现金流量等方面信息的报表。

【问题与思考】

财务报表的列报要求有哪些？如何理解？

第二节 资产负债表

一、资产负债表的内容及结构

(一) 资产负债表的内容

资产负债表是指反映企业在某一特定日期财务状况的会计报表。它反映企业在某一特定日期所拥有或控制的经济资源、所承担的现时义务和所有者对净资产的要求权。

通过资产负债表，可以提供某一日期资产的总额及其结构，表明企业拥有或控制的资源及其分布情况，使用者可以一目了然地从资产负债表上了解企业在某一特定日期所拥有的资产总量及其结构；可以提供某一日期的负债总额及其结构，表明企业未来需要用多少资产或劳务清偿债务以及清偿时间；可以反映所有者所拥有的权益，据以判断资本保值、增值的情况以及对负债的保障程度。此外，资产负债表还可以提供进行财务分析的基本资料，如将流动资产与流动负债进行比较，计算出流动比率；将速动资产与流动负债进行比较，计算出速动比率等。资产负债表可以表明企业的变现能力、偿债能力和资金周转能力，从而有助于报表使用者作出经济决策。

(二) 资产负债表的结构

在我国，资产负债表采用账户式结构，依据“资产 = 负债 + 所有者权益”这一会计等式的基本原理设置，报表分为左右两方。左方列示资产各项目，反映全部资产的分布及存在形态；右方列示负债和所有者权益各项目，反映全部负债和所有者权益的内容及构成情况。资产负债表左右双方平衡，资产总计等于负债和所有者权益总计。此外，为了方便使用者通过比较不同时点资产负债表的数据，掌握企业财务状况的变动情况及发展趋势，企业需要提供比较资产负债表，资产负债表的各项目再分为“年初余额”和“期末余额”两栏分别填列。资产负债表的具体格式如表 14-1 所示。

表 14-1　资产负债表

会企 01 表

编制单位：　　　　年　月　日　　　　单位：元

资　产	期末余额	年初余额	负债和所有者权益	期末余额	年初余额
流动资产：			流动负债：		
货币资金			短期借款		
交易性金融资产			交易性金融负债		
衍生金融资产			衍生金融负债		
应收票据			应付票据		
应收账款			应付账款		
应收款项融资			预收款项		
预付款项			合同负债		
其他应收款			应付职工薪酬		
存货			应交税费		
合同资产			其他应付款		
持有待售资产			持有待售负债		
一年内到期的非流动资产			一年内到期的非流动负债		
其他流动资产			其他流动负债		
流动资产合计			流动负债合计		
非流动资产：			非流动负债：		
债权投资			长期借款		
其他债权投资			应付债券		
长期应收款			其中：优先股		
长期股权投资			永续债		
其他权益工具投资			租赁负债		
其他非流动金融资产			长期应付款		
投资性房地产			预计负债		
固定资产			递延收益		
在建工程			递延所得税负债		
生产性生物资产			其他非流动负债		
油气资产			非流动负债合计		
使用权资产			负债合计		
无形资产			所有者权益：		
开发支出			实收资本(或股本)		
商誉			其他权益工具		
长期待摊费用			其中：优先股		

续表

资　产	期末余额	年初余额	负债和所有者权益	期末余额	年初余额
递延所得税资产			永续债		
其他非流动资产			资本公积		
非流动资产合计			减：库存股		
			其他综合收益		
			专项储备		
			盈余公积		
			未分配利润		
			所有者权益合计		
资产总计			负债和所有者权益总计		

二、资产负债表的填列方法

(一) 年初余额栏的填列方法

资产负债表“年初余额”栏内各项数字，应根据上年年末资产负债表“期末余额”栏内所列数字填列。如果上年度资产负债表规定的各个项目的名称和内容同本年度不一致，则应对上年年末资产负债表各项目的名称和数字按照本年度的规定进行调整，填入“年初余额”栏。

(二) 期末余额栏的填列方法

资产负债表“期末余额”栏内各项数字，一般应根据资产、负债和所有者权益类科目的期末余额填列，主要包括以下方式：

(1) 根据总账科目余额填列。如“短期借款”“资本公积”等项目，需根据“短期借款”“资本公积”各总账科目的余额直接填列。有些项目则需根据几个总账科目的期末余额计算填列，如“货币资金”项目，需根据“库存现金”“银行存款”“其他货币资金”三个总账科目的期末余额的合计数填列。

(2) 根据明细账科目余额计算填列。如“应付账款”项目，需要根据“应付账款”和“预付账款”两个科目所属的相关明细科目的期末贷方余额计算填列；“预付款项”项目，需要根据“应付账款”和“预付账款”两个科目所属的相关明细科目的期末借方余额减去与“预付账款”有关的坏账准备贷方余额计算填列；“预收款项”项目，需要根据“应收账款”和“预收账款”两个科目所属的相关明细科目的期末贷方金额合计填列；“开发支出”项目，需要根据“研发支出”科目所属的“资本化支出”明细科目期末余额计算填列；“应付职工薪酬”项目，需要根据“应付职工薪酬”科目的明细科目期末余额计算填列；“一年内到期的非流动资产”和“一年内到期的非流动负债”项目，需要根据相关非流动资产和非流动负债项目的明细科目余额计算填列；“未分配利润”项目，需要根据“利润分配”科目所属的“未分配利润”明细科目期末余额填列。

(3) 根据总账科目和明细账科目余额分析计算填列。如“长期借款”项目，需要根据“长期借款”总账科目余额扣除“长期借款”科目所属的明细科目中将在一年内到期且企业不能自主地将清偿义务展期的长期借款后的金额计算填列；“其他非流动资产”项目，应根据有关科目的期末余额减去将于一年内(含一年)收回数后的金额计算填列；“其他非流动负债”项目，应根据有关科目的期末余额减去将于一年内(含一年)到期偿还数后的金额计算填列。

(4) 根据有关科目余额减去其备抵科目余额后的净额填列。如资产负债表中“应收票据”“应收账款”“长期股权投资”“在建工程”等项目，应当根据“应收票据”“应收账款”“长期股权投资”“在建工程”等科目的期末余额减去“坏账准备”“长期股权投资减值准备”“在建工程减值准备”等备抵科目余额后的净额填列。“投资性房地产”(采用成本模式计量)、“固定资产”项目，应当根据“投资性房地产”“固定资产”科目的期末余额减去“投资性房地产累计折旧”“投资性房地产减值准备”“累计折旧”“固定资产减值准备”等备抵科目的期末余额，以及“固定资产清理”科目期末余额后的净额填列；“无形资产”项目，应当根据“无形资产”科目的期末余额减去“累计摊销”“无形资产减值准备”等备抵科目余额后的净额填列。

(5) 综合运用上述填列方法分析填列。如资产负债表中的“存货”项目，需要根据“原材料”“库存商品”“委托加工物资”“周转材料”“材料采购”“在途物资”“发出商品”“材料成本差异”等总账科目期末余额的分析汇总数减去“存货跌价准备”科目余额后的净额填列。

【问题与思考】

资产负债表的期初余额和期末余额如何填列？

(三) 资产负债表各项目期末余额的填列说明

(1) “货币资金”项目：反映企业库存现金、银行结算户存款、外埠存款、银行汇票存款、银行本票存款、信用卡存款、信用证保证金存款等的合计数。本项目应根据“库存现金”“银行存款”“其他货币资金”科目期末余额的合计数填列。

(2) “交易性金融资产”项目：反映资产负债表日企业分类为以公允价值计量且其变动计入当期损益的金融资产，以及企业持有的指定为以公允价值计量且其变动计入当期损益的金融资产的期末账面价值。该项目根据“交易性金融资产”科目的相关明细科目期末余额分析填列。自资产负债表日起超过一年到期且预期持有超过一年的以公允价值计量且其变动计入当期损益的非流动金融资产的期末账面价值，在“其他非流动金融资产”项目中反映。

(3) “应收票据”项目：反映资产负债表日以摊余成本计量的、企业因销售商品、提供服务等收到的商业汇票，包括银行承兑汇票和商业承兑汇票。该项目应根据“应收票据”科目的期末余额减去“坏账准备”科目中相关坏账准备期末余额后的金额分析填列。

(4) “应收账款”项目：反映资产负债表日以摊余成本计量的、企业因销售商品、提供服务等经营活动应收取的款项。该项目应根据“应收账款”科目的期末余额减去“坏账准备”科目中相关坏账准备期末余额后的金额分析填列。

(5) “应收款项融资”项目：反映资产负债表日以公允价值计量且其变动计入其他综合收益的应收票据和应收账款等。

(6) “预付款项”项目：反映企业按照购货合同规定预付给供应单位的款项等。本项目应根据“预付账款”和“应付账款”科目所属各明细科目的期末借方余额合计数减去“坏账准备”科目中有关预付账款计提的坏账准备期末余额后的净额填列。如“预付账款”科目所属明细科目期末为贷方余额的，应在资产负债表“应付账款”项目中填列。

(7) “其他应收款”项目：反映企业除应收票据、应收账款、预付账款等经营活动的其他各种应收、暂付的款项。本项目应根据“应收利息”“应收股利”和“其他应收款”科目的期末余额合计数减去“坏账准备”科目中相关坏账准备期末余额后的金额填列。其中的“应收利息”仅反映相关金融工具已到期可收取但于资产负债表日向未收到的利息。基于实际利率法计提的金融工具的利息应包含在相应金融工具的账面余额中。

(8) “存货”项目：反映企业期末在库、在途和在加工中的各种存货的可变现净值或成本(成本与可变现净值孰低)。存货包括各种材料、商品、在产品、半成品、包装物、低值易耗品、发出商品等。本项目应根据“材料采购”“原材料”“库存商品”“周转材料”“委托加工物资”“发出商品”“生产成本”“受托代销商品”等科目的期末余额合计数减去“受托代销商品款”“存货跌价准备”科目期末余额后的净额填列。材料采用计划成本核算，以及库存商品采用计划成本核算或售价核算的企业，还应按加或减材料成本差异、商品进销差价后的金额填列。

(9) “合同资产”项目：反映企业按照《企业会计准则第 14 号——收入》(2018)的相关规定，根据本企业履行履约义务与客户付款之间的关系在资产负债表中列示的合同资产。“合同资产”项目应根据“合同资产”科目的相关明细科目期末余额分析填列，同一合同下的合同资产和合同负债应当以净额列示。其中净额为借方余额的，应当根据其流动性在“合同资产”或“其他非流动资产”项目中填列，已计提减值准备的，还应以减去“合同资产减值准备”科目中相关的期末余额后的金额填列；净额为贷方余额的，应当根据其流动性在“合同负债”或“其他非流动负债”项目中填列。

(10) “持有待售资产”项目：反映资产负债表日划分为持有待售类别的非流动资产及划分为持有待售类别的处置组中的流动资产和非流动资产的期末账面价值。该项目应根据“持有待售资产”科目的期末余额减去“持有待售资产减值准备”科目的期末余额后的金额填列。

(11) “一年内到期的非流动资产”项目：反映企业预计自资产负债表日起一年内变现的非流动资产。本项目应根据有关科目的期末余额分析填列。

(12) “债权投资”项目：反映资产负债表日企业以摊余成本计量的长期债权投资的期末账面价值。该项目应根据“债权投资”科目的相关明细科目期末余额，减去“债权投资减值准备”科目中相关减值准备的期末余额后的金额分析填列。自资产负债表日起一年内到期的长期债权投资的期末账面价值，在“一年内到期的非流动资产”项目反映。企业购入的以摊余成本计量的一年内到期的债权投资的期末账面价值，在“其他流动资产”项目中反映。

(13) “其他债权投资”项目：反映资产负债表日企业分类为以公允价值计量且其变动计入其他综合收益的长期债权投资的期末账面价值。该项目应根据“其他债权投资”科目的相关明细科目期末余额分析填列。自资产负债表日起一年内到期的长期债权投资的期末账面价值，在“一年内到期的非流动资产”项目反映。企业购入的以公允价值计量且其变动计入其他综合收益的一年内到期的债权投资的期末账面价值，在“其他流动资产”项目中反映。

(14) “长期应收款”项目：反映企业租赁产生的应收款项和采用递延方式分期收款、实质上具有融资性质的销售商品和提供劳务等经营活动产生的应收款项。本项目应根据“长期应收款”科目的期末余额减去相应的“未实现融资收益”科目和“坏账准备”科目所属相关明细科目期末余额后的金额填列。

(15) “长期股权投资”项目：反映投资方对被投资单位实施控制、重大影响的权益性投资，以及对其合营企业的权益性投资。本项目应根据“长期股权投资”科目期末余额减去“长期股权投资减值准备”科目的期末余额后的净额填列。

(16) “其他权益工具投资”项目：反映资产负债表日企业指定为以公允价值且其变动计入其他综合收益的非交易性权益工具投资的期末账面价值。该项目应根据“其他权益工具投资”科目的期末余额填列。

(17) “固定资产”项目：反映资产负债表日企业固定资产的期末账面价值和企业尚未清理完毕的固定资产清理净损益。该项目应根据“固定资产”科目的期末余额减去“累计折旧”和“固定资产减值准备”科目的期末余额后的金额以及“固定资产清理”科目的期末余额填列。

(18) “在建工程”项目：反映资产负债表日企业尚未达到预定可使用状态的在建工程的期末账面价值和企业为在建工程准备的各种物资的期末账面价值。该项目应根据“在建工程”科目的期末余额减去“在建工程减值准备”科目的期末余额后的金额，以及“工程物资”科目的期末余额减去“工程物资减值准备”科目的期末余额后的金额填列。

(19) “使用权资产”项目：反映资产负债表日承租人企业持有的使用权资产的期末账面价值。该项目应根据“使用权资产”科目的期末余额减去“使用权资产累计折旧”和“使用权资产减值准备”科目的期末余额后的金额填列。

(20) “无形资产”项目：反映企业持有的专利权、非专利技术、商标权、著作权、土地使用权等无形资产的成本减去累计摊销和减值准备后的净值。本项目应根据“无形资产”科目的期末余额减去“累计摊销”和“无形资产减值准备”科目期末余额后的净额填列。

(21) “开发支出”项目：反映企业开发无形资产过程中能够资本化形成无形资产成本的支出部分。本项目应当根据“研发支出”科目中所属的“资本化支出”明细科目期末余额填列。

(22) “长期待摊费用”项目：反映企业已经发生但应由本期和以后各期负担的分摊期限在一年以上的各项费用。长期待摊费用中在一年内(含一年)摊销的部分，在资产负债表“一年内到期的非流动资产”项目填列。本项目应根据“长期待摊费用”科目的期末余额减去将于一年内(含一年)摊销的数额后的金额分析填列。

(23) “递延所得税资产”项目：反映企业根据所得税准则确认的可抵扣暂时性差异产生的所得税资产。本项目应根据“递延所得税资产”科目的期末余额填列。

(24) “其他非流动资产”项目：反映企业上述非流动资产以外的其他非流动资产。本项目应根据有关科目的期末余额填列。

(25) “短期借款”项目：反映企业向银行或其他金融机构等借入的期限在一年以下(含一年)的各种借款。本项目应根据“短期借款”科目的期末余额填列。

(26) “交易性金融负债”项目：反映企业资产负债表日承担的交易性金融负债，以及企业持有的直接指定为以公允价值计量且其变动计入当期损益的金融负债的期末账面价值。该项目应根据“交易性金融负债”科目的相关明细科目期末余额填列。

(27) “应付票据”项目：反映资产负债表日以摊余成本计量的、企业因购买材料、商品和接受服务等开出、承兑的商业汇票，包括银行承兑汇票和商业承兑汇票。该项目应根据“应付票据”科目的期末余额填列。

(28) “应付账款”项目：反映资产负债表日以摊余成本计量的、企业因购买材料、商品和接受服务等经营活动应支付的款项。该项目应根据“应付账款”和“预付账款”科目所属的相关明细科目的期末贷方余额合计数填列。

(29) “预收款项”项目：反映企业按照购货合同规定预收供应单位的款项。本项目应根据“预收账款”和“应收账款”科目所属各明细科目的期末贷方余额合计数填列。如“预收账款”科目所属明细科目期末为借方余额的，应在资产负债表“应收账款”项目内填列。

(30) “合同负债”项目：反映企业按照《企业会计准则第14号——收入》(2018)的相关规定，根据本企业履行履约义务与客户付款之间的关系在资产负债表中列示的合同负债。“合同负债”项目应根据“合同负债”的相关明细科目期末余额分析填列。

(31) “应付职工薪酬”项目：反映企业为获得职工提供的服务或解除劳动关系而给予的各种形式的报酬或补偿。企业提供给职工配偶、子女、受赡养人、已故员工遗属及其他受益人等的福利，也属于职工薪酬。职工薪酬主要包括短期薪酬、离职后福利、辞退福利和其他长期职工福利。本项目应根据“应付职工薪酬”科目所属各明细科目的期末贷方余额分析填列。外商投资企业按规定从净利润中提取的职工奖励及福利基金，也在本项目中列示。

(32) “应交税费”项目：反映企业按照税法规定计算应交纳的各种税费，包括增值税、消费税、城市维护建设税、教育费附加、企业所得税、资源税、土地增值税、房产税、城镇土地使用税、车船税、矿产资源补偿费等。企业代扣代缴的个人所得税，也通过本项目列示。企业所交纳的税金不需要预计应交数的，如印花税、耕地占用税等，不在本项目中列示。本项目应根据“应交税费”科目的期末贷方余额填列，如“应交税费”科目期末为借方余额，应以“-”号填列。需要说明的是，“应交税费”科目下的“应交增值税”“未交增值税”“待抵扣进项税额”“待认证进项税额”“增值税留抵税额”等明细科目期末借方余额应根据情况，在资产负债表中的“其他流动资产”或“其他非流动资产”项目中列示；“应交税费——待转销项税额”等科目期末贷方余额应根据情况，在资产负债表中的“其他流动负债”或“其他非流动负债”项目中列示；“应交税费”科目下的“未交增值税”“简易计税”“转让金融商品应交增值税”“代扣代交增值”等科目期末贷方余额应在资产负债表中的“应交税费”项目中列示。

(33) “其他应付款”项目：反映企业除应付票据、应付账款、预收账款、应付职工薪酬、应交税费等经营活动的其他各项应付、暂收的款项。本项目应根据“应付利息”“应付股利”“其他应付款”科目的期末余额合计数填列。其中，“应付利息”科目仅反映相关金融工具已到期应支付但于资产负债表日尚未支付的利息。基于实际利率法计提的金融工具的利息应包含在相应金融工具的账面余额中。

(34) “持有待售负债”项目：反映资产负债表日处置组中与划分为持有待售类别的资产直接相关的负债的期末账面价值。本项目应根据“持有待售负债”科目的期末余额填列。

(35) “一年内到期的非流动负债”项目：反映企业非流动负债中将于资产负债表日后一年内到期部分的金额，如将于一年内偿还的长期借款。本项目应根据有关科目的期末余额分析填列。

(36) “长期借款”项目：反映企业向银行或其他金融机构借入的期限在一年以上(不含一年)的各项借款。本项目应根据“长期借款”科目的期末余额，扣除“长期借款”科目所属的明细科目中将在资产负债表日起一年内到期且企业不能自主地将清偿义务展期的长期借款后的金额计算填列。

(37) “应付债券”项目：反映企业为筹集长期资金而发行的债券本金及应付的利息。

本项目应根据“应付债券”科目的期末余额分析填列。对于资产负债表日企业发行的金融工具，分类为金融负债的，应在本项目中填列，对于优先股和永续债还应在本项目下的“优先股”项目和“永续债”项目中分别填列。

(38) “租赁负债”项目：反映资产负债表日承租人企业尚未支付的租赁付款额的期末账面价值。该项目应根据“租赁负债”科目的期末余额填列。自资产负债表日起一年内到期应予以清偿的租赁负债的期末账面价值，在“一年内到期的非流动负债”项目中反映。

(39) “长期应付款”项目：应根据“长期应付款”科目的期末余额，减去相关的“未确认融资费用”科目的期末余额后的金额以及“专项应付款”科目的期末余额填列。

(40) “预计负债”项目：反映企业根据或有事项等相关准则确认的各项预计负债，包括对外提供担保、未决诉讼、产品质量保证、重组义务以及固定资产和矿区权益弃置义务等产生的预计负债。本项目应根据“预计负债”科目的期末余额填列。企业按照《企业会计准则第 22 号——金融工具确认和计量》(2018)的相关规定，对贷款承诺等项目计提的损失准备，应当在本项目中填列。

(41) “递延收益”项目：反映尚待确认的收入或收益。本项目核算包括企业根据政府补助准则确认的应在以后期间计入当期损益的政府补助金额、售后租回形成融资租赁的售价与资产账面价值差额等其他递延性收入。本项目应根据“递延收益”科目的期末余额填列。本项目中摊销期限只剩一年或不足一年的，或预计在一年内(含一年)进行摊销的部分，不得归类为流动负债，仍在本项目中填列，不转入“一年内到期的非流动负债”项目。

(42) “递延所得税负债”项目：反映企业根据所得税准则确认的应纳税暂时性差异产生的所得税负债。本项目应根据“递延所得税负债”科目的期末余额填列。

(43) “其他非流动负债”项目：反映企业除以上非流动负债的其他非流动负债。本项目应根据有关科目期末余额减去将于一年内(含一年)到期偿还数后的余额分析填列。非流动负债各项目中将于一年内(含一年)到期的非流动负债，应在“一年内到期的非流动负债”项目中反映。

(44) “实收资本(或股本)”项目：反映企业各投资者实际投入的资本(或股本)总额。本项目应根据“实收资本(或股本)”科目的期末余额填列。

(45) “其他权益工具”项目：反映资产负债表日企业发行在外的除普通股分类为权益工具的金融工具的期末账面价值，并下设“优先股”和“永续债”两个项目，分别反映企业发行的分类为权益工具的优先股和永续债的账面价值。

(46) “资本公积”项目：反映企业收到投资者出资超出其在注册资本或股本中所占的份额以及直接计入所有者权益的利得和损失等。本项目应根据“资本公积”科目的期末余额填列。

(47) “其他综合收益”项目：反映企业其他综合收益的期末余额。本项目应根据“其他综合收益”科目的期末余额填列。

(48) “专项储备”项目：反映高危行业企业按国家规定提取的安全生产费的期末账面价值。本项目应根据“专项储备”科目的期末余额填列。

(49) “盈余公积”项目：反映企业盈余公积的期末余额。本项目应根据“盈余公积”科目的期末余额填列。

(50) “未分配利润”项目：反映企业尚未分配的利润。本项目应根据“本年利润”科目和“利润分配”科目的余额计算填列。未弥补的亏损在本项目内以“-”号填列。

三、资产负债表编制示例

【例 14-1】 某股份有限公司 2019 年 12 月 31 日的科目余额分别见表 14-2。假设该股份有限公司 2019 年度除计提固定资产减值准备导致固定资产账面价值与其计税基础存在可抵扣暂时性差异，其他资产和负债项目的账目价值均等于其计税基础。假定该公司未来很可能获得足够的应纳税所得额用来抵扣可抵扣暂时性差异，适用的所得税税率为 25%。

表 14-2 科目余额表

2019 年 12 月 31 日　　单元：元

科目名称	借方余额	科目名称	贷方余额
库存现金	3 100	短期借款	300 000
银行存款	1 330 000	应付票据	100 000
其他货币资金	22 000	应付账款	675 000
交易性金融资产	28 800	应付职工薪酬	51 000
应收票据	0	应付股利	81 100
应收账款	487 000	应交税费	5 250
坏账准备	−9 700	其他应付款	65 000
预付账款	0	应付利息	18 000
其他应收款	4 500	长期借款	1 620 500
材料采购	200 000	其中：一年内到期的非流动负债	400 000
原材料	31 800	递延所得税负债	20 400
包装物	0	股本	1 000 000
低值易耗品	10 000	资本公积	3 418 800
库存商品	283 600	其他综合收益	12 000
材料成本差异	1 000	盈余公积	171 500
存货跌价准备	−17 690	利润分配(未分配利润)	131 460
其他权益工具投资	90 000		
长期股权投资	220 000		
长期股权投资减值准备	−4 500		
固定资产	3 610 100		
累计折旧	−235 000		
固定资产减值准备	−85 000		
工程物资	130 000		
在建工程	670 000		
无形资产	1 200 000		
累计推销	−320 000		
开发支出	20 000		
合　计	7 670 010	合　计	7 670 010

根据上述资料，编制该股份有限公司 2019 年 12 月 31 日的资产负债表，见表 14-3。

表 14-3　资产负债表

会企 01 表

编制单位：某股份有限公司　　2019 年 12 月 31 日　　单位：元

资　产	期末余额	年初余额	负债和所有者权益	期末余额	年初余额
流动资产：			流动负债：		
货币资金	1 355 100		短期借款	300 000	
交易性金融资产	28 800		交易性金融负债	0	
衍生金融资产	0		衍生金融负债	0	
应收票据	0		应付票据	100 000	
应收账款	477 300		应付账款	675 000	
应收款项融资	0		预收款项	0	
预付款项	0		合同负债	0	
其他应收款	4 500		应付职工薪酬	51 000	
存货	508 710		应交税费	5 250	
合同资产	0		其他应付款	164 100	
持有待售资产	0		持有待售负债	0	
一年内到期的非流动资产	0		一年内到期的非流动负债	400 000	
其他流动资产	0		其他流动负债	0	
流动资产合计	2 374 410		流动负债合计	1 695 350	
非流动资产：			非流动负债：		
债权投资	0		长期借款	1 220 500	
其他债权投资	0		应付债券	0	
长期应收款	0		其中：优先股	0	
长期股权投资	215 500		永续债	0	
其他权益工具投资	90 000		租赁负债	0	
其他非流动金融资产	0		长期应付款	0	
投资性房地产	0		预计负债	0	
固定资产	3 290 100		递延收益	0	
在建工程	800 000		递延所得税负债	20 400	
生产性生物资产	0		其他非流动负债	0	
油气资产	0		非流动负债合计	1 240 900	
使用权资产	0		负债合计	2 942 868	
无形资产	880 000		所有者权益：		
开发支出	20 000		实收资本(或股本)	1 000 000	
商誉	0		其他权益工具	0	
长期待摊费用	0		其中：优先股	0	

续表

资　产	期末余额	年初余额	负债和所有者权益	期末余额	年初余额
递延所得税资产	0		永续债	0	
其他非流动资产	0		资本公积	3 418 800	
非流动资产合计	5 295 600		减：库存股	0	
			其他综合收益	12 000	
			专项储备	0	
			盈余公积	171 500	
			未分配利润	131 460	
			所有者权益合计	4 733 760	
资产总计	7 670 010		负债和所有者权益总计	7 670 010	

第三节　利　润　表

一、利润表的内容及结构

(一) 利润表的内容

利润表是反映企业在一定会计期间的经营成果的会计报表。利润表的列报必须充分反映企业经营业绩的主要来源和构成，有助于使用者判断净利润的质量及其风险，有助于使用者预测净利润的持续性，从而做出正确的决策。

通过利润表，可以反映企业一定会计期间的收入实现情况，如实现的营业收入有多少、实现的投资收益有多少、实现的营业外收入有多少等等；可以反映一定会计期间的费用耗费情况，如耗费的营业成本有多少、销售费用、管理费用、财务费用各有多少、营业外支出有多少等等；可以反映企业生产经营活动的成果，即净利润的实现情况，据以判断资本保值、增值情况。将利润表中的信息与资产负债表中的信息相结合，还可以提供进行财务分析的基本资料，如将赊销收入净额与应收账款平均余额进行比较，计算出应收账款周转率；将销货成本与存货平均余额进行比较，计算出存货周转率；将净利润与资产总额进行比较，计算出资产收益率等，可以表现企业资金周转情况以及企业的盈利能力和水平，便于报表使用者判断企业未来的发展趋势，做出经济决策。

(二) 利润表的结构

常见的利润表结构主要有单步式和多步式两种。在我国，企业利润表采用的基本上是多步式结构，即通过对当期的收入、费用、支出项目按性质加以归类，按利润形成的主要环节列示一些中间性利润指标，分步计算当期损益。

利润表主要反映以下几方面的内容：

(1) 营业收入：由主营业务收入和其他业务收入组成。

(2) 营业利润：营业收入减去营业成本(主营业务成本、其他业务成本)、税金及附加、销售费用、管理费用、财务费用、研发费用、资产减值损失、信用减值损失，加上公允价值变动收益、资产处置收益、投资收益、其他收益所得金额。

(3) 利润总额：营业利润与营业外收入之和减去营业外支出所得金额。

(4) 净利润：利润总额减去所得税费用的金额。

(5) 每股收益：普通股或潜在普通股已公开交易的企业，以及正处于公开发行普通股或潜在普通股过程中的企业，还应当在利润表中列示每股收益信息，包括基本每股收益和稀释每股收益两项指标。

(6) 综合收益总额：包括其他综合收益和企业净利润。

此外，为了使报表使用者通过比较不同期间利润的实现情况，判断企业经营成果的未来发展趋势，企业需要提供比较利润表，利润表分为“本期金额”和“上期金额”两栏分别填列。具体格式见表 14-4。

表 14-4　利　润　表

会企 02 表

编制单位：　　　　　　　　年　　月　　　　　　　　单位：元

项　　目	本期金额	上期金额
一、营业收入		
减：营业成本		
税金及附加		
销售费用		
管理费用		
研发费用		
财务费用		
其中：利息费用		
利息收入		
加：其他收益		
投资收益(损失以“-”号填列)		
其中：对联营企业和合营企业的投资收益		
以摊余成本计量的金融资产终止确认收益(损失以“-”号填列)		
净敞口套期收益(损失以“-”号填列)		
公允价值变动收益(损失以“-”号填列)		
信用减值损失(损失以“-”号填列)		
资产减值损失(损失以“-”号填列)		
资产处置收益(损失以“-”号填列)		
二、营业利润(亏损以“-”号填列)		
加：营业外收入		
减：营业外支出		

续表

项 目	本期金额	上期金额
三、利润总额(亏损总额以“-”号填列)		
减：所得税费用		
四、净利润(净亏损以“-”号填列)		
(一) 持续经营净利润(净亏损以“-”号填列)		
(二) 终止经营净利润(净亏损以“-”号填列)		
五、其他综合收益的税后净额		
(一) 不能重分类进损益的其他综合收益		
(二) 将重分类进损益的其他综合收益		
六、综合收益总额		
七、每股收益		
(一) 基本每股收益		
(二) 稀释每股收益		

二、利润表的填列方法

(一) 上期金额栏的填列方法

利润表“上期金额”栏内各项数字，应根据上年该期利润表“本期金额”栏内所列数字填列。如果上年该期利润表规定的各个项目的名称和内容同本期不相一致，应对上年该期利润表各项目的名称和数字按本期的规定进行调整，填入利润表“上期金额”栏内。

(二) 本期金额栏的填列方法

利润表“本期金额”栏内各项数字应根据损益类科目的发生额分析填列。

报表中的“本月数”应根据各有关会计科目的本期发生额直接填列；“本年累计数”栏反映各项目自年初起到本报告期止的累计发生额，应根据上月“利润表”的累计数加上本月“利润表”的本月数之和填列。年度“利润表”的“本月数”栏改为“上年数”栏时，应根据上年“利润表”的数字填列。如果上年“利润表”与本年“利润表”的项目名称和内容不相一致，应将上年的报表项目名称和数字按本年度的规定进行调整，然后填入“上年数”栏。

(三) 利润表各项目的填列

利润表中的各个项目，都是根据有关会计科目记录的本期实际发生数和累计发生数分别填列的。

(1)“营业收入”项目：反映企业经营主要业务和其他业务所确认的收入总额。本项目应根据“主营业务收入”和“其他业务收入”科目的发生额分析填列。

(2) “营业成本”项目：反映企业经营主要业务和其他业务所发生的成本总额。本项目应根据“主营业务成本”和“其他业务成本”科目的发生额分析填列。

(3) “税金及附加”项目：反映企业经营业务应负担的消费税、城市维护建设税、教育费附加、资源税、土地增值税、房产税、车船税、城镇土地使用税、印花税等相关税费。

本项目应根据“税金及附加”科目的发生额分析填列。

(4) “销售费用”项目：反映企业在销售商品过程中发生的包装费、广告费等费用和为销售本企业商品而专设的销售机构的职工薪酬、业务费等经营费用。本项目应根据“销售费用”科目的发生额分析填列。

(5) “管理费用”项目：反映企业为组织和管理生产经营发生的管理费用。本项目应根据“管理费用”科目的发生额分析填列。

(6) “研发费用”项目：反映企业进行研究与开发过程中发生的费用化支出以及计入管理费用的自行开发无形资产的摊销。本项目应根据“管理费用”科目下的“研发费用”明细科目的发生额以及“管理费用”科目下“无形资产摊销”明细科目的发生额分析填列。

(7) “财务费用”项目：反映企业为筹集生产经营所需资金等而发生的应予费用化的利息支出。本项目应根据“财务费用”科目的相关明细科目发生额分析填列。其中：“利息费用”项目反映企业为筹集生产经营所需资金等而发生的应予费用化的利息支出，本项目应根据“财务费用”科目的相关明细科目的发生额分析填列。“利息收入”项目反映企业应冲减财务费用的利息收入，本项目应根据“财务费用”科目的相关明细科目的发生额分析填列。

(8) “其他收益”项目：反映计入其他收益的政府补助，以及其他与日常活动相关且计入其他收益的项目。本项目应根据“其他收益”科目的发生额分析填列。企业作为个人所得税的扣缴义务人，根据《中华人民共和国个人所得税法》收到的扣缴税款手续费，应作为其他与日常活动相关的收益在本项目中填列。

(9) “投资收益”项目：反映企业以各种方式对外投资所取得的收益。本项目应根据“投资收益”科目的发生额分析填列。如为投资损失，本项目以“-”号填列。

(10) “净敞口套期收益”项目：反映净敞口套期下被套期项目累计公允价值变动转入当期损益的金额或现金流量套期储备转入当期损益的金额。本项目应根据“净敞口套期损益”科目的发生额分析填列。如为套期损失，本项目以“-”号填列。

(11) “公允价值变动收益”项目：反映企业应当计入当期损益的资产或负债公允价值变动收益。本项目应根据“公允价值变动损益”科目的发生额分析填列。如为净损失，本项目以“-”号填列。

(12) “信用减值损失”项目：反映企业按照《企业会计准则第 22 号——金融确认和计量》(2018)的要求计提的各项金融工具信用减值准备所确认的信用损失。本项目应根据“信用减值损失”科目的发生额分析填列。

(13) “资产减值损失”项目：反映企业有关资产发生的减值损失。本项目应根据“资产减值损失”科目的发生额分析填列。

(14) “资产处置收益”项目：反映企业出售划分为持有待售的非流动资产(金融工具、长期股权投资和投资性房地产除外)或处置组(子公司和业务除外)时确认的处置利得或损失，以及处置未划分为持有待售的固定资产、在建工程、生产性生物资产及无形资产而产生的处置利得或损失。债务重组中因处置非流动资产(金融工具、长期股权投资和投资性房地产除外)产生的利得或损失和非货币性资产交换中换出非流动资产(金融工具、长期股权投资和投资性房地产除外)产生的利得或损失也包括在本项目内。本项目应根据“资产处置损益”科目的发生额分析填列。如为处置损失，本项目以“-”号填列。

(15) “营业利润”项目：反映企业实现的营业利润。如为亏损，本项目以“-”号填列。

(16) “营业外收入”项目：反映企业发生的除营业利润的收益，主要包括与企业日常活动无关的政府补助、盘盈利得、捐赠利得(企业接受股东或股东的子公司直接或间接的捐赠，经济实质属于股东对企业的资本性投入的除外)等。本项目应根据“营业外收入”科目的发生额分析填列。

(17) “营业外支出”项目：反映企业发生的除营业利润的支出，主要包括公益性捐赠支出、非常损失、盘亏损失、非流动资产毁损报废损失等。本项目应根据“营业外支出”科目的发生额分析填列。

(18) “利润总额”项目：反映企业实现的利润。如为亏损，本项目以“-”号填列。

(19) “所得税费用”项目：反映企业应从当期利润总额中扣除的所得税费用。本项目应根据“所得税费用”科目的发生额分析填列。

(20) “净利润”项目：反映企业实现的净利润。如为亏损，本项目以“-”号填列。

(21) “其他综合收益的税后净额”项目：反映企业根据企业会计准则规定未在损益中确认的各项利得和损失扣除所得税影响后的净额。

(22) “综合收益总额”项目：反映企业净利润与其他综合收益(税后净额)的合计金额。

(23) “每股收益”项目：包括基本每股收益和稀释每股收益两项指标，反映普通股或潜在普通股已公开交易的企业，以及正处在公开发行普通股或潜在普通股过程中的企业的每股收益信息。

三、利润表编制示例

【例 14-2】某股份有限公司 2020 年度有关损益类科目本年累计发生净额如表 14-5 所示。

表 14-5　损益类科目 2020 年度累计发生净额

单位：元

科目名称	借方发生额	贷方发生额
主营业务收入		1 250 000
主营业务成本	750 000	
税金及附加	2 000	
销售费用	10 000	
管理费用	157 100	
财务费用	41 500	
信用减值损失	10 000	
资产减值损失	30 900	
投资收益		31 500
营业外收入		50 000
营业外支出	19 700	
所得税费用	85 300	

根据上述资料，编制该股份有限公司 2020 年度利润表，如表 14-6 所示。

表 14-6　利　润　表

会企 02 表

编制单位：某股份有限公司　　2020 年　　单位：元

项　　目	本期金额	上期金额
一、营业收入	1 250 000	
减：营业成本	750 000	
税金及附加	2 000	
销售费用	10 000	
管理费用	157 100	
研发费用	0	
财务费用	41 500	
其中：利息费用	41 500	
利息收入	0	
加：其他收益	0	
投资收益(损失以“-”号填列)	31 500	
其中：对联营企业和合营企业的投资收益	0	
以摊余成本计量的金融资产终止确认收益(损失以“-”号填列)	0	
净敞口套期收益(损失以“-”号填列)	0	
公允价值变动收益(损失以“-”号填列)	0	
信用减值损失(损失以“-”号填列)	10 000	
资产减值损失(损失以“-”号填列)	30 900	
资产处置收益(损失以“-”号填列)	0	
二、营业利润(亏损以“-”号填列)	280 000	
加：营业外收入	50 000	
减：营业外支出	19 700	
三、利润总额(亏损总额以“-”号填列)	310 300	
减：所得税费用	85 300	
四、净利润(净亏损以“-”号填列)	225 000	
(一) 持续经营净利润(净亏损以“-”号填列)		
(二) 终止经营净利润(净亏损以“-”号填列)		
五、其他综合收益的税后净额		
(一) 不能重分类进损益的其他综合收益		
(二) 将重分类进损益的其他综合收益		
六、综合收益总额		
七、每股收益		
(一) 基本每股收益		
(二) 稀释每股收益		

【问题与思考】

利润表主要反映哪些方面的内容？如何填列？

第四节 现金流量表

一、现金流量表的性质、作用及结构

(一) 现金流量表的性质和作用

现金流量表是指反映企业在一定会计期间现金和现金等价物流入和流出的报表。

编制现金流量表的主要目的是为报表使用者提供企业一定会计期间内现金流入和流出的有关信息，以便于财务报表使用者了解和评价企业获取现金和现金等价物的能力，并据以预测企业未来现金流量。现金流量表的作用主要体现在以下几个方面：一是有助于评价企业支付能力、偿债能力和周转能力；二是有助于预测企业未来现金流量；三是有助于分析企业收益质量及影响现金净流量的因素，掌握企业经营活动、投资活动和筹资活动的现金流量，可以从现金流量的角度了解净利润的质量，为分析和判断企业的财务前景提供信息。

为更好地理解和运用现金流量表，必须正确界定如下概念：

(1) 现金：企业库存现金及可随时用于支付的存款。银行存款和其他货币资金中有些不能随时用于支付的存款。如不能随时支取的定期存款等，不应作为现金，而应列作投资；提前通知金融企业便可支取的定期存款，则应包括在现金范围内。

(2) 现金等价物：企业持有的期限短、流动性强、易于转化为已知金额现金、价值变动风险很小的投资。一项投资被确认为现金等价物必须同时具备四个条件：期限短、流动性强、易于转化为已知金额现金、价值变动风险很小。其中，期限较短一般是指从购买日起三个月内到期，例如，可在证券市场上流通的三个月到期的短期债券投资等。

(3) 现金流量：企业现金和现金等价物的流入和流出。应该注意的是，在现金流量表中，现金及现金等价物被视为一个整体，企业现金形式的转换不会产生现金的流入和流出，如企业从银行提取现金，是企业现金存放形式的转换，并未流出企业，不构成现金流量；同样，现金和现金等价物之间的转换也不属于现金流量，比如企业用现金购买将于三个月到期的国库券。

(二) 现金流量表的结构

在现金流量表中，现金及现金等价物被视为一个整体，企业现金形式的转换不会产生现金的流入和流出。例如，企业从银行提取现金，是企业现金存放形式的转换，并未流出企业，不构成现金流量。同样，现金与现金等价物之间的转换也不属于现金流量，如企业用现金购买三个月到期的国库券。根据企业业务活动的性质和现金流量的来源，现金流量表在结构上将企业一定期间产生的现金流量分为三类：经营活动产生的现金流量、投资活动产生的现金流量和筹资活动产生的现金流量。

【问题与思考】

现金流量表中现金的含义指什么？是否仅指企业银行存款？

二、现金流量表的填列方法

(一) 经营活动产生的现金流量

经营活动是指企业投资活动和筹资活动以外的所有交易和事项。各类企业由于行业特点不同，对经营活动的认定存在一定差异。对于工商企业而言，经营活动主要包括销售商品、提供劳务、购买商品、接受劳务、支付税费等。对于商业银行而言，经营活动主要包括吸收存款、发放贷款、同业存放、同业拆借等。对于保险公司而言，经营活动主要包括原保险业务和再保险业务等。对于证券公司而言，经营活动主要包括自营证券、代理承销证券、代理兑付证券、代理买卖证券等。在我国，企业经营活动产生的现金流量应当采用直接法填列。直接法是指通过现金收入和现金支出的主要类别列示经营活动的现金流量。

(二) 投资活动产生的现金流量

投资活动是指企业长期资产的购建和不包括在现金等价物范围内的投资及其处置活动。长期资产是指固定资产、无形资产、在建工程、其他资产等持有期限在一年或一个营业周期以上的资产。这里所讲的投资活动，既包括实物资产投资，也包括金融资产投资。这里之所以将“包括在现金等价物范围内的投资”排除在外，是因为已经将包括在现金等价物范围内的投资视同现金。不同企业由于行业特点不同，对投资活动的认定也存在差异。例如，交易性金融资产所产生的现金流量，对于工商业企业而言，属于投资活动现金流量，而对于证券公司而言，属于经营活动现金流量。

(三) 筹资活动产生的现金流量

筹资活动是指导致企业资本及债务规模和构成发生变化的活动。这里所说的资本，既包括实收资本(股本)，也包括资本溢价(股本溢价)；这里所说的债务，包括向银行借款、发行债券以及偿还债务等。通常情况下，应付账款、应付票据等商业应付款等属于经营活动，不属于筹资活动。

此外，对于企业日常活动之外特殊的、不经常发生的特殊项目，如自然灾害损失、保险赔款、捐赠等，应当归并到相关类别中，并单独反映。比如，对于自然灾害损失和保险赔款，如果能够确指属于流动资产损失，应当列入经营活动产生的现金流量；属于固定资产损失，应当列入投资活动产生的现金流量。

(四) 汇率变动对现金及现金等价物的影响

编制现金流量表时，应当将企业外币现金流量以及境外子公司的现金流量折算成记账本位币。外币现金流量以及境外子公司的现金流量，应当采用现金流量发生日的即期汇率或按照系统合理的方法确定的、与现金流量发生日即期汇率近似的汇率折算。汇率变动对现金的影响额应当作为调节项目，在现金流量表中单独列报。

汇率变动对现金的影响，指企业外币现金流量及境外子公司的现金流量折算成记账本位币时，所采用的是现金流量发生日的汇率或按照系统合理的方法确定的、与现金流量发生日即期汇率近似的汇率，而现金流量表“现金及现金等价物净增加额”项目中外币现金净增加额是按资产负债表日的即期汇率折算的。这两者的差额即为汇率变动对现金的影响。

在编制现金流量表时，对当期发生的外币业务，也可不必逐笔计算汇率变动对现金的影响，可以通过现金流量表补充资料中“现金及现金等价物净增加额”数额与现金流量表中“经营活动产生的现金流量净额”“投资活动产生的现金流量净额”“筹资活动产生的现金流量净额”三项之和比较，其差额即为“汇率变动对现金的影响额”。

(五) 现金流量表补充资料

除了现金流量表反映的信息，企业还应在附注中披露将净利润调节为经营活动现金流量、不涉及现金收支的重大投资和筹资活动、现金及现金等价物净变动等信息。

1. 将净利润调节为经营活动现金流量

现金流量表采用直接法反映经营活动产生的现金流量，同时，企业还应采用间接法反映经营活动产生的现金流量。间接法是指以本期净利润为起点，通过调整不涉及现金的收入、费用、营业外收支以及经营性应收应付等项目的增减变动，调整不属于经营活动的现金收支项目，据此计算并列报经营活动产生的现金流量的方法。在我国，现金流量表补充资料应采用间接法反映经营活动产生的现金流量情况，以对现金流量表中采用直接反映的经营活动现金流量进行核对和补充说明。

采用间接法列报经营活动产生的现金流量时，需要对四大类项目进行调整：

(1) 实际没有支付现金的费用；

(2) 实际没有收到现金的收益；

(3) 不属于经营活动的损益；

(4) 经营性应收应付项目的增减变动。

2. 不涉及现金收支的重大投资和筹资活动

不涉及现金收支的重大投资和筹资活动，反映企业一定期间内影响资产或负债但不形成该期现金收支的所有投资和筹资活动的信息。这些投资和筹资活动虽然不涉及现金收支，但对以后各期的现金流量有重大影响，例如，企业融资租入设备，将形成的负债计入“长期应付款”账户，当期并不支付设备款及租金，但以后各期必须为此支付现金，从而在一定期间内形成了一项固定的现金支出。

企业应当在附注中披露不涉及当期现金收支，但影响企业财务状况或在未来可能影响企业现金流量的重大投资和筹资活动，主要包括：

(1) 债务转为资本，反映企业本期转为资本的债务金额；

(2) 一年内到期的可转换公司债券，反映企业一年内到期的可转换公司债券的本息；

(3) 融资租入固定资产，反映企业本期融资租入的固定资产。

3. 现金和现金等价物的构成

企业应当在附注中披露与现金和现金等价物有关的下列信息：

(1) 现金和现金等价物的构成及其在资产负债表中的相应金额；

(2) 企业持有但不能由母公司或集团内其他子公司使用的大额现金和现金等价物金额。

企业持有现金和现金等价物余额但不能被集团使用的情形多种多样。例如，国外经营的子公司，由于受当地外汇管制或其他立法的限制，其持有的现金和现金等价物，不能由母公司或其他子公司正常使用。

三、现金流量表的编制方法及程序

(一) 直接法和间接法

编制现金流量表时，列报经营活动现金流量的方法有直接法和间接法两种。在直接法下，一般是以利润表中的营业收入为起算点，调节与经营活动有关的项目的增减变动，然后计算出经营活动产生的现金流量。在间接法下，将净利润调节为经营活动现金流量，实际上就是将按权责发生制原则确定的净利润调整为现金净流入，并剔除投资活动和筹资活动对现金流量的影响。

采用直接法编报的现金流量表，便于分析企业经营活动产生的现金流量的来源和用途，预测企业现金流量的未来前景；采用间接法编报的现金流量表，便于将净利润与经营活动产生的现金流量净额进行比较，了解净利润与经营活动产生的现金流量差异的原因，从现金流量的角度分析净利润的质量。所以，我国企业会计准则规定企业应当采用直接法编报现金流量表，同时要求在附注中提供以净利润为基础调节到经营活动现金流量的信息。

(二) 工作底稿法、T 型账户法和分析填列法

在具体编制现金流量表时，可以采用工作底稿法或 T 型账户法，也可以根据有关科目记录分析填列。

1. 工作底稿法

采用工作底稿法编制现金流量表，是以工作底稿为手段，以资产负债表和利润表数据为基础，对每一项目进行分析并编制调整分录，从而编制现金流量表。工作底稿法的程序如下：

第一步，将资产负债表的期初数和期末数过入工作底稿的期初数栏和期末数栏。

第二步，对当期业务进行分析并编制调整分录。编制调整分录时，要以利润表项目为基础，从“营业收入”开始，结合资产负债表项目逐一进行分析。在调整分录中，有关现金和现金等价物的事项，并不直接借记或贷记现金，而是分别计入“经营活动产生的现金流量”“投资活动产生的现金流量”“筹资活动产生的现金流量”有关项目，借记表示现金流入，贷记表示现金流出。

第三步，将调整分录过入工作底稿中的相应部分。

第四步，核对调整分录，借方、贷方合计数均已经相等，资产负债表项目期初数加减调整分录中的借贷金额以后，也等于期末数。

第五步，根据工作底稿中的现金流量表项目部分编制正式的现金流量表。

2. T 型账户法

采用 T 型账户法编制现金流量表，是以 T 型账户为手段，以资产负债表和利润表数据为基础，对每一项目进行分析并编制调整分录，从而编制现金流量表。T 型账户法的程序如下：

第一步，为所有的非现金项目(包括资产负债表项目和利润表项目)分别开设 T 型账户，并将各自的期末期初变动数过入各相关账户。如果项目的期末数大于期初数，则将差额过入和项目余额相同的方向；反之，过入相反的方向。

第二步，开设一个大的“现金及现金等价物”T 型账户，每边分为经营活动、投资活动和筹资活动三个部分，左边记现金流入，右边记现金流出。与其他账户一样，过入期末期初变动数。

第三步，以利润表项目为基础，结合资产负债表分析每一个非现金项目的增减变动，并据此编制调整分录。

第四步，将调整分录过入各 T 型账户，并进行核对，该账户借贷相抵后的余额与原先过入的期末期初变动数应当一致。

第五步，根据大的“现金及现金等价物”T 型账户编制正式的现金流量表。

3. 分析填列法

分析填列法是直接根据资产负债表、利润表和有关会计科目明细账的记录，分析计算出现金流量表各项目的金额，并据以编制现金流量表的一种方法。

【问题与思考】

经营活动的净现金流量有几种填列方法？如何区别？

四、现金流量表各项目的具体内容和填列

(一) 现金流量表正表各项目的确定

1. 经营活动产生的现金流量

(1) 销售商品、提供劳务收到的现金：反映企业商品销售、提供劳务实际收到的现金，包括销售收入和向购买者收取的增值税销项税额，具体包括本期销售商品或提供劳务所收到的现金；当期收到前期销售商品、提供劳务的应收账款或应收票据；当期的预收账款；本期发生销货退回而支付的现金应从销售商品或提供劳务收入款项中扣除。企业销售材料和代购代销业务收到的现金也在本项目中反映。本项目可以根据库存现金、银行存款、应收账款、应收票据、预收账款、应交税费、主营业务收入、其他业务收入等科目的记录分析填列。

销售商品、提供劳务收到的现金 = 营业收入 + 销项税额 + 应收账款本期减少数(应收账款期初数 − 应收账款期末数) + 应收票据本期减少数(应收票据期初数 − 应收票据期末数) + 合同资产本期减少数(合同资产期初数 − 合同资产期末数) + 预收账款本期增加数(预收账款期末数 − 预收账款期初数) + 合同负债本期增加数(合同负债期末数 − 合同负债期初数) − 当期计提的坏账准备 − 支付的应收票据贴现利息 ± 特殊调整事项

【例 14-3】 某企业本期商品销售收入含增值税销项税额为 200 万元，以银行存款收讫；应收票据期初余额为 30 万元，期末余额为 10 万元，应收账款期初余额为 150 万元，期末余额为 80 万元，年度内发生的坏账损失为 2 万元。另外，当期因商品质量问题发生退货价款 3 万元，货款已通过银行转账支付。

销售商品、提供劳务收到的现金 = 200 + (30 − 10) + (150 − 80) − 3 − 2 = 285(万元)

【例 14-4】 某企业 2020 年度有关资料如下：

① 应收账款项目的年初数 200 万元，年末数 240 万元；

② 应收票据项目的年初数 80 万元，年末数 40 万元；

③ 预收账款项目的年初数 80 万元，年末数 100 万元；

④ 主营业务收入 6 000 万元；

⑤ 应交税费——应交增值税(销项税额) 780 万元；

⑥ 其他有关资料为：本期计提坏账准备 5 万元(该企业采用备抵法核算坏账损失)，本期发生坏账回收 2 万元，应收票据贴现使“财务费用”账户产生借方发生额 5 万元，收到客户用 11.3 万元商品(货款 10 万元，增值税 1.3 万元)抵偿前欠账款 12 万元。

销售商品、提供劳务收到的现金 = (6 000 + 780) + (200 − 240) + (80 − 40) + (100 − 80) − 5 − 5 − 12 = 6 778(万元)

【问题与思考】

“销售商品提供劳务收到的现金”是指本期现销业务所收到的现金，正确吗？为什么？

(2) 收到的税费返回：包括收到的增值税、消费税、所得税、关税和教育费附加的返还等。本项目可以根据库存现金、银行存款、税金及附加、营业外收入、其他应收款等科目的记录分析填列。

(3) 收到的其他与经营活动有关的现金：反映企业上述各项以外收到的其他与经营活动有关的现金流入，如罚款收入、流动资产损失中由个人赔偿的现金、经营租赁租金等。其他现金流入如价值较大的，应单列项目反映。

(4) 购买商品、接受劳务支付的现金：反映公司购买商品、接受劳务实际支付的现金，包括本期购入商品、接受劳务支付的现金，以及本期支付前期购入商品、接受劳务的未付款项和本期预付款项(含进项税额)。本期发生的购货退回收到的现金应从本项目中扣除。代购代销业务支付的现金也在本项目中反映。本项目可以根据库存现金、银行存款、应付账款、应付票据、预付账款、主营业务成本、其他业务成本等科目的记录分析填列。

购买商品、接受劳务支付的现金
= 营业成本 + 存货本期增加数(存货期末数 − 存货期初数) + 进项税额 +
应付账款本期减少数(应付账款期初数 − 应付账款期末数) +
应付票据本期减少数(应付票据期初数 − 应付票据期末数) +
预付账款本期增加数(预付账款期末数 − 预付账款期初数) −
计入成本的应付职工薪酬和制造费用 − 当期计提的存货跌价准备 ± 特殊调整事项

【例 14-5】 某公司当期购买原材料，货款为 15 万元，增值税为 1.95 万元，价款用银行转账支票支付；本期支付应付票据 10 万元(不含增值税)；用银行汇票支付材料价款，收到银行转来银行汇票多余款收账通知，余款 0.023 4 万元，材料及运费 9.98 万元，其相应的增值税为 1.297 4 万元；购买工程用物资 15 万元(含增值税)，该货款已用银行存款支付。

$$\text{购买商品、接受劳务所支付的现金} = 15 + 1.95 + 10 + 9.98 + 1.297\,4 = 38.227\,4\ (\text{万元})$$

【例 14-6】 某企业 2020 年度有关资料为：① 应付账款项目的年初数 100 万元，年末数 120 万元；② 应付票据项目的年初数 40 万元，年末数 20 万元；③ 预付账款项目的年初数 80 万元，年末数 90 万元；④ 主营业务成本 4 000 万元；存货项目的年初数为 100 万元，年末数为 80 万元；⑤ 应交税费——应交增值税(进项税额)600 万元；⑥ 其他有关资料为：用固定资产偿还应付账款 10 万元，生产成本中直接工资项目含有本期发生的生产工人工资费用 100 万元，本期制造费用发生额为 60 万元(其中消耗的物料为 5 万元)，工程项目领用的本企业产品 10 万元。根据上述资料，计算购买商品、接受劳务支付的现金。

$$\begin{aligned}\text{购买商品、接受劳务支付的现金} &= 4\,000 + (80 - 100) + 600 + (100 - 120) + \\ &\quad (40 - 20) + (90 - 80) - 10 - 100 - (60 - 5) + 10 \\ &= 4\,435(\text{万元})\end{aligned}$$

【问题与思考】

“购买商品、接受劳务支付的现金”项目如何计算？

(5) 支付给职工以及为职工支付的现金：反映公司实际支付给职工，以及为职工支付的现金，包括本期实际支付给职工的工资、奖金、各种津贴和补贴等，以及为职工支付的养老保险、失业保险、补充养老保险、住房公积金、支付给职工的住房困难补助等，不包括支付的离退休人员的费用以及支付给在建工程人员的工资。在建工程人员的工资及奖金应在“购建固定资产、无形资产和其他长期资产所支付的现金”项目中反映，支付给离退休人员的各项费用在“支付的其他与经营活动有关的现金”项目中反映。本项目可以根据应付职工薪酬、库存现金、银行存款等科目的记录分析填列。

【例 14-7】 某企业本期实际支付工资 150 万元，各种奖金 50 万元，其中经营人员工资 120 万元，奖金 40 万元，在建工程人员工资 30 万元，奖金 10 万元。

$$\text{本期支付的职工工资} = 150 + 50 - 30 - 10 = 160(\text{万元})$$

【问题与思考】

“支付给职工以及为职工支付的现金”项目计算时是否包括支付的离退休人员费用和在建工程人员工资和福利费？

(6) 支付的各种税费：反映企业按规定支付的各种税费，包括本期发生并支付的税费，以及本期支付以前各期发生的税费和预付的税金，如支付教育费附加、矿产资源补偿费、印花税、房产税、土地增值税、车船使用税等，不包括计入固定资产价值实际支付的耕地占用税等，其在“购建固定资产、无形资产和其他长期资产所支付的现金”项目中反映，也不包括本期退回的增值税、所得税，本期退回的增值税、所得税在“收到的税费返还”项目中反映。本项目可以根据应交税费、库存现金、银行存款等项目的记录分析填列。

【问题与思考】

企业支付的耕地占用税、土地增值税、本期退回的增值税等均应计入“支付的各种税费”项目，这样的处理是否正确？为什么？

(7) 支付的其他与经营活动有关的现金：反映公司除上述各项目支付的其他与经营活动有关的现金，如罚款支出、支付的差旅费、业务招待费现金支出、支付的保险费等，支付的其他与经营活动有关的现金项目中如有价值较大的，应单列项目反映。

2. 投资活动产生的现金流量

(1) 收回投资所收到的现金：反映企业出售转让或到期收回除现金等价物的交易性金融资产、债权投资、其他债权投资、其他权益工具投资和长期股权投资等而收到的现金，不包括债权性投资收回的利息、收回的非现金资产，以及处置子公司及其他营业单位收到的现金净额。债权性投资收回的利息应在“取得投资收益所收到的现金”项目中反映；处置子公司及其他营业单位收到的现金净额应单设项目反映。

(2) 取得投资收益所收到的现金：反映企业因股权性投资而分得的现金股利，从子公司、联营企业或合营企业分回利润而收到的现金，因债权性投资而收到的利息收入。股票股利由于不产生现金流量，故不在本项目中反映。本项目可以根据应收股利、应收利息、投资收益、库存现金、银行存款等账户的发生额分析计算填列。

(3) 处置固定资产、无形资产和其他长期资产而收到的现金净额：反映企业出售固定资产、无形资产和其他长期资产(如投资性房地产等)所取得的现金，减去为处置这些资产而支付的有关费用后的净额。由于自然灾害等原因所造成的固定资产等长期资产报废、毁损而收到的保险赔偿收入，也在本项目中反映。如处置固定资产、无形资产和其他长期资产所收回的现金净额为负数，则应作为投资活动产生的现金流量，在“支付的其他与投资活动有关的现金”项目中反映。本项目可以根据固定资产清理、库存现金、银行存款等账户的发生额分析计算填列。

【例 14-8】 固定资产原值 200 万，折旧 80 万，净值 120 万，固定资产出售 80 万，收到现金 80 万，发生相关税费 5 万。那么在“处置固定资产、无形资产和其他长期资产而收到的现金净额”项目中反映 75 万。

【问题与思考】

“处置固定资产、无形资产和其他长期资产而收到的现金净额”是根据固定资产处置净损益所记入的“营业外收入”或“营业外支出”账户金额直接填列，这样的处理是否正确？为什么？

(4) 处置子公司及其他营业单位收到的现金净额：反映处置子公司及其他营业单位所取得的现金，减去相关处置费用以及子公司及其他营业单位持有的现金和现金等价物后的净额。本项目可以根据长期股权投资、银行存款、库存现金等科目的记录分析填列。

(5) 收到的其他与投资活动有关的现金：反映公司除了上述各项收到的其他与投资活动有关的现金(如买价中含有的股利、利息的收回)。收到的其他与投资活动有关的现金项目中如有价值较大的，应单列项目反映。本项目可以根据应收股利、应收利息、银行存款、库存现金等科目的记录分析填列。

(6) 购建固定资产、无形资产和其他长期资产所支付的现金：反映公司购买、建造固定资产，取得无形资产和其他长期资产支付的现金，以及用现金支付的应由在建工程和无形资产负担的职工薪酬，不包括为购建固定资产而发生的借款利息资本化的部分，以及融资租入固定资产支付的租赁费。为购建固定资产、无形资产和其他长期资产而发生的借款利息资本化部分，在“分配股利、利润或偿付利息支付的现金”项目中反映；融资租入固定资产所支付的租赁费，在“支付的其他与筹资活动有关的现金”项目中反映。企业以分期付款方式购建固定资产、无形资产分期支付的现金作为筹资活动现金流出，在“支付的其他与筹资活动有关的现金”项目中反映。

本项目可以根据固定资产、在建工程、无形资产、库存现金、银行存款等科目的记录分析填列。

【例 14-9】 甲企业本期发生下列有关业务：

① 购买固定资产价款为 50 000 元，进项税额为 6 500 元，款项已付；

② 购买工程物资价款为 10 000 元，进项税额为 1 300 元，款项已付；

③ 支付工程人员工资 6 000 元；

④ 预付工程价款 80 000 元；

⑤ 交付使用前长期借款利息 78 900 元，本年已支付；

⑥ 支付申请专利权的注册费、律师费等 68 000 元。

购建固定资产、无形资产和其他长期资产而支付的现金

= 56 500 + 11 300 + 6 000 + 80 000 + 68 000

= 221 800(元)

【问题与思考】

“购建固定资产、无形资产和其他长期资产所支付的现金”项目包括哪些内容？为购建固定资产发生的借款利息、融资租赁固定资产的租赁费如何反映？

(7) 投资支付的现金：反映企业进行权益性投资和债权性投资所支付的现金，包括企业取得的除现金等价物的交易性金融资产、债权投资、其他债权投资、其他权益工具投资、长期股权投资等所支付的现金，以及支付的佣金、手续费等交易费用。企业购买股票和债券时，实际支付的价款中包含的已宣告但尚未领取的现金股利或已到付息期但尚未领取的债券利息，应在“支付的其他与投资活动有关的现金”项目中反映；收回购买股票和债券时

支付的已宣告但尚未领取的现金股利或已到付息期但尚未领取的债券利息，应在“收到的其他与投资活动有关的现金”项目中反映。本项目可根据交易性金融资产、债权投资、其他债权投资、其他权益工具投资、长期股权投资、库存现金、银行存款等账户的本期发生额分析计算填列。

【问题与思考】

企业购买股票和债券投资时，实际支付的价款中包含的已宣告但尚未领取的现金股利或已到付息期但尚未领取的债券的利息，如何反映？

(8) 取得子公司及其他营业单位支付的现金净额：反映购买子公司及其他营业单位购买价中以现金支付的部分，减去子公司及其他营业单位持有的现金和现金等价物后的净额。若为负数，则在“收到的其他与投资活动有关的现金”项目中反映。

(9) 支付的其他与投资活动有关的现金：反映公司除了上述各项支付的其他与投资活动有关的现金(如购买股票、债券时，支付价款中含有的现金股利和应收利息)。支付的其他与投资活动有关的现金项目中如有价值较大的，应单列项目反映。

3. 筹资活动产生的现金流量

(1) 吸收投资所收到的现金：反映企业收到的投资者投入的现金，包括以发行股票、债券等方式筹集的资金实际收到款项净额(发行收入减去支付的佣金等发行费用后的净额)。以发行股票、债券等方式筹集资金而由企业直接支付的审计、咨询等费用，在“支付的其他与筹资活动有关的现金”项目中反映，不从本项目中减去。

(2) 取得借款收到的现金：反映企业举借各种短期借款、长期借款所收到的现金，根据收入时的实际借款金额计算。企业因借款而发生的利息，列入“分配股利、利润或偿付利息所支付的现金”。

(3) 收到的其他与筹资活动有关的现金：反映企业除上述项目收到的其他与筹资活动有关的现金流入，如接受现金捐赠等。其他现金流入如价值较大的，应单列项目反映。

(4) 偿还债务所支付的现金：反映企业以现金偿还债务的本金，包括偿还金融企业借款的本金、偿还债券的本金等。企业偿还的借款利息、债券利息，在“分配股利、利润或偿付利息所支付的现金”项目中反映，不包括在本项目内。本项目可以根据短期借款、长期借款、应付债券、库存现金、银行存款等科目的记录分析填列。

【例 14-10】 甲企业本期发生有关经济业务：

① 偿还短期借款，本金 90 000 元，利息 300 元；

② 偿还长期借款，本金 500 000 元，利息 6 600 元；

③ 支付到期一次还本付息的应付债券，面值 100 000 元，3 年期，利率 11%。

偿还债务所支付的现金 = 90 000 + 500 000 + 100 000 = 690 000(元)

分配股利、利润或偿付利息所支付的现金 = 300 + 6 600 + 33 000 = 39 900(元)

【问题与思考】

“偿还债务所支付的现金”项目中是否反映企业以现金偿还债务的本金及利息？

(5) 分配股利、利润或偿付利息所支付的现金：反映企业实际支付的现金股利，支付给其他投资单位的利润以及支付的借款利息、债券利息等。本项目可以根据应付股利、财务费用、在建工程、库存现金、银行存款等科目的记录分析填列。

(6) 支付其他与筹资活动有关的现金：反映企业除了上述各项支付的其他与筹资活动有关的现金流出，如捐赠现金支出、融资租入固定资产支付的租赁费等。其他现金流出如价值较大的，应单列项目反映。

(二) 现金流量表补充资料的编制

1. "将净利润调节为经营活动的现金流量"的调节原理

现金流量表补充资料的内容包括将净利润调节为经营活动的现金流量、不涉及现金收支的重大投资和筹资活动、现金及现金等价物净增加情况。

补充资料中的"将净利润调节为经营活动的现金流量"，是以本期净利润为起算点，调整若干项目，据此计算出经营活动的现金流量，其结果与正表中的经营活动的现金流量应相等。

需要调整的项目包括三大类：一是实际没有支付现金的费用和没有收到现金的收益；二是不属于经营活动的损益；三是经营性应收应付项目以及存货项目的增减变动。

经营活动的现金流量净额

= 净利润 + 不属于经营活动的费用和损失 − 不属于经营活动的收益 +
经营活动未支付现金的费用和损失 − 经营活动未收到现金的收入 +
经营性应收项目的减少数(− 增加数) + 经营性应付项目的增加数(− 减少数) +
存货的减少(− 增加数) ± 其他调整

2. "将净利润调节为经营活动的现金流量"具体项目的填列

(1) 资产减值准备：反映本期实际计提的各项资产减值准备。本项目可根据"资产减值损失""信用减值损失"等账户的记录分析填列，也可根据各项准备账户的余额变化分析填列。

【例 14-11】 甲公司 2020 年末坏账准备账户余额为 4 500 元，2021 年末坏账准备账户余额为 5 250 元。

2021 年坏账准备账户余额增加了 750 元，在没有发生坏账转销的情况下，这就是本年计提的坏账准备数。由于在计提坏账准备时，已计入了信用减值损失，但并没有发生现金流出，因此在调整净利润时，这 750 元应加回到净利润中。

如果年内发生了坏账转销，就不能简单地用年末年初坏账准备账户的差额来调整净利润，而是需要将坏账转销的部分剔除。上例中，若甲公司年内转销坏账 2 000 元，则年内计提的坏账准备就是 2 750 元，在调节净利润时应加回 2 750 元。

(2) 固定资产折旧、油气资产折耗、生产性生物资产折旧、投资性房地产累计折旧：反映本期累计提取的固定资产折旧、油气资产折耗、生产性生物资产折旧、投资性房地产累计折旧。由于企业在计提固定资产折旧时，有的计入了管理费用，作为期间费用列入了当期利润表，有的计入了制造费用，通过主营业务成本列入了利润表，但计提固定资产折旧时并没有发生现金流出，所以应在调节净利润时加回。本项目可以根据累计折旧、累计折耗等科目的贷方发生额分析填列。

(3) 无形资产摊销：反映企业本期累计摊入成本费用的无形资产价值。本项目可根据累计摊销账户的贷方发生额分析填列，也可以通过管理费用等明细账户来取得。

(4) 长期待摊费用摊销：反映企业本期累计摊入成本费用的长期待摊费用。可根据长期待摊费用账户的贷方发生额分析填列，也可以通过管理费用等明细账户来取得。

【例 14-12】 甲公司无形资产年初余额为 90 000 元，年末余额为 80 000 元；长期待摊费用年初余额为 50 000 元，年末余额为 40 000 元。无形资产、长期待摊费用在年内除了摊销，没有发生其他增减变动。

甲公司本年无形资产、长期待摊费用摊销额合计为 20 000 元，在调整时应加回到净利润中。若企业在年内发生购入无形资产、增加长期待摊费用、无形资产处置、以无形资产投资等事项，就不能简单地用无形资产、长期待摊费用的年末年初余额的差额作为本年摊销额，而需要对这些事项做出调整。

(5) 处置固定资产、无形资产和其他长期资产的损失(减：收益)：反映企业本期由于处置固定资产、无形资产和其他长期资产而发生的净损失。本项目可根据资产处置损益、其他业务收入、其他业务成本科目所属有关明细科目的记录分析填列。如为净收益，以“-”号填列。处置固定资产、无形资产和其他长期资产，不属于经营活动，应属于投资活动。其所产生的收益，应从净利润中转出；所产生的损失，应在调整净利润时加回。

【例 14-13】 甲公司年内曾处置一台设备，原价 100 000 元，累计已提折旧 60 000 元，收到现金 50 000 元。

$$此项处置产生损益 = 50\,000 - (100\,000 - 60\,000) = 10\,000 元$$

已计入当期利润表中，在调整利润时应减去。该笔交易产生的现金流量 10 000 元应计入投资活动产生的现金流量。

(6) 固定资产报废损失：反映企业本期固定资产盘亏(减：盘盈)后的净损失。本项目可根据营业外支出、营业外收入科目所属有关明细科目中固定资产盘亏损失减去固定资产盘盈收益后的差额填列。固定资产盘亏、报废损失，均计入营业外支出，列入了利润表。但这部分损失既没有发生现金流，也不属于经营活动的现金流量，所以应在调节净利润时加回。如果发生固定资产盘盈和报废清理收益，则应在调节净利润时减去。

【例 14-14】 甲公司年内盘亏机器一台，原价 130 000 元，已提折旧 120 000 元。此外年内还报废汽车一辆，原价 180 000 元，已提折旧 110 000 元。

甲公司本年共发生固定资产盘亏、报废损失为 80 000 元，应加回到净利润中。

(7) 公允价值变动损失：反映企业持有的交易性金融资产、采用公允价值模式计量的投资性房地产等公允价值变动形成的净损失。如为净收益，以“-”号填列。本项目可根据“公允价值变动损益”科目所属有关明细科目记录分析填列。

(8) 财务费用：反映企业本期发生的应属于投资活动或筹资活动的财务费用。本项目可根据财务费用科目的本期借方发生额分析填列。如为收益，以“-”号填列。企业发生的财务费用可以分别归属于经营活动、投资活动和筹资活动。如应收票据贴现、销售产品和购买原材料所产生的汇兑损益属于经营活动，不需要调整；购买固定资产所产生的汇兑损益属于投资活动；支付的利息属于筹资活动。调整净利润时，应把属于投资活动和筹资活动的部分调整出去。

【例 14-15】 甲公司本年共发生财务费用 350 000 元，其中属于经营活动的为 150 000 元，属于筹资活动的为 130 000 元，属于投资活动的为 70 000 元。则在调节净利润时，应加回 200 000 元。

(9) 投资损失(减：收益)：反映企业本期投资所发生的损失减去收益后的净损失。本项目可根据利润表投资收益项目的数字填列。如为投资收益，以“-”号填列。投资收益是因为投资活动所引起的，不属于经营活动，所以在调节净利润时，应将这部分损益从净利润中转出。若为投资收益，则调节净利润时应减去；若为投资损失，则调节净利润时应加回。

(10) 递延所得税资产减少(减：增加)：递延所得税资产减少会增加当期的所得税费用，从而导致净利润会减少，但是并没有发生现金流出，因此调节净利润时应加回。该项目反映企业资产负债表“递延所得税资产”项目的期初余额与期末余额的差额。本项目可根据“递延所得税资产”科目发生额分析填列。

(11) 递延所得税负债增加(减：减少)：递延所得税负债增加会增加当期的所得税费用，从而导致净利润会减少，但是并没有发生现金流出，因此调节净利润时应加回。该项目反映企业资产负债表“递延所得税负债”项目的期初余额与期末余额的差额。本项目可根据“递延所得税负债”科目发生额分析填列。

(12) 存货减少(减：增加)：期末存货比期初存货减少，说明本期生产经营过程耗用的存货有一部分是期初的存货，耗用这部分存货并没有发生现金流出，但在计算净利润时已经扣除，因此，在将净利润调节为经营活动现金流量时，应当加回。期末存货比期初存货增加，说明当期购入的存货除了耗用，还剩余了一部分，这部分存货也发生了现金流出，但在计算净利润时并没有包括在内，因此，在将净利润调节为经营活动现金流量时，需要扣除。简言之，企业存货增加，意味着现金流出或经营性应付项目增加；存货减少，说明销售成本增加，净利润减少，所以在调节净利润时，应减去存货的增加数，或加上存货的减少数。当然，在存在赊购的情况下，还应通过调整经营性应付项目的增减变动来反映赊购对现金流量的影响。若存货的增减变动不属于经营活动，则不能对其进行调整，如接受投资者投入的存货、对外投资减少的存货、在建工程领用存货等业务。本项目根据资产负债表存货项目的期初、期末余额的差额填列。期末数大于期初数的差额，以“-”号填列。

(13) 经营性应收项目的减少(减：增加)：经营性应收项目包括应收账款、应收票据和其他应收款中与经营活动有关的部分及应收的增值税销项税额等。若某一期间期末应收账款或应收票据余额大于期初应收账款或应收票据余额，说明本期销售收入中有一部分没有收到现金，但在利润表中已将销售收入全数列入，所以应在调整时将应收账款和应收票据的增加额从净利润中减去。若某一期间期末应收账款或应收票据余额小于期初应收账款或应收票据余额，说明本期从客户处收到的现金大于利润表中所确认的销售收入，所以应在调整时将应收账款和应收票据的减少额加回到净利润中。

(14) 经营性应付项目的增加(减：减少)：经营性应付项目包括应付账款、应付票据、应付职工薪酬、合同负债、应交税费、其他应付款中与经营活动有关的部分以及应付的增值税进项税额等。若某一期间期末应付账款或应付票据余额大于期初应付账款或应付票据余额，说明本期购入的存货中有一部分没有支付现金，但在利润表中已将销售成本全数列入，所以应在调整时将应付账款和应付票据的增加额加回到净利润中。若某一期间期末应付账款或应付票据余额小于期初应付账款或应付票据余额，说明本期还支付了以前期间的购货款，即本期支付给供货单位的现金大于利润表中所确认的销售成本，所以应在调整时将应付账款和应付票据的减少额在净利润中减去。

五、现金流量表编制示例

【例 14-16】 某股份有限公司 2019 年的相关资料如表 14-7、14-8 所示。

表 14-7　资产负债表

会企 01 表

编制单位：某股份有限公司　　2019 年 12 月 31 日　　单位：元

资　产	期末余额	年初余额	负债和所有者权益	期末余额	年初余额
流动资产：			流动负债：		
货币资金	55 000	73 000	应付票据	0	120 000
交易性金融资产	18 000	20 000	应付账款	93 000	49 000
应收账款	39 000	54 000	流动负债合计	93 000	169 000
其他应收款	9 000	7 000	非流动负债：		
存货	165 000	80 000	应付债券	225 000	80 000
流动资产合计	286 000	234 000	非流动负债合计	225 000	80 000
非流动资产：			负债合计	318 000	249 000
固定资产	476 000	235 000	所有者权益：		
非流动资产合计	476 000	235 000	实收资本(或股本)	240 000	190 000
			未分配利润	204 000	30 000
			所有者权益合计	444 000	220 000
资产总计	762 000	469 000	负债和所有者权益总计	762 000	469 000

表 14-8　利　润　表

会企 02 表

编制单位：某股份有限公司　　2019 年　　单位：元

项　目	本期金额	上期金额
一、营业收入	738 000	略
减：营业成本	360 000	
税金及附加	0	
销售费用	0	
管理费用	61 000	
研发费用	0	

续表

项 目	本期金额	上期金额
财务费用	10 000	
其中：利息费用	10 000	
利息收入	0	
加：其他收益	0	
投资收益(损失以“-”号填列)	3 000	
其中：对联营企业和合营企业的投资收益	0	
以摊余成本计量的金融资产终止确认收益(损失以“-”号填列)	0	
净敞口套期收益(损失以“-”号填列)	0	
公允价值变动收益(损失以“-”号填列)	0	
信用减值损失(损失以“-”号填列)	0	
资产减值损失(损失以“-”号填列)	0	
资产处置收益(损失以“-”号填列)	3 000	
二、营业利润(亏损以“-”号填列)	313 000	
加：营业外收入	0	
减：营业外支出	10 000	
三、利润总额(亏损总额以“-”号填列)	303 000	
减：所得税费用	102 000	
四、净利润(净亏损以“-”号填列)	201 000	

其他有关资料：

① 本年度支付了 27 000 元现金股利。

② 营业成本 360 000 元中，包括工资费用 165 000 元；管理费用 61 000 元中，包括折旧费用 21 500 元；报销备用金 3 000 元，支付其他费用 36 500 元。

③ 本年度出售固定资产一台，原价 60 000 元，已提折旧 5 000 元，处置价格为 58 000 元，已收到现金。

④ 本年度购入固定资产价款 317 500 元，以银行存款支付。

⑤ 本年度购入交易性金融资产，支付价款 13 000 元。

⑥ 本年度出售交易性金融资产收到现金 18 000 元，成本 15 000 元。

⑦ 本年度偿付应付公司债券 70 000 元；新发行债券 215 000 元，已收到现金。

⑧ 本年度发生火灾造成存货损失 10 000 元，已计入营业外支出。

⑨ 其他应收款全部为备用金，本年支付 5 000 元。

⑩ 本年度发行新股 50 000 元，已收到现金。

⑪ 财务费用 10 000 元为支付的债券利息。

⑫ 期末存货均为外购原材料。

为简便核算，不考虑流转税，假定该股份有限公司没有现金等价物，应收票据及应收账款全部为应收销货款，应付票据及应付账款全部为应付购货款。

要求：根据上述资料编制该股份有限公司的现金流量表(表 14-9、表 14-10)。

表 14-9　现金流量表

会企 03 表

编制单位：某股份有限公司　　2019 年　　单位：元

项　目	本期金额	上期金额
一、经营活动产生的现金流量		略
销售商品、提供劳务收到的现金	753 000	
收到的税费返还		
收到其他与经营活动有关的现金		
经营活动现金流入小计	753 000	
购买商品、接受劳务支付的现金	366 000	
支付给职工以及为职工支付的现金	165 000	
支付的各项税费	102 000	
支付其他与经营活动有关的现金	41 500	
经营活动现金流出小计	674 500	
经营活动产生的现金流量净额	78 500	
二、投资活动产生的现金流量		
收回投资收到的现金	18 000	
取得投资收益收到的现金		
处置固定资产、无形资产和其他长期资产收回的现金净额	58 000	
处置子公司及其他营业单位收到的现金净额		
收到其他与投资活动有关的现金		
投资活动现金流入小计	76 000	
购建固定资产、无形资产和其他长期资产支付的现金	317 500	
投资支付的现金	13 000	
取得子公司及其他营业单位支付的现金净额		
支付其他与投资活动有关的现金		
投资活动现金流出小计	330 000	
投资活动产生的现金流量净额	−254 500	
三、筹资活动产生的现金流量		
吸收投资收到的现金	265 000	
取得借款收到的现金		
收到其他与筹资活动有关的现金		
筹资活动现金流入小计	265 000	
偿还债务支付的现金	70 000	
分配股利、利润或偿付利息支付的现金	37 000	
支付其他与筹资活动有关的现金		
筹资活动现金流出小计	107 000	
筹资活动产生的现金流量净额	158 000	
四、汇率变动对现金及现金等价物的影响		
五、现金及现金等价物净增加额	−18 000	
加：期初现金及现金等价物余额		
六、期末现金及现金等价物余额		

表 14-10 现金流量补充资料

补充资料	本期金额	上期金额
1. 将净利润调节为经营活动现金流量		略
净利润	201 000	
加：资产减值准备		
固定资产折旧、油气资产折耗、生产性生物资产折旧、投资性房地产累计折旧	21 500	
无形资产摊销		
长期待摊费用摊销		
处置固定资产、无形资产和其他长期资产的损失(收益以“-”号填列)	-3 000	
固定资产报废损失(收益以“-”号填列)		
公允价值变动损失(收益以“-”号填列)		
财务费用(收益以“-”号填列)	10 000	
投资损失(收益以“-”号填列)	-3 000	
递延所得税资产减少(增加以“-”号填列)		
递延所得税负债增加(减少以“-”号填列)		
存货的减少(增加以“-”号填列)	-85 000	
经营性应收项目的减少(增加以“-”号填列)	13 000	
经营性应付项目的增加(减少以“-”号填列)	-76 000	
其他		
经营活动产生的现金流量净额	78 500	
2. 不涉及现金收支的重大投资和筹资活动		
债务转为资本		
一年内到期的可转换公司债券		
融资租入固定资产		
3. 现金及现金等价物净变动情况		
现金的期末余额		
减：现金的期初余额		
加：现金等价物的期末余额		
减：现金等价物的期初余额		
现金及现金等价物净增加额		

【解析】

(1) 销售商品、提供劳务收到的现金

= 营业收入 + 增值税销项税额(题目已经说明不考虑流转税) + 应收账款的少额

= 738 000 + 0 + (54 000 − 39 000)

= 753 000(元)

(2) 购买商品、接受劳务支付的现金

= 营业成本 − 工资费用(该项应是计入“支付给职工以及为职工支付的现金”项目中) +

本期存货的增加额 + 应付账款的减少额(年初数 − 期末数) + 应付票据的减少额 + 火灾造成的存货损失额(火灾造成的存货损失，导致期末存货减少，在计算本期存货的增加数时导致少计了，但该部分存货购入时确实是支付了现金的，所以在计算购买商品、接受劳务支付的现金时，要调增)

= 360 000 − 165 000 + (165 000 − 80 000) + (49 000 − 93 000) + (120 000 − 0) + 10 000

= 366 000(元)

(3) 支付给职工以及为职工支付的现金 = 支付给职工的工资费用 = 165 000(元)

(因为资产负债表中没有应付职工薪酬项目，说明没有尚未支付的工资，所以可认为本题中的工资费用是已经支付)

(4) 支付的各项税费 = 所得税的金额 = 102 000(元)

(5) 支付的其他与经营活动有关的现金 = 支付的其他费用 + 支付的备用金

= 36 500 + 5 000 = 41 500(元)

(6) 收回投资收到的现金 = 成本 + 出售所产生的投资收益

= 出售交易性金融资产所收到的现金

= 15 000 + 3 000 = 18 000(元)

(7) 处置固定资产、无形资产和其他长期资产而收回的现金净额 = 58 000(元)

(8) 购建固定资产、无形资产和其他长期资产所支付的现金 = 317 500(元)

(9) 投资所支付的现金 = 购入交易性金融资产支付价款 = 13 000(元)

(10) 吸收投资收到的现金 = 本年度新发行债券 + 本年度发行新股

= 215 000 + 50 000 = 265 000(元)

(11) 偿还债务支付的现金 = 本年度偿还应付公司债券 = 70 000(元)

(12) 分配股利、利润和偿付利息支付的现金 = 本年度支付的现金股利 + 财务费用(支付的债券利息) = 27 000 + 10 000 = 37 000(元)

补充资料：

(1) 固定资产折旧 = 本年度折旧费用 = 21 500(元)

(2) 处置固定资产、无形资产和其他长期资产的损失

= (固定资产原价 − 已计提折旧) − 58 000

= 60 000 − 5 000 − 58 000

= − 3 000(元)

(3) 财务费用 = 利润表中的财务费用 = 10 000(元)

(4) 投资损失(减：收益) = 根据利润表中的投资收益得出 − 3 000(元)

(5) 存货的减少(减:增加) = 存货期末余额 − 存货年初余额 = 165 000 − 80 000 = 85 000(元)

(6) 经营性应收项目的减少(减：增加)

= 应收账款的减少额 + 其他应收款的减少额

= (54 000 − 39 000) + (7 000 − 9 000) = 13 000(元)

(7) 经营性应付项目的增加(减：减少)

= 应付票据本期的增加额 + 应付账款本期的增加额

= (−120 000) + (93 000 − 49 000) = −76 000(元)

第五节　所有者权益变动表

一、所有者权益变动表的内容及结构

(一) 所有者权益变动表的内容

所有者权益变动表是指反映构成所有者权益各组成部分当期增减变动情况的报表。所有者权益变动表应当全面反映一定时期所有者权益变动的情况，不仅包括所有者权益总量的增减变动，还包括所有者权益增减变动的重要结构性信息，特别是让报表使用者准确理解所有者权益增减变动的根源。

(二) 所有者权益变动表的结构

为了清楚地表明构成所有者权益的各组成部分当期的增减变动情况，所有者权益变动表应当以矩阵的形式列示：一方面，列示导致所有者权益变动的交易或事项，改变了以往仅仅按照所有者权益的各组成部分反映所有者权益变动情况，而是从所有者权益变动的来源对一定时期所有者权益变动情况进行全面反映；另一方面，按照所有者权益各组成部分(包括实收资本、其他权益工具、资本公积、其他综合收益、盈余公积、未分配利润和库存股)及其总额列示交易或事项对所有者权益的影响。此外，企业还需要提供比较所有者权益变动表，所有者权益变动表分为“本年金额”和“上年金额”两栏分别填列。所有者权益变动表的具体格式如表 14-11 所示。

二、所有者权益变动表的填列方法

(一) 上年金额栏的填列方法

所有者权益变动表“上年金额”栏内各项数字，应根据上年度所有者权益变动表“本年金额”栏内所列数字填列。如果上年度所有者权益变动表规定的各个项目的名称和内容同本年度不相一致，应对上年度所有者权益变动表各项目的名称和数字按本年度的规定进行调整，填入所有者权益变动表“上年金额”栏内。

(二) 本年金额栏的填列方法

所有者权益变动表“本年金额”栏内各项数字一般应根据“实收资本(或股本)”“资本公积”“盈余公积”“其他权益工具”“其他综合收益”“利润分配”“库存股”“以前年度损益调整”等科目的发生额分析填列。

三、所有者权益变动表编制示例

所有者权益变动表如表 14-11 所示。

【问题与思考】

所有者权益变动表的内容包括哪些?

表 14-11　所有者权益变动表

会企 04 表

编制单位：某股份有限公司　　2020 年度　　单位：元

项　目	本年金额										上年金额									
	实收资本(或股本)	其他权益工具			资本公积	减：库存股	其他综合收益	盈余公积	未分配利润	所有者权益合计优先股	实收资本(或股本)永续债	其他权益工具			资本公积	减：库存股	其他综合收益	盈余公积	未分配利润	所有者权益合计
		优先股	永续债	其他								优先股	永续债	其他						
一、上年年末余额																				
加：会计政策变更																				
前期差错更正																				
其他																				
二、本年年初余额																				
三、本年增减变动金额(减少以“－”号填列)																				
(一) 综合收益总额																				
(二) 所有者投入和减少资本																				
1. 所有者投入的普通股																				
2. 其他权益工具持有者投入资本																				
3. 股份支付计入所有者权益的金额																				
4. 其他																				
(三) 利润分配																				
1. 提取盈余公积																				
2. 对所有者(或股东)的分配																				
3. 其他																				
(四) 所有者权益内部结转																				
1. 资本公积转增资本(或股本)																				
2. 盈余公积转增资本(或股本)																				
3. 盈余公积弥补亏损																				
4. 设定受益计划变动额结转留存收益																				
5. 其他综合收益结转留存收益																				
6. 其他																				
四、本年年末余额																				

第六节　财务报表附注

一、附注的性质与作用

附注是财务报表的重要组成部分。报表使用者了解企业的财务状况、经营成果和现金流量，应当全面阅读附注。附注相对于报表而言，同样具有重要性。附注应当按照一定的结构进行系统合理的排列和分类，有顺序地披露信息。

通过附注与资产负债表、利润表、现金流量表和所有者权益变动表列示项目的相互参照关系，以及对未能在财务报表中列示项目的说明，可以使财务报表使用者全面了解企业的财务状况、经营成果和现金流量以及所有者权益的情况。

二、附注的内容

(一) 企业的基本情况

(1) 企业注册地、组织形式和总部地址；
(2) 企业的业务性质和主要经营活动；
(3) 母公司以及集团最终母公司的名称；
(4) 财务报告的批准报出者和财务报告批准报出日；
(5) 营业期限有限的企业，还应当披露有关营业期限的信息。

(二) 财务报表的编制基础

财务报表的编制基础是指财务报表是在持续经营基础上还是非持续经营基础上编制的。企业一般是在持续经营基础上编制财务报表，清算、破产属于非持续经营基础。

(三) 遵循企业会计准则的声明

企业应当明确说明编制的财务报表符合企业会计准则的要求，真实、完整地反映企业的财务状况、经营成果和现金流量等有关信息，以此明确企业编制财务报表所依据的制度基础。

如果企业编制的财务报表只是部分地遵循了企业会计准则，附注中不得作出这种表述。

(四) 重要会计政策和会计估计

企业应当披露采用的重要会计政策和会计估计，不重要的会计政策和会计估计可以不披露。

1. 重要会计政策的说明

由于企业经济业务的复杂性和多样化，某些经济业务可以有多种会计处理方法，也即存在不止一种可供选择的会计政策。企业在发生某项经济业务时，必须从允许的会计处理方法中选择适合本企业特点的会计政策，企业选择不同的会计处理方法，可能极大地影响企业的财务状况和经营成果，进而编制出不同的财务报表。为了有助于使用者理解，有必要对这些会计政策加以披露。

需要特别指出的是，说明会计政策时还需要披露下列两项内容：

(1) 财务报表项目的计量基础。会计计量属性包括历史成本、重置成本、可变现净值、现值和公允价值，这直接显著影响报表使用者的分析，这项披露要求便于使用者了解企业财务报表中的项目是按何种计量基础予以计量的，如存货是按成本还是可变现净值计量等。

(2) 会计政策的确定依据。会计政策的确定主要是指企业在运用会计政策过程中所做的对报表中确认的项目金额最具影响的判断。例如，企业如何判断持有的金融资产是持有至到期的投资而不是交易性投资；又比如，对于拥有的持股不足50%的关联企业，企业为何判断企业拥有控制权因此将其纳入合并范围；再比如，企业如何判断与租赁资产相关的所有风险和报酬已转移给企业，从而符合融资租赁的标准，以及投资性房地产的判断标准是什么等等，这些判断对在报表中确认的项目金额具有重要影响。因此，这项披露要求有助于使用者理解企业选择和运用会计政策的背景，增加财务报表的可理解性。

2. 重要会计估计的说明

企业应当披露会计估计中所采用的关键假设和不确定因素的确定依据，这些关键假设和不确定因素在下一会计期间内很可能导致资产、负债账面价值进行重大调整。在确定报表中确认的资产和负债的账面金额过程中，企业有时需要对不确定的未来事项在资产负债表日对这些资产和负债的影响加以估计。例如，固定资产可收回金额的计算需要根据其公允价值减去处置费用后的净额与预计未来现金流量的现值两者之间的较高者确定，在计算资产预计未来现金流量的现值时需要对未来现金流量进行预测，并选择适当的折现率，应当在附注中披露未来现金流量预测所采用的假设及其依据、所选择的折现率为什么是合理的等。这些假设的变动对这些资产和负债项目金额的确定影响很大，有可能会在下一个会计年度内做出重大调整。因此，强调这一披露要求，有助于提高财务报表的可理解性。

(五) 会计政策和会计估计变更以及差错更正的说明

企业应当按照《企业会计准则第 28 号——会计政策、会计估计变更和差错更正》及其应用指南的规定，披露会计政策和会计估计变更以及差错更正的有关情况。

(六) 重要报表项目的说明

企业应当以文字和数字描述相结合、尽可能以列表形式披露重要报表项目的构成或当期增减变动情况，并与报表项目相互参照。在披露顺序上，一般应当按照资产负债表、利润表、现金流量表、所有者权益变动表的顺序及其报表项目列示的顺序。

【问题与思考】

会计报表附注的内容包括哪些？

本 章 小 结

财务报告是指企业对外提供的反映企业某一特定日期的财务状况和某一会计期间的经营成果、现金流量等会计信息的书面文件。财务报告主要包括财务报表和其他应当在财务报告中披露的相关信息和资料。

资产负债表是反映企业某一特定日期的全部资产、负债和所有者权益及其构成情况的报表，它是一张静态的报表。资产负债表的格式，使用较多的是账户式。

利润表是反映企业在某一时期内经营活动成果的报表，它是一张动态的报表。它的编制根据收入、费用类账户的净发生额和其他有关资料填列。

现金流量表是反映企业在一定会计期间现金和现金等价物流入和流出的财务报表。

所有者权益变动表是反映构成所有者权益的各组成部分当期的增减变动情况的报表。当期损益、直接计入所有者权益的利得和损失以及与所有者的资本交易导致的所有者权益的变动，应当分别列示。

【延伸阅读】

资产负债表 balance sheet

利润表 income statement

现金流量表 statement of cash flow

所有者权益变动表 statement of stockholders equity

附注 notes

复 习 题

一、单选题

1. 资产负债表中的“未分配利润”项目，应根据(　　)填列。

A. “利润分配”科目余额

B. “本年利润”科目余额

C. “本年利润”和“利润分配”科目的余额计算后

D. “盈余公积”科目余额

2. 甲公司年末结账前“应收账款”科目所属明细科目中有借方余额 50 000 元，贷方余额 20 000 元；“预付账款”科目所属明细科目中有借方余额 13 000 元，贷方余额 5 000 元；“应付账款”科目所属明细科目中有借方余额 50 000 元，贷方余额 120 000 元；“预收账款”科目所属明细科目中有借方余额 3 000 元，贷方余额 10 000 元；“坏账准备”科目余额为 0，则年末资产负债表中“应收账款”项目和“应付账款”项目的期末数分别为(　　)。

A. 30 000 元和 70 000 元　　B. 53 000 元和 125 000 元

C. 63 000 元和 53 000 元　　D. 47 000 元和 115 000 元

3. “预付账款”科目明细账中若有贷方余额，应将其计入资产负债表中的(　　)项目。

A. 应收账款　B. 预收账款　C. 应付账款　D. 其他应付款

4. 下列不影响营业利润的项目是(　)。

A. 财务费用　B. 投资收益

C. 资产减值损失　D. 营业外支出

5. 下列现金流量表项目中，能引起现金流量净额变动的是(　)

A. 将现金存入银行　B. 提取固定资产的折旧

C. 用银行存款 10 万元清偿债务　D. 用银行存款购买 2 个月到期的债券

6. 下列属于“投资活动产生的现金流量”的是(　)。

A. 收到的现金股利　B. 支付的各种税费

C. 吸收投资所收到的现金　D. 支付货款

7. 企业偿还的长期借款利息，在编制现金流量表时，应作为(　)项目填列。

A. 偿还债务支付的现金

B. 分配股利、利润和偿付利息支付的现金

C. 支付的其他与筹资活动有关的现金

D. 支付的利息费用

8. 下列各项中，不属于筹资活动产生的现金流量的是(　)。

A. 吸收权益性投资所收到的现金

B. 收回债券投资所收到的现金

C. 分配现金股利

D. 借入资金所收到的现金

9. 现金流量表的编制基础是(　)。

A. 库存现金　B. 营运资金

C. 库存现金和银行存款　D. 广义现金

10. 财务报表附注的内容不包括(　)。

A. 企业基本情况　B. 会计要素

C. 会计政策　D. 会计估计变更

二、多选题

1. 资产负债表中的“预付款项”项目应根据(　)填列。

A. 应付账款所属明细账贷方余额合计

B. 预付账款所属明细账借方余额合计

C. 预付账款总账余额

D. 应付账款所属明细账借方余额合计

2. 下列资产中，属于流动资产的有(　)。

A. 一年内到期的非流动资产　B. 交易性金融资产

C. 货币资金　D. 库存商品

3. 利润表中的营业收入项目，包含下列哪些账户的金额(　)。

A. 公允价值变动损益　B. 营业外收入

C. 主营业务收入　D. 其他业务收入

4. 财务报表包括(　)。

A. 资产负债表　　B. 利润表
C. 现金流量表　　D. 所有者权益变动表
5. 现金等价物应具备的特点有(　　)。
A. 期限短　　B. 流动性强
C. 价值变动风险小　　D. 易于转换为已知金额的现金
6. 在下列事项中，影响经营活动现金流量的项目是(　　)。
A. 处置固定资产所产生的现金流量
B. 取得长期借款所产生的现金流量
C. 收到的出口退税款
D. 给离退休人员所支付的工资
7. 下列项目中，影响现金流量表中的“购买商品、接受劳务支付的现金”项目有(　　)。
A. 偿还应付账款　　B. 支付的进项税额
C. 预付购货款　　D. 购买材料支付货款
8. 现金流量表中的“支付给职工以及为职工支付的现金”项目包括(　　)。
A. 支付给职工的工资和奖金　　B. 支付给退休人员的福利费
C. 支付给职工的津贴　　D. 支付给在建工程人员的工资
9. 在财务报表附注中，应当披露(　　)。
A. 关联方关系及其交易的说明　　B. 或有事项的说明
C. 资产负债表日后事项的说明　　D. 重要资产转让及其出售的说明
10. 按我国现行企业会计准则，利润表上应当单独列报(　　)。
A. 资产减值损失　　B. 公允价值变动收益
C. 投资收益　　D. 基本每股收益

三、判断题

1. 资产负债表反映的是企业某一时期的财务状况，是动态报表。
2. 资产负债表上的各个项目均可以根据会计科目余额直接填列。
3. 现金流量表所指的现金是狭义的现金概念，包括库存现金、可以随时用于支付的存款及现金等价物。
4. 在所有者权益变动表中，直接计入当期损益的利得和损失应单独列项目反映。
5. 资产负债表反映的是企业某一时点的财务状况及偿债能力，是时点报表。利润表反映的是企业某一时期的经营成果的时期报表。
6. 经营活动现金在现金流量表中按照直接法报告，在现金流量表附注中按照间接法报告。
7. 资产负债表项目与会计科目只要名称一致，那么内容就是一致的。
8. 企业出售固定资产收到的现金，属于经营活动产生的现金流量。
9. 现金流量表中，罚款支出、支付的差旅费、业务招待费支出、支付的保险费等应在“经营活动产生的现金流量”项下“支付的各项税费”中反映。
10. 企业应当披露重要的会计政策和会计估计，不具有重要性的会计政策和会计估计可以不披露。

四、计算题

1. 甲公司2020年12月有关账户发生额如下：“主营业务收入”贷方1 000万元，“公允价值变动损益”贷方 60 万元，“营业外收入”贷方 15 万元，“主营业务成本”借方 800 万元，“管理费用”借方 25 万元，“销售费用”借方 30 万元，“财务费用”借方 20 万元，“营业外支出”借方 10 万元，“税金及附加”借方 30 万元，“所得税费用”借方 60 万元。

要求：计算该公司的营业利润、利润总额和净利润。

2. 某工业企业为增值税一般纳税企业，适用的增值税税率为 13%。2020 年有关资料如下：

(1) 资产负债表有关项目年初、期末余额和相关账户的发生额如表 14-12 所示。

表 14-12　相关账户生额

单位：万元

项目名称	年初余额	本年增加	本年减少	期末余额
应收账款	1 170			3 510
应收票据	630			300
交易性金融资产	500	600(本年购入)	300(出售)	800
应收股利	80	60		0
存货	2 600			2 000
长期股权投资	800	200(以固定资产投资)	500(出售)	500
应付账款	2 340			1 755
应交税费——应交增值税	300	780(销项税额)	300(已交) 260(进项税额)	520
应交税费——应交所得税	50	60		30
长期借款	800	200	500(归还长期借款)	500
短期借款	600	400		700

(2) 利润表有关账户本年发生额表 14-13 所示。

表 14-13　有关账户本年发生额

单位：万元

账户名称	借方发生额	贷方发生额
主营业务收入		6 000
主营业务成本	2 000	
投资收益：		
现金股利		60
出售长期股权投资		30
出售交易性金融资产		50

(3) 其他有关资料为：出售的交易性金融资产均为非现金等价物；出售交易性金融资产已收到现金；应收、应付款项均以现金结算；本年发生了坏账 100 万元。不考虑该企业本年度发生的其他交易和事项。

试计算以下项目现金流入和流出(要求列出计算过程)：

(1) 销售商品、提供劳务收到的现金(含收到的增值税销项税额)；

(2) 购买商品、接受劳务支付的现金(含支付的增值税进项税额)；

(3) 支付的各项税费；

(4) 投资支付的现金；

(5) 收回投资收到的现金；

(6) 取得投资收益收到的现金；

(7) 取得借款收到的现金；

(8) 偿还债务支付的现金。

3. A公司为增值税一般纳税人，生产销售的甲、乙两种产品均为应纳增值税产品，其中乙产品还应缴纳消费税。产成品按实际成核算。企业按净利润的20%提取盈余公积。该公司适用的有关税率为：增值税税率13%，消费税税率10%，所得税税率25%。所得税采用资产负债表债务法核算，2019年12月31日递延所得税负债科目有余额21 000元，该余额是由于固定资产的计税基础与账面价值不同而形成的。该公司2020年年初未分配利润为20 000元。该公司2020年发生的与利润确定有关的经济业务如下：

(1) 销售甲产品一批，不含税价格125 000元，成本75 000元，产品已发出，已开具增值税专用发票，款项尚未收到。

(2) 销售乙产品一批，不含税价格300 000元，成本200 000元，产品已发出，已开具增值税专用发票，并已收到承兑的商业汇票。

(3) 采用支票结算方式，销售原材料一批，不含税价格50 000元，成本34 000元，材料已发出，已开具增值税专用发票，全部款项已存入银行。

(4) 转让一项专利技术使用权，转让价款61 750元，增值税额3 705元，款项已存入银行，同时以现金支付该项专利技术使用权的咨询费1 750元。

(5) 将一台不需用的设备出售，该设备原价为100 000元，已提折旧40 000元，售价76 000元，增值税额9 880元，全部款项已存入银行。该设备的计税基础与账面价值相同。

(6) 以银行存款支付违反税收规定的罚款5 000元，非公益性捐赠支出10 000元。

(7) 计提短期借款利息5 000元。

(8) 以银行存款支付专设销售部门差旅费2 400元，办公费3 600元。

(9) 计提本年销售应负担的教育费附加3 000元，其中产品销售应负担的教育费附加2 000元。

(10) 计提本年销售应负担的城市维护建设税8 000元，其中产品销售应负担的城市维护建设税为5 000元。

(11) 2020年度发生各种管理费用40 000元，其中研发费用10 000元，已用银行存款支付。

(12) 年末固定资产的账面价值为80 000 000元，计税基础为79 900 000元。其他所有资产、负债项目的计税基础与账面价值相同。计算2020年度应交所得税及所得税费用。

(13) 年终结转全部收入与费用。

(14) 按净利润的20%提取盈余公积。

(15) 分配股利20 000元。

要求：编制上述经济业务的会计分录。

附录　资金时间价值系数表

附表 1　复利终值系数表

期　数	1%	2%	3%	4%	5%	6%	7%	8%	9%	10%
1	1.010 0	1.020 0	1.030 0	1.040 0	1.050 0	1.060 0	1.070 0	1.080 0	1.090 0	1.100 0
2	1.020 1	1.040 4	1.060 9	1.081 6	1.102 5	1.123 6	1.144 9	1.166 4	1.188 1	1.210 0
3	1.030 3	1.061 2	1.092 7	1.124 9	1.157 6	1.191 0	1.225 0	1.259 7	1.295 0	1.331 0
4	1.040 6	1.082 4	1.125 5	1.169 9	1.215 5	1.262 5	1.310 8	1.360 5	1.411 6	1.464 1
5	1.051 0	1.104 1	1.159 3	1.216 7	1.276 3	1.338 2	1.402 6	1.469 3	1.538 6	1.610 5
6	1.061 5	1.126 2	1.194 1	1.265 3	1.340 1	1.418 5	1.500 7	1.586 9	1.677 1	1.771 6
7	1.072 1	1.148 7	1.229 9	1.315 9	1.407 1	1.503 6	1.605 8	1.713 8	1.828 0	1.948 7
8	1.082 9	1.171 7	1.266 8	1.368 6	1.477 5	1.593 8	1.718 2	1.850 9	1.992 6	2.143 6
9	1.093 7	1.195 1	1.304 8	1.423 3	1.551 3	1.689 5	1.838 5	1.999 0	2.171 9	2.357 9
10	1.104 6	1.219 0	1.343 9	1.480 2	1.628 9	1.790 8	1.967 2	2.158 9	2.367 4	2.593 7
11	1.115 7	1.243 4	1.384 2	1.539 5	1.710 3	1.898 3	2.104 9	2.331 6	2.580 4	2.853 1
12	1.126 8	1.268 2	1.425 8	1.601 0	1.795 9	2.012 2	2.252 2	2.518 2	2.812 7	3.138 4
13	1.138 1	1.293 6	1.468 5	1.665 1	1.885 6	2.132 9	2.409 8	2.719 6	3.065 8	3.452 3
14	1.149 5	1.319 5	1.512 6	1.731 7	1.979 9	2.260 9	2.578 5	2.937 2	3.341 7	3.797 5
15	1.161 0	1.345 9	1.558 0	1.800 9	2.078 9	2.396 6	2.759 0	3.172 2	3.642 5	4.177 2
16	1.172 6	1.372 8	1.604 7	1.873 0	2.182 9	2.540 4	2.952 2	3.425 9	3.970 3	4.595 0
17	1.184 3	1.400 2	1.652 8	1.947 9	2.292 0	2.692 8	3.158 8	3.700 0	4.327 6	5.054 5
18	1.196 1	1.428 2	1.702 4	2.025 8	2.406 6	2.854 3	3.379 9	3.996 0	4.717 1	5.559 9
19	1.208 1	1.456 8	1.753 5	2.106 8	2.527 0	3.025 6	3.616 5	4.315 7	5.141 7	6.115 9
20	1.220 2	1.485 9	1.806 1	2.191 1	2.653 3	3.207 1	3.869 7	4.661 0	5.604 4	6.727 5
21	1.232 4	1.515 7	1.860 3	2.278 8	2.786 0	3.399 6	4.140 6	5.033 8	6.108 8	7.400 2
22	1.244 7	1.546 0	1.916 1	2.369 9	2.925 3	3.603 5	4.430 4	5.436 5	6.658 6	8.140 3
23	1.257 2	1.576 9	1.973 6	2.464 7	3.071 5	3.819 7	4.740 5	5.871 5	7.257 9	8.954 3
24	1.269 7	1.608 4	2.032 8	2.563 3	3.225 1	4.048 9	5.072 4	6.341 2	7.911 1	9.849 7
25	1.282 4	1.640 6	2.093 8	2.665 8	3.386 4	4.291 9	5.427 4	6.848 5	8.623 1	10.834 7
26	1.295 3	1.673 4	2.156 6	2.772 5	3.555 7	4.549 4	5.807 4	7.396 4	9.399 2	11.918 2
27	1.308 2	1.706 9	2.221 3	2.883 4	3.733 5	4.822 3	6.213 9	7.988 1	10.245 1	13.110 0
28	1.321 3	1.741 0	2.287 9	2.998 7	3.920 1	5.111 7	6.648 8	8.627 1	11.167 1	14.421 0
29	1.334 5	1.775 8	2.356 6	3.118 7	4.116 1	5.418 4	7.114 3	9.317 3	12.172 2	15.863 1
30	1.347 8	1.811 4	2.427 3	3.243 4	4.321 9	5.743 5	7.612 3	10.062 7	13.267 7	17.449 4

附表 2 复利现值系数表

期 数	1%	2%	3%	4%	5%	6%	7%	8%	9%	10%
1	0.990 1	0.980 4	0.970 9	0.961 5	0.952 4	0.943 4	0.934 6	0.925 9	0.917 4	0.909 1
2	0.980 3	0.961 2	0.942 6	0.924 6	0.907 0	0.890 0	0.873 4	0.857 3	0.841 7	0.826 4
3	0.970 6	0.942 3	0.915 1	0.889 0	0.863 8	0.839 6	0.816 3	0.793 8	0.772 2	0.751 3
4	0.961 0	0.923 8	0.888 5	0.854 8	0.822 7	0.792 1	0.762 9	0.735 0	0.708 4	0.683 0
5	0.951 5	0.905 7	0.862 6	0.821 9	0.783 5	0.747 3	0.713 0	0.680 6	0.649 9	0.620 9
6	0.942 0	0.888 0	0.837 5	0.790 3	0.746 2	0.705 0	0.666 3	0.630 2	0.596 3	0.564 5
7	0.932 7	0.870 6	0.813 1	0.759 9	0.710 7	0.665 1	0.622 7	0.583 5	0.547 0	0.513 2
8	0.923 5	0.853 5	0.789 4	0.730 7	0.676 8	0.627 4	0.582 0	0.540 3	0.501 9	0.466 5
9	0.914 3	0.836 8	0.766 4	0.702 6	0.644 6	0.591 9	0.543 9	0.500 2	0.460 4	0.424 1
10	0.905 3	0.820 3	0.744 1	0.675 6	0.613 9	0.558 4	0.508 3	0.463 2	0.422 4	0.385 5
11	0.896 3	0.804 3	0.722 4	0.649 6	0.584 7	0.526 8	0.475 1	0.428 9	0.387 5	0.350 5
12	0.887 4	0.788 5	0.701 4	0.624 6	0.556 8	0.497 0	0.444 0	0.397 1	0.355 5	0.318 6
13	0.878 7	0.773 0	0.681 0	0.600 6	0.530 3	0.468 8	0.415 0	0.367 7	0.326 2	0.289 7
14	0.870 0	0.757 9	0.661 1	0.577 5	0.505 1	0.442 3	0.387 8	0.340 5	0.299 2	0.263 3
15	0.861 3	0.743 0	0.641 9	0.555 3	0.481 0	0.417 3	0.362 4	0.315 2	0.274 5	0.239 4
16	0.852 8	0.728 4	0.623 2	0.533 9	0.458 1	0.393 6	0.338 7	0.291 9	0.251 9	0.217 6
17	0.844 4	0.714 2	0.605 0	0.513 4	0.436 3	0.371 4	0.316 6	0.270 3	0.231 1	0.197 8
18	0.836 0	0.700 2	0.587 4	0.493 6	0.415 5	0.350 3	0.295 9	0.250 2	0.212 0	0.179 9
19	0.827 7	0.686 4	0.570 3	0.474 6	0.395 7	0.330 5	0.276 5	0.231 7	0.194 5	0.163 5
20	0.819 5	0.673 0	0.553 7	0.456 4	0.376 9	0.311 8	0.258 4	0.214 5	0.178 4	0.148 6
21	0.811 4	0.659 8	0.537 5	0.438 8	0.358 9	0.294 2	0.241 5	0.198 7	0.163 7	0.135 1
22	0.803 4	0.646 8	0.521 9	0.422 0	0.341 8	0.277 5	0.225 7	0.183 9	0.150 2	0.122 8
23	0.795 4	0.634 2	0.506 7	0.405 7	0.325 6	0.261 8	0.210 9	0.170 3	0.137 8	0.111 7
24	0.787 6	0.621 7	0.491 9	0.390 1	0.310 1	0.247 0	0.197 1	0.157 7	0.126 4	0.101 5
25	0.779 8	0.609 5	0.477 6	0.375 1	0.295 3	0.233 0	0.184 2	0.146 0	0.116 0	0.092 3
26	0.772 0	0.597 6	0.463 7	0.360 7	0.281 2	0.219 8	0.172 2	0.135 2	0.106 4	0.083 9
27	0.764 4	0.585 9	0.450 2	0.346 8	0.267 8	0.207 4	0.160 9	0.125 2	0.097 6	0.076 3
28	0.756 8	0.574 4	0.437 1	0.333 5	0.255 1	0.195 6	0.150 4	0.115 9	0.089 5	0.069 3
29	0.749 3	0.563 1	0.424 3	0.320 7	0.242 9	0.184 6	0.140 6	0.107 3	0.082 2	0.063 0
30	0.741 9	0.552 1	0.412 0	0.308 3	0.231 4	0.174 1	0.131 4	0.099 4	0.075 4	0.057 3

附表 3　年金终值系数表

期　数	1%	2%	3%	4%	5%	6%	7%	8%	9%	10%
1	1.000 0	1.000 0	1.000 0	1.000 0	1.000 0	1.000 0	1.000 0	1.000 0	1.000 0	1.000 0
2	2.010 0	2.020 0	2.030 0	2.040 0	2.050 0	2.060 0	2.070 0	2.080 0	2.090 0	2.100 0
3	3.030 1	3.060 4	3.090 9	3.121 6	3.152 5	3.183 6	3.214 9	3.246 4	3.278 1	3.310 0
4	4.060 4	4.121 6	4.183 6	4.246 5	4.310 1	4.374 6	4.439 9	4.506 1	4.573 1	4.641 0
5	5.101 0	5.204 0	5.309 1	5.416 3	5.525 6	5.637 1	5.750 7	5.866 6	5.984 7	6.105 1
6	6.152 0	6.308 1	6.468 4	6.633 0	6.801 9	6.975 3	7.153 3	7.335 9	7.523 3	7.715 6
7	7.213 5	7.434 3	7.662 5	7.898 3	8.142 0	8.393 8	8.654 0	8.922 8	9.200 4	9.487 2
8	8.285 7	8.583 0	8.892 3	9.214 2	9.549 1	9.897 5	10.259 8	10.636 6	11.028 5	11.435 9
9	9.368 5	9.754 6	10.159 1	10.582 8	11.026 6	11.491 3	11.978 0	12.487 6	13.021 0	13.579 5
10	10.462 2	10.949 7	11.463 9	12.006 1	12.577 9	13.180 8	13.816 4	14.486 6	15.192 9	15.937 4
11	11.566 8	12.168 7	12.807 8	13.486 4	14.206 8	14.971 6	15.783 6	16.645 5	17.560 3	18.531 2
12	12.682 5	13.412 1	14.192 0	15.025 8	15.917 1	16.869 9	17.888 5	18.977 1	20.140 7	21.384 3
13	13.809 3	14.680 3	15.617 8	16.626 8	17.713 0	18.882 1	20.140 6	21.495 3	22.953 4	24.522 7
14	14.947 4	15.973 9	17.086 3	18.291 9	19.598 6	21.015 1	22.550 5	24.214 9	26.019 2	27.975 0
15	16.096 9	17.293 4	18.598 9	20.023 6	21.578 6	23.276 0	25.129 0	27.152 1	29.360 9	31.772 5
16	17.257 9	18.639 3	20.156 9	21.824 5	23.657 5	25.672 5	27.888 1	30.324 3	33.003 4	35.949 7
17	18.430 4	20.012 1	21.761 6	23.697 5	25.840 4	28.212 9	30.840 2	33.750 2	36.973 7	40.544 7
18	19.614 7	21.412 3	23.414 4	25.645 4	28.132 4	30.905 7	33.9990	37.450 2	41.301 3	45.599 2
19	20.810 9	22.840 6	25.116 9	27.671 2	30.539 0	33.760 0	37.379 0	41.446 3	46.018 5	51.159 1
20	22.019 0	24.297 4	26.870 4	29.778 1	33.066 0	36.785 6	40.995 5	45.762 0	51.160 1	57.275 0
21	23.239 2	25.783 3	28.676 5	31.969 2	35.719 3	39.9927	44.8652	50.422 9	56.7645	64.002 5
22	24.471 6	27.299 0	30.536 8	34.248 0	38.505 2	43.392 3	49.0057	55.456 8	62.873 3	71.402 7
23	25.716 3	28.845 0	32.452 9	36.617 9	41.430 5	46.995 8	53.436 1	60.893 3	69.531 9	79.543 0
24	26.973 5	30.421 9	34.426 5	39.082 6	44.502 0	50.815 6	58.176 7	66.764 8	76.789 8	88.497 3
25	28.243 2	32.030 3	36.459 3	41.645 9	47.727 1	54.864 5	63.249 0	73.105 9	84.700 9	98.347 1
26	29.525 6	33.670 9	38.553 0	44.311 7	51.113 5	59.156 4	68.676 5	79.954 4	93.324 0	109.181 8
27	30.820 9	35.344 3	40.709 6	47.084 2	54.669 1	63.705 8	74.483 8	87.350 8	102.723 1	121.099 9
28	32.129 1	37.051 2	42.930 9	49.967 6	58.402 6	68.528 1	80.697 7	95.338 8	112.968 2	134.209 9
29	33.450 4	38.792 2	45.218 9	52.966 3	62.322 7	73.639 8	87.346 5	103.965 9	124.135 4	148.630 9
30	34.784 9	40.568 1	47.575 4	56.084 9	66.438 8	79.058 2	94.460 8	113.283 2	136.307 5	164.494 0

附表4 年金现值系数表

期 数	1%	2%	3%	4%	5%	6%	7%	8%	9%	10%
1	0.990 1	0.980 4	0.970 9	0.961 5	0.952 4	0.943 4	0.934 6	0.925 9	0.917 4	0.909 1
2	1.970 4	1.941 6	1.913 5	1.886 1	1.859 4	1.833 4	1.808 0	1.783 3	1.759 1	1.735 5
3	2.941 0	2.883 9	2.828 6	2.775 1	2.723 2	2.673 0	2.624 3	2.577 1	2.531 3	2.486 9
4	3.902 0	3.807 7	3.717 1	3.629 9	3.546 0	3.465 1	3.387 2	3.312 1	3.239 7	3.169 9
5	4.853 4	4.713 5	4.579 7	4.451 8	4.329 5	4.212 4	4.100 2	3.992 7	3.889 7	3.790 8
6	5.795 5	5.601 4	5.417 2	5.242 1	5.075 7	4.917 3	4.766 5	4.622 9	4.485 9	4.355 3
7	6.728 2	6.472 0	6.230 3	6.002 1	5.786 4	5.582 4	5.389 3	5.206 4	5.033 0	4.868 4
8	7.651 7	7.325 5	7.019 7	6.732 7	6.463 2	6.209 8	5.971 3	5.746 6	5.534 8	5.334 9
9	8.566 0	8.162 2	7.786 1	7.435 3	7.107 8	6.801 7	6.515 2	6.246 9	5.995 2	5.759 0
10	9.471 3	8.982 6	8.530 2	8.110 9	7.721 7	7.360 1	7.023 6	6.710 1	6.417 7	6.144 6
11	10.367 6	9.786 8	9.252 6	8.760 5	8.306 4	7.886 9	7.498 7	7.139 0	6.805 2	6.495 1
12	11.255 1	10.575 3	9.954 0	9.385 1	8.863 3	8.383 8	7.942 7	7.536 1	7.160 7	6.813 7
13	12.133 7	11.348 4	10.635 0	9.985 6	9.393 6	8.852 7	8.357 7	7.903 8	7.486 9	7.103 4
14	13.003 7	12.106 2	11.296 1	10.563 1	9.898 6	9.295 0	8.745 5	8.244 2	7.786 2	7.366 7
15	13.865 1	12.849 3	11.937 9	11.118 4	10.379 7	9.712 2	9.107 9	8.559 5	8.060 7	7.606 1
16	14.717 9	13.577 7	12.561 1	11.652 3	10.837 8	10.105 9	9.446 6	8.851 4	8.312 6	7.823 7
17	15.562 3	14.291 9	13.166 1	12.165 7	11.274 1	10.477 3	9.763 2	9.121 6	8.543 6	8.021 6
18	16.398 3	14.992 0	13.753 5	12.659 3	11.689 6	10.827 6	10.059 1	9.371 9	8.755 6	8.201 4
19	17.226 0	15.678 5	14.323 8	13.133 9	12.085 3	11.158 1	10.335 6	9.603 6	8.950 1	8.364 9
20	18.045 6	16.351 4	14.877 5	13.590 3	12.462 2	11.469 9	10.594 0	9.818 1	9.128 5	8.513 6
21	18.857 0	17.011 2	15.415 0	14.029 2	12.821 2	11.764 1	10.835 5	10.016 8	9.292 2	8.648 7
22	19.660 4	17.658 0	15.936 9	14.451 1	13.163 0	12.041 6	11.061 2	10.200 7	9.442 4	8.771 5
23	20.455 8	18.292 2	16.443 6	14.856 8	13.488 6	12.303 4	11.272 2	10.371 1	9.580 2	8.883 2
24	21.243 4	18.913 9	16.935 5	15.247 0	13.798 6	12.550 4	11.469 3	10.528 8	9.706 6	8.984 7
25	22.023 2	19.523 5	17.413 1	15.622 1	14.093 9	12.783 4	11.653 6	10.674 8	9.822 6	9.077 0
26	22.795 2	20.121 0	17.876 8	15.982 8	14.375 2	13.003 2	11.825 8	10.810 0	9.929 0	9.160 9
27	23.559 6	20.706 9	18.327 0	16.329 6	14.643 0	13.210 5	11.986 7	10.935 2	10.026 6	9.237 2
28	24.316 4	21.281 3	18.764 1	16.663 1	14.898 1	13.406 2	12.137 1	11.051 1	10.116 1	9.306 6
29	25.065 8	21.844 4	19.188 5	16.983 7	15.141 1	13.590 7	12.277 7	11.158 4	10.198 3	9.369 6
30	25.807 7	22.396 5	19.600 4	17.292 0	15.372 5	13.764 8	12.409 0	11.257 8	10.273 7	9.426 9

参 考 文 献

[1] 戴德明. 财务会计学[M]. 北京：中国人民大学出版社，2019.
[2] 刘永泽. 中级财务会计[M]. 大连：东北财经大学出版社，2019.
[3] 财政部会计资格评价中心. 初级会计实务[M]. 北京：经济科学出版社，2020.
[4] 财政部会计资格评价中心. 中级会计实务[M]. 北京：经济科学出版社，2020.
[5] 中国注册会计师协会. 会计[M]. 北京：中国财政经济出版社，2020.
[6] 路国平. 中级财务会计[M]. 北京：高等教育出版社，2020.
[7] 贝洪俊. 中级财务会计[M]. 北京：高等教育出版社，2020.
[8] 戴德明. 财务会计学学习指导书[M]. 北京：中国人民大学出版社，2019.
[9] 路国平. 中级财务会计学习指导与习题[M]. 北京：高等教育出版社，2020.
[10] 贝洪俊. 中级财务会计学习指导与自主测试[M]. 北京：高等教育出版社，2020.